MÉMOIRES

DU

DUC DE LUYNES

TYPOGRAPHIE DE H. FIRMIN DIDOT. — MESNIL (EURE).

MÉMOIRES

DU

DUC DE LUYNES

SUR LA COUR DE LOUIS XV

(1735 — 1758)

PUBLIÉS

SOUS LE PATRONAGE DE M. LE DUC DE LUYNES

PAR

MM. L. DUSSIEUX ET EUD. SOULIÉ

TOME PREMIER

1735 — 1737

PARIS

FIRMIN DIDOT FRÈRES, FILS ET Cie, LIBRAIRES

IMPRIMEURS DE L'INSTITUT, RUE JACOB, N°. 56

1860

Tous droits réservés

INTRODUCTION.

Les *Mémoires* du duc de Luynes, que son arrière-petit-fils nous permet de publier aujourd'hui sous son honorable patronage, sont restés jusqu'à présent tout à fait ignorés. Leur existence a été signalée pour la première fois au public par les *Mémoires* du président Hénault (1). « M. de Luynes, » dit-il, « avoit hérité des *Mémoires* de M. de Dangeau, et il les continuoit avec bien plus de soins et de recherches. Ce seront des annales bien curieuses du présent; » et il ajoute : « quelquefois il m'admettoit à ce travail. »

Les mémoires historiques sur le dix-huitième siècle sont trop peu nombreux pour qu'il soit nécessaire d'insister sur l'importance de la publication de ceux du duc de Luynes; nous nous proposons seulement dans cette introduction de faire connaître leur auteur, les sources auxquelles il a puisé, et les relations de sa famille avec la reine Marie Leczinska.

I.

Charles-Philippe d'Albert, duc de Luynes, né à Paris le 30 juillet 1695, était le fils aîné d'Honoré-Charles d'Albert, duc de Montfort, et de Marie-Jeanne de Courcillon, fille du marquis de Dangeau (2).

---

(1) Publiés en 1855, par M. le baron du Vigan, en 1 vol. in-8°.
(2) Elle mourut le 27 juin 1718, laissant quatre enfants, le duc

Le duc de Luynes était âgé de neuf ans lorsque, en 1704, il perdit son père, blessé mortellement devant Landau ; il fut élevé par son grand-père, le duc de Chevreuse, l'ami de Fénelon, et dont Saint-Simon a tracé de si beaux portraits. Il se maria de bonne heure, et épousa, en 1710, mademoiselle de Neufchâtel, de la maison de Bourbon-Soissons (1), qui apporta de grands biens à son mari et les droits les plus incontestables sur les principautés souveraines de Neufchâtel et de Vallengin (2).

---

de Luynes, le comte de Montfort (depuis cardinal de Luynes) et deux filles religieuses à Montargis.

(1) Louise-Léontine-Jacqueline de Bourbon-Soissons, princesse de Neufchâtel et de Vallengin, comtesse de Dunois, etc., fille de Louis-Henri de Bourbon-Soissons, dit le chevalier de Soissons, et d'Angélique-Cunégonde de Montmorency-Luxembourg, née en octobre 1696, morte le 11 janvier 1721, en sa vingt-quatrième année.

(2) Au moment où la Prusse vient de perdre la souveraineté du canton de Neufchâtel, il nous paraît utile, en racontant sommairement l'histoire de la succession de cette principauté, de montrer quels étaient les droits de la Prusse et comment elle était devenue souveraine de ce pays.

Après avoir appartenu à diverses maisons, entre autres à la maison de Châlon, les principautés de Neufchâtel et de Vallengin passèrent, en 1487, à Louis d'Orléans, duc de Longueville, par son mariage avec l'héritière, Jeanne de Hochberg. En 1694, à la mort du dernier mâle de la maison d'Orléans-Longueville (Jean-Louis), la duchesse de Nemours (Marie d'Orléans) fut investie de la principauté par les États du pays, qui rejetèrent ainsi les prétentions du prince de Conty et de Guillaume III, roi d'Angleterre, lesquels revendiquaient cette succession à divers titres. Guillaume III étant mort, en 1702, le roi de Prusse reprit ses prétentions et se déclara son héritier, comme fils de la sœur aînée du père de Guillaume III, et soutint que la principauté d'Orange et celle de Neufchâtel devaient lui faire retour. Mais la duchesse de Nemours resta paisible souveraine de Neufchâtel ; elle fit donation de sa souveraineté à Louis-Henri de Bourbon-Soissons, appelé M. de Neufchâtel, ne s'en réservant que l'usufruit. M. de Neufchâ-

INTRODUCTION.

Le marquis de Dangeau, grand-père maternel du jeune duc de Luynes, nous a conservé dans son *Journal* les détails du mariage de son petit-fils :

« 6 février 1710.

« Le duc de Luynes mon petit-fils doit épouser incessamment mademoiselle de Neufchâtel; il n'a pas encore quinze ans, et la demoiselle n'en a que treize. On apportera le contrat à signer au Roi lundi, car tout est réglé présentement. M. de Chevreuse assure presque tout son bien au duc de Luynes; et mademoiselle de Neufchâtel jouira du jour de son mariage de 80,000 livres de rente; elle n'a qu'une sœur qui n'a pas encore huit ans, et qui, à peu de chose près, sera aussi riche qu'elle (1). Outre ce bien-là, il y a de grandes prétentions, et sur Neufchâtel et sur M. de Savoie qui leur doit plus de deux millions. »

« 10 février.

« Le roi, après la messe, signa le contrat de mariage du duc de Luynes avec mademoiselle de Neufchâtel; nous le fîmes ensuite signer, comme on a accoutumé de faire, à toute la maison royale. »

---

tel mourut en 1703, et ses droits passèrent à sa fille, mademoiselle de Neufchâtel, qui, en 1710, épousa le duc de Luynes, Charles-Philippe d'Albert. En 1707, à la mort de madame de Nemours, le roi de Prusse remit ses prétentions en avant; et, quoique les droits de mademoiselle de Neufchâtel fussent évidents et les siens sans fondements, les sollicitations, l'argent et la conformité de religion firent que les deux principautés se donnèrent au roi de Prusse. La paix d'Utrecht ratifia cette usurpation, en 1713; le roi de Prusse céda ses droits sur la principauté d'Orange, qui fut réunie à la France, et Louis XIV le reconnut prince de Neufchâtel et de Vallengin. Lorsque Frédéric-Guillaume Ier mourut, le 31 mai 1740, le duc de Luynes, pour maintenir les droits de sa maison, protesta dans les délais et les formes voulus contre la souveraineté de la Prusse. — Voir les *Mémoires*, août 1740.

(1) Elle s'appelait mademoiselle d'Estouteville. Elle mourut à Paris au mois d'août 1711, laissant à sa sœur plus de 80,000 livres de rente. (*Journal de Dangeau*, 23 août 1711.)

/ « 24 février.

« Le duc de Luynes mon petit-fils épousa le matin à Saint-Sulpice, à Paris, mademoiselle de Neufchâtel, et la noce se fit le soir très-magnifiquement chez madame de Neufchâtel (1). Comme ils sont extrêmement jeunes tous deux, le duc de Luynes n'ayant que quatorze ans et demi, et la demoiselle treize ans, on ne les laissa qu'un quart d'heure dans le lit, les rideaux ouverts et tous ceux qui avaient été à la noce étant dans la chambre. »

La duchesse de Luynes mourut en 1721. « Elle étoit, dit Marais (2), belle, bien faite, vertueuse, aimée partout pour son esprit et son mérite. »

Élevé par un homme aussi pur que l'était son grand-père, le duc de Luynes, quoique bien jeune pour vivre à la cour (3), resta en dehors de cette jeunesse immorale que contenait la sévérité de Louis XIV et à

---

(1) Angélique-Cunégonde de Montmorency-Luxembourg, mariée le 7 octobre 1694 à Louis-Henri de Bourbon-Soissons, mort en 1703 le 8 février; il avait pris les titres de comte de Dunois, de prince de Neufchâtel et de Vallengin, du chef de la duchesse de Nemours, sa cousine germaine, qui l'avait institué son héritier. Madame de Neufchâtel mourut à Paris le 7 juin 1736, à l'âge de soixante et onze ans.

(2) *Journal de Paris*, dans la *Revue rétrospective*, 2ᵉ série, t. VII, p. 337, à la date du 11 janvier 1721. Nous citons ici le passage tout entier :

« La jeune duchesse de Luynes, âgée de vingt-quatre ans, belle, bien faite, vertueuse, aimée partout pour son esprit et son mérite, est morte en trente heures de temps d'une colique d'estomac. Elle a été saignée trois fois en quatre heures. On l'a laissée reposer; elle s'est endormie; en se réveillant elle a fait un cri horrible. La tête étoit attaquée, et elle n'a plus eu de connoissance jusqu'à sa mort... On croit que, comme elle aimoit fort à monter à cheval, elle se sera blessée sans le dire. »

(3) « J'eus l'honneur, dit-il dans ses *Mémoires*, de faire ma cour au feu Roi pendant cinq ans. »

laquelle le duc d'Orléans, devenu le maître, ôta toute contrainte.

A la mort du Roi en 1715, le duc de Luynes fut désigné pour porter une des pièces d'honneur à la pompe funèbre de Louis XIV (1). En 1717, le 25 juillet, il fut nommé mestre de camp (2) d'un régiment de cavalerie de son nom, et servit en 1719, pendant la guerre que le Régent fit à Philippe V, roi d'Espagne (3). Il prêta serment de duc et pair au parlement en 1723, et en 1732 il céda son régiment à son fils le duc de Chevreuse. Depuis lors il n'exerça aucune fonction qui aurait pu lui faire jouer un rôle et le mettre en évidence (4). Aussi n'avons-nous pour écrire sa biographie que quelques indications insuffisantes.

---

(1) *Vendredi* 25 *octobre* 1715. «Il y eut mercredi une dispute au service du feu Roi. Les trois ducs nommés pour porter la couronne, le sceptre et la main de justice, vouloient être salués avant le Parlement, et on fit apporter les registres qu'on a toujours dans ces occasions-là pour régler les disputes qui peuvent survenir, et on trouva qu'au service de Louis XIII, le Parlement avoit été salué avant les Ducs qui doivent porter les honneurs. Ceux-ci, se voyant condamnés, n'ont point voulu être salués. C'étoit le duc d'Uzès qui portoit la couronne, le duc de Luynes qui portoit le sceptre, et le duc de Brissac la main de justice. » (*Journal du marquis de Dangeau.*)

(2) On employait dans la cavalerie le titre de mestre de camp, et dans l'infanterie celui de colonel.

(3) Dans l'ordre de bataille de l'armée de Catalogne, sous les ordres du maréchal de Berwick (cité dans le *Journal de Dangeau*, au 10 novembre 1719), le régiment de Luynes-cavalerie figure dans la seconde ligne, et fait partie de la brigade de M. de Gontaut.

(4) A la mort de son fils, le marquis de Courcillon, en 1719, Dangeau chercha à faire passer la survivance de son gouvernement de Touraine à son petit-fils le duc de Luynes. Cela ne put se faire par suite des engagements du duc d'Orléans envers M. le Duc. Le gouvernement fut donné au comte de Charolais. (Voir le *Journal de Dangeau*, au 16 octobre 1719.)

Sans renoncer à faire sa cour au roi, devoir auquel tout grand seigneur était alors obligé, le duc de Luynes vécut aussi retiré que possible au milieu de sa famille (1), ce qui était rare à ce moment, occupé d'études sérieuses, dans l'exercice de la piété la plus sévère, et tout entier à ses devoirs et à l'éducation de son fils unique, le duc de Chevreuse (2). On trouvera à la fin

---

(1) La maxime de Descartes : *Bene qui latuit, bene vixit*, paraît avoir été aussi celle du duc de Luynes. Son portrait manque dans la nombreuse collection de portraits de famille conservée au château de Dampierre.

(2) Marie-Charles-Louis d'Albert, duc de Luynes et de Chevreuse, né le 24 avril 1717, mourut le 8 octobre 1771. Il épousa : 1° en 1735, Thérèse-Pélagie d'Albert de Grimberghen, âgée de seize ans, morte en 1736; 2° en 1738, Henriette-Nicole d'Egmont Pignatelli, âgée de dix-neuf ans, morte en 1782. En 1732, le 12 mars, il fut nommé capitaine dans le régiment de son père; le 6 juillet suivant, il devint mestre de camp de ce régiment. Brigadier en 1736, mestre de camp général des dragons la même année, maréchal de camp en 1743, il fut fait lieutenant général en 1748. En 1757, le roi le nomma gouverneur de Paris, et en 1759, chevalier de ses ordres. — Le duc de Chevreuse servit avec distinction pendant la campagne et la retraite de Bohême (1742-43); il fut blessé à Dettingen, et fit les campagnes de Flandre de 1744 à 1748. Pendant la guerre de Sept ans, nous le trouvons à l'armée de Hanovre, en 1756; il fit les campagnes d'Allemagne de 1758 et 1759, et dans quelques occasions y joua un rôle important. — Le duc de Chevreuse a laissé de nombreux manuscrits qui attestent combien il avait étudié sérieusement l'art militaire. (Ses manuscrits sont dans les archives du château de Dampierre.) Il avait avec son père une correspondance qui a fourni aux Mémoires les plus utiles informations. Nous croyons devoir ajouter à cette note que, pendant la guerre de Sept ans, le gouvernement français ne payant pas ses troupes, faute d'argent, le duc de Chevreuse paya une partie de la solde de ses dragons pour maintenir la discipline parmi eux. Il contracta d'énormes dettes, ayant dépensé en une seule campagne la somme de 1,200,000 fr., et, pour en payer une partie vendit l'hôtel de Longueville à Paris. On a droit de s'étonner que tant de dévouement, de science, de courage et

de ce volume un recueil de *maximes de morale*, composées en 1738 par le duc de Chevreuse, alors âgé de vingt et un ans. Nous les publions parce qu'elles nous semblent offrir un résumé des conseils et des leçons que son père lui avait donnés.

L'histoire était l'étude favorite du duc de Luynes. Tout en rédigeant ses mémoires, qui furent la principale occupation de sa vie depuis 1735, il se faisait faire des copies des mémoires, de Fontenay-Mareuil, de la grande Mademoiselle, de Sainctot, de Breteuil et du marquis de Sourches; il rassemblait une précieuse collection de documents historiques; il annotait le *Journal* de Dangeau (1); il composait, indépendamment de ses *Mémoires*, un *Journal historique* de 1715 à 1757 (2), et, en 1754, il en faisait un résumé pour faire suite à l'*Abrégé chronologique de l'histoire de France* que le président Hénault avait publié en 1744 (3).

---

de qualités militaires n'aient pas été récompensés par le bâton de maréchal de France.

(1) Nous avons donné une partie de ces notes dans notre édition du *Journal de Dangeau*.

(2) Ce journal, en 8 volumes in-folio, commence au 1er janvier 1715 et finit au 30 janvier 1757. Il est écrit chaque jour, et généralement peu détaillé. Nous nous proposons cependant de publier les années 1720 à 1735, et de donner ainsi sans interruption l'histoire de la cour de France de 1684 à 1758.

(3) Le duc de Luynes a appelé son travail : *Journal historique* de 1715 à 1755. C'est un volume manuscrit, in-12, d'une exécution calligraphique remarquable. La bibliothèque de l'Arsenal (*Hist. Mss. franç.* 223) en possède une copie en deux volumes, sur la première page de laquelle on lit cette note du maréchal de Belle-Isle :

« Cet ouvrage de M. le duc de Luynes m'a été confié par luy, et en le recevant avec reconnoissance j'ay donné ma parole d'honneur

L'avant-propos de ce résumé nous paraît utile à transcrire; il indique les préoccupations de l'auteur.

« Cet ouvrage, s'il en mérite le nom, ne peut être regardé que comme la table d'un journal historique, depuis 1715 inclusivement jusqu'en 1755 exclusivement. Ce journal comprend les faits principaux avec d'autres moins considérables, comme les morts et les mariages de gens connus. Il se trouvera quelquefois dans ce journal des détails dignes de curiosité et des anecdotes, lorsqu'il a été possible de les rassembler. Pour rappeler à la mémoire les dates de tous ces événements, on en a formé ce petit livre que l'on peut porter dans la poche. L'auteur a compris l'année 1715 dans ce recueil, et par conséquent dans le petit livre, parce que l'*Abrégé de l'Histoire de France,* ne parle que de quelques événements de cette année. C'est par cette seule raison qu'il pourroit être regardé comme une espèce de suite de cet incomparable ouvrage; mais le célèbre académicien qui l'a composé ne peut avoir de parfaits imitateurs. Son nom sera à jamais aussi illustre dans la république des lettres que les grâces de son esprit et la douceur de son caractère le rendent aimable dans la société. Tout ce qu'on peut dire donc en faveur de ce petit ouvrage, c'est que M. le président Hénault en a approuvé le projet. Il seroit bien à désirer que sa santé et ses occupations lui eussent permis d'y faire les corrections nécessaires et d'y ajouter quelques observations. »

Le choix de ses amis, parmi lesquels nous pouvons citer le duc de Saint-Simon et le président Hénault, manifeste encore chez le duc de Luynes son penchant vers l'histoire, et nous indique de plus son goût pour la conversation spirituelle et sérieuse à la fois. « Il a beaucoup d'esprit et est très-bon ami, » dit-il dans ses *Mémoires* en parlant de Saint-Simon; et encore : « Une

---

qu'il ne sortiroit de mes mains que pour rentrer dans les siennes ou dans celles de ses héritiers, et que je répondois qu'il ne seroit jamais imprimé. »

mémoire heureuse et beaucoup de lectures lui ont donné une conversation agréable et instructive..... J'ai été de ses amis toute ma vie. » Si le duc de Luynes parle du président Hénault, c'est pour vanter également « les charmes de sa conversation. »

Les deux amis du duc de Luynes, Saint-Simon et le Président, nous donnent les seuls renseignements que nous ayons sur sa personne; malgré leur brièveté, ils sont caractéristiques. Nous savons déjà que le duc de Luynes était très-pieux : il suivait les prescriptions de l'Église avec une exactitude scrupuleuse; souvent le jeûne et le maigre le rendaient malade et lui donnaient de cruelles douleurs d'estomac. Une lettre que Saint-Simon adresse au duc de Luynes (1) nous fait connaître cette sévérité; le grand portraitiste ne résiste pas au plaisir de faire une esquisse de son ami et de la lui envoyer.

« Je vous félicite, lui écrit-il, sur l'énormité des maigres, l'effrenement des festes et la masse accablante que cela forme. Vous sçavés peut estre ce que dit l'Évangile sur la suffocation des loix de Dieu par les pratiques ajoutées des Pharisiens et ce que dit saint Paul sur l'ancienne loy, que la loy est le germe du pêché, si est-ce que touttesfois nous en tenons pour les deux tiers de l'année. Je vous y souhaitte un estomac; vous estes, mon cher duc, trop saint, trop détaché et trop rasé (2) les soirs pour oser vous souhaiter autre chose... (3). »

Le président Hénault dit à son tour : « Sitôt après

---

(1) Le 1ᵉʳ janvier 1734. Cette lettre est conservée au château de Dampierre.
(2) Retiré.
(3) Voir, à la fin de ce volume, quelques pièces et divers extraits des *Mémoires* du duc de Luynes relatifs au duc de Saint-Simon.

son mariage avec M. le duc de Luynes, la duchesse me le donna pour ami, et je me tins bien honoré de l'estime et de la confiance de l'homme du monde le plus estimable (1). »

En effet, le 13 janvier 1732, le duc de Luynes, âgé de trente-sept ans et veuf depuis 1721, avait épousé en secondes noces Marie Brulart (2), veuve sans enfants du marquis de Charost, tué à Malplaquet; elle avait quarante-huit ans. Il est permis de supposer que ce fut de part et d'autre un mariage d'amitié et de raison. Nous reparlerons plus loin « de cette personne si distinguée, » pour employer les expressions mêmes du président Hénault.

Le duc de Luynes fut nommé chevalier des ordres du Roi (3) en 1748. En 1754, il obtint les entrées chez le Roi. « Je viens dans le moment d'obtenir les entrées de la chambre du Roi.... pour M. de Luynes, » écrit la Reine à la duchesse (4.) Au reste, sans avoir de charge à la cour, le duc de Luynes jouissait auprès de Louis XV, de la Reine et de la famille royale, et même auprès de quelques souverains étrangers, d'une considération que justifiait son caractère. Les lettres patentes que Louis XV donna en mars 1733 (5) pour confirmer la substitution dans les deux branches de la maison d'Al-

---

(1) *Mémoires* du président Hénault, p. 191.

(2) Marie Brulart, fille de Nicolas Brulart, marquis de la Borde, premier président au parlement de Dijon, née vers 1684, mariée en 1704 à Louis-Joseph de Béthune, marquis de Charost, tué en 1709, et en 1732 au duc de Luynes; elle mourut à Versailles le 11 septembre 1763.

(3) Les ordres du Saint-Esprit et de Saint-Michel.

(4) Lettre du 5 avril 1754.

(5) Publiées en 1 vol. in-4° en 1734.

bert (1) des duchés de Luynes, de Chevreuse et de Chaulnes, contiennent le plus grand éloge de cette maison, et cet éloge est particulièrement honorable pour le duc de Luynes (2).

L'empereur d'Allemagne, Charles VII, le pria, en 1744, de tenir en son nom sur les fonts de baptême le fils du comte de Lautrec, et lui écrivit à ce sujet la lettre suivante :

« Mon cher duc,

« Ayant bien voulu marquer au comte de Lautrec mon estime en donnant mon nom au fils que la comtesse sa femme a mis au monde, j'ai cru que je ne pouvois jeter les yeux sur personne qui pût mieux remplir cette sainte cérémonie que sur vous, et que vous répondriez avec d'autant plus de plaisir à mon choix que vous connoissez depuis longtemps mes sentiments pour vous. Comme je suis persuadé que le Roi ne vous en refusera pas la

---

(1) Les branches de Luynes et de Chaulnes.
(2) Le 18 juin 1732, l'année de son second mariage, le duc de Luynes fit avec le duc de Chaulnes, depuis maréchal de France, une substitution de mâles en mâles, graduelle, perpétuelle et à l'infini, des duchés de Luynes, de Chevreuse et de Chaulnes. Le roi confirma la substitution par lettres patentes de mars 1733. Elles portent qu'elles sont « pour la conservation d'une maison qui de-
« puis plus de trois cents ans qu'elle a passés dans notre royaume,
« après avoir tenu les premiers rangs dans la Toscane, où elle pos-
« sédoit des fiefs de l'empire dès le onzième siècle, n'a cessé de
« donner des preuves d'un attachement inviolable aux rois nos pré-
« décesseurs, par les grands et recommandables services que les
« ancêtres de nos cousins les ducs de Luynes et de Chaulnes ont
« rendus dans les armées contre les ennemis de l'État, dès le
« temps de leur établissement en France, sous les règnes de Char-
« les VI et Charles VII, qui les ont honorés de charges et emplois
« considérables ; que ceux qui ont suivi n'ont pas fait paroître moins
« de zèle et de courage à s'acquitter de leurs emplois, plusieurs
« ayant généreusement sacrifié leur vie à la défense de notre cou-
« ronne, etc. »

permission, je vous y authorise par cette lettre et de faire dans cette occasion tout ce qui convient, m'en remettant au reste à ce que vous concerterez à cet égard avec le prince de Grimberghen (1), mon ambassadeur. Sur ce...

« A Francfort, le 4 avril 1744.

CHARLES (2). »

Le duc de Luynes mourut au château de Dampierre, le 2 novembre 1758, âgé de soixante-trois ans. Son corps fut transporté et inhumé, le 6 du même mois, dans l'église paroissiale de Saint-Sulpice à Paris. « Il manque bien à la cour, à ses amis, aux pauvres et à tous les gens de bien », écrit le président Hénault (3).

II.

Les *Mémoires* du duc de Luynes commencent le 27 décembre 1735, peu de temps après la nomination de la duchesse de Luynes à la charge de dame d'honneur de la Reine; ils finissent le 20 octobre 1758, quelques jours avant la mort de leur auteur (4). Ce qui carac-

---

(1) Louis-Joseph d'Albert de Luynes, prince de Grimberghen, prince du Saint-Empire romain, conseiller d'État impérial, colonel des gardes à pied, feld-maréchal des armées et ambassadeur extraordinaire de l'empereur Charles VII à la cour de France, né en 1672, mort à Paris le 8 novembre 1758. Le prince de Grimberghen était le grand-oncle du duc de Luynes, auquel la lettre de Charles VII est adressée. — Sa fille, Thérèse-Pélagie, épousa en 1735 le duc de Chevreuse.

(2) L'empereur Charles VII était l'électeur de Bavière que la France soutenait, pendant la guerre de la succession d'Autriche, contre Marie-Thérèse et la maison d'Autriche, auxquelles on voulait alors enlever la couronne impériale.

(3) P. 193 de ses *Mémoires*.

(4) Le manuscrit se compose de 28 volumes grand in-folio; mais les années 1741 et 1742 sont en double, ce qui réduit en réalité le

térise les mémoires que nous publions, c'est leur scrupuleuse exactitude ; c'est la ferme volonté de leur auteur de tout savoir en détail et de savoir toujours la vérité. Leur rédaction est grave et décente ; malgré les scandales dont ils parlent, leur ton ne cesse pas d'être celui de la bonne compagnie. Le duc de Luynes écrit sans passion ; ses appréciations, rédigées au fur et à mesure des observations, sont sages, prudentes ; on sent qu'il ne veut pas être obligé de se démentir le lendemain. Il écrit, non jour par jour comme Dangeau, mais il attend pour prendre la plume qu'il ait réuni assez de renseignements pour pouvoir faire un récit suivi, détaillé, et composé au moment même des événements ; c'est par là que les mémoires du duc de Luynes se distinguent de tous les autres mémoires et journaux publiés jusqu'à présent.

La principale préoccupation du duc de Luynes est d'être exact ; pour connaître la vérité, il ne néglige rien et se rectifie volontiers dans des *additions* (1), écrites en marge, lorsque de nouveaux renseignements lui par-

---

nombre des volumes à 26. Les *Mémoires* ont un complément en trois volumes, désigné sous le nom de : *Extraordinaire*. Le duc de Luynes définit ainsi ce recueil (au 15 février 1749) : « J'écris volontiers les anecdotes anciennes que j'apprends ; je ne les mets point dans mon journal pour ne pas interrompre les dates. » Commencé d'abord pour servir de recueil aux anecdotes anciennes que le duc de Luynes aimait à rassembler, l'*Extraordinaire* finit par être un second journal dans lequel le présent occupe plus de place que le passé, tout en conservant un caractère essentiellement anecdotique. L'*Extraordinaire* commence en 1747 et finit en 1758 ; mais il n'y a rien pour les années 1751, 1752 et 1753. Nous publierons chaque année de l'*Extraordinaire* à la fin de l'année correspondante des *Mémoires*.

(1) On remarquera que ce mot est le même qu'emploie Saint-Simon pour désigner les notes qu'il ajoute au *Journal de Dangeau*.

viennent. Il a des correspondants partout; il en a à Brest, à Toulon, aux armées, sur les flottes, partout où il se passe quelque événement qu'il ait intérêt à bien connaître. Il n'accepte pas les renseignements incertains. Quand il est à Dampierre : « Je ne mettrai pas autant de détails, » dit-il, « sur ce qui se passe à Versailles, parce que je suis ici depuis le 3 de ce mois (1). » Quand il écrit d'après ce qu'on lui a répété, il l'indique : « Je ne sais pas les termes; je n'y étois pas; », — « l'on ne m'a pu dire exactement les expressions; mais le Roi répondit à peu près en ces termes (2). » Quand il écrit au contraire d'après ce qu'il a vu ou entendu, il le dit encore. Madame de Mailly, étant à jouer, fut dérangée par la maréchale d'Estrées qui parlait trop haut; elle lui imposa silence : « Ce fait est certain, j'y étois. » S'il s'est trompé, il l'indique en note : « J'ai marqué ci-dessus que le Roi avoit dîné chez madame de Vintimille; je me suis trompé. »

Nous ne connaissons aucuns mémoires rédigés avec une telle précision, au moment même, sans cesse corrigés pour les rendre plus exacts, traitant de tout ce qui peut intéresser l'histoire, et offrant des matériaux aussi certains et aussi variés.

Le duc de Luynes se renseignait aux meilleures sources, et il les fait connaître. « J'ai déjà mis en différentes occasions dans ce journal les détails que j'ai pu apprendre de M. le maréchal de Belle-Isle lui-même. Les commissions importantes dont il a été chargé, la supériorité de talents avec laquelle il s'en est acquitté,

---

(1) 12 juillet 1741.
(2) Il s'agit d'une réponse de Louis XV au prince de Lichtenstein.

la netteté et la précision avec lesquelles il raconte ces événements, font désirer de les conserver à la postérité. » — « Madame la princesse de Conty vient de me raconter ce qui s'est passé à Choisy (1). » — S'il est question de la marine, c'est à la suite de conversations avec M. de Maurepas; quand il parle du Dauphin, c'est d'après son précepteur, l'évêque de Mirepoix (2). Les détails si curieux sur la maladie de Louis XV à Metz et le renvoi de la duchesse de Châteauroux lui ont été donnés par la Peyronie, médecin du Roi, et par l'évêque de Soissons (3), qui paya de l'exil sa noble fermeté dans ces circonstances. Il raconte la mort de la duchesse de Châteauroux d'après Vernage, son médecin. Il est informé par la Reine elle-même de mille détails.

Le duc de Luynes recueillait aussi les anecdotes du passé, et les enregistrait quand il les jugeait authentiques : « Comme on se trompe tous les jours sur les anecdotes particulières, il est important de marquer la vérité des faits quand on peut parvenir à la connoître. » — « Non-seulement je marque ici ce qui se passe journellement à la cour, mais j'y ajoute volontiers les faits anciens que j'apprends. » Il résulte de ce mélange des choses du passé et des faits de son temps, une histoire précieuse des mœurs et des usages, dans laquelle on peut voir comment se sont changées peu à peu les mœurs du dix-septième siècle. Ainsi : les mariées ne se mettent plus sur leur lit, « parce que la mode est aujourd'hui de retrancher tout cérémonial, même le

---

(1) 16 septembre 1742.
(2) Jean-François Boyer.
(3) François, duc de Fitz-James, fils du maréchal de Berwick.

plus honorable, en faveur de la commodité (1753). »
Il nous apprend l'origine très-récente du bâton de maréchal.

« Les deux nouveaux maréchaux de France, MM. de Berchiny et de Conflans, prêtèrent serment avant-hier (9 avril) entre les mains du Roi. L'usage est que le Roi leur donne un bâton, et jusqu'à présent ce bâton avoit été la première canne que l'on trouvoit; presque toujours ç'a été celle de M. d'Argenson (1) pendant qu'il a été en place. M. le maréchal de Belle-Isle a représenté au Roi qu'il convenoit d'avoir des bâtons faits exprès pour donner aux maréchaux de France le jour de leur serment et en conséquence on en a fait faire qui furent donnés dimanche dernier. Ces bâtons sont pareils à ceux que les maréchaux de France portent à leurs armes. Ils sont longs de 18 pouces 2 lignes, gros de 4 pouces, garnis de velours bleu, semé de fleurs de lis d'or, un cercle d'or à chaque bout, lesdits bouts aussi garnis de velours pareil avec une fleur de lis d'or (2). »

On trouve, et avant tout, dans ces *Mémoires*, ce qui se passe à la cour; mais c'est alors la préoccupation de tout le monde. Marais et Barbier s'occupent surtout de la cour; lorsque Walpole écrit à madame du Deffand, il lui demande avec instance des nouvelles de la cour. C'est encore ce que nous-mêmes y chercherons le plus volontiers.

Voici un exemple de ces chapitres consacrés à la cour; nous le choisissons entre beaucoup d'autres, parce qu'on y parle de la duchesse de Luynes. Au moment où madame de la Tournelle (3) allait succéder auprès de Louis XV à sa sœur, madame de Mailly, le Roi donna un grand souper à Choisy, auquel devait assister la nouvelle favorite.

---

(1) Ministre de la guerre.
(2) 11 avril 1758.
(3) Depuis duchesse de Châteauroux.

INTRODUCTION.

« On sait d'hier (1) que le voyage de Choisy est arrangé, le Roi y va lundi après la chasse, et ne revient ici que vendredi, vraisemblablement après souper. Il y aura des dames, mademoiselle de la Roche-sur-Yon (2), madame d'Antin, madame de la Tournelle et madame de Flavacourt (3). Le Roi me dit hier au grand couvert qu'il avoit une commission à me donner, qui étoit de proposer à mesdames de Luynes et de Chevreuse d'aller à Choisy. Madame de Luynes a été, comme on peut le croire, justement peinée de cet arrangement, sentant toute l'indécence qu'il y auroit que la dame d'honneur de la Reine servît en quelque manière à installer madame de la Tournelle à Choisy. Elle a fait part ce matin de sa peine à M. de Meuse, qui dîne tête à tête avec le Roi toutes les fois qu'il n'y a point de chasse. M. de Meuse a pris le temps qu'il a cru le plus favorable pour en parler au Roi, et s'est servi des termes les plus propres à adoucir cette représentation. Le Roi a répondu d'abord avec humeur : « Hé bien, elle n'a qu'à n'y point venir. » M. de Meuse a été ensuite une heure sans lui en reparler; après quoi, le Roi lui ayant fait des questions sur ce qu'il avoit fait ce matin, M. de Meuse lui a dit qu'il avoit été voir madame de Luynes. Il a ajouté qu'il ne rendroit pas la réponse que le Roi lui avoit faite parce qu'elle seroit sûrement très-affligée dans la crainte de lui avoir déplu; que comme c'étoit de Sa Majesté qu'elle tenoit sa place, c'étoit à lui aussi à juger si la représentation qu'il avoit pris la liberté de lui faire de sa part étoit fondée; que comme l'objet principal de madame de Luynes étoit de faire ce qui lui seroit agréable, elle exécuteroit ce que S. M. jugeroit à propos par rapport au voyage. Le Roi a été un moment sans répondre; après quoi il a pris un visage riant et a dit à M. de Meuse qu'il allât trouver madame de Luynes, et lui dire qu'elle ne seroit point de ce voyage et que ce seroit pour un autre et qu'il ne lui savoit point mauvais gré de ses représentations. Ce n'est qu'à six heures que madame de Luynes a su cette réponse. Elle avoit été auparavant chez M. le Cardinal (4) lui rendre compte de l'embarras où elle se trouvoit.

---

(1) *Mémoires*, au vendredi 9 novembre 1742.
(2) Princesse du sang, fille du prince de Conty.
(3) Sœur de madame de la Tournelle.
(4) Le cardinal Fleury.

M. le Cardinal a paru entrer assez dans sa peine, mais il lui a dit qu'il ne pouvoit s'en mêler en aucune manière (1). »

Quoique le duc de Luynes s'occupe beaucoup de la cour, surtout dans les commencements de son travail, où l'on ne trouve guère autre chose que des détails de cérémonial, ses *Mémoires* n'en sont pas moins une histoire générale du règne de Louis XV. Rien d'important n'a été oublié; l'auteur avait un esprit trop sérieux et trop curieux à la fois pour négliger aucun des traits caractéristiques de son temps. « Quoique ceci ne soit qu'un journal, dit-il, je le regarde plutôt comme un journal de ma mémoire que comme un journal de la cour. »

Les événements militaires de la guerre de 1740 sont racontés d'après de bonnes sources, entre autres d'après la correspondance de son fils, le duc de Chevreuse, qui s'y distingua, et d'après le maréchal de Belle-Isle. Les premières années de la guerre de Sept ans sont également fort intéressantes; la mauvaise administration, l'histoire de la marine, la guerre maritime, l'Inde et le Canada, Dupleix et Montcalm, les armées de Hanovre et de Saxe, sont tour à tour mis en scène, d'après divers rapports et lettres que cite le duc de Luynes, ou d'après des renseignements communiqués par Maurepas. Les affaires religieuses et les luttes avec le Parlement sont aussi racontées avec beaucoup de détails; on voit nettement commencer, dans ces premières tempêtes, le mouvement révolutionnaire, et l'on y remarque la constante étourderie française; ainsi, en 1753, au plus fort de l'agitation, le duc de Luynes nous montre la

---

(1) Barbier se trompe, comme on le voit, quand il dit que madame de Luynes est allée à Choisy. (T. III. p. 395 de l'édit. in-12.)

légèreté parisienne oubliant tout, le Parlement et la bulle *Unigenitus*, pour les bouffons italiens et les bals du carnaval, puis retournant avec une nouvelle ardeur aux querelles du jansénisme.

Les institutions militaires, la création de l'école militaire par exemple, le gouvernement de Stanislas en Lorraine, les principaux événements extérieurs, les lettres, les sciences et les arts, attirent tour à tour l'attention de l'auteur des mémoires. Il s'intéresse surtout à Voltaire, qui occupe alors tout le monde. Il parle de Fontenelle, de Buffon, de Fréron, de la Baumelle : « C'est un fou qui a de l'esprit. » Il donne de grands détails, en 1756, sur Tronchin et l'inoculation. Il parle de l'Académie; la réception de son frère est racontée très au long, et donne une idée parfaitement juste de ce qu'était alors une réception à l'Académie française. Le duc de Luynes aimait les arts; il nous donne quelques bons renseignements sur Gabriel, Pigalle, Coustou, Lemoyne, Bouchardon, l'orfévre Germain, sur la musique, sur Jélyotte. Nous apprenons que, quand Jélyotte voulut quitter l'opéra, il y eut une espèce de désolation universelle, et qu'on organisa une souscription pour porter ses appointements à 100,000 livres, qu'exigeait le chanteur pour se faire entendre de nouveau; qu'on ne put parvenir à trouver que 48,000 livres, dont il voulut bien se contenter. La description de Gaillon nous a paru surtout remarquable; en plein dix-huitième siècle, et nous devançant de cent ans, le duc de Luynes admire Gaillon, sa sculpture, toute son ornementation, et surtout le bas-relief de *Saint Georges* (1), ce bel ouvrage de Michel Columb.

---

(1) Placé aujourd'hui au Musée du Louvre.

Les *Mémoires* contiennent aussi un certain nombre de portraits, comme c'était encore la mode d'en faire ; nous donnerons plus loin celui de la Reine.

III.

Nous venons de dire que le duc de Luynes commença la rédaction de ses *Mémoires* aussitôt que la duchesse sa femme eut été nommée dame d'honneur de Marie Leczinska, en 1735. Les fonctions de madame de Luynes et l'amitié dont la Reine l'honorait lui permettaient de voir et de savoir beaucoup de choses ; souvent aussi, pendant les voyages de Compiègne et de Fontainebleau, le duc de Luynes rédigeait d'après la correspondance de la duchesse la partie de son journal consacrée à la cour. La part de madame de Luynes dans les *Mémoires* que nous publions est trop importante pour que nous ne cherchions pas à faire connaître cette dame et ses relations avec la Reine.

La duchesse de Luynes, fille d'un premier président au parlement de Bourgogne (1), était née vers 1684, et avait été mariée, en 1704, à Louis-Joseph de Béthune, marquis de Charost, tué à la bataille de Malplaquet (2). Après vingt-trois ans de veuvage, elle se remaria avec le duc de Luynes, le 13 janvier 1732 (3).

---

(1) Nicolas Brulart, marquis de la Borde. — Voyez dans *Une province sous Louis XIV*, par Alex. Thomas (1 vol. in-8°, 1844, p. 348), une notice sur cet important personnage parlementaire, remarquable par la noblesse et la fermeté du caractère et de l'esprit. La charge de premier président au parlement de Bourgogne avait été tenue par son père et son grand-père.

(2) En 1709.

(3) La duchesse de Luynes fut nommée dame d'honneur de la Reine le 18 octobre 1735 ; elle mourut à Versailles le 11 septembre

INTRODUCTION.

Les contemporains font tous l'éloge de la duchesse de Luynes. La marquise du Deffand, sa nièce (1), et le président Hénault en ont tracé deux portraits qui trouveront ici naturellement leur place. Voici d'abord celui que nous a donné madame du Deffand :

« Madame la duchesse de Luynes est née aussi raisonnable que les autres tâchent de le devenir : elle aime les plaisirs et la dissipation, mais sans emportement et sans ardeur; elle se plaît à la cour sans y être trop fortement attachée; elle se contente d'y avoir un rang considérable; la représentation et l'amusement sont tout ce qu'elle y cherche.

« Son imagination est agréable, elle entend promptement, ses réparties sont vives, son jugement est solide. Tous les partis qu'elle prend sont sensés; elle n'est entraînée par aucun goût fort vif; elle ne connoît guère l'engouement ni les répugnances. Son esprit démêlerait aisément le bon d'avec le mauvais, l'excellent d'avec le médiocre : mais son sentiment ne l'avertit point, et le peu d'intérêt qu'elle prend à tous les objets qui l'environnent fait qu'elle se soumet peut-être trop aveuglément à la prévention générale.

« Son goût pour la liberté, qu'on avait cru excessif, a paru se démentir au bout de vingt-cinq ans. Sitôt que la mort de madame sa mère (2) l'eut rendue maîtresse absolue de ses actions, elle ne songea qu'à se former, en se remariant, de plus fortes chaînes que celles dont elle venait d'être débarrassée; mais madame de Luynes n'a jamais véritablement aimé la liberté : c'est même de tous les états celui qui lui convient le moins. Les devoirs

---

1763, dans sa soixante-dix-neuvième année, survivant son mari de cinq ans.

(1) La mère de la marquise du Deffand était Anne Brulart, sœur aînée de la duchesse de Luynes, et avait épousé Gaspard de Vichy, comte de Chamrond.

(2) La duchesse de Choiseul. — Marie Bouthillier, seconde femme de Nicolas Brulart, marquis de la Borde, premier président au parlement de Bourgogne, mort en 1692; remariée à César-Auguste de Choiseul, duc de Choiseul; morte en 1728, sans enfants de son second mari.

lui sont nécessaires; ils fixent ses idées et satisfont sa vanité en donnant une sorte d'éclat à sa vie et à ses occupations.

« La liberté n'est pas un bien pour tout le monde; il y a moins de gens qu'on ne pense qui en sachent faire usage, et qui, pour ainsi dire, en puissent soutenir le vide et l'obscurité.

« L'humeur de madame de Luynes est d'une égalité charmante, son cœur est généreux et compatissant. Occupée de ses devoirs, remplie de soins et d'attentions dans l'amitié, tout est heureux avec elle, père, enfants, mari, amis, domestiques. Si quelque chose trouble la douceur des sentiments qu'elle inspire, c'est qu'on croit démêler qu'elle suit plutôt les conseils de sa raison que les mouvements de son cœur. Peut-être ce reproche est-il injuste; mais il paraît qu'on n'est point nécessaire à son bonheur, comme elle le devient au bonheur de ceux qui, ayant vécu avec elle, ne peuvent plus se passer d'y vivre (1). »

Madame du Deffand ajoute elle-même une ombre à ce portrait si flatteur. Elle était aux eaux de Forges avec la duchesse de Pecquigny (2), dont elle se moque en écrivant au président Hénault; puis elle ajoute : « J'ai reçu aujourd'hui une lettre de madame de Luynes, dont je suis fort contente; quand vous la verrez, ne lui dites point que la Pecquigny me déplaît; il est dangereux de lui dire ce qu'on pense : ce sont des armes qu'on lui donne contre soi, et dont elle fait usage selon son caprice (3)... »

Le marquis d'Argenson, en parlant d'elle, ne dit qu'un mot; mais il la caractérise : « Le jour de la mort de monsieur le Duc, le Cardinal entra chez la Reine.

---

(1) *Correspondance inédite de madame du Deffand*, 2 vol. in-8°; Paris, 1809, t. II, p. 192.

(2) La duchesse de Pecquigny était la femme de Michel Ferdinand d'Albert d'Ailly, cousin germain du duc de Luynes.

(3) Lettre de madame du Deffand au président Hénault, 5 juillet 1742; elle est publiée dans la *Correspondance inédite*, t. II, p. 22.

INTRODUCTION.

Madame de Luynes lui dit avec les grâces qu'on lui connaît : Eh bien, Monseigneur, ce pauvre monsieur le Duc est mort. Le Cardinal prit son visage d'enterrement, et dit que c'étoit un honnête homme, que c'étoit dommage (1). »

Le président Hénault nous a laissé aussi dans ses mémoires un long portrait de madame de Luynes. Elle avait contribué à lui faire obtenir la charge de surintendant de la maison de la Reine :

« Je me garderai bien, » dit-il à ce sujet, « d'oublier ce que je devois à madame la duchesse de Luynes, ne fût-ce que par la considération que répandoit sur moi l'honneur de son amitié. Je dois faire connaître une personne si distinguée.

« Madame la marquise de Charost (depuis duchesse de Luynes) n'étoit point une belle personne, mais elle avoit une figure très-agréable ; elle fut veuve de bonne heure. Elle étoit très-sensible à l'amitié, ce qui la défendit peut-être de l'amour ; ou plutôt elle eut des amis parce que son âme étoit sensible, et elle n'eut point d'amants, parce que son âme n'étoit pas passionnée. Mais, comme on n'admet pas qu'une femme soit oisive, et qu'elle mettoit en effet de la coquetterie dans l'amitié, on soupçonnoit son amitié et elle ne s'en embarrassoit guère.

« La forme de sa vie suffiroit seule à faire connoître combien elle étoit éloignée de l'amour. Ses journées étoient remplies par des devoirs multipliés qu'elle auroit inventés s'ils lui avoient manqué, et par des divertissements continuels : elle aimoit à accorder tout cela, et à raconter à combien de choses elle avoit satisfait en un jour. Sa maison étoit le rendez-vous de tout ce qu'il y avoit de grande et de meilleure compagnie. C'étoit le cardinal de Rohan, l'évêque de Blois (Caumartin), M. et madame de Sully, le cardinal de Polignac, madame d'Uzès, l'abbé de Bussi (depuis évêque de Luçon), etc. J'eus l'honneur de la connoître vers l'année 1716, chez madame la princesse de Léon (2).

---

(1) *Mémoires du marquis d'Argenson*, t. II, p. 136.
(2) Mademoiselle de Roquelaure, dont l'enlèvement par le prince

Elle me marqua des prévenances, ou plutôt elle sentit combien je désirois son amitié; elle me l'accorda. Cela ne s'est point démenti depuis. Elle m'avouoit de bonne grâce pour son ami; elle parloit souvent de moi à la Reine, et se rencontroit avec M. d'Argenson sur le bien qu'il pouvoit y avoir à en dire. Je la suivois partout, aux Bruyères (1), à Sceaux (2). Sitôt après son mariage avec M. le duc de Luynes, elle me le donna pour ami, et je me tins bien honoré de l'estime et de la confiance de l'homme du monde le plus estimable...

« Madame de Luynes avoit succédé dans la place de dame

---

de Léon fit grand bruit sous Louis XIV. Le président Hénault donne de très-curieux détails sur la maison de la princesse de Léon, p. 107 de ses *Mémoires*. Il avait été l'amant de cette singulière et laide personne. (Voy. le *Journal de Marais*, 28 février 1722.)

(1) Propriété du prince de Léon.

(2) Chez la duchesse du Maine. Les relations de madame de Luynes avec la duchesse du Maine furent interrompues après son second mariage. La duchesse du Maine nous l'apprend dans une lettre adressée à la marquise du Deffand, le 7 juin 1747.|

« Je n'ai reçu qu'aujourd'hui, Madame, la lettre que vous avez pris la peine de m'écrire vendredi. Je l'ai reçue avec beaucoup de plaisir; mais elle m'en eût fait encore davantage, si elle ne m'eût pas appris le retardement de votre retour à Sceaux : j'avois espéré de vous y revoir aujourd'hui, et je vous avoue que je suis très-fâchée qu'il faille attendre jusqu'à mercredi. Je comprends que madame de Luynes trouve votre compagnie assez agréable pour avoir désiré de vous garder plus longtemps auprès d'elle; mais je me flatte que vous n'avez pas oublié la parole que vous m'avez donnée de n'être que huit jours à votre voyage, et que les deux que vous n'avez pu refuser à madame de Luynes ne seront suivis d'aucun autre délai. Je suis fort aise qu'elle se souvienne de moi; mais, à vous dire le vrai, une amitié métaphysique n'est pas d'usage en ce monde-ci, et doit être réservée pour les purs esprits. Je ne puis croire, si elle avoit les sentiments que vous dites qu'elle a pour moi, qu'elle eût entièrement retranché les petits voyages de Sceaux, et que M. de Luynes trouvât mauvais qu'elle remplît ces devoirs d'amitié. J'espère au moins, madame, que pour m'en dédommager, elle vous laissera auprès de moi et ne vous attirera pas souvent à Dampierre... » (*Correspondance inédite de madame du Deffand*, 1809, t. I, p. 221.)

d'honneur à madame la maréchale de Boufflers, qui se retira le 14 octobre 1735. Elle n'avoit point recherché cette place (1); aussi vit-elle avec beaucoup de tranquillité, dans les premiers temps, les efforts que l'on faisoit pour la rendre moins agréable à la Reine; elle crut devoir s'en expliquer à S. M. avec cette franchise noble qui fait son caractère; et depuis, quand les intérêts divers eurent cessé, la Reine reconnut que nulle, à la cour, n'étoit plus digne de son amitié. Elle daigna en faire toutes les avances, et elle devint son amie. Pour finir, madame la duchesse de Luynes a toutes les vertus et toutes les qualités du plus honnête homme; noble, généreuse, fidèle, discrète, ennemie de toute ironie; proscrivant la médisance, qui n'approche pas de sa maison; considérée de toute la famille royale, qu'elle reçoit quelquefois chez elle. »

IV.

Marie Leczinska avait accordé toute sa confiance et toute son amitié à sa dame d'honneur, à son mari et à son frère, le cardinal de Luynes. Elle les avait choisis pour amis particuliers, dit madame Campan (2); « elle les appelait ses honnêtes gens. » Délaissée et même à un moment durement traitée par Louis XV, la pieuse Marie Leczinska trouva sa consolation dans la société de ses enfants et de ceux qu'elle honorait de son amitié, la famille de Luynes, la duchesse de Villars (3) et le président Hénault (4). Elle passait toutes ses soirées dans le cabinet de la duchesse de Luynes (5), qui était devenu son séjour favori; et, quand madame de Luynes s'absente, la Reine cherche à diminuer la longueur et

---

(1) Voir les Mémoires, t. I, au 21 novembre 1736.
(2) *Mémoires*, t. III, p. 70.
(3) Sa dame d'atours.
(4) Surintendant des finances, domaines et affaires de la Reine.
(5) Au château de Versailles.

l'ennui de la séparation en lui écrivant les lettres les plus affectueuses.

La famille d'Albert de Luynes conserve dans ses archives (1) la correspondance de Marie Leczinska; sa bonté, les qualités de son cœur et le tour de son esprit se peignent parfaitement dans ces lettres familières. Nous en donnerons de nombreux extraits, après avoir parlé un peu de la Reine et donné quelques détails sur son caractère et sur sa manière de vivre.

« Oserois-je ici m'entretenir de la Reine, dit le président Hénault (2), et la faire connoître dans son intérieur? Car c'est là, dit Montaigne, où l'on guette les grands personnages... Je ne la peindrai pas par des éloges vagues, ce sera en la suivant dans toutes les actions de sa vie.

« La Reine ne vit point au hasard : ses journées sont réglées et remplies au point que, quoiqu'elle en passe une grande partie toute seule, elle est toujours gagnée par le temps: La matinée se passe dans les prières, des lectures morales, une visite chez le Roi, et puis quelques délassements. Ordinairement c'est la peinture. Elle n'a jamais appris, et l'on peut voir ses tableaux, car on ne croiroit pas (3). Elle m'a fait présent de trois, que l'on juge que je garde bien.

« L'heure de la toilette est à midi et demi ; la messe et puis son dîner. J'y ai vu quelquefois une douzaine de dames, tout ensemble; aucune n'échappe à son attention ; elle leur parle à toutes; ce ne sont point de ces généralités que l'on connoit, ce sont des choses personnelles, qui sont les seules qui flattent. Son dîner fini, je la suis dans ses cabinets. C'est un autre climat; ce n'est plus la Reine, c'est une particulière. Là, on trouve des

---

(1) Au château de Dampierre.
(2) *Mémoires*, p. 217. — Voy. aussi l'abbé Proyart, *Vie de Marie Leczinska*.
(3) On conserve au palais de Trianon une copie faite par Marie Leczinska d'après Oudry. Cette copie, signée : *Marie reine de France fecit* 1753, est une faible peinture d'après le tableau du Louvre, n° 390, École française.

ouvrages de tous les genres, de la tapisserie, des métiers de toutes sortes; et pendant qu'elle travaille, elle a la bonté de raconter ses lectures. Elle rappelle les endroits qui l'ont frappée, elle les apprécie. Autrefois elle s'amusoit à jouer de quelques instruments, de la guitare, de la vielle, du clavecin, et elle se moquait d'elle-même, quand elle se méprenoit, avec cette gaieté, cette douceur, cette simplicité, qui siéent si bien à de si illustres personnages. Elle me renvoie vers les trois heures pour aller dîner, et alors commencent ses lectures. Ce sont ordinairement celles de l'histoire; et, en vérité, il ne lui en reste plus à lire; elle les lit dans leur langue : la françoise, la polonoise, l'allemande, l'italienne, etc., car elle les sait toutes. C'est ce qui donna lieu à la devise qui parut lors de son mariage; c'étoit une lyre à cinq cordes :

Quinque linguarum peritæ.

« La cour se rassemble chez elle vers les six heures pour le cavagnole (1); elle soupe à son petit couvert depuis la mort de M. de Luynes (car auparavant il avoit l'honneur de lui donner à souper chez lui, où il la servoit), et de là elle se rend chez madame la duchesse de Luynes vers les onze heures. Les personnes qui ont l'honneur d'y être admises se réduisent à cinq ou six personnes au plus, et à minuit et demi elle se retire.

« Des conversations d'où assurément la médisance est bannie (2), où il n'est jamais question des intrigues de la cour, encore moins de la politique, paroîtroient difficiles à remplir; cependant rarement languissent-elles, et pour l'ordinaire elles sont on ne peut pas plus gaies. La Reine permet, aime qu'on ose disputer contre elle; la flatterie lui est odieuse, et dans la dispute elle veut des raisons. Nulle personne n'entend si bien la plaisanterie, elle rit volontiers; son ironie est douce, car personne au monde ne sent si bien les ridicules; et bien en prend à

---

(1) Espèce de jeu de loto alors fort à la mode. — Voy. les *Mémoires*; t. I, au 22 juin 1737.

(2) « Votre Majesté ne souffre pas la médisance dans son cabinet, » dit Voltaire dans une lettre adressée à la Reine le 10 octobre 1748, pour la supplier de vouloir bien empêcher qu'on ne joue à la cour une parodie de sa tragédie de *Sémiramis*.

ceux qui en ont, que la charité la retienne : ils ne s'en relèveroient pas.

« Je ne parle pas de la profusion de ses aumônes : elle a 96,000 francs pour sa poche, et c'est le patrimoine des pauvres. J'ai reproché bien des fois à madame la duchesse de Villars, sa dame d'atours, qu'elle la réduisoit à la mendicité.

« Mais ce qui ne s'allie pas d'ordinaire, c'est que cette même princesse, si bonne, si simple, si douce, si affable, représente avec une dignité qui imprime le respect, et qui embarrasseroit si elle ne daignoit pas vous rassurer : d'une chambre à l'autre elle redevient la Reine et conserve dans la cour cette idée de grandeur, telle que l'on nous représente celle de Louis XIV. Ses lettres se ressentent de la noblesse de son âme et de la gaieté de son caractère. Elle n'est mêlée en rien dans les affaires, et aussi jamais le Roi ne la refuse pour les choses qu'elle lui demande.

« Elle est sur la religion d'une sévérité bien importante dans le siècle où nous sommes; elle pardonne tout, elle excuse tout, hors ce qui pourroit y donner quelque atteinte. »

Voici maintenant le portrait de la Reine par le duc de Luynes (1); il complète si bien celui qu'a tracé le Président que, malgré quelques redites et la longueur de ces deux extraits, nous n'hésitons pas à les donner tous les deux en entier :

« Il n'y a point d'humeur dans le caractère de la Reine. Elle a quelquefois des moments de vivacité, mais ils sont passagers (2); elle en est fâchée le moment d'après, et, quand elle croit avoir fait peine à quelqu'un, elle est impatiente de le consoler par quelques marques de bonté. La Reine devrait savoir beaucoup, car elle a beaucoup lu et même des livres difficiles à entendre, par exemple les ouvrages du père Malebranche; elle les lit avec

---

(1) Dans la partie des *Mémoires* appelée : *Extraordinaire*, 1749, 8 décembre.

(2) Un jour la Reine tança vertement M. d'Ayen sur ses plaisanteries et ses discours satiriques qui le faisaient haïr de tout le monde; « mais elle est plus vive que constante dans sa colère, » ajoute aussitôt le duc de Luynes.

plaisir; cependant quelques gens croient qu'elle peut bien ne pas les entendre. Ses principales lectures, après celles de piété, sont des livres d'histoire; malheureusement elle n'a pas le talent de bien conter, et elle le sent fort bien; cependant il est aisé de voir qu'elle est instruite. D'ailleurs elle entend avec finesse, et a des saillies et des réparties extrêmement vives (1); elle passe facilement, dans la conversation, d'un sujet à un autre; les dissertations et longues conversations sur le même sujet paraissent l'ennuyer, et ce sentiment, en effet, est assez ordinaire.

« Elle aime la musique, et joue de plusieurs instruments, médiocrement à la vérité, mais assez pour s'amuser; elle a la voix fort petite, mais fort douce; quoiqu'elle ne soit pas grande et qu'elle n'ait pas ce que l'on appelle une figure fort noble, elle a un visage qui plaît et a beaucoup de grâce (2). Sa grande piété et sa vertu, qui viennent du tempérament et de l'éducation, l'ont mise à portée de jouir d'une liberté que jamais reine n'avait eue jusqu'à présent; elle a au moins deux heures de temps à être dans ses cabinets le matin, et trois ou quatre les après-dîners, les jours qu'elle ne va point l'après-dîner à l'église; dans ses heures particulières, elle voit qui elle veut, hommes et femmes à son choix; mais, quoiqu'elle aime le ton de galanterie accompagné d'esprit et de prudence et qu'elle entende parfaitement ce langage, elle n'a nulle idée du mal, elle n'en a que de l'horreur. Ce caractère naturel, soutenu par une piété vraie et éclairée, est le plus sûr de tous les préservatifs.

« La Reine aime tendrement ses enfants, et en est aimée de même; elle vit avec eux dans une société douce, gaie, et dans une confiance réciproque (3). Sa conduite avec le Roi est très-décente,

---

(1) On peut citer quelques-unes de ces réparties : à la mort du maréchal de Saxe (qui était protestant), elle dit : Il est bien fâcheux de ne pouvoir dire un *De profundis* pour un homme qui nous a fait chanter tant de *Te Deum*. — Si les courtisans sollicitaient les grâces du ciel comme celles de la cour, ils seraient de grands saints.

(2) « La Reine fait très-bonne mine, quoique sa mine ne soit point du tout jolie. » (*Lettre de Voltaire à madame la présidente de Bernières,* 17 septembre 1725.)

(3) Voir l'abbé Proyart, *Vie de Marie Leczinska.* Les détails

très-convenable et remplie d'attentions. Elle a toujours beaucoup craint le Roi, même dans le temps qu'elle l'aimoit davantage ; on peut croire qu'elle ne l'aime plus autant, cependant il n'est pas bien décidé qu'elle ne l'aime plus qu'elle ne le croit elle-même ; ce qui est certain, c'est que sa crainte n'est point diminuée ; mais le Roi la traite bien et a de grandes attentions pour elle ; il a sujet d'être content de celles qu'elle a pour lui. La Reine traite aussi d'une manière très-convenable madame de Pompadour, qui se loue beaucoup des bontés de la Reine. La Reine dit souvent que, puisqu'il y a une maîtresse, elle aime mieux madame de Pompadour qu'aucune autre. »

Elle l'écrivait même à madame de Luynes (1).

« J'espère que je ne ferai plus que vous parler et point écrire. J'attends lundy (2) avec bien de l'impatience. Madame de Pompadour a eu de [la] fièvre hier et a été saignée, cela m'a fait une peur horrible, dont j'avoue la charité n'a pas été tout le motif ; mais cela alloit mieux hier au soir, et l'on disoit seulement qu'il n'y auroit point de voyage de Crécy (3), mais que nous nous en retournons toujours lundy. Je serai ravie de vous embrasser. »

La Reine, après avoir, ainsi que le Dauphin et les Princesses, lutté longtemps contre la Marquise, avait fini par l'accepter et « l'aimer mieux qu'aucune autre, » parce que la Marquise, non-seulement « se comportoit parfaitement bien avec la Reine (4), » mais encore avait amené un remarquable changement dans l'esprit

---

qu'il donne lui ont été communiqués par le cardinal de Luynes, qui était souvent admis dans la société intime de la Reine et de ses enfants.

(1) Le 22 mai 1751. La Reine était à Marly, et la Duchesse à Dampierre.
(2) Jour du retour de la cour à Versailles.
(3) Crécy était un château situé dans la Beauce, à trois lieues de Dreux, et appartenant à madame de Pompadour.
(4) *Journal de Barbier*, t. IV, p. 97. Édit. in-12.

du Roi et dans ses relations avec Marie Leczinska. Il était devenu plus poli et plus prévenant; il ne la traitait plus comme au temps « des quatre sœurs, » avec un sans-gêne inqualifiable et dont l'anecdote suivante donne la mesure exacte (1) :

« On a remarqué que lorsque le Roi arrive dans le salon, que non-seulement il n'approche point de la table de cavagnole où la Reine joue, mais même, il y a quelques jours, la Reine se tint debout assez longtemps sans que le Roi lui dît de s'asseoir; et pendant ce temps il parloit à madame de Mailly (2). »

Lorsque, guéri de sa maladie de Metz, Louis XV se proposa d'aller à Strasbourg rejoindre l'armée du maréchal de Noailles, « la Reine lui dit qu'elle espéroit qu'il lui permettroit de l'y suivre. Le Roi lui répondit assez froidement : « Ce n'est pas la peine, » et, sans paroître vouloir entendre un plus long discours, il alla faire la conversation avec diverses personnes qui étoient dans sa chambre (3). »

Avant le départ du Roi pour l'armée, dans cette même année 1744, le duc de Luynes nous raconte encore un trait bien caractéristique (4) :

« Il y a quelques jours la Reine vint ici après souper, et, se trouvant entre madame de Luynes et moi, la conversation tomba sur le départ du Roi, qui occupe tout le monde. Je pris la liberté de lui demander si elle ne désireroit pas d'aller sur la frontière; elle me dit qu'elle le souhaitoit extrêmement. J'ajoutai : cela étant, Madame, pourquoi Votre Majesté ne le dit-elle pas au Roi ? Elle me parut embarrassée d'avoir à parler au Roi, et croire en même

---

(1) *Mémoires du duc de Luynes*, 1741, 2 mai.
(2) Madame de Mailly était alors la maîtresse de Louis XV.
(3) *Mémoires du duc de Luynes*, 1744, 24 septembre.
(4) *Mémoires*, le 19 avril 1744.

temps que le Roi, de son côté, seroit embarrassé de l'écouter, et encore plus de lui répondre. Enfin elle ne trouva point d'autre expédient que de lui écrire. C'étoit pendant le voyage de Choisy ; nous crûmes, madame de Luynes et moi, qu'elle prendroit ce temps pour envoyer sa lettre ; mais elle nous répondit toujours que cela feroit une nouvelle de voir arriver une lettre d'elle à Choisy ; qu'elle aimoit mieux écrire quand le Roi seroit icy, qu'elle étoit dans cet usage ; que, quoiqu'elle vît le Roi presque tous les matins à son petit lever, il y avoit toujours tant de monde qu'elle ne pouvoit lui parler en particulier. Jeudi matin (16 avril) effectivement, après avoir été quelque temps chez le Roi et étant [sur le point] de s'en aller, elle lui remit elle-même sa lettre, mais avec beaucoup d'embarras, et s'en alla immédiatement. Je n'ai point vu cette lettre, mais j'ai ouï dire qu'elle lui offroit de le suivre sur la frontière de quelle manière il voudroit, et qu'elle ne lui demandoit point de réponse. Vraisemblablement ce dernier article sera le seul qui lui sera accordé. »

Le Roi lui répondit cependant (1). Il refusa, bien entendu, la demande de la Reine, et l'engagea à aller à Trianon aussi souvent qu'elle le jugerait à propos, pendant son absence. Puis, arrivé à l'armée, et tant que dura la campagne, il afficha publiquement les coupables relations qu'il avait avec la duchesse de Châteauroux.

Pleine de résignation et de soumission envers Louis XV, la Reine faisait sentir toute sa dignité blessée aux femmes qui s'étaient faites les complaisantes et les amies des maîtresses (2) ; elle était d'une juste et noble sévérité pour elles (3). Elle ne voyait le Roi que dans les visites exigées par l'étiquette ; tous les matins, quand Louis XV n'était pas dans ses châteaux particuliers (4), elle allait

---

(1) Voir les *Mémoires* au 3 mai 1744.
(2) La princesse de Conty, la duchesse d'Orléans, mesdames de Modène, d'Estrades, etc.
(3) Voy. les *Mémoires* au 17 mai et au 10 juin 1744.
(4) Louis XV faisait de continuels voyages à Marly, à Rambouil-

à son petit lever; mais elle s'y trouvait avec tous les courtisans qui avaient les entrées et ne pouvait jamais lui parler en particulier. Elle soupait avec lui, quand il y avait grand couvert; et, à une certaine époque, le Roi venait les soirs, après souper, chez la Reine « à la conversation, » et y demeurait quelques instants.

La famille royale était partagée en plusieurs petits cercles. D'un côté, le Roi, isolé dans ses cabinets de Versailles ou dans son château de Choisy, avec ses maîtresses et ses familiers; d'autre part, le Dauphin, la Dauphine, Madame et madame Adélaïde passent entre eux la soirée. Le salon de madame Victoire est le centre d'une autre petite société dont fait partie madame Sophie. La Reine passe avec le duc de Luynes, le président Hénault et les duchesses de Luynes et de Villars (1), tout le temps que les exigences de l'étiquette lui laissent de libre. Ce côté de la vie intime de la cour, sous Louis XV, est en pleine lumière dans les *Mémoires*, et nous ne voulons que l'indiquer ici.

---

let, chez la comtesse de Toulouse, à Choisy, à Crécy, chez madame de Pompadour, à la Muette, à Trianon, à Bellevue, à Saint-Hubert. De tous ces châteaux, celui de Choisy, qu'il avait acheté en 1739, lui plaisait davantage. Il cherchait, par ces voyages, qui avaient lieu au moins trois fois par semaine, à fuir l'ennui qui le suivait partout.

(1) « La place de dame d'atours de la Reine qu'avoit madame la duchesse de Mazarin est donnée à madame la duchesse de Villars, fille de M. le maréchal de Noailles. Elle étoit dame du palais. On en a laissé le choix à la Reine. La duchesse de Villars a infiniment d'esprit; elle s'est mise depuis deux ou trois ans dans la dévotion avec madame la princesse d'Armagnac, sa sœur; elle étoit auparavant comme toutes les femmes de la cour. » *Journal de Barbier*, septembre 1742, t. III, p. 386. — La duchesse de Villars, en 1743, réunissait chez elle une académie de beaux-esprits, parmi lesquels se trouvait Moncrif. — *Journal de police*, publié à la fin du *Journal de Barbier* (édit. Charpentier), t. VIII, p. 328.

« Voici mes soirées; » écrit la Reine à la duchesse de Luynes absente de Versailles; « je vais chez Papète (1), et quand elle a mal à la teste (2), je joue un triste piquet. Quand le Roy n'est point icy je vais quelquesfois chez mes enfants. Voilà un compte exact; j'espère que bientôt je n'en auray point à vous rendre et que vous en serez témoin... (3). »

« J'ay passé hier ma soirée en très-petite compagnie; nous n'estions que huit et toutes à travailler autour d'un grand feu. Cela tenoit de la veillée beaucoup... (4). »

Marie Leczinska « n'étoit mêlée en rien dans les affaires. »

« Ce ne sera pas, » écrit-elle au duc de Luynes, « des nouvelles que je vous diray; d'abord je n'en sçais point, Dieu mercy, et n'ay nulle envie d'en sçavoir dans le temps où nous sommes (5). »

Peut-être s'éloignait-elle trop volontiers de tout ce qui était représentation; mais quelquefois c'était l'extrême délicatesse de son cœur qui la décidait à se tenir à l'écart. Ainsi nous lisons dans les *Mémoires*, à la date du 4 avril 1745 :

« La Reine ne voulut jamais aller à la revue vendredy; madame de Luynes prit la liberté de lui représenter plusieurs fois qu'il lui paroissoit convenable qu'elle ne s'éloignât pas des occasions de représentation. M. le maréchal de Noailles en parla

---

(1) Surnom d'amitié que la Reine avait donné à madame de Villars; elle appelait la duchesse de Luynes : la Poule.

(2) La duchesse de Villars était sujette à de violents et fréquents maux de tête, qui l'obligeaient à rester plusieurs jours au lit et dans la plus complète obscurité.

(3) *Lettre de la Reine*, du 9 janvier 1751.

(4) *Lettre de la Reine au duc de Luynes*, du 30 décembre 1750.

(5) *Lettre de la Reine* du 12 mai 1755. — Le 3 janvier 1751, elle écrivait au duc de Luynes : « Moy qui ne sçais rien, je sçais que le Parlement fait encore des remontrances aujourd'hui : tout cela m'attriste. Que Dieu ayt pitié de nous. »

aussi à la Reine, mais rien ne la put faire changer de résolution. »

Plus loin (1) nous avons l'explication de cette résistance :

« La Reine alla avant-hier de Marly à la revue des gardes françoises et suisses. Il y avoit longtemps qu'elle n'y avoit été; elle avoit toujours dit qu'elle y iroit à la paix (2), ne pouvant voir sans une peine extrême, pendant la guerre, tant de braves gens dont plusieurs vraisemblablement ne seroient plus à la fin de la campagne. »

Elle aimait la conversation et recherchait la société des gens d'esprit.

« Elle marque à M. le président Hénault (3) beaucoup de bonté et de désir de le voir. M. le président Hénault a l'esprit fort aimable et très-orné dans tous les genres. Il a de la douceur dans le commerce, de la politesse et de l'agrément. La Reine a pris goût à son esprit. Tous les jours après son dîner, elle le fait venir dans ses cabinets, elle le fait asseoir et reste une heure ou deux en conversation avec lui (4). Lorsque la Reine a soupé chez moi, des jours maigres, elle a voulu manger seule dans un cabinet parce qu'elle fait gras. Après qu'elle a soupé, elle nous envoie souper madame de Luynes et moi; et reste en conversation avec le Président pendant tout le souper. Dimanche dernier, elle soupoit chez elle et se mit à jouer ensuite; elle quitta son jeu, qu'elle laissa gouverner à Mesdames, et alla dans ses cabinets avec le Président faire la conversation pendant environ trois quarts d'heure. La grande vertu de la Reine et sa piété vraie et solide la mettent au-dessus de toute critique (5). »

---

(1) Au 11 mai 1749.

(2) La paix venait d'être signée à Aix-la-Chapelle en 1748; elle terminait la guerre de la succession d'Autriche, qui avait commencé en 1741.

(3) *Mémoires du duc de Luynes*, Extraordinaire, 1747, 16 nov.

(4) D'Argenson (t. III, p. 267 et 271) parle de la faveur du Président; il dit : « On sait qu'il est grand ami de la Reine. »

(5) Madame du Deffand a composé un portrait du Président; nous

On trouve dans une lettre de la Reine au duc de Luynes une phrase très-caractéristique sur le Président (1) : « Vous avez le Président à présent ; j'en suis ravie, car la solitude à la campagne donne des vapeurs, et notre Président vaut mieux tout seul que si la maison étoit remplie. »

Autant que la différence des rangs le permettait, l'amitié de Marie Leczinska pour la duchesse de Luynes était devenue ce que nous appellerions aujourd'hui de l'intimité. La Reine avait trouvé dans madame de Luynes une de ces rares personnes dont son père lui avait recommandé la société : « Je ne connois, » lui disait le roi Stanislas dans un mémoire qu'il avait composé pour son éducation, « qu'une sorte de gens qui rendent les sociétés aimables : ce sont ces personnes vertueuses dont l'humeur est douce et le cœur bienfaisant, dont la bouche exprime

---

en citons quelques lignes qui le font bien connaître, et expliquent ses succès dans le monde.

« Toutes les qualités de M. le président Hénault, et même tous ses défauts, sont à l'avantage de la société ; sa vanité lui donne un extrême désir de plaire ; sa facilité lui concilie tous les différents caractères, et sa faiblesse semble n'ôter à ses vertus que ce qu'elles ont de rude et de sauvage dans les autres...... Il joint à beaucoup d'esprit toute la grâce, la facilité et la finesse imaginables ; il est de la meilleure compagnie du monde, sa plaisanterie est vive et douce ; sa conversation est remplie de traits ingénieux et agréables, qui jamais ne dégénèrent en jeux de mots ni en épigrammes qui puissent embarrasser personne. Il se plaît à démêler dans toutes sortes de genres les beautés et les finesses qui échappent au commun du monde..... Il ne manque d'aucun talent ; il traite également bien toutes sortes de sujets ; le sérieux, l'agréable, tout est de son ressort. Enfin M. le président Hénault est un des hommes du monde qui réunit le plus de différentes parties, et dont l'agrément et l'esprit sont le plus généralement reconnus. »

(1) *Lettre de la Reine* adressée au duc de Luynes, qui était à Dampierre, le 19 juin 1756.

la franchise, et une physionomie sans art le sentiment et la candeur ; qui, sévères sans misanthropie, complaisantes sans bassesse, vives sans emportement, ne louent ni ne blâment jamais par prévention ou par caprice (1). »

Nous avons déjà dit que Marie Leczinska se plaisait à passer ses soirées avec la famille de Luynes. Les détails abondent dans les *Mémoires*, et nous n'avons qu'à choisir les passages (2).

En 1745, pendant la campagne de Fontenoy et l'absence de Louis XV, le duc de Luynes écrit :

« La Reine vint souper chez moi avant-hier mercredi. Depuis quelque temps elle nous fait cet honneur deux fois la semaine ; elle veut bien que l'on ne fasse point de préparatifs pour la recevoir, et la plupart du temps on est incertain si elle viendra souper jusqu'au moment qu'elle arrive. » — « Je ne marque point ici toutes les fois que la Reine vient souper chez moi ; ce ne seroit qu'une répétition ennuyeuse, d'autant plus qu'elle y vient tous les jours quand il n'y a point de grand couvert (3), et même les jours qu'elle n'y soupe point elle vient ou jouer ou faire la conversation (4). »

La Reine augmenta dans les années suivantes la fréquence de ces visites, modifiant son régime suivant l'état de sa santé, mangeant seule quelquefois, se faisant apporter en chaise quand elle ne pouvait pas marcher.

« La Reine a toujours continué, malgré son incommodité (5), à se faire apporter tous les soirs chez madame de Luynes, soit pour souper les jours que le Roi soupe dans ses cabinets, soit

---

(1) *Vie de Marie Leczinska*, par l'abbé Proyart.
(2) La *Vie de Marie Leczinska*, par l'abbé Proyart, ne parle pas de tous les détails que nous donnons ici.
(3) Chez le Roi.
(4) *Mémoires*, 1746, 26 août.
(5) Elle souffrait de douleurs hémorroïdales.

après souper lorsque le Roi soupe au grand couvert; mais, depuis quinze jours, la Reine ne se met plus à table chez moi, comme elle avoit toujours fait; elle mange seule et fort peu, sur une petite table, dans le cabinet de madame de Luynes. C'est un régime que sa faculté (1) lui a ordonné au moins pour quelque temps, et dont elle se trouve bien (2). »

Dans cette année 1747, la Reine soupa cent quatre-vingt-dix-huit fois chez la duchesse de Luynes, indépendamment des jours qu'elle y vint après souper, « et que je n'ai pas comptés » ajoute le scrupuleux chroniqueur (3).

La société de la Reine chez la duchesse de Luynes se composait du duc de Luynes, de son frère, du duc et de la duchesse de Chevreuse, de la duchesse de Villars, du président et de Moncrif, lecteur de la Reine, à qui elle voulait bien pardonner sa liaison avec madame de Pompadour, car c'était lui qui faisait le plus souvent les paroles des divertissements représentés dans les cabinets du Roi (4). Un des plus grands plaisirs de la Reine était de se trouver dans le cabinet de madame de

---

(1) Helvétius, son premier médecin.
(2) *Mémoires*, 1747.
(3) *Mémoires*, 1748, 12 janvier.
(4) Paradis de Moncrif, né en 1680, mort en 1770, fut reçu membre de l'Académie française en 1733. Il est auteur de chansons spirituelles, de divertissements, de comédies et de poésies fugitives, dont quelques-unes sont fort jolies. Tout le monde sait qu'il publia une *Histoire des chats*. Sollicitant la place d'historiographe après le départ de Voltaire pour la Prusse, « vous voulez dire d'historiogriffe, » lui répliqua le comte d'Argenson. Cette plaisanterie et quelques méchancetés de Voltaire rappellent seules son nom aujourd'hui. Voltaire écrivait cependant à madame du Deffand, le 14 février 1762 : « Je crois que Moncrif nous enterrera tous. On dit que sa perruque est mieux arrangée et mieux poudrée que jamais. Tout ce qui me fâche, c'est qu'il ne fasse plus de petits vers : c'est grand dommage. »

Luynes, assise « dans le délicieux fauteuil près la cheminée; » elle le dit et le répète sans cesse dans ses lettres.

« Être vis-à-vis madame de Luynes, à costé de la table, dans le délicieux fauteuil, occupée de vous, il n'est pas possible de ne vous le pas dire. Je m'en vais boire à votre santé (1). »

Éloignée de ses amis pendant un voyage à Fontainebleau, elle écrit au duc de Luynes, à propos de cette séparation : « Enfin pour mieux exprimer ce que je sens, ce qui n'est qu'une misère dans l'opéra est une réalité pour moy, c'est que l'univers sans mes amis, c'est un désert pour moy (2). »

Le cérémonial de la cour avait dû se modifier par le fait même des nouvelles habitudes de la Reine : « Depuis que Sa Majesté ne mange plus chez elle avec les dames, il est d'usage que d'avoir l'honneur de souper chez madame de Luynes avec Sa Majesté est la même chose (3). »

La Reine et la famille royale visitèrent souvent le duc et la duchesse de Luynes à Dampierre. C'est en 1741 que commencent ces visites. En 1743, la Reine y alla, le 20 juin, pour la quatrième fois. En 1744, elle y amena le Dauphin; en 1745, elle fut accompagnée par Mesdames. Cette même année, son père, Stanislas Leczinski, roi de Pologne et duc de Lorraine, vint aussi à Dampierre, sans doute pour témoigner aux bons amis de Marie Leczinska sa reconnaissance

---

(1) Ce billet, que nous citons en entier, est du 27 juin 1753 et adressé au duc de Luynes.
(2) Lettre du 1er nov. 1752.
(3) *Mémoires*, 1756, 26 février.

pour leur tendre affection et leur loyal dévouement. Une fois Louis XV visita aussi Dampierre; parmi les dames qui l'accompagnaient se trouvait madame de Pompadour.

Les moindres interruptions de ces douces relations causaient un vif déplaisir à la Reine; les plus courtes absences de la duchesse de Luynes lui paraissent d'une éternelle durée. C'est alors qu'elle lui envoie lettres sur lettres, trouvant dans le plaisir de lui écrire un dédommagement de la séparation. « Ce sont les délices de l'amitié, » dit-elle en parlant des lettres qu'elle écrit et de celles qu'elle reçoit. Assurément cette correspondance, tout intime, tout amicale, qui n'a d'autre but que de dire à ceux qu'on aime : Je vous aime, et à ceux qui sont loin : Votre absence est trop longue, cette correspondance ne saurait être publiée en entier, l'excellence du style ne venant point racheter par son éclat la monotonie du sujet. Mais quelques fragments sont bons à donner; ils feront voir dans toute sa vérité le caractère d'une femme que l'on connaît si peu, et que l'on pourra dès lors juger d'après elle-même.

La duchesse de Luynes ayant été attaquée de la petite vérole en décembre 1750, les craintes et les inquiétudes de la Reine furent extrêmes; elle les exprima dans de nombreuses lettres qu'elle fit au duc de Luynes l'honneur de lui écrire. Marie Leczinska s'y montre tout entière; l'excellence du cœur n'empêche nullement l'esprit d'y prouver une certaine finesse et surtout une délicatesse exquise. Mais laissons un moment le duc de Luynes nous mettre au courant des circonstances :

« La Reine a marqué l'inquiétude la plus vive et l'amitié la plus tendre; elle a voulu pendant tout le temps du danger avoir sept ou huit lettres par jour, indépendamment des bulletins (1). Mon frère (2), qui étoit à Bayeux, partit à la première nouvelle de la maladie et arriva ici le dimanche 13 décembre. Depuis son arrivée, il a eu l'honneur d'écrire une partie de ces lettres et moi l'autre. Actuellement même que tout danger est passé et qu'il n'y a plus de bulletins depuis trois ou quatre jours, la Reine veut encore quatre ou cinq lettres par jour. Elle a la bonté de faire réponse au moins une fois tous les jours et accompagne les assurances de son amitié de toutes les grâces imaginables. »

Elle permit même à Delavigne, son premier médecin en survivance, de s'enfermer avec la famille de Luynes.

Le 12 décembre 1750, elle écrit au duc de Luynes, et dit en lui parlant de sa femme :

« J'admire sa tranquillité; assurément je ne suis pas de même, il est vray que ce n'est pas pour moy. Je l'embrasse de tout mon cœur. Finissez donc tous remerciments ; il est tout simple d'estre en peine des gens que l'on aime, et très-naturel d'aimer ceux qui sont aimables. »

Privée de sa société accoutumée, seule ou entourée d'un monde officiel et banal dans ses appartements de Versailles, « J'ai grande impatience, écrit-elle, de me retrouver dans notre compagnie (3). » Lorsqu'enfin la duchesse est hors de danger et que la convalescence commence, la Reine lui écrit, le 22 décembre :

« Rien ne m'auroit fait tant de plaisir que votre lettre, si je n'en attendois un bien plus sensible dans quatre semaines, qui est celuy de vous voir. Il est pourtant vray que de me donner quelquefois de vos nouvelles sans que cela vous puisse faire mal

---

(1) « Faites-moi pleuvoir des nouvelles aujourd'huy, je vous en prie. » — *Lettre de la Reine* au duc de Luynes, 14 déc. 1750.

(2) L'évêque de Bayeux.

(3) 17 décembre 1750.

servira à m'adoucir un temps qui me paroist déjà bien long. Tout ce que je vous demande, c'est de ne me savoir aucun gré de mon amitié, vous vous la devez tout entière. Votre lettre m'a attendrié aux larmes. Oui, Dieu vous conservera tant que je vivray, je le luy demande de tout mon cœur... »

Le rétablissement de la duchesse cause au roi de Pologne, Stanislas Leczinski, la même satisfaction; c'est une affaire de famille. La Reine écrit au Duc (1), en se servant des expressions alors en usage et que nous regardons aujourd'hui comme puériles :

« Si deux lettres que j'ai reçues hier de mon *papa* n'estoient pas moitié en polonois, je vous les enverrois, car elles ne sont remplies que de la joie qu'il a de sçavoir madame de Luynes guérie.... »

Le 3 janvier 1751, Stanislas écrivit lui-même au duc et à la duchesse de Luynes pour les féliciter de la guérison « de sa très-chère Duchesse. »

Dans une lettre du 28 décembre, adressée au duc de Luynes et écrite après une légère indisposition, la Reine, rassurée sur la santé de son amie, a repris sa gaieté; elle lui dit :

« J'avois mérité tout cela; mais que faire quand on s'ennuie? il faut bien se donner des indigestions; cela fait toujours de l'occupation... »

Et le lendemain :

« Est-il vrai qu'elle a mal à un œil? Dites-lui de ma part que je finirai par faire une prière pour elle comme celles que les juifs de Metz firent pour le Roi; où tous les membres et artères furent compris afin de ne rien oublier.... »

Le 1ᵉʳ janvier 1751, Marie Leczinska ne manque pas d'écrire à la Duchesse :

---

(1) 25 décembre 1750.

« Vous sçavez que je n'ay pas beaucoup de temps ce jour icy ; mais il m'est impossible de ne me pas donner celuy de vous dire combien votre lettre m'a fait de plaisir. Ce qui me touche surtout, c'est que vous étes persuadée de ma tendre amitié pour vous. Ce que vous appelez n'avoir pas figure humaine en sera une délicieuse pour moy, et rien ne m'empêchera de vous voir au bout des quarante jours quand ce ne seroit que pour un moment, et puis nous verrons. Je vous souhaite une santé parfaite, et à moy, car il ne faut pas s'oublier, le bonheur de passer toute ma vie avec vous. »

A ma cousine la duchesse de Luynes.

« Le 7 janvier 1751.

« C'est de tout mon cœur que j'ay joint mes actions de grâces aux vôtres, et je remercie Dieu tous les jours de vous avoir donné à moy et puis de vous avoir conservée. C'est un présent dont je ne suis pas ingrate. Je me suis tenue très-longtemps à ma fenêtre pour vous voir promener autour de la pièce des Suisses et je n'ay rien vu. Vous étiez déjà passée ou vous ne l'étiez pas encore (1)....

« Monsieur de Luynes, vous vous gouvernez comme un enfant ; vous vous noyez, vous vous crevez et puis vous souffrez. On voit bien que je ne vous gouverne point actuellement ; un peu de patience, vous serez un peu morigéné. Mon empire est dur quand il me faut conserver mes amis. »

Le 15 janvier, la maladie étant terminée et le duc de Luynes pouvant enfin sortir de son hôtel (2), où il était dans une véritable quarantaine, la Reine lui ordonna de venir lui faire sa cour : « J'allai, » dit-il, « à son dîner. J'ai déjà parlé en plusieurs endroits de ses bontés ; elle m'en donna encore ce jour-là de nouvelles

---

(1) L'appartement de la Reine, à Versailles, avait vue sur la pièce d'eau des Suisses.

(2) L'hôtel de Luynes, à Versailles, était rue de la Bibliothèque, nº 8 et 10.

marques. Il ne me manque que des termes pour exprimer ma reconnaissance. »

Cependant la Reine ne pouvait pas encore voir la duchesse.

« Sçavez-vous, » lui écrit-elle (1), « le plaisir que je me suis donné hier au soir ? j'ay été surprendre M. de Luynes chez luy ; je l'ay trouvé qui venoit de finir son souper avec Monseigneur (2) dans sa belle petite chambre. Je ne puis vous dire la joye que j'ay eue de revoir votre appartement ; j'y suis restée un moment pour la ménager, car à la longue, ne vous y trouvant point encore, j'ay eu peur de ce qui auroit pu luy succéder. Les plaisirs qui ne sont que dans l'imagination ont besoin d'être ménagés. J'attends avec impatience le réel. »

« Le 25 janvier 1751.

« Vous pouvez bien croire que vous ne sçauriez me faire un plus grand plaisir que de me mander jusqu'au moindre détail de tout ce qui a rapport à votre santé; je suis charmée de la savoir bonne. A cela voicy ma volonté suprême, car la douceur s'en va quand je désire bien vivement. Je n'iray point vous voir ni je ne veux pas que vous veniez ; il est inutile de vous faire gagner un rhume, mais je veux que d'aujourd'huy, ou tout au plus tard de demain en huit, vous veniez vous établir icy. Point de réplique, et sur ce je vous embrasse de tout mon cœur. »

« Ce 25. Bonjour, monsieur de Luynes. »

« Le 26 janvier 1751.

« Je suis très-aise de la soumission avec laquelle vous avez reçu mes ordres; aussy j'avois oublié d'ajouter qu'ils estoient émanez de mon thrône. Ne dites point cette mauvaise plaisanterie, car vous sçavez bien ce que c'est. Raillerie à part, je ne puis vous dire la douceur que cela a mis dans mon sang de penser que je vous verray tous les jours. Je vous embrasse.

« Vous vous mocquez de moy, Monsieur, de ne me point

---

(1) Le 23 janvier.
(2) L'évêque de Bayeux.

écrire. Voilà ce que c'est que le monde. Les bonnes habitudes se perdent aisément; j'espère vous voir demain. »

Enfin, le 2 février, madame de Luynes reparut à la cour. Marie Leczinska lui fit l'accueil le plus amical. Elle vint la voir; puis ce fut le tour du Dauphin, de la Dauphine, de mesdames Victoire, Sophie et Louise. Il n'y eut que madame Adélaïde qui ne vint point, « à cause de la peur réelle qu'elle avoit de la petite vérole. » Madame Infante, duchesse de Parme, lui écrivit. Ce retour était un événement pour cette partie de la famille royale; en effet, le cercle de la Reine était trop peu nombreux pour que l'absence de toute la famille de Luynes n'y fût pas vivement sentie.

La correspondance de la Reine se continue les années suivantes, pendant les absences de Versailles, lorsque M. et madame de Luynes allaient passer quelques jours à Dampierre. Nous en donnerons encore quelques extraits.

La vie publique, les obligations de la cour, l'étiquette, étaient à charge à Marie Leczinska, qui n'avait, il faut bien le dire, que le rôle ennuyeux de la royauté. De tous ces ennuis, les voyages de Marly et la société bruyante des courtisans qui peuplaient le château, paraissent avoir été les plus pesants pour la Reine.

A ma cousine la duchesse de Luynes.

« Marly, vendredi, 14 mai 1751.

« Voicy un bien vilain temps et pour Dampierre et pour Marly. Vous comprenez, je crois, ce que cela veut dire, du moins je m'en flatte. Il pleut à verse dans ce moment. Vous ne me parlez point de votre santé; il n'est question que de moy dans votre lettre; c'est apparemment pour me guérir de l'aversion que j'ay pour moy que vous me dites que vous vous en occupez. Il est sûr que c'est dans votre cœur que je suis bien aise de me voir. J'ay déserté hier le salon, il y faisoit un vent aussy fort que dans le jardin; ma fuite ne m'a pas empêché d'y gagner une fluxion.... Je suis actuellement dans mon petit cabinet bleu; il faut le quitter pour aller se divertir, car c'est l'heure. Je vous répète que je suis très-fâchée de ne point vous voir. »

On trouve dans d'autres lettres :

« Je ne vous dirai rien du salon : c'est la pénitence des sens. Il aveugle, il fatigue les oreilles (1), il rend les mains malpropres, l'odorat est infecté, la chère médiocre... » — « Le salon est hideux (2)... » — « Je puis vous assurer que j'aime mieux le bruit de *Tintamarre* (3) que celui du salon... »

Elle revient sans cesse, dans ses lettres, sur le salon de Marly. A propos d'une description qu'elle a envoyée à madame de Luynes, elle écrit (4) au duc de Luynes :

« Parlons du salon. Je crois bien que la description que j'en ai faite à madame de Luynes vous a plu, car il n'y a rien de si vrai; et c'est parce que cela est vrai, et par conséquent tout simple, que vous l'avez trouvée bonne. On ne dit jamais mieux que quand on dit vrai... »

Cette pensée bien exprimée n'est pas une exception dans les lettres de la Reine. Nous prenons au hasard :

« Je m'ennuye de ne vous pas voir : il n'y a pas de tour à cela; mais le vrai est simple (5)... » — « Cela est dit grossièrement; mais les tours ne sont que pour ce qui plait légèrement, mais qui n'occupe pas (6)... » — « Je hais autant Dampierre que le

---

(1) « On y fait un bruit affreux. »
(2) Lettre du 27 mai 1755.
(3) « *Tintamarre* étoit le nom d'un vieux chien appartenant à madame de Luynes et qui ronfloit toujours. »
(4) Le 8 mai 1752.
(5) Août 1753.
(6) 29 mai 1754.

salon : l'un parce que je n'y suis pas, et l'autre parce que j'y suis (1)... »

Le duc de Luynes, remerciant la Reine de la permission qu'elle avait donnée à la duchesse de venir à Dampierre :

« Je puis vous assurer, Monsieur, que je ne mérite point de remerciments, car j'en suis désolée (2). »

« Il est inutile de vous dire que je suis fâchée de ne vous pas voir ; vous n'en doutez pas ; mais mon cœur croit toujours vous l'apprendre (3)... » — « Je crois, Monsieur, que c'est pour recevoir de mes lettres, puisque vous les trouvez si belles, que votre absence est si longue. Je vous avertis que mon grand esprit est très-court (4)... » — « J'attends demain avec la plus grande impatience et vous embrasse de tout mon cœur, en vous assurant que ce n'est point votre absence qui me fait sentir le prix de votre présence ; que je les sens vivement, l'une par le plaisir et l'autre par la peine... (5). »

En 1752, le 2 avril, le duc de Luynes recevait le billet suivant :

« Le Roy vient de m'accorder une grâce que je lui ai demandée dont madame de Luynes vous rendra compte, qui m'a fait un plaisir que je ne puis mieux comparer qu'à l'amitié que j'ay pour vous deux. »

Il s'agissait d'une pension de 12,000 livres que le Roi accordait à madame de Luynes, ur la demande de la Reine. L'évêque de Bayeux lui écrivit pour la remercier, et la Reine lui répondit ainsi (6) :

---

(1) 2 mai 1755. La Reine était à Marly et la Duchesse à Dampierre.
(2) Lettre du 7 novembre 1752, datée de Fontainebleau.
(3) Lettre à la duchesse de Luynes, du 24 juin 1756.
(4) 4 septembre 1756.
(5) Lettre à la duchesse de Luynes, du 17 avril 1753.
(6) 15 avril 1752.

« Soyez bien persuadé, monseigneur de Bayeux, que je ne suis pas plus Reine quand vous êtes dans votre diocèse que quand nous vous possédons à Versailles, et cette idée vous fera sentir la joie que j'ay de la grâce que le Roi a accordée à M. et à madame de Luynes. Vous n'y verrez plus qu'une amie qui s'intéresse à tout ce qui les regarde. J'admire mon bonheur de recevoir des remerciments d'une chose qui m'a fait plus de plaisir qu'à vous-même. Je suis flattée que vous rendiez cette justice à mes sentiments. Sur ce, monseigneur de Bayeux, je vous demande votre bénédiction, et vous demande de vous fournir un peu la mémoire pour vous empêcher d'aller au chapitre quand vous serez icy, car, quoique vous soyez toujours fort aimable, vous l'êtes encore plus quand vous ne faites point duo avec *Tintamarre* (1). C'est bien compter sur vous de vous écrire pareilles pauvretés (2). »

---

(1) Voy. la note 3, p. 46.
(2) L'évêque de Bayeux, Paul d'Albert de Luynes, était le frère du duc de Luynes. Il naquit le 5 février 1703, et s'appela d'abord le comte de Montfort. Il était colonel d'un régiment d'infanterie lorsqu'il se décida à entrer dans les ordres. Il devait se battre en duel; sa piété sincère l'en empêchait; mais sa mère exigea qu'il se battît ou qu'il se fît prêtre. Nommé évêque de Bayeux en 1729, il devint premier aumônier de la Dauphine en 1747, archevêque de Sens en 1753 et cardinal en 1756. Il avait été reçu à l'Académie française en 1743, et à l'Académie des sciences en 1755. Le Roi l'avait nommé commandeur de ses ordres en 1758.

Le cardinal de Luynes était très-savant; sa charité et sa générosité étaient sans limites. Pieux, tolérant, bienveillant quoique ferme, d'une humeur douce et toujours égale, il avait acquis l'estime et l'affection de la Reine, du Dauphin, de la Dauphine et de Mesdames. On conserve au château de Dampierre de nombreuses lettres intimes, écrites au cardinal par la Dauphine (1755-1765), par Madame Infante (duchesse de Parme) et par Mesdames Victoire et Louise (1753-1755). Nous citerons ici un passage d'une lettre de la Dauphine, pour donner une idée de cette correspondance : « Adieu, mon Cardinal; je vous aime de tout mon cœur, malgré le respect que je dois à Votre Éminence. L'Infante et M. le Dauphin m'ont ordonné une fois pour toutes de vous dire toujours mille choses de leur part : ainsi, quand je l'oublierai, vous saurez toujours que je de-

INTRODUCTION.

« Pour entendre la plaisanterie de cette réponse (de la Reine) il faut savoir que lorsque la Reine est en particulier chez madame de Luynes, dans son cabinet, et que l'on veut lui rendre les respects qui lui sont dus, elle a la bonté de nous dire souvent que dans ce moment elle n'est point reine. Il y a une autre plaisanterie dans cette lettre; on ne peut l'entendre sans explication. Dans ce petit particulier dont je viens de parler, la Reine veut bien quelquefois nous faire asseoir. Il arriva malheureusement un jour à mon frère de s'endormir; il voulut en s'éveillant reprendre la conversation où il l'avoit laissée, et dit qu'il falloit assembler le chapitre; on parloit d'autre chose dans ce moment. Nous rîmes tous beaucoup de ce réveil (1). »

Nous approchons du moment où la mort du duc de Luynes va mettre fin à cette correspondance amicale; donnons-en encore quelques passages.

Au duc et à la duchesse de Luynes.

« Le 1ᵉʳ septembre 1756.

« Vous ne sçavez ce que vous dites. Ne me parlez jamais de

---

vois vous le dire. » — Il était archevêque de Sens quand il fut nommé cardinal, en 1754, par le roi d'Angleterre (le Prétendant) qui était à Rome et auquel le Pape avait conservé le droit de nommer des cardinaux. « C'est à madame la Dauphine, » dit le duc de Luynes, » que nous devons cette grâce : c'est elle qui a obtenu l'agrément du Roi et qui a déterminé le roi d'Angleterre. Il ne sera nommé que quand le Pape fera la promotion des couronnes. » Il le fut en 1756.

Après la mort du Dauphin (1765), le cardinal de Luynes quitta la cour et se retira dans son diocèse, à Sens, où le Dauphin avait voulu être enterré, dans la cathédrale; il refusa l'archevêché de Cambrai, pour ne pas se séparer de ce tombeau. Il mourut à Paris, à l'hôtel de Luynes, le 19 janvier 1788. — L'abbé Proyart, dans la *Vie du Dauphin*, parle souvent du cardinal de Luynes et de ses relations avec le Prince.

(1) *Mémoires du duc de Luynes.*

votre âge; votre âge est celui de notre amitié, vous n'en avez point d'autre (1), et je vous promets qu'il sera dans sa vigueur tant que je vivrai ; cela est une fois dit et toujours senti. Voilà deux jours passés, il y en a encore cinq, cela est bien long. Je fus hier à Sève (2). Vous voyez comme je me promène. Peut-être irai-je aujourd'hui encore je ne sais où; si ce vilain Dampierre étoit plus près ! Enfin je le déteste... »

Le petit-fils du duc de Luynes, le comte de Dunois (3), fut nommé colonel en 1755. La Reine en donna avis à la duchesse par un billet daté du 27 décembre :

« Monsieur de Dunois est colonel. Le Roy a eu la bonté de m'accorder cette grâce hier, et je suis ravie de vous l'annoncer. »

Quelque temps après, le jeune colonel, à peine âgé de dix-huit ans, mourait à Ruremonde d'une fièvre continue. Marie Leczinska écrivit alors au duc de Luynes (4) :

« Si la part sincère que je prends à la perte que vous avez faite pouvoit vous estre de quelque consolation, vous la trouveriez assurément dans mon cœur. Je ne puis vous dire combien j'en suis touchée. Il n'y a que Dieu seul qui puisse calmer une si juste douleur. Je me borne à vous assurer de ma tendre amitié. »

En 1751, le 10 février, la Reine avait obtenu de Louis XV la survivance de la charge de dame d'honneur de Sa Majesté, qu'avait madame de Luynes, pour sa belle-fille, madame de Chevreuse. Marie Leczinska avait

---

(1) La Reine était née le 23 juin 1703; elle avait cinquante-trois ans. — Le duc de Luynes, né en 1695, avait soixante et un ans. — La Duchesse, née en 1684, avait soixante-douze ans.

(2) Chez la princesse d'Armagnac, sœur de madame de Villars.

(3) Charles-Marie-Léopold d'Albert de Luynes, fils du duc de Chevreuse, né le 23 mai 1740, mort à Ruremonde le 12 avril 1758.

(4) 17 avril 1758.

mis une condition à cette faveur : « C'est à condition, » écrivait-elle à la Duchesse, « que M. de Luynes et vous vous ne me quitterez jamais tant que je vivrai. » Elle obtint en même temps pour madame de Chevreuse les grandes entrées chez le Roi, qu'avait madame de Luynes. Madame de Chevreuse ne succéda pas cependant à sa belle-mère ; elle donna sa démission le 15 avril 1761 (1).

Après la mort du duc de Luynes (1758), la Reine cessa d'aller souper chez la duchesse ; mais elle conserva l'habitude de venir faire la conversation chez elle tous les soirs, jusqu'en 1763 que mourut madame de Luynes, âgée de soixante-dix-neuf ans. La Reine ne lui survécut pas longtemps ; elle mourut en 1768 épuisée par le chagrin et la douleur. Elle avait perdu coup sur coup sa fille Madame Infante (1759), son petit-fils le duc de Bourgogne (1761), le Dauphin (1765), son père Stanislas Leczinski (1766), la Dauphine (1767), et tous ses amis, à l'exception du vieux président Hénault (2).

Un des derniers témoignages que Marie Leczinska donna à la mémoire de la duchesse de Luynes fut une pension qu'elle obtint du Roi pour sa nièce, qui écrivait en 1778 à l'abbé Terray :

« Le Roi accorda à madame du Deffand, en 1763, à la sollicitation de la Reine, une gratification annuelle de 6,000 livres.

---

(1) On lit dans la *Gazette de France* du 25 avril 1761, p. 206 : « La duchesse de Chevreuse a donné sa démission de la place de dame d'honneur de la Reine, dont elle avoit la survivance, attendu que sa mauvaise santé ne lui permet plus d'en exercer les fonctions. » La duchesse de Luynes fut remplacée, en 1763, par la comtesse de Noailles, depuis maréchale de Mouchy.

(2) Né en 1685, le Président mourut en 1770. A la mort de la Reine il devint surintendant de la maison de la Dauphine.

Cette princesse l'honoroit de sa protection en considération de feu sa tante la duchesse de Luynes, dont les services assidus, le respectueux attachement, l'absolu dévouement, avoient mérité de Sa Majesté ses bontés, son amitié et sa reconnoissance. »

MÉMOIRES
DU
DUC DE LUYNES.

ANNÉE 1735.

DÉCEMBRE.

Audience de la Reine à Mme l'ambassadrice de Venise. — Elle dîne chez M. de Chalmazel et soupe chez M. le garde des sceaux. — Baptême de son fils dans la chapelle de Versailles. — Maladie dans les bœufs qui sont pour l'artillerie en Italie. — Mariage de Mlle de Montmorency avec M. le duc d'Havré (1).

Versailles, 27 décembre. — Hier, Mme Zéno, ambassadrice de Venise, se rendit l'après-dînée à Versailles. Elle descendit chez M. le cardinal de Rohan, qui lui avoit fait préparer sa maison. Le soir, elle et M. l'ambassadeur de Venise passèrent chez Mme de Luynes, dame d'honneur de la Reine ; elle s'y fit écrire parce que Mme de Luynes étoit pour lors chez la Reine. Le Roi y soupoit au petit couvert dans la chambre de la Reine, et Mme de Luynes les servit l'un et l'autre suivant l'usage. Mme de

---

(1) Ces sommaires sont, jusqu'au mois de juillet 1737, la reproduction textuelle d'une table analytique que le duc de Luynes avait commencée pour ses Mémoires. Malheureusement cette table n'a pas été continuée, et dès le mois d'août 1737 nous serons obligés d'y suppléer.

Luynes, rentrant chez elle et apprenant que Mme l'ambassadrice étoit venue avec M. l'ambassadeur pour la voir, lui envoya son écuyer lui faire des compliments vers les dix heures du soir.

Le 27, M^mè de Luynes envoya demander à M. le garde des sceaux (1) si elle devoit aller voir Mme Zéno avant qu'elle vînt chez la Reine, à cause de sa visite de la veille ; M. le garde des sceaux répondit à Mme de Luynes qu'elle ne devoit la voir que chez la Reine.

Mme l'ambassadrice s'est rendue aujourd'hui 27, à midi, dans la pièce la plus près de la chambre de la Reine. S. M. étoit dans la chambre du lit (2), assise sur une chaise longue, à cause de sa grossesse, sans quoi S. M. auroit été dans un fauteuil et auroit dû se lever quand l'ambassadrice seroit entrée. Sa chaise avoit le dos tourné à la cheminée et les pieds du côté de la porte. M. le cardinal de Fleury, premier ministre, grand aumônier de la Reine, étoit à côté de S. M., à droite et debout. Il y avoit à droite et à gauche de la Reine un rang de tabourets pour les dames titrées, et M. le garde des sceaux, ministre et secrétaire d'État des affaires étrangères, à la gauche de Son Éminence, derrière la Reine. On apporta un tabouret à M. le cardinal de Fleury, qui cependant resta debout pendant toute l'audience. Les dames debout étoient depuis la Reine jusqu'aux tabourets à droite et à gauche, entre autres Mme la maréchale de Broglie, qui devoit avoir un carreau comme maréchale de France; on a oublié d'en donner l'ordre. La femme du chevalier d'honneur a aussi le même droit, mais elle n'y étoit pas. Les femmes des

---

(1) Germain-Louis Chauvelin.
(2) Cette chambre se trouvait à côté du salon de la Paix. La cheminée a été détruite lors des travaux faits pour l'établissement des galeries historiques, mais on voit encore dans la corniche les pitons auxquels était suspendu le dais du lit de la Reine. — (*Notice du Musée impérial de Versailles*, par par Eud. Soulié, IIe partie, page 136. — 1855, in-12.)

gentilshommes de la chambre du Roi et la dame d'atours de la Reine ont aussi le même droit lorsqu'elles ne sont pas titrées.

M. de Sainctot, introducteur des ambassadeurs, qui avoit été prendre Mme l'ambassadrice dans un carrosse de la Reine à huit chevaux (mais, comme il ne devoit être qu'à deux, on en a ôté six), étoit avec elle dans la chambre près de celle de la Reine. Il est entré seul pour que Mme de Luynes vît que Mme l'ambassadrice étoit là.

Mme de Luynes a fait une révérence à la Reine et ensuite aux dames du cercle, et est allée recevoir Mme Zéno hors de la porte de la chambre de la Reine. Elle se sont saluées, complimentées et baisées (1). Elles sont ensuite entrées chez la Reine, Mme de Luynes marchant devant et à droite, Mme l'ambassadrice ensuite, et après elle M. de Sainctot. Mme de Luynes se rangeant, Mme Zéno a fait en entrant une révérence à la Reine, une seconde au milieu de la chambre, une troisième auprès de la Reine, a baisé le bas de la robe de S. M., et lui a fait une quatrième révérence et un compliment fort court. On a ensuite apporté deux pliants égaux et à même hauteur, Mme Zéno s'est assise à droite du côté du balustre, et Mme de Luynes à gauche près d'elle. M. de Tessé, premier écuyer, et M. de Nangis, chevalier d'honneur, étoient debout derrière le fauteuil de la Reine. S. M. a fait avancer les deux pliants plus près d'elle pour pouvoir parler plus facilement à Mme l'ambassadrice.

Quelques minutes après, le Roi, qui avoit été averti par M. de Sainctot, est arrivé par le salon qui sert de cabinet à la Reine (2). Mme Zéno s'est levée ainsi que

---

(1) Cette salutation, ces compliments et le baiser ne devoient se faire que dans la chambre avant celle du lit, tant en entrant qu'en sortant; mais Mme Zéno, avec un peu trop de vivacité et faute de le savoir, salua Mme de Luynes dans l'embrasure de la porte de la chambre du lit. (*Note du duc de Luynes.*)

(2) Le salon de la Paix.

toutes les dames. Elle a fait deux ou trois révérences pendant lesquelles le Roi s'est avancé après l'avoir saluée en entrant, l'a baisée d'un côté seulement, comme à toutes les présentations. Mme Zéno lui a fait une autre révérence. Le Roi lui a demandé des nouvelles de sa santé, s'est reculé et est resté encore quelques moments, Mme l'ambassadrice et toutes les dames restant debout. Le Roi est retourné chez lui par le même chemin. Mme l'ambassadrice s'est rassise, a resté fort peu de temps, s'est levée ensuite, a fait les trois mêmes révérences qu'en entrant, excepté qu'après la seconde elle en a fait une aux dames, ensuite la troisième à la porte. Mme de Luynes l'a reconduite jusqu'en dehors de la porte, et est rentrée aussitôt continuer d'être à son devoir auprès de la Reine. De là, Mme Zéno auroit dû descendre dans la salle des ambassadeurs (1), y attendre que Mme de Luynes eût achevé de servir la Reine à dîner, après quoi Mme de Luynes seroit descendue au carrosse de la Reine et auroit fait avertir Mme l'ambassadrice dans la salle. Elle en seroit sortie aussitôt, et Mme de Luynes seroit montée avec elle dans le carrosse de la Reine pour aller dîner chez M. de Chalmazel, premier maître d'hôtel de la Reine. En ce cas, Mme l'ambassadrice doit monter la première et la dame d'honneur se mettre à côté d'elle. En venant au château, l'introducteur étoit dans le carrosse de la Reine, à côté de Mme l'ambassadrice, à sa gauche, et seul avec elle. En sortant de chez la Reine, Mme Zéno, faute d'être instruite du cérémonial, s'en alla chez elle dans le carrosse de la Reine, comptant se déshabiller pour venir dîner ; mais M. le garde des sceaux lui manda que c'étoit un dîner de cérémonie, et qu'il falloit qu'elle fût habillée.

---

(1) La salle des ambassadeurs se trouvait au rez-de-chaussée de l'aile droite de la cour royale, au-dessous des salles occupées actuellement par une collection de gouaches et d'aquarelles représentant les batailles de la République et de l'Empire. Cette salle sert aujourd'hui de magasin de sculptures.

Elle se rhabilla aussitôt, et vint chez M. de Chalmazel dans une chaise à porteurs de M. le cardinal de Rohan. Mme de Luynes étoit au milieu de la table, en haut, à côté de Mme l'ambassadrice et à sa gauche, et tous ceux qui y étoient, placés sans cérémonie ; c'est la dame d'honneur qui prie et qui doit faire les honneurs de ce repas. Le dîner fut grand ; il n'y avoit que quinze personnes, la salle de M. de Chalmazel ne pouvant contenir une plus grande table. Voici les noms de ces quinze personnes : Mme de Luynes, Mme Zéno, M. le duc de Charost, M. le marquis de Nangis, M. Zéno, Mme la duchesse de Béthune, Mme la duchesse de Boufflers, Mme la duchesse d'Épernon, Mme de Chalmazel, M. de Chamarande, M. le marquis de Tessé, M. de Sainctot, Mme la princesse de Chalais, M. le duc de Gesvres.

M. et Mme Zéno soupèrent ce même jour chez M. le garde des sceaux.

28 *décembre*. — Aujourd'hui 28, ils ont dîné chez M. et Mme de Luynes sans cérémonie. Ils soupent ce soir chez M. le cardinal de Rohan et retournent demain à Paris.

Le baptême de leur fils a été fait aujourd'hui 28 à midi et demi dans la chapelle ; il a été tenu par le Roi et Mme la Duchesse, et baptisé par M. le cardinal de Rohan, grand aumônier (1), suivant l'usage ordinaire. Dès que le Roi est parrain, c'est toujours le grand aumônier qui baptise, ou le premier aumônier ou un aumônier de quartier. Il n'y a point eu de cérémonie extraordinaire (2). Le Roi a entendu la messe en bas comme les dimanches, avec sa musique ordinaire. Après la messe il s'est avancé près de la première marche du chœur.

---

(1) Grand aumônier du Roi.

(2) Tous MM. les ducs et grands d'Espagne doivent avoir des carreaux derrière le Roi, c'est le droit et l'usage ordinaire. Plusieurs en avoient à cette cérémonie, et plusieurs avoient négligé d'en demander ou d'en faire apporter ; mais le droit n'est pas contesté. (*Note du duc de Luynes.*)

Mme l'ambassadrice étoit habillée et un peu derrière de l'autre côté du Roi. Mme la Duchesse (1) étoit à la droite de M. le cardinal de Rohan, qui étoit debout sur cette première marche, tournant le dos à l'autel et ayant près de lui pour assistant le curé de la paroisse Notre-Dame. Derrière Mme la Duchesse, deux dames, dont l'une sa dame d'honneur, l'enfant au milieu tenu par une femme bien mise, mais sans ajustement. Cet enfant n'a que deux mois. Les cérémonies et prières ordinaires [ont été faites]; il a été nommé Louis par le Roi qui, avant que de donner le nom, s'est retourné du côté de Mme la Duchesse, laquelle n'a répondu que par un air respectueux. Après le baptême, le Roi est remonté chez lui. Il fait un présent à l'enfant, qui est son portrait enrichi de diamants. On m'a dit que le présent pouvoit coûter environ 10 ou 12,000 francs.

Hier 27, le Roi dit à son souper que l'on mandoit d'Italie qu'il y avoit une maladie considérable dans les bœufs seulement, mais que tous ceux qui traînoient l'artillerie du roi de Sardaigne étoient morts. Il y en avoit environ deux cents et un grand nombre d'autres. On trouve dans leur corps un grand nombre d'abcès. Cette maladie gagne aussi du côté de Trèves et s'étend même jusqu'à Metz. Elle ressemble fort à celle qui fit périr un si grand nombre de chevaux en Allemagne en 1703.

Ce même jour 27, Mme la duchesse d'Havré et M. le maréchal de Montmorency vinrent demander l'agrément de LL. MM. pour le mariage de M. le duc d'Havré avec Mlle de Montmorency. M. le duc d'Havré a un frère, mais il est l'aîné, et Mlle de Montmorency a deux frères dont l'un marié, et une sœur mariée à M. le comte de Trésmes. On dit que M. et Mme de Montmorency donnent 400,000 livres, argent comptant, à Mlle leur fille.

---

(1) Louise-Françoise de Bourbon, veuve de Louis III, duc de Bourbon, prince de Condé, mort en 1710.

ANNÉE 1736.

JANVIER.

M. le Dauphin entre aux hommes. — Entrées chez M. le Dauphin. — État de tout ce qui compose la maison de M. le Dauphin.

Versailles, 15 janvier. — Ce qui s'est passé quand M. le Dauphin a été remis entre les mains des hommes (1). — Le samedi 14, les médecins et chirurgiens du Roi se rendirent le matin chez M. le Dauphin. Ils le virent dans son lit, le visitèrent en présence de Mme la duchesse de Ventadour, gouvernante, de Mme de Tallard, qui a la survivance et de Mme ...., sous-gouvernante. Ensuite la faculté fit procès-verbal de cette visite, suivant l'usage en pareille occasion. Elle auroit dû être faite dans le cabinet du Roi, c'est la coutume; mais M. le Dauphin étoit enrhumé, on ne jugea pas à propos qu'il sortît.

Le lendemain après dîner, M. le Dauphin, Mme de Ventadour, Mme de Tallard et Mme ...., qui l'ont élevé, se rendirent chez le Roi. S. M. les fit passer dans son cabinet. M. le cardinal de Fleury, premier ministre, suivi de M. le comte de Châtillon, gouverneur, de M. l'évêque de Mirepoix (2), précepteur, de MM. de Polas-

---

(1) Le Dauphin, né le 24 septembre 1729 était dans sa septième année. L'usage était de ne remettre aux hommes le soin de l'éducation des enfants de France qu'au commencement de leur huitième année, mais la *Gazette* dit que la parfaite santé de Mgr le Dauphin, et son esprit plus sensé qu'il ne l'est ordinairement dans les enfants de son âge, a déterminé le Roi à ne pas suivre l'ancien usage.

(2) Jean-François Boyer.

tron et de Muy, sous-gouverneurs, de MM. de Puiguion et chevalier de Créquy, gentilshommes de la manche, arrivèrent chez le Roi un moment après et entrèrent aussitôt dans le cabinet de S. M. Le Roi dit à M. de Châtillon, en montrant M. le Dauphin : « Monsieur, je vous remets entre les mains ce que j'ai de plus cher. » Ensuite il dit à M. le Dauphin : « Vous obéirez à M. de Châtillon comme si c'étoit à moi-même, » et lui montrant Mme de Ventadour, « et n'oubliez jamais les soins de Mme de Ventadour. » Elle sortit sur-le-champ en pleurant. M. le Dauphin voulut courir après elle, M. de Châtillon se mit entre lui et Mme de Ventadour pour empêcher que M. le Dauphin ne s'attendrît encore davantage. Mme de Tallard et Mme de............... la suivirent. M. le Dauphin s'en retourna chez lui, accompagné de M. de Châtillon, qui étoit derrière lui, de M. l'évêque de Mirepoix, aussi derrière, des deux gentilshommes de la manche qui étoient à ses côtés, des deux sous-gouverneurs, de M. l'abbé de Saint-Cyr, sous-précepteur, et de M. l'abbé de Marbeuf, lecteur.

M. le Dauphin, en entrant chez lui, passa tout droit dans son cabinet (qui est celui qu'occupoit en dernier lieu M. le duc d'Orléans régent, et qui étoit auparavant celui de Monseigneur). Il y trouva les volets fermés, un théâtre dressé, et des marionnettes toutes prêtes qui commencèrent à jouer aussitôt. M. le cardinal de Fleury l'avoit aussi suivi et resta pendant toutes les marionnettes.

Je joins à ce détail la relation qui m'a été donnée par M. l'évêque de Mirepoix ; la voici :

Le 15 janvier 1736, à quatre heures après midi, Mmes les duchesses de Ventadour et de Tallard, avec Mmes les sous-gouvernantes (1), conduisirent M. le Dauphin chez le Roi, où M. le cardinal de Fleury s'étoit rendu

---

(1) Les sous-gouvernantes étaient Mmes de la Lande, de Villefort et la marquise de Muy.

avec M. le comte de Châtillon, accompagné de toute la maison de M. le Dauphin. Le Roi remercia Mmes de Ventadour et de Tallard des soins qu'elles avoient pris de M. le Dauphin et du bon état où elles le remettoient. Ensuite il adressa la parole à M. de Châtillon, et lui dit qu'il l'avoit choisi dans tout son royaume pour lui confier ce qu'il avoit de plus cher, sachant que personne n'étoit plus capable que lui de remplir cette place. M. de Châtillon répondit, en baisant la main de M. le Dauphin, qu'il feroit ses efforts pour répondre à la bonne opinion de S. M. et rendre M. le Dauphin digne de sa naissance. Le Roi adressa ensuite la parole à M. le Dauphin, et lui dit de regarder M. de Châtillon comme son second père, et de lui obéir en tout comme à lui-même. M. de Châtillon fit baiser au Dauphin la main du Roi, qui l'embrassa tendrement. On le mena aussitôt à son appartement (1) en descendant par le degré de marbre. M. le Dauphin s'est conduit dans cette première journée avec tout le courage et toute la raison imaginables, quoiqu'en marquant son bon cœur pour Mme de Ventadour.

30 *janvier*. — J'ai appris depuis deux jours qu'il avoit été décidé que tous ceux qui avoient les entrées chez la Reine les auroient de même chez M. le Dauphin. Ces entrées, dans le moment présent, ne sont pas d'un grand usage, par rapport à l'âge de M. le Dauphin. M. de Châtillon a voulu éviter qu'il fût importuné par grand nombre de gens qui auroient droit d'entrer chez lui, et que cependant il connoîtroit, ce qui l'embarrasseroit dans les amusements proportionnés à son âge. Ainsi, dans les temps qui ne sont point destinés à l'étude, ceux mêmes qui ont les grandes entrées sont annoncés par l'huissier à M. de Châtillon, qui a l'attention de ne les point refuser.

---

(1) Cet appartement se trouvait au rez-de-chaussée, au-dessous de celui de la Reine, placé au premier étage. Il est occupé aujourd'hui par les portraits des amiraux, connétables et maréchaux de France.

Voici l'état de ce qui compose le service de M. le Dauphin :

Un maître d'hôtel du Roi du quartier, sortant (1).

Un maître de la chambre aux deniers et son commis sortant d'année chez le Roi.

Un contrôleur général et son commis, sortant de semestre chez le Roi.

Un contrôleur d'office, sortant de quartier.

Un aumônier du Roi, sortant de quartier.

Un chapelain, id.

Un clerc de chapelle, id.

Un chef de brigade, id.

Un exempt des gardes de quartier.

Douze gardes du guet du Roi.

Un exempt des Cent-Suisses de quartier.

Six suisses par extraordinaire.

Un lieutenant des gardes de la porte de quartier.

Quatre gardes de la porte de quartier.

Un exempt de la prévôté de quartier.

Quatre gardes de la prévôté de quartier.

Un écuyer de main du quartier sortant.

Un des trois écuyers cavalcadours pour les carrosses.

Quatre pages du Roi, de ceux qui ne portent pas le surtout (2).

Six valets de pied attachés à M. le Dauphin.

Un premier valet de chambre à M. le Dauphin.

Deux valets de chambre du Roi, sortant de quartier.

Un troisième valet de chambre de ceux qui sont de quartier chez le Roi, roulant avec les deux autres chez M. le Dauphin.

---

(1) Ceux qui, sortant de quartier chez le Roi, entrent de quartier chez M. le Dauphin, ont par gratification pour ledit quartier la moitié des gages qu'ils ont chez le Roi; et ceux qui ont été augmentés pour le service de M. le Dauphin sont payés par extraordinaire. (*Note du duc de Luynes.*)

(2) Les huit premiers pages du Roi portent le surtout; ce n'est aucun de ces huit qui sont chez M. le Dauphin. (*Note du duc de Luynes.*)

FÉVRIER 1736.

Deux garçons de la chambre à M. le Dauphin.

Deux huissiers de la chambre du Roi, sortant de quartier.

Un valet de chambre, tapissier du Roi, sortant de quartier.

Un portemanteau, id.

Un valet de chambre barbier, id.

Un porte meuble à M. le Dauphin.

Un premier valet de garde du Roi, sortant de quartier.

Deux valets de garde-robe, id.

Deux garçons de garde-robe à M. le Dauphin.

L'argentier des enfants de France.

Un premier médecin.

Un apothicaire.

Un garçon apothicaire.

Un aide apothicaire.

Un chirurgien ordinaire.

M. le Dauphin se sert des chevaux et cochers du Roi. La petite écurie, par cette raison, a été augmentée de deux attelages.

FÉVRIER.

MM. de Pérignan et de Châtillon faits ducs. — Présentation de Mme la duchesse de Châtillon. — Difficultés sur ladite présentation. — M. de Châtillon, auparavant d'Olonne, change de nom.

Le 7 ou le 8 février, le Roi manda à M. le cardinal de Fleury, à Issy, par M. de Maurepas (1), qu'il avoit nommé ducs et pairs M. de Pérignan, neveu de S. Ém. et M. le comte de Châtillon, gouverneur de M. le Dauphin.

Peu de jours après, M. le cardinal voulut mener lui-même Mme de Châtillon remercier le Roi. Il crut qu'il n'étoit pas convenable qu'elle prît son tabouret, parce

---

(1) Ministre de la marine et de la maison du Roi.

que les lettres de M. de Châtillon n'avoient pu encore être enregistrées; mais c'est la volonté seule du Roi, et par conséquent sa nomination, qui décide des honneurs du Louvre, et l'enregistrement n'est nullement nécessaire pour cela. S. Ém., qui ignoroit cette règle, mena seul Mme de Châtillon chez le Roi. Selon l'usage, elle devoit être accompagnée au moins d'une dame titrée de ses proches parentes, et, au défaut de proches parentes, c'est souvent la dame d'honneur de la Reine que l'on prie de présenter chez le Roi; mais, comme il vient d'être dit, M. le Cardinal ne la menoit que pour faire son remercîment, sans croire qu'elle dût prendre le tabouret, et la visite se passa debout. Mme de Châtillon ne salua point le Roi.

Au sortir du cabinet de S. M., on fit l'observation à M. le Cardinal sur le tabouret, et S. Ém. donna pour raison le manque d'enregistrement. Quelqu'un d'officieux alla sur-le-champ chez Mademoiselle (1) dire ce qui s'étoit passé chez le Roi. Mme la duchesse de Mazarin (2) mena Mme de Châtillon chez la Reine. M. de................ rendit compte à la Reine de ce qui s'étoit passé chez le Roi. Cependant nulles difficultés chez la Reine. Elle s'y assit; c'étoit un instant avant la comédie, et la Reine s'assit exprès un moment pour que Mme de Châtillon eût joui de son droit (3).

De chez la Reine ces deux dames allèrent chez M. le Dauphin, où il n'y eut nulles difficultés. Mais, quand elles arrivèrent chez Mademoiselle, on apporta d'abord des fauteuils, Mme de Mazarin ayant dit à Mademoiselle que c'étoit Mme la duchesse de Châtillon. Comme Mme de Châtillon

---

(1) Louise-Anne de Bourbon-Condé, née en 1695.
(2) Dame d'atours de la Reine.
(3) Il est vraisemblable que la Reine n'entendit pas ou ne comprit pas parfaitement ce que Mme de Châtillon lui avoit dit assez bas. (*Note du duc de Luynes.*)

étoit prête de s'asseoir, Mademoiselle, qui étoit instruite de sa visite chez le Roi, lui dit : « Madame, vous êtes bien pressée. » Mme de Mazarin répondit que Mme de Châtillon avoit pris son tabouret chez la Reine. Mademoiselle lui dit : « Madame, la Reine peut faire ce qu'elle juge à propos chez elle, mais c'est le Roi qui donne les rangs en France, et Mme de Châtillon n'a point pris son tabouret chez lui; la Reine ne peut donner de rang, quand même elle seroit régente. » Après cette réponse elles crurent que le meilleur parti étoit de s'en aller.

Mademoiselle a raison dans la grande exactitude; mais il est désagréable d'avoir fait cette difficulté. Aucune des autres princesses ne la fit; toutes donnèrent des fauteuils suivant l'usage et le droit toujours constant lorsqu'on a pris son tabouret chez le Roi.

Quelques jours auparavant, Mme la duchesse de Rochechouart, fille de feu M. de Combourg, avoit pris son tabouret; elle fut présentée par Mme sa mère, qui a épousé en secondes noces M. le duc de Mortemart. Tout se passa chez le Roi, chez la Reine, etc., suivant l'usage ordinaire; mais, chez Mme la princesse de Conty la jeune (1), Mme de Créquy, sa dame d'honneur, avoit oublié de faire mettre des fauteuils. Il ne se trouva pour ces deux duchesses et pour Mme la maréchale d'Estrées, qui étoient avec Mme de Rochechouart, que des chaises à dos. Elles s'assirent dessus lesdites chaises fort mal à propos; elles auroient mieux fait de faire leur visite en restant debout. M. le duc de Gramont, qui apprit dans le moment ce qui venoit de se passer à cette visite, alla sur-le-champ chez Mme la princesse de Conty la mère (2), et lui représenta que c'étoit donner un juste sujet de plaintes à MM. les ducs. Mme la princesse de Conty fit réponse à M. de Gramont qu'elle étoit persuadée que la chose ne s'étoit

---

(1) Louise-Diane d'Orléans, née en 1716, mariée en 1732.
(2) Louise-Élisabeth de Bourbon-Condé, née en 1693, veuve en 1727.

pas faite dans l'intention de porter atteinte aux prérogatives dont l'usage est bien établi, que ce ne pouvoit être qu'une faute d'attention, et que, si ces dames alloient chez elle, elles y seroient reçues avec des fauteuils. Elles allèrent le lendemain chez cette princesse, où elles furent reçues ainsi que chez les autres princesses et eurent des fauteuils.

M. le duc de Châtillon-Montmorency, qui avoit changé le nom de duc d'Olonne pour prendre celui de Châtillon, à la mort de M. le duc de Châtillon, son père, frère de M. le duc de Luxembourg, à l'occasion de la nouvelle dignité de M. le comte de Châtillon, que le Roi vient de nommer duc de Châtillon, a pris le nom de duc de Bouteville. On n'en comprend pas la raison. Il a eu son bisaïeul qui a porté ce nom de Bouteville (c'est celui qui a eu le cou coupé), mais cette terre n'est plus possédée par sa maison. Il est vrai qu'il a fait donner au marquis de Royan, son fils, à son mariage avec Mlle de Fervaques, le nom de duc d'Olonne ; mais il pouvoit mieux prendre celui de duc de Royan, puisqu'il possède cette terre, que celui de Bouteville.

MARS.

Promotion et distribution par le Roi de dix-huit croix de Saint-Louis. — Agrément à M. de Bissy de vendre son régiment et d'acheter la charge de commissaire général de la cavalerie, et à M. de Clermont-Tonnerre, celle de mestre de camp général de cavalerie. — Mesdames à Ténèbres, auxquelles assistoit le Roi ; difficulté.

Versailles, 5 mars. — Hier le Roi fit dix-huit chevaliers de l'ordre de Saint-Louis. Ils étoient à genoux, sans distinction d'ancienneté, en rond, au milieu de la chambre de S. M. Le Sr Bernard, greffier de cet ordre, lut le serment ; ensuite le Roi, à mesure qu'il leur donnoit l'accolade (qui est deux coups de son épée sur les épaules, en disant : « De par saint Michel et saint Louis, je vous fais chevalier »), distribuoit les croix, qu'il recevoit l'une après l'autre des mains de M..........

Le feu Roi ne faisoit point de telles promotions dans sa chambre ; c'étoit toujours dans son antichambre (1), où les chevaliers étoient à genoux, rangés depuis la porte de sa chambre, le long de la muraille de séparation de la galerie.

6 mars. — Ces jours passés, le Roi a donné à M. de Bissy, fils de M. de Bissy, beau-frère de M. Chauvelin, garde des sceaux, la permission de vendre le régiment d'Anjou-cavalerie, dont il est colonel, et l'agrément d'acheter la charge de commissaire général de la cavalerie, qui donne le grade de premier brigadier de cavalerie. Il achète cette charge de M. le marquis de Clermont-Tonnerre 260,000 livres. Elle vaut par an 4,000 à 4,500 livres de revenu. Le Roi a en même temps donné l'agrément à M. le marquis de Clermont-Tonnerre d'acheter de M. le comte de Châtillon, à présent duc de Châtillon et gouverneur de M. le Dauphin, la charge de mestre de camp général de la cavalerie pour la payer. Il ajoute au prix de celle de commissaire général environ 60 ou 65,000 livres. Elle vaut de revenu 9 à 10,000 livres.

30 mars, à Versailles. — Hier, jeudi saint, Mesdames allèrent entendre les Ténèbres à la chapelle. On avoit mis pour elles à une travée, à côté de celle du Roi, un coussin de damas cramoisi avec un drap de pied et des carreaux. M. le cardinal de Fleury dit à M. le duc de Villeroy de faire ôter le drap de pied, ce qui fut exécuté. Trois ou quatre jours auparavant on avoit fait le même arrangement à la travée à gauche. La Reine étant à la grande tribune, Mesdames étant arrivées avec Mme de Tallard, Mesdames firent rabattre le drap de pied qui étoit pendant. Depuis ce temps Mesdames ont toujours été sans

---

(1) C'est la pièce connue sous le nom de l'*Œil-de-Bœuf*.

drap de pied lorsqu'elles se sont mises à une travée et que le Roi et la Reine sont dans la grande tribune, quand même le Roi et la Reine seroient en bas. M. le Dauphin et Mesdames ne peuvent point avoir de drap de pied en haut, quoique derrière le Roi. On prétend qu'on en mettoit un pour Monseigneur, quoiqu'en présence du Roi, mais qu'il le faisoit toujours ôter. Depuis ce temps on n'a point mis de drap de pied pour Mesdames en pareilles occasions.

MAI.

M. le Dauphin se fait peser. — Deuil de M. le duc de Luynes pour le prince Eugène. — Réception au parlement de MM. d'Épernon, de Châtillon et de Fleury. — Usage de Mme de Ventadour de servir la Reine refusé à Mme de Tallard. — Généalogie suivant laquelle le Roi est vingt-cinq fois petit-fils d'Henri IV. — Accouchement de la Reine et dispute entre les exempts et les chefs de brigade. — Mort de M. le duc du Maine; disposition que le Roi fait de ses charges. — Détail des cérémonies au sujet de cette mort et pension accordée par le Roi. — Pension à Mlle de Sens. — Service de la Reine dans ses couches. — Signature du contrat de mariage de M. le marquis de Fleury avec Mlle d'Auxy. — Grâce donnée à un déserteur qui a rencontré le Roi, et refusée à un autre pour qui Mme la comtesse de Toulouse la demandoit. — Changements de plusieurs appartements. — Obligation des valets de chambre de la Reine de reconduire et qui ils reconduisent. — Remerciment de M. Pelletier pour la charge de premier président. — Ventes de deux maisons à Mme de Mazarin et à Mme de Rupelmonde, à Paris. — Pension à M^{mé} Portail, veuve du premier président. — Pension de 6,000 livres à M. Portail sur sa charge de président à mortier et translation du Parlement à Pontoise.

1er *mai, Versailles.* — Il y a quelques jours que M. le Dauphin se fit peser. Il pesoit soixante-dix livres. Le fils de M. le prince de Montauban, qui n'a que quatre ou cinq mois de moins, pesoit trente-cinq livres, et M. le duc de Penthièvre, qui a environ quatre ans de plus, ne pèse que cinquante-cinq livres.

Versailles, 5 *mai.* — Avant-hier, ayant appris par mon fils que Mme de Neufchâtel, ma belle-mère, comme veuve de M. le chevalier de Soissons, avoit pris le deuil de M. le prince

Eugène (1), et sachant que Mme de Mazarin, dame d'atours de la Reine, l'avoit pris aussi comme alliée par M. de Mazarin à la maison de Soissons (2), je crus pouvoir le prendre sans inconvénient; mais c'est manquer de respect au Roi que de prendre le deuil d'un étranger sans la permission de S. M., et je priai même M. le cardinal de Fleury de vouloir bien en faire mes très-humbles excuses au Roi.

Versailles, 12 mai. — Hier vendredi, toutes les chambres assemblées, il y eut trois ducs et pairs reçus au Parlement, savoir : M. le duc d'Épernon, qui prit le titre et le rang de duc d'Antin, et deux nouveaux, qui sont M. le duc de Châtillon, gouverneur de M. le Dauphin, et M. le marquis de Pérignan, duc de Fleury.

M. le président Pelletier, comme le plus ancien président du Parlement, tenoit la place de premier président, qui est vacante par la mort de M. Portail. M. le duc d'Épernon fut reçu le premier. M. Pallu, son rapporteur, lût les témoignages de deux personnes titrées et deux autres non titrées, et les conclusions du procureur général, qui sont toujours en ces termes : « Je n'empêche pour le Roi que M............... ne soit reçu en la dignité de duc et pair de France, en prêtant en la cour le serment accoutumé. » Ensuite il dit qu'il étoit de l'avis des conclusions; après quoi M. d'Épernon fut appelé, s'avança derrière le premier banc qui ferme le parquet en face de M. Pelletier, qui lui dit : « Levez la main. Vous jurez et promettez, etc. » Le serment prêté, M. d'Épernon remit son épée, qu'il avoit quittée, et prit sa place en son rang de pairie.

M. de Châtillon fut reçu après M. d'Épernon et suivant l'usage ordinaire. M. de Vienne, son rapporteur, après la lecture des témoignages, comme il vient d'être expliqué,

---

(1) Le chevalier de Soissons était neveu de Marie de Bourbon, comtesse de Soissons, grand'mère du prince Eugène.

(2) Le duc de Mazarin était petit-fils d'Hortense Mancini, sœur d'Olympe Mancini, mère du prince Eugène.

au lieu de dire seulement : « Je suis de l'avis des conclusions, » fit un discours assez court, mais fort convenable, à la louange de M. de Châtillon, s'étendant principalement sur le choix que le Roi avoit fait de lui pour mettre auprès de M. le Dauphin. Le reste fut de même qu'à M. d'Épernon, excepté que, M. de Châtillon ayant pris séance le dernier des pairs, M. Pelletier, assis et le bonnet sur la tête, lui fit son compliment sur la dignité créée en sa faveur, rempli d'éloges très-convenables. M. de Châtillon y répondit assis et le chapeau sur la tête; la réponse fut courte, et prononcée si bas qu'elle fut peu entendue.

Pour M. de Fleury tout fut de même; c'étoit le même rapporteur, dont le discours fut pour la plus grande partie sur les louanges de M. le cardinal de Fleury, ainsi que le compliment de M. Pelletier. M. de Fleury y répondit en bons termes et à haute voix. La réponse fut assez longue; il parla avec reconnoissance de M. le cardinal de Fleury.

Il y avoit trois princes du sang (1), un pair ecclésiastique (2) et treize ou quatorze laïques, entre autres M. de Fitzjames (3), abbé, qui a cédé son duché à son frère cadet, lequel n'est pas encore en âge d'être reçu. Il étoit en usage aussi qu'un duc, ayant cédé son duché avec l'agrément du Roi à son fils, n'alloit plus au Parlement quoique le fils ne fût pas en âge d'être reçu. Il y a un fait à remarquer touchant M. le maréchal de Berwick son père; c'est qu'ayant cédé son duché avec l'agrément du Roi à son fils, en le mariant à Mlle de Duras, lequel mourut avant d'avoir pu être reçu, il crut devoir se faire recevoir une seconde fois pour pouvoir retourner au Parlement et y avoir séance, ce qui fut fort blâmé. Ce que M. l'abbé de Fitzjames a fait dans cette occasion ne doit pas être ap-

---

(1) Orléans, Clermont, Conty. (*Note du duc de Luynes.*)
(2) Beauvais. (*Note du duc de Luynes.*)
(3) François, duc de Fitzjames, abbé de Saint-Victor, fils du maréchal de Berwick.

prouvé. La dignité de pair dépend totalement de la volonté du Roi, et non de celle du Parlement. On pourroit dire que c'est un avantage pour les ducs d'avoir séance au Parlement jusqu'à ce que leurs enfants soient en âge d'y remplir leur place, mais les occasions où cet avantage seroit plus désirable, c'est aux lits de justice, et le Roi peut y convoquer qui il juge à propos. Les pairs même ne s'y trouvent que convoqués par S. M., et ils ne doivent dépendre que de la volonté du Roi.

Autre fait à remarquer. Mme de Ventadour, gouvernante des enfants de France, est dans l'usage depuis plusieurs années de servir la Reine quand Mlle de Clermont (1), la dame d'honneur et la dame d'atours n'y sont point; et, par une extrême considération pour Mme de Ventadour, les femmes de chambre de la Reine lui présentent le service. Mme la duchesse de Tallard, sa petite-fille et gouvernante par la démission de Mme de Ventadour, s'étant trouvée seule chez la Reine, présentant le service à S. M. comme auroit fait Mme de Ventadour, la Reine a voulu changer ce commencement d'usage, paroissant penser pour Mme de Tallard bien différemment que pour Mme de Ventadour. S. M. dit à Mme de Luynes, il y a deux jours, de donner ordre à ses femmes de chambre de ne plus donner le service à Mme de Tallard quand elle se trouveroit à portée de le prendre. Mme de Luynes répondit à S. M. qu'apparamment c'étoit sur l'exemple de Mme de Ventadour que Mme de Tallard avoit l'honneur de la servir. La Reine répondit à Mme de Luynes qu'il y avoit bien de la différence de l'une à l'autre, et qu'elle ne vouloit pas que ce qu'elle accordoit dans ce cas à Mme de Ventadour pût tirer à conséquence pour une autre. Mme de Luynes a exécuté les ordres de S. M. en défendant à ses femmes de chambre de présenter le service à Mme de Tallard, ayant auparavant

---

(1) Marie-Anne de Bourbon-Condé, dite Mlle *de Clermont*, née en 1697, surintendante de la maison de la Reine.

rempli les égards de politesse convenable par rapport à M. le cardinal de Rohan (1), et pour Mme de Tallard. Elle crut cependant qu'il suffisoit que Mme de Tallard en fût instruite par M. le cardinal de Rohan, et qu'il ne convenoit pas qu'elle l'instruisît elle-même des ordres qu'elle avoit reçus de la Reine. Mais avant que de l'exécuter Mme de Luynes en instruisît aussi M. le cardinal de Fleury et M. le garde des sceaux.

16 mai, Versailles. — Il y a quelques jours que le Roi dit à son souper qu'il étoit vingt-cinq fois petit-fils d'Henri IV. J'eus la curiosité d'examiner cette généalogie, que j'ai cru devoir joindre ici :

Branches par lesquelles Louis XV descend de Henri IV.

Henri IV a eu de Marie de Médicis quatre enfants, savoir : un fils et trois filles ; et de Gabrielle d'Estrées, un fils légitimé.

I. — Louis XIII, son fils ;
Louis XIV, petit-fils ;
Monseigneur, arrière-petit-fils ;
M. le duc de Bourgogne ;
Louis XV.

II. — Élisabeth de France, femme de Philippe IV, roi d'Espagne ;
Marie-Thérèse, sa fille, femme de Louis XIV ;
Monseigneur ;
Mgr le duc de Bourgogne ;
Louis XV.

III. — Christine de France, femme de Victor-Amé, duc de Savoie ;
Charles-Emmanuel, duc de Savoie ;
Victor, duc de Savoie ;
Marie-Adélaïde, femme de M. le duc de Bourgogne ;
Louis XV.

---

(1) Le cardinal de Rohan était oncle de la duchesse de Tallard.

IV. — Henriette-Marie femme de Charles Ier, roi d'Angleterre;

Henriette, femme de Philippe de France, dit *Monsieur*, frère de Louis XIV;

Anne-Marie, femme de Victor, duc de Savoie;

Marie-Adélaïde, femme de M. le duc de Bourgogne;

Louis XV.

V. — César Monsieur, légitimé de Henri IV;

Élisabeth de Vendôme, fille de César Monsieur et de Françoise duchesse de Mercœur, femme de Charles, duc de Nemours, tué par le duc de Beaufort;

Marie-Jeanne-Baptiste de Nemours, femme de Charles-Emmanuel, duc de Savoie, dite *Madame Royale*;

Victor, duc de Savoie;

Marie-Adélaïde, femme de M. le duc de Bourgogne;

Louis XV.

Versailles, 17 *mai*. — La Reine accoucha hier d'une fille (1). Elle commença à sentir des douleurs vers les huit heures du soir; à minuit elles furent plus fortes, et enfin elle accoucha à quatre heures du matin. Aussitôt que les douleurs commencèrent à se faire sentir, M. le duc de Gesvres, comme gouverneur de Paris, envoya en avertir le prévôt des marchands; et MM. de la Ville s'assemblèrent à l'hôtel de ville. Il est d'usage que cette assemblée ne se sépare point, jusqu'à ce que la Reine soit accouchée, quelque temps qu'elle puisse être en travail, et quand elle accouche d'un prince, c'est un chef de brigade qui en porte la nouvelle à la Ville, qui lui fait un présent. Autrefois ce présent étoit une médaille avec une chaîne d'or; depuis quelque temps c'est une tabatière d'or enrichie du portrait du Roi et de la Reine. Quand la Reine accouche d'une fille, c'est un exempt qui porte la nouvelle, et il n'a nul présent de la Ville. MM. les exempts

---

(1) N.... de France, morte le 28 septembre 1744 de la petite vérole, dans l'abbaye royale de Fontevrault, sans avoir été nommée.

prétendent que cet usage d'envoyer un chef de brigade pour un garçon et eux pour une fille est nouveau, et disent qu'à la vérité c'est au chef de brigade à choisir si ce sera lui qui ira porter la nouvelle de l'accouchement ou si ce sera l'exempt, mais que cette détermination doit être prise avant l'accouchement, après lequel ils doivent la suivre. Ils donnent sur cela une raison et un exemple. L'usage est que c'est le chef de brigade ou l'exempt, l'un et l'autre en service chez la Reine, qui porte la nouvelle. Ils disent qu'anciennement il n'y avoit point de chef de brigade chez la Reine. Cette raison seule prouve la nouveauté de l'usage. Quant à l'exemple, ils citent celui de M. de Cherisy, chef de brigade à la naissance d'une de Mesdames. Il étoit de service auprès de la Reine ; il dit pendant le travail de la Reine à l'exempt, qui étoit aussi chez la Reine, qu'il prît ses arrangements pour porter à Paris les nouvelles de l'accouchement, soit que ce fût un prince ou une princesse, parce que sûrement pour lui il n'iroit ni dans l'un ni dans l'autre cas, et que s'il avoit voulu y aller, la naissance d'une fille ne l'auroit point dérangé de son projet.

Il est encore à observer qu'à la première couche de la Reine, de ses deux premières filles, ce fut un chef de brigade qui en porta la nouvelle à la Ville.

Cette circonstance de la Ville assemblée depuis le commencement du travail de la Reine jusqu'à l'accouchement ayant donné occasion de raisonner sur ce qui se pratiquoit en pareil cas, on parla fort du désir que la Ville auroit que le Roi leur fît l'honneur d'aller souper à l'hôtel de ville si la Reine accouchoit d'un duc d'Anjou, et qu'elle étoit fort en état de donner une fête à S. M., jouissant au moins de 16 ou 1,700,000 livres de rente, et ses affaires étant fort bien arrangées depuis que M. Turgot étoit prévôt des marchands.

Dès que la Reine est en travail, la règle et l'usage est d'envoyer avertir les princes et princesses du sang. Il est vraisemblable que, s'ils étoient fort éloignés, on ne leur enverroit un courrier que pour leur mander l'accouchement. C'est ordinairement la dame d'honneur qui est chargée de songer à ceux chez qui il faut envoyer, et c'est le premier écuyer qui envoie. L'usage est d'envoyer aux princes et princesses des pages de la Reine. On envoie avertir aussi le chancelier, le garde des sceaux, les trois autres secrétaires d'État et le contrôleur général. Celui-ci étoit à Versailles ; il ne fut point averti, mais ce fut un oubli.

C'est la dame d'honneur qui est chargée de tout ce qui regarde le lit de la Reine, c'est-à-dire draps, etc., pour mettre dans son lit, et tout ce qui est nécessaire pour la personne de S. M. quand elle garde son lit. Dans le moment de l'accouchement, c'est la garde qui prend l'enfant et qui le remet à la gouvernante des enfants de France ; on le porte aussitôt dans la chambre avant celle de la Reine, où il est ondoyé sur-le-champ par un aumônier du Roi.

Dimanche 20 *mai, Versailles*. — M. le duc du Maine mourut à Sceaux lundi, à deux heures après midi, après avoir extrêmement souffert dans les derniers temps d'une humeur chancreuse qui lui avoit absolument rongé le visage. Il avoit trop longtemps négligé cette humeur, dont il y avoit déjà des commencements il y a environ dix ans, et qui s'étoit étendue à l'occasion d'une dent qu'il s'étoit fait arracher. Dans les derniers temps il n'avoit voulu faire d'autre remède que l'emplâtre du nommé Cannette, officier du gobelet de la Reine. Cet emplâtre, dont le S_r Cannette a seul le secret, est reconnu pour un très-bon fondant ; on prétend qu'il avoit avancé les jours de M. le duc du Maine et qu'il auroit pu vivre longtemps avec ce mal en prenant de grandes précautions ; mais il avoit tranquillisé son esprit par la confiance qu'il y avoit et calmé sa douleur presque jusqu'à la fin.

Quelques jours avant sa mort, il avoit envoyé au Roi

sa démission pure et simple des carabiniers (1), y joignant un mémoire du service que le feu Roi avoit réglé pour ce corps et des grandes actions que cette troupe avoit faites, et priant seulement S. M. d'en donner le commandement à quelqu'un capable d'y maintenir le même ordre qu'il avoit toujours tâché d'y faire observer suivant les intentions du feu Roi. Il avoit demandé, un an auparavant, ce commandement pour M. le prince de Dombes (2). Le jour qu'il envoya sa démission, il n'en reparla point, mais deux ou trois jours après il en écrivit à M. le cardinal de Fleury et au Roi, et le Roi donna sur-le-champ ce commandement à M. le prince de Dombes. Ce corps est composé de cinq brigades de chacune huit compagnies, ou deux escadrons, et fait ses recrues dans la cavalerie d'où on lui envoie tous les ans des hommes de distinction qui sont ordinairement marqués par les inspecteurs. Ce corps, qui en total fait 1,600 hommes, a été formé en 1693. Quelques années avant ce temps, ces carabiniers étoient distribués dans des compagnies des régiments de cavalerie, dans chacun desquels régiments il y avoit des officiers destinés pour marcher à la tête des carabiniers toutes les fois qu'ils étoient commandés. Le carabinier a un sol de paye plus que le cavalier. C'est un corps qui s'est toujours fort distingué.

M. le duc du Maine avoit deux régiments de son nom, l'un de cavalerie commandé par M. le marquis de Saint-Simon (ces MM. de Saint-Simon ne sont point parents de MM. de Saint-Simon de Rouvroy, dont M. le duc de Saint-Simon est de la branche cadette; ceux-ci sont, je crois, des gentilshommes de Poitou). Celui d'infanterie est commandé par M. de Chambonas, fils de la dame d'honneur de Mme la duchesse du Maine. Le Roi a donné à M. le

---

(1) Le duc du Maine était mestre de camp lieutenant du régiment royal des carabiniers.

(2) Louis-Auguste de Bourbon, né en 1700, fils aîné du duc du Maine.

comte d'Eu (1) le régiment d'infanterie, et a remis celui de cavalerie au rang de ceux des gentilshommes, qu'il a donné à celui qui le commandoit. M. le prince de Dombes avoit la survivance du régiment des gardes suisses et autres régiments suisses; il a, outre cela, les carabiniers et le gouvernement de Languedoc, et M. le comte d'Eu a le gouvernement de Guyenne. Les dettes de M. le duc du Maine, que l'on estime monter à trois millions quatre ou cinq cents mille livres, seront, à ce que l'on prétend, payées en quatre ans par les arrangements que M. le duc du Maine avoit faits lui-même. Par son testament il substitue la principauté de Dombes à M. son fils aîné, et la substitue à l'infini comme souverain de cette principauté. Il en étoit en même temps législateur et pouvoit la donner à qui il jugeoit à propos et la substituer de même. Il laisse sur cette pricipauté 20,000 livres de rente viagère à Mme la duchesse du Maine. M. le comte d'Eu aura ses partages, et M. le prince de Dombes est chargé de faire 40,000 livres de rente à Mlle du Maine (2), sa sœur, lesquelles lui seront remboursées dans l'espace de cinq ans, en cas qu'elle se marie. Il lui laisse outre cela toutes ses tabatières, ce qui est un objet assez considérable, M. le duc du Maine en ayant toute sa vie acheté beaucoup et n'en ayant troqué ni même donné, je crois, jamais aucune. Quelques jours avant sa mort il avoit envoyé son confesseur à Mme la Duchesse, sa sœur, lui dire qu'il lui demandoit pardon de tout ce qui s'étoit passé et même qu'il l'oublioit. Mme la Duchesse parut très-touchée et attendrie de ce compliment et marqua un extrême désir de voir M. le duc du Maine; mais son état ne le permettoit pas, et il n'avoit pas voulu voir M. le comte de Toulouse, ni Mme la duchesse d'Orléans, ni même ses enfants. M. le lieutenant civil a été nommé par M. le duc du Maine exécuteur testamentaire. Toute la

---

(1) Louis-Charles de Bourbon, né en 1701, second fils du duc du Maine.
(2) Louise-Françoise de Bourbon, née en 1707.

famille a paru désirer que les partages se fissent aussi de l'avis de M. le comte de Toulouse, en qui ils ont grande confiance. M. du Maine a laissé à M. le lieutenant civil (1) la suite des médailles de Louis XIV en argent.

Quelques jours après la mort de M. le duc du Maine, M. le duc d'Orléans, M. le comte de Toulouse, M. de Dombes et M. d'Eu, et, je crois, même M. le duc de Penthièvre, allèrent voir en cérémonie le Roi, la Reine et M. le Dauphin. Mme la Duchesse avec les princesses ses filles fut aussi avant-hier faire les mêmes visites, mais auparavant le Roi avoit été rendre visite à Mme la Duchesse et à Mme la comtesse de Toulouse. Mme la comtesse de Toulouse ne suivit point Mme la Duchesse dans ces visites, à cause de la brouillerie qui subsiste entre M. le comte de Toulouse et Mme la Duchesse. A la visite que Mme la Duchesse rendit hier ou avant-hier à M. le Dauphin, il arriva une circonstance qui mérite d'être remarquée. Les princesses du sang désireroient depuis longtemps que, lorsqu'elles arrivent chez le Dauphin, l'huissier ouvrît les deux battants. Mme la duchesse de Modène, quand elle revint l'année passée en France, le demanda et elle fut refusée. Le Roi, en formant la maison de M. le Dauphin, a fait un règlement par écrit, qu'il a remis à M. le duc de Châtillon, où cet article est précisément marqué comme ne devant point être accordé. En conséquence M. le duc de Châtillon, instruit du jour que Mme la Duchesse devoit venir, avertit l'huissier alors en fonctions de ce qu'il devoit faire. Cet huissier, étant aller dîner, fut remplacé par un de ses camarades à qui il oublia de communiquer ces ordres. Mme la Duchesse étant arrivée, elle n'eut qu'un battant en entrant, mais les deux ouverts en sortant : du reste la visite fut courte et se passa debout. M. le duc de Châtillon, aussitôt après, jugea à propos d'interdire l'huissier comme ayant agi précisément contre les

---

(1) D'Argouges de Fleury.

ordres du Roi. On dit que c'est le même huissier qui avoit reçu l'ordre et qui ne l'a point exécuté. M. de Châtillon, sachant que Mme la comtesse de Toulouse devoit venir ce même jour chez M. le Dauphin et qu'elle pourroit être étonnée d'être traitée différemment de Mme la Duchesse, il chargea M. de Muy, l'un des sous-gouverneurs, d'aller expliquer à M. le comte de Toulouse ce qui venoit de se passer; cet avis étoit de politesse et non de droit. M. le comte de Toulouse le reçut assez froidement, et fit répéter à M. de Muy si effectivement l'huissier avoit été interdit; M. de Muy l'en ayant assuré de nouveau, M. le comte de Toulouse répondit qu'il n'étoit pas question de parler de cela présentement. On a remarqué à cette occasion que, depuis que M. le Dauphin est entre les mains des hommes, M. le duc n'a pas été une seule fois chez lui, et cela a paru plus singulier à cause de son départ pour les États et de son retour. M. le Duc d'Orléans a les deux battants chez M. le Dauphin, ce que l'on croit lui avoir été accordé par le feu Roi.

Le Roi a pris, vendredi dernier, le deuil de M. le duc du Maine pour trois semaines; M. le duc du Maine n'étoit que grand-oncle du Roi. Il sembloit que S. M. ne devoit porter ce deuil que quinze jours, parce qu'originairement ils n'ont été que de deux mois pour un grand-oncle, et que par la dernière ordonnance pour les deuils ils ont été réduits au quart; mais on croit que c'est par une considération particulière pour M. le comte de Toulouse que le Roi prend comme d'un oncle.

Le Roi vient d'accorder à Mme la duchesse du Maine une pension de 65,000 livres et une à Mlle du Maine de 35,000 livres pendant sa vie. Cette pension de Mme la duchesse du Maine donna occasion à Mme la Duchesse de faire des représentations à S. M. sur ce que Mlle de Sens, sa fille, n'avoit pas la pension de 50,000 livres que S. M. a la bonté souvent d'accorder aux princesses du sang; et en conséquence, M. le cardinal de Fleury demanda au Roi cette pension pour Mlle de Sens, et elle fut accordée fort peu de temps après la grâce pour Mme la duchesse du Maine.

Versailles, 24 mai. — Depuis que la Reine est accouchée elle n'a encore pris que du bouillon assez léger, et de deux en deux heures. L'usage est que la première femme de chambre de la Reine présente la serviette à la première princesse du sang qui se trouve chez la Reine. Mlle de Clermont, comme surintendante de la maison de S. M., s'y trouve plus ordinairement, et alors elle est seule dans le balustre à côté du lit de la Reine; c'est elle qui lui donne la serviette. La dame d'honneur passe dans le balustre et, après avoir ôté son gant, elle reçoit le bouillon et le donne à S. M. On prétendoit que la dame d'honneur ne devoit pas partager le service avec Mlle de Clermont, et que cette princesse le devoit faire tout entier. Cependant il paroît que c'est un usage établi depuis longtemps et sans contestations.

25 *mai, Versailles.* — Aujourd'hui le Roi a signé le contrat de mariage de M. le marquis de Fleury, fils de M. le duc de Fleury et petit-neveu de M. le cardinal de Fleury, avec Mlle d'Auxy, fille de M. le marquis d'Auxy, lequel est d'une famille noble de Picardie qui a même été illustrée. Mme d'Auxy s'appelle la Grange, famille de robe. Il y a des biens considérables dans cette famille qui viennent presque tous de Mme d'Auxy, car on compte que M. d'Auxy n'a qu'environ 12,000 livres de rente, mais on estime que Mlle d'Auxy aura au moins 80,000 livres de rente quand elle aura recueilli toutes ses successions. On lui en donne 30,000 dès à présent, et on assure à M. le marquis de Fleury une terre estimée 3 à 400,000 livres, en cas que Mlle d'Auxy meure sans enfants. Elle a, à ce que l'on dit, quatorze ans; elle n'est pas grande pour son âge; on est convenu que les mariés seroient deux ans sans être ensemble. Après que le contrat a été signé par le Roi, la famille s'est rassemblée chez M. le Cardinal pour signer ledit contrat. M. d'Auxy n'y étoit point, mais il s'est

trouvé beaucoup de gens considérables qui disent être parents de M. d'Auxy : M. de Flamarens par les Beauvau, M. le maréchal de Montmorency, M. le duc de Villars, M. de Harlay, etc., sans compter plusieurs personnes de la robe. Dans le temps de la signature chez M. le Cardinal, il a dit à M. le marquis de Fleury que le Roi trouvoit bon qu'il signât : « le duc de Fleury. »

J'appris, il y a quelques jours, un fait arrivé l'année passée, qui peut mériter de n'être pas oublié. Le Roi, en allant à Rambouillet, rencontra un déserteur que l'on avoit pris et que l'on menoit en prison. L'usage, quand ils sont assez heureux pour rencontrer le Roi, est que S. M. leur accorde grâce. Elle lui fut effectivement donnée. Quelques jours après, Mme la comtesse de Toulouse, par esprit de compassion et de charité pour un autre déserteur qui lui avoit été recommandé, ou qu'elle connoissoit elle-même, en parla au Roi à Rambouillet; elle lui fit la description la plus touchante qu'il lui fut possible et la plus propre à persuader S. M. de son innocence, espérant que le Roi voudroit bien aussi lui donner sa grâce. Voyant qu'elle ne pouvoit y réussir, elle prit le parti de faire prendre ce déserteur qui n'avoit pas encore été arrêté, et de le faire conduire sur le passage du Roi lorsqu'il alloit à la chasse. Dès qu'on aperçut le Roi on cria : « Grâce. » Le Roi rougit, parut embarrassé, et ne dit autre chose sinon qu'on le menât en prison. Quelques jours après, lorsqu'il fut question de prendre définitivement l'ordre du Roi, S. M. répondit que ce cas-ci étoit fort différent de celui du premier déserteur, qu'on l'avoit fait trouver exprès sur son passage, et qu'il falloit que justice fût faite. Cependant, sur ce qui lui fut représenté que cet homme n'ayant été arrêté que dans l'espérance que S. M. lui donneroit sa grâce, il étoit juste au moins de le remettre dans le même état qu'il étoit alors, S. M. donna ordre que les portes de la prison lui fussent ouvertes, ce qui fut exécuté, mais la grâce ne lui fut point accordée.

Versailles, 25 *mai*. — Il y a eu ces jours-ci plusieurs changements de faits pour des appartements. Le Roi a donné à M. le maréchal de Coigny celui de Mlle du Maine, qui étoit autrefois celui qu'avoit M. le maréchal d'Huxelles; celui de M. le maréchal de Coigny au comte de Coigny, son fils, au grand commun; à Mlle du Maine celui de M. le duc du Maine, conservant à Mme la duchesse du Maine le sien; celui de Mme la duchesse d'Alincourt, qu'a eu Mme de Luynes; à Mme de Châtellerault, pour joindre à celui qu'elle avoit déjà à côté; à Mme d'Alincourt celui de M. l'évêque de Mirepoix, précepteur de M. le Dauphin, et à M. de Mirepoix celui de feu M. de Nyert, au-dessus de l'antichambre de la Reine.

26 *mai*. — J'appris hier que l'on ne reconduit chez la Reine que la surintendante de sa maison, la dame d'honneur et la dame d'atours. Quand elles sortent de chez S. M. un valet de chambre de la Reine prend un flambeau et reconduit ordinairement jusqu'à la porte de l'antichambre ou jusqu'à la salle des gardes, et il donne la main (1) la dabme d'honneur et à la dame d'atours qui seroient en droit de se faire éclairer jusqu'à leurs appartements. Ce n'est point un droit réglé pour les valets de chambre de la Reine de donner la main, mais c'est un usage qui s'établit. Ils ne la donnent pas à Mlle de Clermont, surintendante.

Aujourd'hui M. le Pelletier est venu remercier le Roi pour la charge de premier président du Parlement de Paris, que S. M. lui vient de donner; elle étoit vacante depuis environ trois semaines par la mort de M. Portail.

Mme la duchesse de Mazarin achète la maison qu'avoit feu M. de Vendôme, rue de Varennes, de M. de Maubourg, 220,000 livres. M. de Maubourg se réserve un pavillon et une partie du jardin. Cette maison passe pour n'être pas bonne et sujette à de grandes réparations. Mme de Ru-

---

(1) Donner la main, c'est-à-dire laisser prendre la droite.

pelmonde achète à Mme la maréchale de Villars la maison de feue Mme de Varengeville, rue Saint-Dominique, 140,000 livres.

Versailles, 29 mai. — Mme Portail, veuve du premier président, vient d'obtenir une pension du Roi de 2,000 écus. M. Portail, premier président, en cédant à M. Portail, son fils, sa charge de président à mortier, avoit retenu une pension du Roi de 6,000 livres qui est éteinte par sa mort. Cette pension étoit attachée à la charge de président à mortier qu'avoit M. Portail père et qui fut donnée au fils, lorsque son père fut fait premier président. Cette pension avoit été accordée à la charge de président à mortier qu'avoit M. Portail, de même qu'aux autres présidents à mortier qui demeurèrent soumis et attachés au Roi pour leur donner des marques particulières de sa bonté, dans le temps que le Parlement fut transféré à Pontoise. Ainsi il semble que M. Portail doive être possesseur de ladite pension, ayant la charge à laquelle elle a été attachée, sans qu'il soit nécessaire d'une nouvelle grâce du Roi, puisque ce n'étoit qu'un accommodement entre le père et le fils qui l'empêchoit de toucher ces 6,000 livres : cependant il a fallu l'agrément de S. M. pour que lesdites 6,000 livres revinssent à M. Portail le fils, parce que ce n'étoit qu'en conséquence d'un semblable agrément que le père avoit gardé ladite pension. Je joins ici une note sur ces pensions de Pontoise.

Translation du Parlement de Paris à Pontoise, enregistrée à Pontoise le 6 août 1652.

Le Roi, sous prétexte que MM. les princes ôtoient au Parlement de Paris la liberté des suffrages, transféra le Parlement de Paris à Pontoise, où le Roi étoit. Ce Parlement ne se trouva composé que du premier président Molé, du président de Novion et de M. le Coigneux et de onze conseillers; cela ne faisoit pas une cour bien nombreuse, et c'est ce qui fit dire assez plaisamment à Benserade, à qui la Reine demandoit d'où il venoit : « Je viens de la prairie, Madame, où tout le Parlement étoit dans un carrosse coupé. » Le Roi avoit pris le parti de composer un parlement particulier sur le refus qu'avoit fait le parlement de Paris de se retirer à Montargis. La véritable raison étoit d'y faire rendre des arrêts en faveur du cardinal Mazarin qui détruississent ceux du parlement de Paris (1).

JUIN.

Mariages de M. de Marsan avec Mlle de Soubise, et de M. de Soyecourt avec Mlle de Saint-Aignan. — Arrivée de M. de Monti, ambassadeur. — Traitement à Mme la maréchale de Boufflers à la cour. — Agrément du Roi pour la charge de mestre de camp général des dragons à M. le duc de Chevreuse, et détail des charges de colonels et mestres de camp généraux de cavalerie et de dragons, et même de commissaires généraux desdits corps — Arrivée du roi de Pologne et sa réception. — Pension à M. de Saint-Séverin, envoyé de Parme, et brevet de colonel réformé. — M. de Monti. — M. l'archevêque d'Embrun. — Audience du général des Carmes.

Versailles, 2 juin. — Aujourd'hui le mariage de M. de Marsan avec Mlle de Soubise a été déclaré, et celui de M. de Soyecourt, fils de M. de Soyecourt-Boisfranc avec Mlle de Saint-Aignan, auquel Mme de Belleforière, sa grand'mère, donne deux millions, ayant hérité de la plus grande partie des biens de M. de Maisons. Mlle de Saint-Aignan est fille aînée de M. le duc de Saint-Aignan, ambassadeur à Rome.

M. le marquis de Monti est arrivé de son ambassade en Pologne, et a fait aujourd'hui sa révérence au Roi et à la Reine.

---

(1) On voit dans la seconde partie du VIIIe tome des *Mémoires* de M. Talon, qu'il improuve fort ce que fit le parlement de Pontoise, et qu'il blâme ceux qui se séparèrent du parlement de Paris. Le Roi, qui n'en jugea pas de même, accorda des pensions aux présidents, lesquelles ont passé depuis sous le bon plaisir du Roi aux successeurs de ces mêmes charges. (*Note du duc de Luynes.*)

Il y a huit ou dix jours que Mme la maréchale de Boufflers est venue à Versailles sans y coucher : le Roi l'a reçue parfaitement bien; elle a eu une audience de S. M. d'environ une demi-heure, et le Roi lui dit même qu'il avoit eu envie de ne la lui donner que fort tard, afin de l'obliger de coucher à Versailles. Elle a vu le même jour la Reine (c'étoit avant le quatorzième de ses couches). Elle en a été reçue honnêtement, mais froidement.

Versailles, 6 juin. — Le mercredi 6 juin, le Roi accorda à mon fils l'agrément de mestre de camp général des dragons. S. M. eut encore la bonté de garder pendant deux jours le secret sur cette grâce que je lui avois demandé; M. de Belle-Isle, de qui j'achetois cette charge, avoit quelque arrangement à prendre qui rendoit ce secret nécessaire. Les deux jours expirés, je ne pus venir remercier le Roi avec mon fils comme nous l'aurions dû faire, parce que Mme de Neufchâtel (1), ma belle-mère, venoit de mourir, et que nous n'avions pas encore fait la révérence à S. M. Cette circonstance, jointe à un voyage que le Roi fit à Rambouillet du samedi jusqu'au mardi, fit que la nouvelle de cette grâce fut presque publique avant que le Roi en eût parlé. Mon fils en avoit reçu des compliments de M. le cardinal et de M. le garde des sceaux (2), et le Roi exact au secret

---

(1) Voir la note 1 de la page 2 de l'Introduction.

(2) Voici trois lettres écrites au duc de Chevreuse à l'occasion de cette nomination.

A Versailles, le 9 juin 1736.

« Après vous avoir fait mon compliment sur la mort de Mme de Neufchâtel, je vous saluerai, mon cher petit favori, comme mestre de camp général des dragons. Il s'en faut bien que vous en ayez encore la tournure et la moustache, mais cela viendra et j'espère que vous n'en prendrez que ce qu'il y a de bon. Je suis persuadé que vous ne démentirez jamais la bonne opinion que j'ai toujours eue de vous et que vous justifierez de plus en plus tous les sentiments avec lesquels je vous honore depuis si longtemps. »

Le card. DE FLEURY.

n'avoit encore voulu rien dire jusqu'au mardi 13, que j'eus l'honneur de le remercier.

La charge de mestre de camp général des dragons fut créée lorsqu'on supprima celle des carabins; elle le fut en faveur de M. de Tessé, qui fut depuis maréchal de France; il étoit alors brigadier. Elle fut depuis possédée par M. de Mailly, qui à cette occasion fut fait brigadier. Après M. de Mailly, ce fut M. le duc de Guiche qui étoit déjà brigadier ; elle passa ensuite à M. d'Hautefeuille qui étoit aussi brigadier. A M. d'Hautefeuille a succédé M. de Belle-Isle, qui étoit aussi brigadier. En 1715 ; M. de la Fare avoit eu l'agrément de cette charge,

---

« C'est avec tout le plaisir possible que je vous fais, Monsieur, mon compliment pour la charge dont le Roy vous a accordé l'agrément. Je serois fort aise si je pouvois contribuer à tout ce qui pourra vous être utile ou agréable. Très-touché des marques de votre intention, je vous dois aussi mon compliment sur la perte que vous venez de faire. Je vous prie de le recevoir aussi bien que les assurances de mon très-sincère et inviolable attachement. »

Ce 10 juin.
                 CHAUVELIN.

A Versailles, ce 9 juin 1736.

« Je commence, Monsieur, par vous faire mon triste compliment sur la perte que vous venez de faire : quoiqu'elle ait été annoncée depuis quelque temps, je conçois combien elle vous est sensible.

« Je suis persuadé que la charge de mestre de camp des dragons est en bonnes mains. Vous y trouverez de quoi faire valoir les talents que vous avez et à mettre en œuvre votre bonne volonté : je vous offre en tout mes foibles services, mais vous trouverez des ressources dans M. de Belle-Isle qui vous est très-attaché.

« Il est vrai qu'il y a des plaintes graves sur le régiment que vous commandez encore ; je ne vous dissimulerai pas qu'il y a des vols sur des grands chemins par les cavaliers et des insultes faites publiquement aux officiers de maréchaussée dans le lieu de leur résidence. J'ai chargé M. Dhuc de vous en remettre un mémoire. Je n'ai pu en attendant m'empêcher d'expédier des ordres pour envoyer la troupe à Rocroy, mais ils ne doivent s'exécuter qu'au 1er juillet pour donner le temps d'achever le vert. Je vous supplie, Monsieur, de ne vous y pas opposer ; car on ne peut contenir autrement les troupes, et après tout le quartier d'hiver est fini. Je suis, avec l'attachement le plus tendre et le plus sincère, Monsieur, votre très-humble et très-obéissant serviteur. »

                 D'ANGERVILLIERS.

parce qu'on donnoit alors à M. de Belle-Isle l'agrément
de celle de colonel général des dragons que M. de Coigny vouloit vendre. C'étoit dans le temps de l'établissement des différents conseils (1). M. de Coigny eut quelque sujet de mécontentement, et il demanda permission
de vendre sa charge; il l'obtint; mais M. de la Fare,
n'ayant pu trouver d'argent pour payer celle de mestre
de camp général, quoique M. de Coigny, à qui cet argent
devoit revenir par l'arrangement fait avec M. de Belle-
Isle, eût donné plus de temps que l'on n'étoit convenu,
les deux marchés furent entièrement rompus. Cependant
comme dès l'instant de l'agrément on avoit expédié
un brevet de brigadier pour M. de la Fare, le brevet
lui demeura, et il obtint ce grade en vertu d'une charge
qu'il n'avoit point eue. Le brevet de brigadier a été
expédié pour mon fils en même temps que les provisions de la charge. On pourroit dire que de prendre un
brevet, c'est se faire tort à soi-même en pareil cas, parce
que cette charge rend son titulaire sans difficulté premier brigadier du corps des dragons, et que le brevet
fait une date. Cependant cette date paroît nécessaire
par rapport aux brigadiers d'infanterie et de cavalerie,
et la date du brevet n'empêche point que le mestre de
camp général des dragons ne commande de droit tout
le corps des dragons partout où le colonel général des
dragons n'est pas. Il n'est point même nécessaire pour
cela que le régiment mestre de camp général y soit.
Lorsque M. de Belle-Isle eut ladite charge, il fut envoyé
en Allemagne commander six régiments de dragons
qui y étoient alors. Le régiment mestre de camp général des dragons étoit pendant ce temps-là en Flandre.

Le désir qu'avoit mon fils d'être fait brigadier
pour être à portée d'avancer plus promptement dans les
grades militaires, et l'impossibilité de parvenir à ce

---

(1) Les conseils de Régence.

grade sans acheter une de ces charges dans la cavalerie ou les dragons, m'avoit déterminé à tâcher d'avoir celle ou de commissaire ou de mestre de camp de la cavalerie. Les arrangements faits entre M. de Clermont et M. de Châtillon, et ceux de M. de Bissy et de M. le garde des sceaux pour M. son neveu, m'empêchèrent de réussir dans aucune de ces deux charges. Je proposai alors à M. de Belle-Isle de me vendre la sienne; mais il étoit bien éloigné alors d'y consentir. On ne pouvoit pas songer à celle de colonel général des dragons, M. le maréchal de Coigny venant de la remettre à M. son fils. J'imaginai que M. le comte d'Évreux pourroit vendre celle de colonel général de la cavalerie; après plusieurs démarches, il s'y détermina. Le marché fut conclu et signé à 850,000 livres, dont 50,000 livres seulement remboursables après la mort de M. le comte d'Évreux, et comme il y a une pension de 6,000 livres que M. le comte d'Évreux a fait joindre à cette charge, mais que l'on comptoit en séparer à cette occasion-ci, en conséquence des arrangements généraux, mon fils auroit joui la vie durant de M. le comte d'Évreux de ladite pension de 6,000 livres; ainsi ladite charge lui auroit valu pendant la vie de M. le comte d'Évreux environ 25,000 livres de revenu. J'avois lieu de compter, non-seulement sur l'agrément, mais même sur un brevet de retenue, à la vérité moins considérable de 50,000 écus que celui de M. le comte d'Évreux, mais cependant encore de 350,000 livres. Il auroit fallu vingt-quatre heures ou deux fois vingt-quatre heures de secret de plus qu'il n'y en eût effectivement. M. le comte d'Évreux se pressa trop de parler; il en convint lui-même. M. de Clermont, qui de commissaire étoit devenu mestre de camp général par la démission de M. de Châtillon qui avoit été fait gouverneur de M. le Dauphin, vint se plaindre hautement de l'injustice qu'on lui faisoit. Il demandoit l'agrément de la charge au prix de la taxe qui n'est que de 600,000 livres. M. le comte d'Évreux en fut extrêmement piqué, et fit de fortes représentations : enfin M. de Clermont, voyant qu'il n'avoit plus d'autres ressources, offrit la même somme dont j'étois convenu avec M. le comte d'Évreux et en fit sa soumission. Il demandoit cependant que ce fût par un ordre du Roi qu'il payât un excédant aussi considérable à la taxe ; mais, comme il insista avec vivacité pour avoir la préférence, quoique ses affaires ne le mettent pas en état de donner une somme aussi considérable, et quoique peu de temps auparavant il m'eût dit à moi-même qu'il seroit embarrassé pour trouver les 100,000 livres qu'il falloit donner de plus pour celle de mestre de camp général de la cavalerie, malgré tout cela, il obtint la préférence. Mais M. le Cardinal, que cette situation embarrassoit, détermina M. le comte d'Évreux à cesser de vouloir vendre, ce qui fit entièrement manquer l'affaire. Plusieurs mois se passèrent et Mme de Luynes voyant l'affliction de mon fils et le désir qu'il avoit de son avancement, parla de nouveau à M. de Belle-Isle d'elle-même et sans m'en rien dire, et après plusieurs conversations le détermina enfin à vendre. La charge de mestre de camp général des dragons ne vaut qu'environ 10 à 11,000 livres : le prix ordinaire en est de 300,000 livres, de même que celle de colonel général des dragons est de 500,000 livres ; celle de colonel général de cavalerie, 600,000 livres ; celle de mestre de camp général de cavalerie, 365,000 livres et celle de commissaire de 265,000 livres. M. de Belle-Isle n'avoit acheté la sienne que 300,000 livres ; mais il avoit emprunté du P. Fouquet, son oncle, 120,000 livres, à condition qu'il n'en payeroit point d'intérêt tant qu'il jouiroit de la charge, mais qu'il en payeroit après. Ainsi, par l'événement M. de Belle-Isle n'a eu que 10,000 écus de plus qu'il ne l'avoit achetée. Cette charge est certainement moins honorable que celle de colonel général de la cavalerie. Cependant il paroît qu'elle est plus convenable au désir de s'avancer dans les grades militaires. Celle-ci est presque toujours exercée par celui qui la possède, le colonel général des dragons et le mestre de camp général n'étant presque jamais dans la même armée, au lieu que celle de colonel général de la cavalerie n'est presque jamais exercée, non-seulement à cause des droits considérables prétendus par ceux qui possèdent ladite charge, mais encore parce que le plus souvent c'est à un prince du sang à qui le Roi donne le commandement de la cavalerie.

Dimanche 10 juin, Versailles. — Le roi de Pologne (1) arriva lundi dernier, 4 de ce mois, de Prusse. Le Roi a envoyé au-devant de lui M. de Souvré, maître de la garde-robe; la Reine, M. le comte de Tessé, son premier écuyer; et M. le Dauphin, M. le comte de Polastron, l'un de ses sous-gouverneurs, pour lui faire compliment. M. le Duc chassoit ce jour-là le sanglier dans la forêt d'Halatte, auprès de Senlis; on l'avertit que le roi de Pologne venoit de passer; il courut après et lui fit son compliment. Le roi de Pologne descendit de sa chaise et l'embrassa. Ils furent un peu de temps ensemble; le Roi remonta dans sa chaise, et M. le Duc retourna continuer sa chasse.

Le mardi 5, le roi de Pologne vint à Versailles, sans cérémonie et incognito, voir la Reine. Le mercredi, de même, sans suite, et le jeudi il y vint avec ses gardes qui sont trente-six maîtres du régiment de cavalerie de Ruffec. Cette garde a son quartier à Sèvres et se relève à Meudon tous les huit jours; et de quinze jours en quinze jours on envoie dudit réiment, qui est du côté de Melun, relever le détachement de Sèvres avec un lieutenant et un maréchal des logis. C'est M. le chevalier de Pons, capitaine audit régiment,

---

(1) Stanislas Leczinski, duc de Lorraine.

qui suit le roi de Pologne et fait auprès de lui la fonction de capitaine de ses gardes. Il entra partout avec Sa Majesté Polonoise quoiqu'il n'eût point de bâton, et sa troupe resta en dehors de la première grille. Les tambours battirent aux champs. Il avoit quatre carrosses. M. de Maurepas et M. de Saint-Florentin étoient allés lui faire leur cour; il les fit monter dans son carrosse et les ramena. Il eut l'honneur des armes dans la salle des gardes du corps; il y fut reçu par le capitaine des gardes qui le conduisit chez le Roi. S. M. le reçut debout dans son cabinet où étoit M. le duc de Charost. Il y avoit deux fauteuils; mais LL. MM. ne s'assirent point. Cette visite fut de près de trois quarts d'heure. Il alla ensuite chez la Reine; il fut reçu par Mme de Luynes au milieu de l'antichambre. Il lui prit la main; il entra chez la Reine, qu'il embrassa; il y demeura environ cinq quarts d'heure, et n'en sortit qu'à huit heures et demie pour aller chez M. le Dauphin, qui retarda son souper à cette occasion. La visite fut courte et debout, mais il y avoit cependant deux fauteuils. Au sortir de chez le Roi, M. de Maurepas, qui avoit à travailler avec S. M., pria le roi de Pologne de trouver bon qu'il n'eût point l'honneur de retourner avec lui, parce que le Roi avoit besoin de lui. M. de Saint-Florentin remonta avec le roi de Pologne dans son carrosse.

14 *juin, Versailles.* — M. de Saint-Séverin, ci-devant envoyé de Parme, a obtenu une pension de 8,000 livres et un brevet de colonel réformé à la suite du régiment Royal-Italien-infanterie.

M. de Monti a été fait lieutenant général. M. l'archevêque d'Embrun (1) a fait aujourd'hui sa révérence au Roi; il y a longtemps qu'il n'étoit venu dans ce pays-ci. On a appris que le gouvernement aimoit autant qu'il de-

---

(1) Pierre de Guérin de Tencin.

meurât dans son diocèse. La permission qu'il a demandée de venir faire un tour à Paris a donné matière à beaucoup de raisonnements ; cependant l'on dit que c'est pour quelques affaires et qu'il ne doit pas y rester longtemps.

Versailles, 23 juin. — Aujourd'hui le général des Carmes a eu sa première audience du Roi, de la Reine et de M. le Dauphin. Je ne parlerai que de celle de la Reine, étant la seule où je me sois trouvé.

Il fut conduit d'abord à celle du Roi, un peu avant le conseil de dépêches où il fut reçu comme envoyé, parce que sa demeure est à Rome. (Les généraux d'ordre demeurant dans le royaume ne sont point traités avec cérémonie). Celui-ci est né sujet du Roi dans le diocèse de Fréjus ; il est assez bien fait et assez grand, d'une figure fort agréable, paroissant âgé d'environ cinquante à cinquante-cinq ans ; il se nomme [le P. Marcel de Saint-Anne]. En sortant de chez le Roi, il vint chez la Reine ; il fut reçu dans la chambre du lit ; c'étoit audience particulière. Les religieux, qui étoient avec lui au nombre de quatorze, entrèrent devant lui deux à deux et se rangèrent des deux côtés derrière les tabourets des dames. Le général, conduit par M. de Sainctot, qui étoit à gauche, fit trois révérences, son compliment, et se retira avec les trois mêmes révérences. Il fut traité aux dépens du Roi dans la salle des ambassadeurs.

JUILLET.

Fin de lettre au Roi, adressée par M. le Dauphin.

17 juillet. — J'appris hier que M. le Dauphin ayant eu occasion d'écrire au Roi qui est à Compiègne, M. le duc de Châtillon, gouverneur, crut qu'il falloit que M. le Dauphin finît sa lettre par : « Votre très-fidèle fils et sujet » et pour la suscription : « Au Roi ; » mais il a appris depuis que M. le Dauphin devoit finir par : « Votre très-humble et très-soumis serviteur, fils et sujet, » et pour l'adresse : « Au Roi mon très-honoré père. »

AOUT.

Fête donnée à la Reine par S. A. R. [Mme la duchesse d'Orléans].

Versailles, 8 août — Le 8 août, Son Altesse Royale (1) donna une fête à la Reine dans un pavillon que S. A. R. a fait bâtir dans le jardin des religieuses de Chaillot sur le bord de la rivière.

Les dames qui accompagnèrent la Reine étoient en grand habit ; mais les dames qui étoient avec S. A. R. n'étoient qu'en robe de chambre habillée. Il y avoit une table de vingt-huit couverts ; il n'y eut que dix-huit dames qui s'y mirent, desquelles dix-huit il y en avoit quatre de S. A. R. Les autres dames, tant de la suite de la Reine que de S. A. R., qui ne purent pas tenir à la table ci-dessus, en eurent une dans un autre pavillon assez éloigné.

Avant la collation, la Reine entra dans un petit cabinet tenant au salon du pavillon, où l'on apporta des glaces que S. M. avoit demandées. Mme de Luynes, dame d'honneur, demanda une serviette que l'on attendit assez longtemps ; quand elle fut arrivée, elle la présenta à S. A. R., qui la donna à la Reine. La Reine ne proposant pas à S. A. R. de prendre des glaces avec elle, quoiqu'elle en ait le droit sans contestations, S. A. R. crut devoir dire à la Reine qu'elle

---

(1) Françoise-Marie de Bourbon, duchesse douairière d'Orléans, fille légitimée de Louis XIV et de Mme de Montespan ; née en 1677 ; veuve en 1723 de Philippe, duc d'Orléans, régent.

voudroit bien que S. M. lui ordonnât aussi d'en prendre avec elle. La Reine lui répondit qu'elle ne devoit pas douter que cela ne lui fît plaisir, et S. A. R. prit des glaces.

La collation fut une espèce de souper; y ayant des entrées chaudes, de froides, et du fruit. En se mettant à table on apporta à Mme de Luynes la serviette qu'elle présenta à S. A. R. pour la donner à la Reine. En sortant de table on apporta la serviette à S. A. R., qui fit signe qu'on la présentât à Mme de Luynes.

Il y avoit dans le pavillon au bout de la terrasse une autre table où soupèrent les dames qui n'avoient pu avoir de place à la table de la Reine, et plusieurs hommes qui avoient suivi S. M.

Je ne fais point la description de la fête, que l'on trouvera partout (1): Il y eut une joute de bateliers en camisoles blanches sur la rivière, des danses, un feu d'artifice trop peu considérable, de la musique très-bonne sur la terrasse, une très-belle illumination sur le pavillon. La Reine répartit à minuit. Il y avoit eu une musique dans des bateaux, nombreuse et bonne; mais, le vent étant contraire, on ne l'entendit point du tout du pavillon.

SEPTEMBRE.

Service du feu Roi où le Roi assiste. — États de Languedoc; l'évêque de Montauban harangue. — Audience de congé de Mme Zéno, ambassadrice de Venise. — M. le Dauphin envoie complimenter M. le duc et Mme la duchesse de Luynes sur la mort de Mme de Dangeau.

Samedi 1er *septembre*. — Le Roi vint de Chantilly à Saint-Denis, où S. M. assista au service du feu Roi; ce qui ne s'étoit point vu depuis Charles VIII, qui assista au ser-

---

(1) Une relation de cette fête se trouve dans le *Mercure de France* d'août 1736, page 1915.

vice de Louis XI. Le Roi visita ensuite la maison abbatiale et le trésor, et revint déjeuner au château de la Meute.

Le lundi 3 septembre, M. l'évêque de Montauban (1) harangua la Reine comme député des États du Languedoc; le tiers état à genoux, suivant l'usage. La harangue au Roi avoit été faite à Compiègne.

9 septembre, Versailles. — Hier samedi 8 septembre, Mme Zéno, ambassadrice de Venise, vint prendre congé de la Reine. On croyoit que ce seroit une audience publique avec les mêmes cérémonies qu'à celle qu'elle avoit eue le 28 décembre 1735 ; M. le garde des sceaux le pensoit ainsi, et les ordres étoient donnés en conséquence ; cependant M. de Sainctot pensoit différemment, mais il n'en avoit pas donné avis à Mme de Luynes. Le dit jour donc, la Reine étant levée de sa toilette, mais encore debout auprès de la table, M. de Sainctot entra pour dire à Mme de Luynes que Mme l'ambassadrice de Venise arrivoit. Aussitôt elle entra dans la chambre sans aucune sorte de cérémonie, et comme venant faire sa cour à la Reine. La Reine même en parut un peu embarrassée et alla se mettre aussitôt près de son fauteuil, qui étoit le dos tourné à la cheminée à cinq ou six pas de distance ; on apporta sur-le-champ deux tabourets que l'on mit contre le balustre. La Reine n'étoit pas encore assise ; Mme Zéno, étant à la droite de Mme de Luynes, fit la révérence à la Reine et un compliment fort court. La Reine s'assit aussitôt, et Mme Zéno se mit sur un tabouret le plus près de la Reine, et Mme de Luynes à sa gauche. Fort peu après, le Roi, qui avoit été averti par M. de Sainctot, vint par le salon qui sert de cabinet à la Reine. La Reine, Mme Zéno et Mme de Luynes s'étant levées, Mme Zéno fit une profonde révérence et s'approcha du Roi, qui la salua et baisa. Elle

---

(1) Michel de Verthamon de Chavignac.

eut ensuite avec S. M., debout, une conversation qui dura près d'un demi-quart d'heure, après quoi le Roi s'en retourna par le même chemin. La Reine, ayant une autre audience à donner au général des Minimes, ne se rassit point; elle sortit aussitôt de sa chambre pour entrer dans le cabinet qui est auparavant. M. le Cardinal, qui ne venoit que d'entrer dans la chambre de la Reine depuis le départ du Roi, la suivit. La Reine alla se placer dans un fauteuil, au fond de ce cabinet, à droite en entrant du côté de la salle des gardes, faisant face au trumeau qui est entre les deux fenêtres. On avoit rangé des tabourets à droite et à gauche. Mme de Luynes s'assit sur un qui étoit à droite un peu derrière la Reine, M. le Cardinal, directement derrière la Reine, et ensuite Mme Zéno. Après elle du même côté, et du côté gauche de la Reine, toutes les dames qui avoient droit d'être assises. Mme de Rubempré étoit la seule dame qui fût debout, toutes celles que je viens de nommer étant assises. Les Minimes défilèrent à droite et à gauche derrière les dames du cercle, mais ne s'étendant pas plus avant qu'environ le second tabouret de chaque côté. Le général (1) entra le dernier avec M. de Sainctot, à la droite de qui il étoit. Il fit les trois révérences ordinaires à la Reine, à quelques pas de distance l'une de l'autre. Comme il est Espagnol, il fit sa harangue en cette langue; la harangue fut courte; la Reine lui répondit en françois. La Reine lui fit une inclination en entrant et en sortant, mais sans se lever. Toutes les dames et M. le Cardinal étoient debout alors. Le général sortit dans le même ordre avec les trois révérences, et M. le Cardinal sortit dans le moment.

Le 28 septembre, Versailles. — Le 28 septembre, M. le Dauphin envoya un gentilhomme ordinaire faire compliment à Mme de Luynes, à mon fils et à moi sur la mort

---

(1) Le P. Franc. Sirera.

OCTOBRE 1756.

de Mme de Dangeau (1); c'est la première fois que M. le Dauphin ait envoyé en cérémonie faire compliment, et cela n'ayant été décidé que la veille. Quand le Roi envoie un premier gentilhomme de la chambre, M. le Dauphin envoie un sous-gouverneur, parce que le gouverneur est supposé ne devoir point quitter M. le Dauphin. Lorsque le Roi envoie un des deux maîtres de la garde-robe, M. le Dauphin envoie un gentilhomme de la manche; quand, de la part de S. M. c'est un gentilhomme ordinaire, c'est de celle de M. le Dauphin, un écuyer de quartier. Il y en a toujours un de ceux du Roi en quartier auprès de M. le Dauphin.

OCTOBRE.

Eau bénite de la part de la Reine à Mme la princesse de Conty. — M. Bridou du Mignon, gentilhomme, vend sa charge; bonté du Roi. — Commandement dans la Flandre donné à M. de Boufflers. — Chute de cheval de M. de la Fayette en suivant le Roi. — Remarques sur l'eau bénite à Mme la princesse de Conty de la part de la Reine; détail et exemples. — Plaintes au sujet de ceux qui ont l'honneur de manger à la table du Roi. — Audience de la Reine aux envoyés de Modène; circonstance du chef de brigade. — Indépendance des aumôniers du Roi et leur service. — Dîner de Mme la princesse d'Armagnac avec la Reine à Meudon. — Comédie pour Mme la Duchesse mère et circonstance. — Chaise à dos; princesses sur le théâtre. — Chaise avec un dossier dans le salon, à Marly, pour Mme la Duchesse. — Tabouret à Saint-Denis pour M. le Premier ôté. — Pliant violet à Saint-Denis pour M. le cardinal de Polignac et carreaux pour les autres cardinaux. — Mariage de la Reine; salue les princesses du sang; exemple contraire. — Conduite du convoi de Mme la princesse de Conty par Mlle de la Roche-sur-Yon et Mme de Lambesc. — Raisonnements sur M. l'archevêque d'Embrun. — Bidets pour M. le Dauphin et exemple. — Audience particulière de la Reine au nonce; rose d'or. — M. le maréchal de Noailles remet à M. d'Ormesson le détail de la surintendance de Saint-Cyr. — M. Dubois remet au Roi la surintendance des ponts et chaussées en gardant les appointements; S. M. la donne à M. le contrôleur général. — Extrémité de M. d'Antin; détail sur ses charges. — États de Bretagne et détail. — Lieutenance d'Alsace à M. le marquis d'Antin. — Le Roi ne touche les malades

---

(1) Marie-Sophie de Lewenstein-Wertheim, grand'mère du duc de Luynes, morte à Paris le 19 septembre.

que le jour de la Toussaint. — Circonstance de MM. de Rochechouart et la Trémoille à Rambouillet. — Déclaration envoyée aux États de Bretagne; difficulté de l'enregistrement par le Parlement.

1ᵉʳ *octobre, Versailles*. — Le 1ᵉʳ octobre, Mlle de Clermont (1) partit de Versailles dans son carrosse avec Mme la duchesse de Boufflers, Mme la comtesse de Mailly (2) et Mme de Ribérac, sa dame d'honneur. Elle étoit habillée en grand deuil, avec une mante de sept aunes de long. Elle descendit aux Tuileries et entra dans l'appartement de M. Bontemps, gouverneur de ce château. Elle y resta quelque temps pour attendre que M. de Dreux, grand maître des cérémonies, vînt l'avertir. M. de Dreux, vêtu d'un grand manteau à queue traînante, étant arrivé, Mlle de Clermont sortit et trouva dans la cour deux carrosses de la Reine, huit gardes du corps à cheval qui mirent l'épée à la main quand elle parut. Ils étoient commandés par un exempt, vêtu de deuil en pleureuse et à cheval. M. Coulon, écuyer ordinaire, donna la main à Mlle de Clermont, qui monta dans l'un des carrosses et se mit seule dans le fond de derrière. Mme la duchesse de Boufflers se mit dans le fond de devant avec Mme de Mailly, et Mme de Ribérac étoit à l'une des portières. M. de Dreux et M. Coulon montèrent dans l'autre carrosse et marchèrent devant celui où étoit Mlle de Clermont. Celui-ci étoit suivi des huit gardes, et l'exempt à cheval à la portière. Elle arriva à Issy dans la maison de M. le prince de Conty. Les Cent-Suisses garnissoient la cour des deux côtés. Mlle de la Roche-sur-Yon (3), suivie de Mme de Bussy, dame d'honneur de Mademoiselle mais qui lui servoit alors de dame d'honneur, attendoit Mlle de Clermont au bas du perron qui est à l'entrée de la mai-

---

(1) Nommée par la Reine pour aller au nom de S. M. jeter de l'eau bénite sur le corps de la princesse de Conty (Louise-Diane d'Orléans), morte à Issy le 26 septembre.

(2) Dames du palais de la Reine.

(3) Louise-Adélaïde de Bourbon-Conty, née le 2 novembre 1696.

son. Mme la comtesse d'Alègre, dame d'honneur de Mlle de la Roche-sur-Yon, y étoit aussi ; mais elle représentoit alors la dame d'honneur de feu Mme la princesse de Conty, Mme la marquise de Créquy, qui l'étoit, ayant demandé à se retirer quelque temps avant la mort de cette princesse et n'ayant pas encore été remplacée. Mlle de la Roche-sur-Yon étoit en mante, et étoit suivie de toute la maison de M. le prince et de Mme la princesse de Conty, en grand manteau (1). Mlle de Clermont fut conduite dans une chambre en bas et en traversant plusieurs autres. Il y avoit dans ladite chambre plusieurs fauteuils noirs ; Mlle de Clermont se mit dans le premier, l'exempt derrière elle ; Mlle de la Roche-sur-Yon assise à gauche sur un pliant, à ce que l'on croit, au moins cela devoit être. Cependant toutes les dames, non-seulement Mme de Boufflers, mais les autres qui n'étoient point titrées, étoient assises ; ce qui n'est point régulier, puisque Mlle de Clermont représentoit la Reine. On croit qu'en entrant dans la chambre où étoit le corps, on auroit dû annoncer la Reine, ce qui ne fut point fait. Mme de Mailly avoit pris la queue de la mante en descendant du carrosse. M. de Dreux ayant averti Mlle de Clermont, il la conduisit dans la chambre où étoit le corps. Elle y trouva un prie-Dieu et un fauteuil. Elle se mit à genoux dessus ce prie-Dieu, et l'exempt des gardes derrière le fauteuil. L'abbé de Saint-Aulaire, aumônier ordinaire de la Reine, se mit à genoux devant le prie-Dieu, suivant l'usage. Aussitôt on chanta le *De profundis*. Il y avoit quatre ou cinq hérauts d'armes ; mais il n'y en eut que deux qui parurent avec le roi d'armes ; ces deux hérauts étoient à côté du corps. L'aide des cérémonies fit le premier les révérences au corps et à Mlle de Clermont, en-

---

(1) Les trois dames qui gardoient le corps furent les seules qui n'allèrent point au-devant de Mlle de Clermont parce qu'elles ne doivent point quitter la garde du corps. (*Note du duc de Luynes.*)

suite M. de Dreux, puis le roi d'armes et les deux hérauts d'armes; après quoi elle se leva, et suivie de Mme de Mailly, qui reprit la queue de la mante, elle s'avança, prit le goupillon qui lui fut présenté par l'abbé de Saint-Aulaire, qui l'avoit reçu du roi d'armes, et, suivie aussi de l'officier des gardes elle jeta de l'eau bénite; elle se remit aussitôt à sa place, après avoir rendu le goupillon à M. l'abbé de Saint-Aulaire, qui le remit dans le bénitier. Mlle de la Roche-sur-Yon se remit sur le carreau, près de Mlle de Clermont, à côté du drap de pied, et Mme la duchesse de Boufflers sur un autre auprès d'elle. Les hérauts d'armes et le roi d'armes ayant refait les mêmes révérences, Mlle de Clermont se leva et fut reconduite, dans le même ordre, dans la chambre où elle avoit été reçue en entrant. Comme elle devoit aller jeter de l'eau bénite comme princesse du sang, pour éviter l'embarras et la peine de revenir une seconde fois à Issy, M. de Dreux lui proposa de s'acquitter aussitôt de ce devoir. Elle pria donc Mme de Boufflers et Mme de Mailly de l'attendre, et, étant sortie seulement avec Mlle de la Roche-sur-Yon et leurs deux dames d'honneur, elles retournèrent ensemble dans la chambre où étoit le corps, où elles trouvèrent un prie-Dieu couvert d'un drap de pied noir. Elles s'y mirent à genoux toutes deux, firent leurs prières, jetèrent ensuite de l'eau bénite et revinrent dans la même chambre d'où elles sortoient. Mlle de Clermont se remit dans le même fauteuil, l'exempt derrière, et dans le même ordre. Elle remonta dans le même carrosse de la Reine, Mlle de la Roche-sur-Yon l'ayant reconduite avec les mêmes cérémonies jusqu'au carrosse et ayant attendu jusqu'à ce qu'elle fût partie. Mlle de Clermont revint aux Tuileries, où elle reprit son carrosse pour revenir à Versailles. Dans la règle, elle auroit dû, après avoir jeté de l'eau bénite comme représentant la Reine, remonter dans les carrosses de S. M. avec le même appareil, revenir aux Tuileries, y quitter la mante de

OCTOBRE 1736.

sept aunes, en reprendre une moins longue, reprendre son carrosse et venir avec sa dame d'honneur à Issy jeter de l'eau bénite comme princesse du sang. Ce n'auroit pas même été un grand embarras, puisqu'elle revenoit de là à Versailles. Mais il auroit fallu que Mlle de la Roche-sur-Yon l'attendît pour jeter de l'eau bénite avec elle. On négligea les formalités pour abréger. Mme la princesse de Conty a été gardée plusieurs jours par des femmes de condition, mais non titrées. Le jour que Mlle de Clermont y fut, Mmes d'Estaing, de Maulevrier et de la Tournelle y étoient pour la garde du corps. Les Cours supérieures et le Corps de Ville auroient été jeter de l'eau bénite si le corps avoit été dans Paris, mais ils ne sont point dans l'usage, à ce que l'on dit, de rendre ce respect aux princes et princesses du sang hors de l'enceinte de la ville.

7 octobre, Versailles. — Aujourd'hui M. Bridou du Mignon, gentilhomme ordinaire du Roi, est venu me voir. Il m'a dit que le Roi lui avoit accordé la permission de vendre sa charge, et cependant d'en continuer l'exercice. La dernière fois que S. M. avoit accordé pareille grâce, elle avoit dit qu'elle ne permettroit plus à l'avenir que celui qui auroit vendu continuât d'exercer. Le Roi, en accordant au dit Sr du Mignon de continuer son service, a voulu que ce ne soit que pendant deux jours; cet arrangement fait vraisemblablement par considération pour M. du Mignon, qui sert le Roi depuis longtemps, et pour éviter en même temps de faire de la peine aux autres gentilshommes ordinaires et ne pas déroger entièrement à la règle que S. M. s'est faite pour l'avenir.

Ledit jour, M. le duc de Boufflers a reçu ses ordres pour commander dans la Flandre, dont il est gouverneur, ce qui est regardé comme une grâce par rapport à l'âge de M. le duc de Boufflers (1).

---

(1) Il avait alors trente ans.

Le 8, M. de la Fayette, homme de condition, à ce que l'on prétend, revenant des Alluets, à cheval, à côté du carrosse du Roi, où S. M. avoit chassé, tomba avec son cheval près de la petite porte de Trianon; il s'est cassé la tête. On l'a relevé et rapporté à Versailles sans connoissance, et aujourd'hui 9 on ne compte pas qu'il en puisse revenir. Il est exempt des gardes du corps depuis peu; c'est même la première fois qu'il a suivi le Roi en cette qualité à laquelle il est parvenu en passant par tous les grades (1).

10 *octobre.* — Dans la cérémonie de jeter de l'eau bénite à Mme la princesse de Conty, on a remarqué avec raison, comme très-singulier, ce qui s'est passé par rapport à Mme la duchesse de Boufflers. C'est Mlle de Clermont qui envoya chez Mme de Boufflers la prier de venir avec elle; elle devoit être avertie de la part de la Reine. Mme de Boufflers suivit toujours Mlle de Clermont; elle étoit sur le devant dans le carrosse de la Reine, et Mlle de Clermont seule dans le fond; tout cela est contre la règle et l'usage. Mme de Boufflers devoit être dans le fond du carrosse avec Mlle de Clermont et à sa gauche; elle devoit marcher toujours à gauche de Mlle de Clermont, passer les portes en même temps qu'elle, avec cette seule différence que la princesse doit avoir l'épaule plus avancée que la duchesse qui l'accompagne. Elle devoit enfin avoir la queue de sa mante portée à côté de Mlle de Clermont, et aussi longtemps que celle de la princesse, avec cette différence seulement, que l'on quitte la mante de la personne titrée à la moitié de la pièce qui est avant celle où est le corps, et que l'on continue toujours à porter celle de la princesse. L'on reprend la queue de la mante de la personne titrée dans le même lieu où on l'a quittée. Les exemples de pareilles cérémonies sont trop récents pour avoir pu être oubliés. A la

---

(1) Voir au 18 février 1738.

mort de M. le duc d'Orléans, régent, en 1722, et à la mort de M. le prince de Conty, en 1727, M. le comte de Charolois fut envoyé par le Roi pour jeter de l'eau bénite à l'un et à l'autre. Il fut accompagné dans l'une et dans l'autre de ces deux cérémonies par M. le duc de Gesvres. M. le duc de Gesvres y avoit été envoyé de la part du Roi et averti par M. de Dreux. Avant que de partir, il eut soin de faire régler le cérémonial par M. le Duc, à la première cérémonie et à la seconde. Il fut arrangé, écrit et suivi, de la façon dont il vient d'être expliqué. Il n'y eut aucune difficulté dans la première. Dans la seconde on pouvoit s'attendre qu'il y en auroit davantage, quoique M. le Duc fût le maître et désirât sûrement de soutenir tous les avantages qui appartiennent aux princes du sang. On ne pouvoit non plus soupçonner M. le comte de Charolois de vouloir rien laisser diminuer de ces avantages ; par cette raison, M. le duc de Gesvres, après avoir fait écrire ce qui avoit été réglé, pria M. le comte de Charolois de vouloir bien qu'il lui lût ce qui venoit d'être écrit. M. de Charolois y ayant trouvé quelques difficultés, ils rentrèrent ensemble chez M. le Duc, lequel confirma de nouveau ce qui venoit d'être réglé, et dit qu'il falloit l'exécuter ainsi. M. de Charolois et M. de Gesvres devoient se trouver aux Tuileries pour monter ensemble dans le carrosse du Roi pour se rendre à l'hôtel de Conty. M. de Gesvres s'y trouva à l'heure marquée. M. le comte de Charolois, qui donnoit à dîner ce jour-là même à l'hôtel de Condé, envoya dire à M. le duc de Gesvres que, pour être plus tôt prêt, il s'habilleroit à l'hôtel de Condé, et qu'il le prioit de venir l'y prendre dans les carrosses du Roi. M. le duc de Gesvres lui manda que les carrosses et les gardes de S. M. pourroient peut-être avec raison faire difficulté de lui obéir, puisque c'étoit pour lui, M. de Charolois, qu'ils étoient venus ; que le lieu du rendez-vous étoit aux Tuileries, et qu'il l'y attendroit tant qu'il jugeroit à propos ; effectivement il l'y

attendit trois heures ou trois heures et demie de suite.
M. de Charolois en arrivant lui fit quelques reproches
de ce que c'étoit par sa faute qu'il avoit attendu si longtemps. M. de Gesvres lui répondit en peu de mots, que
les carrosses du Roi n'étoient point à ses ordres, et qu'il
n'avoit pu faire ce que M. le comte de Charolois désiroit. Ils montèrent dans le carrosse du Roi, M. le duc
de Gesvres, dans le fond à la gauche de M. le comte de
Charolois; sur le devant étoit celui qui devoit porter le
manteau de M. de Charolois (à la première cérémonie
c'étoit M. le comte de Beauvau, lieutenant général, et
gouverneur de Hesdin, et à la seconde c'étoit M. le marquis de Clermont, mestre de camp du régiment d'Auvergne, et depuis inspecteur, qui a été tué à Colorno).
Il n'y eut point de difficulté à la première, comme on a
dit. A la seconde, M. de Charolois fut reçu par M. le comte
de Clermont, son frère, et M. le prince de Conty, à la descente du carrosse, et en même temps la queue de son
manteau prise par M. le marquis de Clermont. M. le
duc de Gesvres avoit pour porter la queue de son manteau un gentilhomme; il la prit en même temps. M. le
comte de Clermont s'étant avancé pour parler à M. le
comte de Charolois, et empêchant, par ce moyen, M. le
duc de Gesvres de marcher à côté comme il le devoit,
M. le duc de Gesvres pria M. le comte de Clermont de
prendre un autre temps pour faire la conversation, et
continua de marcher à côté de M. de Charolois, passant
les portes en même temps que lui, à la différence,
comme on l'a dit, que le prince avoit l'épaule plus
avancée. M. de Charolois se retournoit de temps en
temps pour voir si l'on portoit toujours la queue du
manteau de M. le duc de Gesvres. Il disoit même qu'il
devroit la faire quitter; M. de Gesvres avoit défendu
au gentilhomme qui la portoit de la quitter sans son
ordre; il répondit à M. le comte de Charolois qu'il
savoit jusqu'où l'on devoit porter son manteau, qu'on

ne le porteroit pas plus loin, mais qu'on ne le quitteroit pas auparavant; on le porta effectivement jusqu'au milieu de la chambre avant celle du corps. M. de Charolois se mit à genoux sur le prie-Dieu; M. de Gesvres se tint debout. M. le marquis de Clermont ne quitta point le manteau de M. le comte de Charolois ; on reprit celui de M. le duc de Gesvres à l'endroit où on l'avoit quitté. Ils remontèrent dans le carrosse du Roi. Étant vis-à-vis les Quatre-Nations (1), M. le comte de Charolois proposa à M. le duc de Gesvres de faire arrêter le carrosse afin qu'il pût monter dans le sien. M. le duc de Gesvres lui représenta qu'ils devoient s'en retourner ensemble aux Tuileries, et que, dès que M. de Charolois seroit sorti du carrosse, les gardes et le cocher auroient raison de ne vouloir plus le remener aux Tuileries. Ce refus déplut beaucoup à M. de Charolois; il fallut pourtant y consentir ; ils retournèrent ensemble aux Tuileries. Étant descendus dans le vestibule, M. de Charolois demanda à M. de Gesvres s'il étoit content, et s'il le dispenseroit de rentrer dans la chambre où ils étoient avant que de partir. M. de Gesvres lui dit qu'il étoit le maître, et M. de Charolois remonta dans son carrosse. M. de Gesvres le reconduisit, lui disant que, comme la cérémonie étoit finie, il étoit bien aise d'avoir une occasion de lui faire sa cour.

Ce détail est bien différent de ce qui a été observé à l'eau bénite de Mme la princesse de Conty ; mais ce n'est pas seulement sur cet article qu'il se présente tous les jours des difficultés, il n'y en a pas moins pour ceux qui doivent avoir l'honneur de manger avec le Roi.

A Compiègne, il y a eu des plaintes continuelles pour des préférences. M. d'Argence, capitaine de dragons dans Condé, eut l'honneur de manger avec S. M. à cause d'une lettre de recommandation que M. le Duc avoit écrite pour

---

(1) Aujourd'hui le palais de l'Institut.

lui à M. le Cardinal; M. de Courcelles, capitaine de cavalerie, fils de M. de Cany et de Mme de Chalais, fut aussi admis à cet honneur. L'un et l'autre attirèrent bien des plaintes à M. le Cardinal. M. le chancelier (1) représenta fortement à S. Ém. quel désagrément c'étoit pour lui que M. d'Aguesseau son fils, capitaine de gendarmerie, ne pût avoir le même honneur que M. de Courcelles; que soit à titre de grade militaire, soit à titre de fils de ministre, son fils avoit les mêmes avantages, et qu'une Mortemart n'étoit pas une raison suffisante pour donner la préférence à M. de Courcelles. L'affliction de M. le chancelier fut même si grande qu'il avoua que l'honneur que le Roi venoit de lui faire en faisant passer sur sa tête une des charges de l'ordre du Saint-Esprit, n'étoit point comparable à la peine qu'il ressentoit de la préférence donnée à M. de Courcelles. Cependant on continua de refuser M. le chevalier d'Aguesseau. M. de Morville représenta les mêmes raisons, fils de ministre, petit-fils de garde des sceaux; cependant il n'obtint point l'honneur qu'il demandoit. M. d'Auroy, d'autre part, eut l'honneur de manger avec S. M., lui et quelques autres qui y furent aussi admis. Quoiqu'ils eussent été vraisemblablement présentés au Roi, ils en étoient si peu connus que S. M., voyant leurs noms sur la liste, fut obligée de dire qu'on les lui montrât. M. de Courson, capitaine de cavalerie et fort connu de S. M., avec qui il a l'honneur de jouer souvent, représenta que la dépense qu'il faisoit pour l'amusement du Roi, l'avantage d'être de tous les voyages de Marly, lui méritoient au moins autant de préférence qu'à M. d'Argence, qui étoit à peine connu de S. M. Il y a eu encore plusieurs autres difficultés.

Pendant le voyage de Compiègne, M. le maréchal d'Asfeld y fut un matin et passa chez M. le duc de Gesvres; y étant retourné l'après-dînée, on lui dit qu'il étoit re-

---

(1) Henri-François d'Aguesseau.

parti. On dit alors qu'il avoit demandé à manger avec le Roi, et que cet honneur lui avoit été refusé. On dit aussi que M. le maréchal de Puységur avoit désiré cet honneur [sans l'avoir pu obtenir; celui-ci paroîtroit plus extraordinaire, ayant une sœur chanoinesse de Remiremont.

14 octobre, Versailles. — La Reine donna audience, il y a deux ou trois jours, aux envoyés de M. le duc de Modène. C'étoit dans le cabinet qui est avant la chambre de la Reine. On a déjà fait la description de ces audiences dans d'autres occasions. M. Dubourdet, chef de brigade et qui étoit de service chez la Reine, demanda à Mme de Luynes s'il devoit se mettre derrière le fauteuil de S. M. Mme de Luynes lui dit qu'il le pouvoit, croyant que c'étoit le droit des officiers des gardes; mais cela est contre l'usage et contre les droits du chevalier d'honneur. Lui seul ou un valet de chambre de la Reine à sa place ont droit d'être derrière le fauteuil dans la chambre de la Reine et dans ce cabinet.

J'appris hier un détail par rapport aux aumôniers du Roi, qui mérite d'être remarqué. Ils ne reconnoissent de supérieur que le grand aumônier, et le premier aumônier n'a nulle juridiction sur eux. Lorsqu'ils veulent s'absenter ils demandent permission au Roi et en rendent compte au grand aumônier, mais ils n'en rendent point compte au premier aumônier. Au prie-Dieu du Roi, lorsque le grand aumônier y est, il reçoit le chapeau des mains du Roi, le donne à tenir à un aumônier de quartier, lequel, à la fin de la messe, le rend au grand aumônier pour le présenter au roi; mais, si c'est le premier aumônier qui y soit au lieu du grand aumônier, l'aumônier de quartier, après avoir reçu le chapeau du Roi des mains du premier aumônier, au commencement de la messe, le rend à la fin directement au Roi, et non pas au premier aumônier. Lorsque le grand et le premier aumônier n'y sont ni l'un ni l'autre, et que les deux aumôniers de quartier y sont, le plus ancien des deux reçoit le chapeau du Roi et le donne à tenir à son confrère, qui le rend directement au Roi. Le grand aumônier ôte toujours le service aux aumôniers de quartier, quoique même le service soit commencé, et le premier aumônier ne le peut ôter quand il est commencé. M. l'archevêque de Vienne (1), premier aumônier, fit une difficulté l'année passée sur le service des dîners et soupers ; il prétendit que, lorsqu'il ne se seroit point trouvé pour dire le *Benedicite,* et qu'il auroit été dit par un aumônier de quartier, il étoit en droit de leur ôter le service pour les grâces. Les aumôniers de quartier soutinrent au contraire que l'action des repas étoit un seul service, et que celui qui avoit dit le *Benedicite* devoit aussi dire les grâces. Il y eut même un repas où, l'aumônier ayant dit le *Benedicite,* M. l'archevêque de Vienne arriva et dit les grâces, mais l'aumônier les dit aussi en même temps ; mais le Roi a réglé cette contestation, et a décidé que le *Benedicite* et les grâces seroient deux services séparés.

16 octobre, Versailles. — J'avois oublié de marquer qu'il y a environ trois semaines, la Reine manda à Mᵐᵉ d'Armagnac, à Paris, de venir dîner à Meudon avec elle et le roi et la reine de Pologne. Mᵐᵉ d'Armagnac est fille de M. le duc de Noailles, présentement maréchal de France, et par conséquent sœur de Mᵐᵉ la duchesse de Villars (2), pour qui la Reine a beaucoup d'amitié. Mᵐᵉ d'Armagnac fut mariée, il y a déjà plusieurs années, à M. le prince Charles, grand écuyer de France, mais ils se séparèrent deux ou trois ans après leur mariage. Mᵐᵉ d'Armagnac n'a jamais été présentée au Roi, ni par conséquent à la Reine ; c'est ce qui a fait remarquer davantage la bonté singulière de S. M. de lui avoir mandé

---

(1) Henri-Oswald de la Tour d'Auvergne.
(2) Dame du palais de la Reine.

de venir dîner à Meudon. Mme d'Armagnac, qui ne s'attendoit point à recevoir cet honneur, et qui ne fut avertie que la veille extrêmement tard, n'ayant point de grand habit, fut obligée d'envoyer en emprunter, ce qui fit qu'elle arriva environ une demi-heure plus tard que l'heure à laquelle la reine, le roi et la reine de Pologne ont coutume de dîner; mais LL. MM. eurent la bonté de l'attendre.

18 *octobre, Versailles.* — Avant-hier mardi, il y eut ici comédie françoise. Le Roi avoit été à la chasse et soupoit dans ses cabinets. La Reine étoit partie à dix heures du matin pour aller à Meudon dîner et souper avec le roi et la reine de Pologne; elle avoit dit à M. le duc de Gesvres (1) qu'il n'y auroit point de comédie; M. de Gesvres l'avoit mandé à Paris, et la comédie étoit affichée à Paris pour ce même jour. Mme la Duchesse douairière, qui étoit venue passer deux ou trois jours à Versailles, alla chez la Reine lui représenter que Versailles, en l'absence de LL. MM., seroit bien ennuyeux si l'on supprimoit ce divertissement. En conséquence la Reine donna un nouvel ordre à M. de Gesvres d'envoyer chercher les comédiens et de leur demander une pièce que Mme la Duchesse désiroit de voir. Les comédiens vinrent; il n'y eut point de comédie à Paris, quoiqu'elle eût été affichée. L'intendant des Menus porta à Mme la Duchesse le livre de la comédie comme il auroit fait à la Reine. Il est arrivé, même en pareil cas, que le premier gentilhomme de la chambre a présenté ce livret à la princesse pour qui l'on jouoit la comédie. C'est un usage absolument nouveau que de faire jouer la comédie pour autres que le Roi, la Reine, et les fils ou filles de France. La Reine, instruite de cette règle, donna l'ordre, au dernier voyage de Fontainebleau, à M. de Gesvres de dire qu'il n'y auroit point de comédie, parce qu'elle ni le Roi n'iroient. S. M.

---

(1) Gouverneur de Paris en survivance du duc de Tresmes.

avoit prévu que les princesses ne seroient pas contentes de cette règle; mais, comme elle étoit en droit de le donner, elle dit seulement à M. de Gesvres d'en rendre compte à M. le Cardinal. Il étoit une heure après midi lorsque M. de Gesvres en parla à M. le Cardinal. S. Ém. trouva que la Reine avoit raison, et que l'on ne devoit point jouer la comédie pour les princes et les princesses; cependant cet ordre ayant été su par les princesses, elles vinrent faire leurs représentations très-vivement à M. le Cardinal. Aussitôt S. Ém. envoya chercher M. de Gesvres, et lui dit l'embarras où il se trouvoit par les pressantes sollicitations des princesses. S. Ém. convint avec M. de Gesvres qu'elles n'avoient nul droit de faire pareilles demandes. La circonstance étoit même d'autant plus embarrassante que l'ordre venoit d'être donné et cela sur un ordre exprès de la Reine, laquelle n'ignoroit pas les prétentions des princesses. M. le Cardinal sentit toutes ces difficultés; cependant la crainte de faire de la peine aux princesses le détermina; M. de Gesvres fut chargé de nouveau d'en aller rendre compte à la Reine. S. M. fut très-piquée d'un changement auquel elle ne croyoit pas devoir s'attendre, et la comédie fut jouée suivant ce que désiroient les princesses.

Cette même année, à Fontainebleau, il y eut une autre difficulté au sujet de la comédie. Les princesses cherchant à y être plus commodément, y firent porter des chaises à dos sur le théâtre, ce qui étoit encore absolument nouveau, puisqu'elles n'en doivent point avoir devant la Reine. S. M. le remarqua et s'en plaignit. M. le Cardinal sentit que la Reine avoit raison, mais il falloit donner un ordre pour empêcher la continuation d'un pareil abus. S. Ém. craignit que cet ordre ne fît de la peine aux princesses, et ne voulant point le donner, les choses restèrent au même état et ont continué de même depuis. Il est arrivé même que dans le salon de Marly, Mme la Duchesse douairière, pour éviter l'incommodité des pliants, y a fait porter une chaise avec un petit dossier, à la vérité comptant que cette nouveauté ne seroit pas remarquée.

J'appris hier une particularité de ce qui se passa à Saint-Denis, le 1ᵉʳ septembre, au service du feu Roi. Tout étant arrangé pour la cérémonie, M. de Dreux dit à M. de Gesvres qu'il avoit donné les ordres généraux, mais que pour le détail particulier des tabourets qui devoient être derrière le fauteuil du Roi que c'étoit à lui, M. de Gesvres, à les arranger. M. de Gesvres compta les tabourets et en trouva un de trop ; il le dit à M. de Dreux, qui lui répondit que c'étoit pour M. le Premier, qui en avoit demandé un. M. de Gesvres, sachant que le premier écuyer ne devoit point avoir de place derrière le fauteuil du Roi, monta en rendre compte à M. le Cardinal, qui étoit alors avec M. le duc de Tresmes. La question fut agitée. S. Ém. et M. le duc de Tresmes se souvenant l'un et l'autre de ce qu'ils avoient toujours vu pratiquer, il fut conclu unanimement que M. le Premier n'en devoit point avoir. M. de Gesvres demanda à M. le Cardinal s'il feroit ôter le dit tabouret. S. Ém. ne vouloit point faire de peine à M. le Premier, et n'en voulut jamais donner l'ordre, quelque instance que lui firent MM. les ducs de Tresmes et de Gesvres ; elle dit à M. de Gesvres qu'il feroit ce qu'il jugeroit à propos. M. de Gesvres fit ôter le tabouret et fut approuvé.

Il y eut encore une autre circonstance remarquable à cette cérémonie. MM. les cardinaux de Bissy, Polignac et Fleury y étoient ; ils avoient chacun un carreau de drap violet, et, outre cela, M. le cardinal de Polignac avoit un pliant, aussi de drap violet, cloué avec des franges pareilles aux franges du fauteuil du Roi. Il y a apparence que les pliants des deux autres cardinaux n'avoient pas pu être faits. MM. les Cardinaux ne doivent point avoir de carreaux violets et encore moins de pliants de cette couleur, n'étant point d'usage qu'ils drapent en violet. Ils étoient dans cet usage autrefois; mais Louis XIV, ayant trouvé une chaise à porteurs violette appartenant à M. le cardinal de Bouillon, fut prêt à monter dedans croyant que c'étoit la sienne. Le Roi en fut piqué. Monsieur, frère du Roi, qui étoit fort au fait du cérémonial, dit à S. M. qu'il ne tenoit qu'à lui d'empêcher pareilles méprises. L'ordre fut donné en conséquence, et nul cardinal depuis ce temps-là n'avoit porté le deuil en violet. Il paroît que c'est un renouvellement d'abus qui a commencé au service du feu Roi à Saint-Denis.

J'ai appris aujourd'hui un fait arrivé, il y a quelques années, qui mérite d'être écrit. Au mariage du Roi, en 1725, il fut question de savoir si la Reine salueroit les princesses du sang. On consulta Mme la princesse de Conty, fille du Roi; elle dit qu'elle avoit été saluée par la feue Reine. En conséquence de cet exemple, la Reine salua toutes les princesses du sang. Cependant il est constant que, lorsque la reine Marie-Thérèse arriva en France et qu'on lui proposa de saluer Monsieur, frère du Roi, elle pleura de cette proposition, et dit qu'en Espagne elle n'avoit coutume de saluer que le Roi son père et la Reine sa mère. Elle demanda à la reine mère, Anne d'Autriche, ce qu'elle devoit faire; la Reine lui répondit qu'il falloit qu'elle saluât Monsieur et Madame seulement, et Mademoiselle parce qu'elle l'avoit élevée et qu'elle la regardoit comme sa fille. Il est vrai que la reine Marie de Médicis avoit salué toutes les princesses du sang, mais elle salua aussi toutes les personnes titrées.

19 octobre, Versailles. — J'appris hier quelques circonstances du convoi de Mme la princesse de Conty, conduit par Mlle de la Roche sur Yon, et Mme la princesse de Lambesc. Il paroît que Mme de Lambesc a eu tout sujet de se louer de ce qui s'est passé dans cette occasion; Mlle de la Roche-sur-Yon n'avoit qu'un écuyer ainsi que Mme de Lambesc ; il n'y eut aucune différence sur les carreaux, car Mlle de la Roche-sur-Yon ne se mit point à genoux. Le goupillon qui fut présenté à Mlle de la Roche-sur-Yon, le fut de même à Mme la princesse de Lambesc ; en un mot, elle ne lui refusa point les honneurs et distinctions que les princes et princesses du sang ont souvent voulu disputer dans ces derniers temps aux personnes titrées. Cependant MM. de Lorraine n'exigent point en pareilles occasions d'autres traitements que celui qui est dû aux personnes titrées.

Il paroît que M. l'archevêque d'Embrun compte passer l'hiver à Paris, mais les raisonnements qu'on avoit fait au commencement de son arrivée ont presque entièrement cessé. Il a paru à la cour, mais il n'y a pas resté longtemps.

30 octobre, Versailles. — Je vis il y a quelques jours des bidets que l'on dressoit à la petite écurie pour M. le Dauphin. Je m'informai à cette occasion si c'étoit la petite écurie qui fournissoit les premiers chevaux au Dauphin ; on me dit que c'étoit l'usage, et que cela s'étoit pratiqué de même du temps de feu M. le Dauphin, fils de Louis XIV.

Aujourd'hui il y a eu une audience chez la Reine ; c'étoit une audience particulière après la toilette. La Reine étoit debout auprès de sa table avec sa dame d'honneur et ses dames du palais (1) seulement et M. le Cardinal. Le nonce, introduit par M. de Sainctot, est entré en habit court et a présenté à la Reine M. l'abbé Lercari, qui arrivoit de Rome pour apporter à la Reine la rose d'or ; c'est un honneur et une marque de considération qu'il ne donne qu'aux souveraines. Sa Sainteté en

---

(1) La Reine avait douze dames du palais : Mmes la duchesse de Béthune, la princesse de Chalais, les duchesses d'Antin et de Biron, la princesse de Montauban, les duchesses de Boufflers et de Villars, la marquise de Rupelmonde, la comtesse de Mérode, les marquises de Matignon, de Renel et la comtesse de Mailly.

bénit une tous les ans, et les envoie ensuite suivant les différentes occasions. Il n'en étoit point venu en France depuis 1668, que le pape Clément IX en envoya une à la Reine Marie-Thérèse. M. l'abbé Lercari a fait un compliment fort court à la Reine pour lui annoncer que le Pape, par considération particulière pour sa piété et ses vertus, lui envoyoit la rose d'or. Il doit y avoir une cérémonie pour présenter à la Reine cette rose. M. le Cardinal, comme grand aumônier de la Reine, dira la messe; le Roi veut y assister, mais le jour n'est pas encore pris.

J'ai appris depuis quelques jours que M. le maréchal de Noailles, qui avoit la surintendance générale de la maison royale de Saint-Louis de Saint-Cyr, avoit remis ce détail à M. d'Ormesson, conseiller d'État, avec l'agrément du Roi.

J'ai appris aussi que M. Dubois, surintendant général des ponts et chaussées, avoit remis cette charge au Roi. S. M. l'a donnée à M. le contrôleur général (1). M. Dubois garde les appointements sa vie durant.

M. le duc d'Antin est à l'extrémité d'une fièvre continue avec des redoublements, à laquelle s'est joint un érésipèle. Il est universellement regretté de sa famille et de ses amis, et même de ceux qui le connoissoient peu. Il avoit toujours cherché à faire plaisir, et n'avoit jamais rendu mauvais office à personne. C'est une grande perte pour le Roi, à qui il étoit fort attaché, et pour la Cour, où il étoit presque le seul qui représentât dignement. Il a le gouvernement d'Orléanois, dont M. d'Épernon, son petit-fils, a la survivance, et qui vaut 27 à 28,000 livres de rente. A l'égard du titre de surintendant général des bâtiments, il ne l'avoit plus, mais seulement celui de directeur général. Les titres de surintendant des postes et des bâtiments, dont M. le Duc avoit le

---

(1) Orry.

premier et M. d'Antin le second, et qui avoient été enregistrés au Parlement, furent supprimés par un nouvel édit du Roi qui fût porté au Parlement, lorsque M. le Duc se retira à Chantilly, par ordre de S. M., M. d'Épernon avoit alors la survivance de surintendant des bâtiments; la commission des postes fut alors donnée à M. le cardinal de Fleury, et l'autre demeura à M. d'Antin; mais on fit une distraction de cette commission; on en ôta les académies, les médailles et l'imprimerie royale, que l'on donna à M. de Maurepas pour commencer à l'exercer après la mort de M. d'Antin. La place de surintendant des bâtiments n'avoit point été occupée par des seigneurs avant M. le duc d'Antin; elle lui avoit été donnée par le feu Roi comme une marque de bonté et de confiance particulière. On croit qu'elle sera remise dans son premier état, et qu'elle sera même encore divisée.

M. le maréchal d'Estrées (1) est venu ici aujourd'hui pour prendre congé de S. M. Il part cette semaine pour aller tenir les États de Bretagne, qui se tiennent cette année à Rennes. M. le prince de Léon y va aussi comme président de la noblesse. M. le maréchal d'Estrées est payé annuellement comme commandant en Bretagne, ce qui lui vaut environ 30,000 livres par an, et par conséquent 20,000 écus pour chaque tenue d'États qui ne se tiennent que tous les deux ans. Outre cela, la province lui donne à chaque tenue d'état 15,000 livres, et les fermiers généraux 10,000 livres. Il est aussi presque toujours d'usage que la province donne 15,000 livres à Mme la maréchale d'Estrées; et une gratification aussi à la femme de celui qui préside pour la noblesse. Cependant cela n'est point de règle, et aux derniers États, en 1734, elles n'eurent ni l'une ni l'autre de gratification.

Celui qui préside pour la noblesse est cette année

---

(1) Lieutenant-général de Nantes et comté Nantais.

M. le prince de Léon. C'est la première baronnie de Bretagne qui donne ce droit. Il y a neuf baronnies. M. de la Trémoille a celle de Vitré; M. le prince de Léon porte le nom de la sienne; M. le duc de Béthune a celle d'Ancenis, et M. le Duc en a deux, Derval et Châteaubriand; M. le prince de Lambesc en a deux, Pontchâteau et Coislin; M. le duc de Lorges a celle de Quintin, et M. de Lannion a celle de Malétroit. Je ne mets ici que les noms, je ne suis pas sûr des rangs des baronnies. M. le duc de la Trémoille, père de celui-ci, et M. le duc de Rohan, père de M. le prince de Léon, eurent un procès, il y a quelques années, au sujet de la première baronnie, et par conséquent de la présidence aux états de la noblesse. Le procès fut terminé par accommodement, et il fut convenu qu'ils présideroient alternativement. Cette année étoit celle de M. de la Trémoille, M. de Léon y ayant été en 1734. Au défaut des deux premiers barons, c'est le premier après eux qui préside de droit. M. le duc de Béthune y fut il y a quelques années, quoique ce ne fût pas à son tour, et, je crois, à la place de la Trémoille. Le roi lui accorda par cette raison une gratification de 20,000 écus. Je n'ai point ouï dire que M. le prince de Léon en ait obtenu cette année, mais il a paru avoir de la peine à se déterminer à partir.

31 *octobre*. — M. le duc d'Antin est toujours sans espérance. La gangrène s'est déclarée depuis deux jours; on lui a fait aujourd'hui plusieurs incisions, mais il ne paroît pas qu'on en espère le moindre succès. Outre les emplois considérables que j'ai marqués ci-dessus, il y a encore la lieutenance générale d'Alsace, qui vaut 8,000 livres de rente, et dont M. le marquis d'Antin, son petit-fils, a la survivance. On ne sait point à quoi monte la direction générale des bâtiments, mais c'est un objet très-considérable.

Le Roi n'a point communié aujourd'hui suivant l'usage ordinaire; il ne doit communier que demain, et par conséquent ce ne sera que demain qu'il touchera les malades. C'est le premier gentilhomme de la chambre qui porte la queue de son manteau en cette occasion avec le capitaine des gardes. Lorsque le premier gentilhomme qui est en année ne se trouve point pour servir S. M., il doit avertir un des trois autres pour le remplacer. Lorsqu'il y a plusieurs gentilshommes de la chambre dans le lieu où est le Roi, au défaut de celui qui est en année c'est le plus ancien qui prend le service.

Le dernier voyage de Rambouillet, M. le duc de la Trémoille étant en année, ayant mandé qu'il étoit incertain s'il pourroit suivre S. M. à ce voyage, M. le duc de Rochechouart y fut pour le remplacer, et fut logé dans l'appartement destiné à cette charge. M. le duc de la Trémoille, étant arrivé, délogea M. le duc de Rochechouart, à qui on donna un autre appartement; mais ce ne fut pas sans quelque embarras.

31 *octobre*. — Les États de Bretagne sont dans une grande agitation au sujet d'une déclaration du Roi qui a été envoyée au Parlement de cette province au mois de juillet dernier, et qui contient cinq articles, savoir :

1° Qu'aucun gentilhomme ne sera admis à l'entrée des États qu'à l'âge de vingt-cinq ans.

2° Qu'il faudra pour y entrer avoir cent ans de noblesse et trois partages nobles, ce qui demande nécessairement au moins cent cinquante ou cent soixante ans. Il faudra remettre ses titres au secrétaire du commandant.

3° Elle exclut de voix délibérative, dans tout le cours de la séance, ceux qui n'auront pas assisté aux trois premiers jours.

4° Elle ôte l'entrée des États à tous ceux qui auront quelque emploi dans les fermes du Roi ou de la province.

5° Elle ordonne que ceux qui, n'étant pas de la province, y auroient des terres qui leur donnent le droit d'entrer aux États, soient obligés de faire les mêmes preuves que ceux de la province.

Il y avoit eu un projet d'une déclaration plus forte qui restreignoit le droit d'entrer aux États aux seigneurs de paroisses et aux aînés de chaque maison. Il fut envoyé au premier président et communiqué à quelques-uns des principaux du Parlement, qui firent sur cela des représentations si fortes qu'on a retiré cet article de la déclaration. Cependant, telle qu'elle est restée, le Parlement a refusé de l'enregistrer. On lui a envoyé des lettres de jussion; il a persisté dans son refus. Secondes lettres de jussion qui n'ont pas eu plus d'effet. Enfin le roi a envoyé M. de Volvire, lieutenant du Roi de la province, avec de troisièmes lettres de jussion, et la déclaration a été enregistrée à la pluralité des voix, de trente-sept contre vingt-sept, en ajoutant que c'est par ordre exprès du Roi, réitéré par trois lettres de jussion.

La résistance du Parlement est fondée principalement sur un article du contrat qui se passe à toutes les tenues d'États entre le Roi et la province, par lequel il est porté que le Roi ne fera rien sur ce qui regarde l'intérieur des États sans le consentement desdits États, et qu'en cas que le Roi, donnant sur cela quelques édits ou déclarations, ils seront nuls et de nul effet jusqu'à ce qu'ils aient été communiqués auxdits États et consentis par eux, quand même ils auroient été vérifiés aux cours souveraines de la province.

NOVEMBRE.

Charge de maître de la garde-robe de M. de Maillebois donnée à son fils. — Mort de M. d'Antin et détail sur les voyages du Roi à Rambouillet. — Dettes et testament de M. d'Antin; don de Petit-Bourg au Roi, peu d'envie de l'accepter; fonds pour des pensions à vingt-cinq ouvriers. — Présent du Roi de Sardaigne à M. d'Asfeld et autres. — Voyages de la Reine à Meudon; détail sur les repas qu'elle y fait, et circonstance par rapport à Mme la du-

NOVEMBRE 1736. 119

chesse de Luynes et Mme la duchesse de Tallard. — M. d'Épernon prend le nom d'Antin. — Arrangement de M. le Cardinal pour ce qui regarde la place de directeur général des bâtiments. — M. le contrôleur général accepte la place au conseil d'État qu'avoit M. d'Antin; détail du conseil. — M. de la Galaisière, intendant de Lorraine; détail et changement dans quelques intendances. — *Te Deum* pour Mme de Ventadour. — Visites de la Reine à Mme de Montauban. — Première révérence au Roi de Mme de Rochechouart depuis qu'elle est veuve; circonstance. — Nouvelles des États de Bretagne. — Dispute entre les sous-gouverneurs et les officiers du gobelet de M. le Dauphin. — Détail sur un démêlé entre Mme la duchesse de Luynes et Mme de Mazarin au sujet de la serviette. — Présentation de Mme la comtesse de Bavière; qui elle est. — Plaintes des valets de pied de la Reine contre les gens de Mme la duchesse de Luynes et de Mme de Mazarin. — Mort de Mme de Verrue; son caractère, son bien et ses dernières volontés. — Service des gardes du corps à la comédie. — Raisonnement sur le voyage de Mme de Tallard à Meudon, exemple du temps de Mme la Dauphine et décision du Roi. — Petite honnêteté de Mme de Mazarin à Mme la duchesse de Luynes sur son tort avec elle. — Entrées de la chambre à M. le duc de Rohan; raisons de cette distinction. — Cérémonie de la rose d'or et détail. Bref du pape à la reine. Remarques sur la rose d'or.

1er novembre, Versailles. — M. de Maillebois est venu remercier le Roi de la grâce accordée à M. son fils, S. M. lui ayant donné la charge de maître de la garde-robe de M. de Maillebois; ce qui ressemble assez à une survivance, mais qui cependant ne l'est pas. M. le Cardinal a dit à M. de Maillebois que pendant l'année de M. son fils il pourroit de temps en temps faire les fonctions de cette charge.

2 novembre. — M. d'Antin est mort ce matin à sept heures; il y avoit eu un mieux, et il sentoit la douleur des plaies qu'on lui avoit faites à cause de la gangrène; on vouloit avoir quelques espérances; il avoit eu de la connoissance, assez même pour dicter à un secrétaire la nuit devant celle-ci. Le pouls s'est affoibli sur les six heures, et il est mort une heure après. M. le comte et Mme la comtesse de Toulouse sont à Paris depuis quelques jours pour cette raison (1). Ils sont partis de Rambouillet

---

(1) Le comte de Toulouse était, comme le duc d'Antin, fils de Mme de Montespan.

lundi, le même jour que le roi. S. M. devoit y retourner aujourd'hui pour jusqu'à dimanche, ce qui a déterminé M. le comte de Toulouse à prendre le parti dès hier de retourner ce matin à Rambouillet, malgré l'état de M. d'Antin, qu'il aimoit par toutes sortes de raisons; mais Mme la comtesse de Toulouse, sa belle-fille, qui lui est fort attachée, est restée. M. le comte de Toulouse va ce matin à Rambouillet, et le Roi, par bonté et égard pour l'un et pour l'autre, a avancé son retour de vingt-quatre heures et revient demain.

4 novembre. — On prétend que M. d'Antin ne doit que 500,000 livres. Par son testament il donne au Roi Petit-Bourg, mais sans les meubles. Sa famille paroît désirer extrêmement que S. M. l'accepte. Il a toujours dit à ses domestiques qu'il leur feroit du bien autant qu'il lui seroit possible pendant sa vie, mais qu'il ne leur en feroit aucun en mourant; effectivement il marque dans son testament qu'il leur a donné à tous des postes, mais que, s'il y en a quelqu'un d'oublié, il les recommande à ses héritiers et en particulier à M. d'Épernon.

On prétend que M. le duc d'Orléans disoit : C'est un homme sans honneur et sans humeur. Plusieurs traits de sa vie prouvent qu'il ne marqua jamais d'humeur lorsqu'il étoit question de faire sa cour. On me contoit il y a quelques jours (et c'est un homme qui étoit présent), qu'un jour M. d'Antin, qui avoit les entrées familières chez le Roi, arriva, suivant sa coutume, au petit lever. Mme de Ventadour y vint peu de temps après. Elle étoit dans ce temps-là fort mécontente de M. d'Antin, qui, malgré ses représentations réitérées, refusoit toujours de faire faire une cloison dans l'appartement des enfants de France qu'elle disoit être nécessaire, et qui donnoit pour prétexte de ce refus que cette dépense étoit inutile. Mme de Ventadour, voyant M. d'Antin, lui parla de nouveau de la cloison, et ensuite, adressant la parole au Roi, qui étoit dans son lit, elle lui dit qu'elle étoit obligée de lui rendre compte des refus de M. d'Antin, d'autant plus que la santé de ses enfants y étoit intéressée, que quelques-uns avoient déjà eu quelque incommodité, et qu'elle ne répondoit pas qu'il ne leur en survînt d'autres; que M. d'Antin vouloit faire croire que c'étoit pour épargner de la dépense à S. M., et que pendant ce temps-là il faisoit boiser et dorer un appartement

NOVEMBRE 1736.   121

pour M. de Maurepas et accommoder un autre pour M. le contrôleur général. Tout autre que M. d'Antin auroit pu être embarrassé ; mais il sut prendre son parti dans le moment. Il dit au Roi que jamais il n'avoit vu une femme si respectable et si vertueuse que Mme de Ventadour ; que non-seulement elle étoit occupée sans cesse de tout ce qui pouvoit intéresser la santé des enfants de France, mais qu'elle évitoit même autant qu'il lui étoit possible de proposer des dépenses inutiles, et qu'il lui devoit même le témoignage, qu'elle avoit mieux aimé faire faire plusieurs choses chez elle à ses dépens que de demander qu'elles fussent faites aux dépens du Roi. Il finit en assurant Mme de Ventadour que la cloison seroit faite. Mme de Ventadour fut si confondue des louanges qu'il lui donnoit que sa colère se changea en remercîments qu'elle lui fit.

On me contoit aussi que lorsque la charge de surintendant des bâtiments fut supprimée, et que M. d'Antin resta avec le titre seulement de directeur général, ce fut dans une conférence qu'il eut avec M. le Cardinal que tout cet arrangement fut fait. M. d'Antin devoit aller ce jour-là dîner à Petit-Bourg, et l'avoit dit à M. le Cardinal. Apparemment que, toutes réflexions faites, il craignit qu'on ne le crût mécontent. Il arriva lorsque M. le Cardinal alloit se mettre à table. M. le Cardinal lui dit qu'il le croyoit bien loin. « Monseigneur, lui dit M. d'Antin, je n'ai pas voulu partir sans venir auparavant boire avec vous le vin du marché que nous avons fait ce matin ». (*Addition* (1) *du duc de Luynes, datée du 22 août* 1742.)

8 *novembre, Versailles.* — Il n'y a encore rien de décidé sur la place de directeur général des bâtiments. Il est certain que M. d'Antin donne Petit-Bourg au Roi sans aucune condition. Il paroît que le Roi est bien éloigné de vouloir accepter ce don, c'est ce qui fait juger que M. le duc d'Épernon pourra peut-être être obligé de le faire démolir. On croit que les dettes de M. d'Antin ne vont pas plus haut que 500,000 livres. Il laisse un fonds de 100,000 livres qu'il a fait, pour donner des pensions à vingt-cinq ouvriers des bâtiments.

---

(1) Nous avons parlé (page 13 de l'introduction) de ces additions faites par le duc de Luynes postérieurement à la rédaction de ses Mémoires. Nous avons cru devoir les distinguer du texte principal par un caractère différent, analogue à celui que nous avons adopté pour les additions de Saint-Simon au *Journal de Dangeau.*

Il y a environ cinq ou six jours que M. le maréchal d'Asfeld reçut un présent du roi de Sardaigne, qui est son portrait enrichi de diamants. On estime ce présent environ 40,000 livres. Le roi de Sardaigne avoit fait déjà de pareils présents, quoique d'une valeur différente, à feu M. le maréchal de Villars et à M. le maréchal de Noailles. Tous les trois avoient commandé en chef sous ses ordres. Mais celui de M. d'Asfeld, qui n'étoit point alors maréchal de France, n'ayant pas été fait pendant [les] six semaines de son commandement [qui dura] seulement jusqu'à l'arrivée de M. le maréchal de Villars, le présent du roi de Sardaigne a été plus remarqué.

Hier, la Reine alla à Meudon passer toute la journée, dîner et souper. S. M. y va au moins une fois la semaine depuis que le roi et la reine de Pologne y habitent. S. M. y dîne à une grande table; elle est au milieu de ladite table dans un fauteuil, le roi son père à sa droite et la reine sa mère à sa gauche, chacun dans un fauteuil. Ces trois fauteuils sont seuls dans un des grands côtés de la table. La droite sur le retour, près du roi de Pologne, est regardée comme la place la plus honorable, et ensuite celle qui est vis-à-vis, du côté de la reine de Pologne. La table est servie à vingt-neuf plats, sur quoi huit potages que l'on relève. Les dames seulement mangent, à cette table, suivant l'usage ordinaire. Le souper est dans le même ordre, excepté que le roi de Pologne, se retirant de fort bonne heure et ne soupant point, il ne reste que les deux Reines; le fauteuil de la Reine toujours à droite. Avant-hier, le Roi étant parti pour Rambouillet, il restoit fort peu de monde ici, et il n'y avoit même de dames du palais en état de suivre la Reine que Mme de Boufflers. La Reine envoya dire à Mme de Tallard qu'elle la mèneroit le lendemain à Meudon; comme Mme de Luynes avoit compté suivre aussi S. M. au voyage, l'on crut qu'il pourroit y avoir quelque difficulté pour l'honneur de monter dans le carrosse de la Reine, l'une et l'autre ayant droit d'y monter sans être appelées par la Reine; cependant tout se passa avec beaucoup de politesse, et Mme de Luynes étant amie depuis longtemps de Mme de Tallard, elles ont toujours eu attention l'une et l'autre à éviter tous sujets de difficulté et de contestation. Lorsque Mme de Luynes va chez Mesdames, Mme de Tallard la fait toujours passer la première, et chez la Reine elles y passent alternativement. Hier Mme de Luynes monta la première en partant d'ici, et en partant de Meudon ce fut Mme de Tallard; elles étoient toutes deux sur le devant, et Mme de Boufflers à une portière. A dîner, Mme de Tallard se mit auprès du roi de Pologne, et à souper elle passa de l'autre côté, et Mme de Luynes s'y mit du côté de la Reine.

10 *novembre*. — M. d'Épernon est venu hier faire sa révérence au Roi avec M. le marquis d'Antin. Il a demandé au Roi la permission de changer de nom; il s'appelle à présent duc d'Antin.

Il paroît que M. le Cardinal veut prendre connoissance pendant quelque temps des bâtiments. Il n'y a encore rien de décidé sur la charge de contrôleur général des bâtiments.

11 *novembre*. — Le Roi vient de donner à M. le contrôleur général la place qu'avoit M. d'Antin dans le conseil d'État. M. le contrôleur général jouissoit déjà des 20,000 livres qui sont attachées à la place de conseiller au conseil d'État. Il y a trois ans qu'il avoit refusé cette même place dans le conseil d'État; l'on vouloit alors qu'il remît au Roi celle de conseiller d'État; aujourd'hui le Roi lui permet de la garder. Le conseil d'État n'est actuellement composé que du Roi, M. le duc d'Orléans, M. le cardinal de Fleury, M. le garde des sceaux, M. le maréchal d'Estrées, M. d'Angervilliers et M. le contrôleur général.

12 *novembre*. — S. M. a nommé, il y a quelques jours, M. de la Galaisière, beau-frère de M. le contrôleur général,

intendant de Lorraine; il avoit l'intendance de Soissons. M. Bignon, intendant de la Rochelle, vient à Soissons, et M. Barentin, maître des requêtes, est nommé à l'intendance de la Rochelle. Le temps du départ de M. de la Galaisière n'est point fixé, celui du roi de Pologne étant encore incertain. On ne sait pas même précisément s'il aura le nom d'intendant de Lorraine ou d'intendant du Barrois. La première nomination a été sous le titre d'intendant de Lorraine; cependant aujourd'hui M. le contrôleur général l'a présenté à la Reine, et lui a dit que ce n'étoit que comme intendant de Soissons.

Mme de Ventadour, qui a été extrêmement mal d'une espèce d'indigestion, étant présentement hors de danger, on a chanté un *Te Deum* à la paroisse Notre-Dame à Versailles, où Mesdames ont assisté. On a tiré aussi un feu de joie, mais c'est devant la maison de Mme de Ventadour. Le Roi l'a été voir pendant sa maladie et depuis sa guérison. La Reine y a été aussi plusieurs fois.

Mme la princesse de Montauban, dame du palais, ayant été obligée de garder sa chambre depuis deux ou trois mois à cause de sa grossesse, la Reine l'a été voir deux ou trois fois, mais incognito.

Mme la duchesse de Rochechouart, douairière, vint il y a deux ou trois jours faire sa révérence au Roi et à la Reine, n'ayant point paru ici depuis la mort de Mme de Beauvau, sa mère, arrivée au mois de septembre dernier. M. le Cardinal lui dit qu'elle pouvoit se dispenser de faire des révérences en cérémonie, mais qu'elle fît sa cour comme à l'ordinaire. Peut-être que c'étoit parce que Mme de Rochechouart étoit seule, ce qui n'est pas d'usage en pareil cas.

18 *novembre*. — Mme la maréchale d'Estrées envoya avant-hier à Mme de Luynes les nouvelles de Bretagne, que j'ai fait copier. Elles ont été reçues ici avec grand plaisir.

Les États s'ouvrirent le 12. Jamais il ne s'y est vu une

noblesse plus leste, plus brillante et plus nombreuse. M. le maréchal prononça sa harangue, M. le premier président (1) parla ensuite, et M. le président de Bedé termina la séance par une harangue. Le 13 au matin, M. le maréchal d'Estrées est retourné aux États, et, après avoir dit qu'avant de procéder à aucune affaire il falloit enregistrer la nouvelle déclaration, il a remis cette déclaration à l'assemblée et s'est retiré. La déclaration a été enregistrée, non à la pluralité, mais à l'unanimité des voix, et la noblesse ayant trouvé la déclaration favorable à leurs intérêts, ils ont été les premiers à ouvrir l'avis de l'enregistrement. Le 14 au matin, M. le maréchal d'Estrées est retourné aux États, et l'intendant (2) a demandé le don gratuit. Il a été accordé sur-le-champ.

18 novembre. — J'appris hier qu'il y a eu ces jours derniers une dispute chez M. le Dauphin. M. de Châtillon étant absent, les officiers du gobelet prétendoient que c'étoit à eux à donner à boire à M. le Dauphin, à l'exclusion du sous-gouverneur. Ils furent condamnés dans cette prétention, et il fut décidé qu'au défaut du gouverneur, c'est aux sous-gouverneurs à servir M. le Dauphin.

21 novembre. — J'avois cru inutile de parler ici d'un mouvement d'humeur de Mme de Mazarin (3) contre Mme de Luynes, le mardi 13 de ce mois; cependant, comme on en a beaucoup parlé, il faut raconter le fait le plus succinctement qu'il sera possible, et reprendre l'histoire de plus haut.

Lorsque la Reine déclara à Mme de Luynes que le Roi l'avoit nommée dame d'honneur, ce ne fut pas sans une peine extrême. La Reine avoit désiré que ce fût Mme de Mazarin, et n'avoit pu l'obtenir. Mme de Luynes étoit au

---

(1) M. de la Briffe d'Amilly.
(2) M. de Pontcarré de Viarme.
(3) Dame d'atours de la Reine.

fait du goût de la Reine, et avoit été fort étonnée d'apprendre que le Roi eût jeté les yeux sur elle. Comme elle ni moi n'avions jamais demandé, sollicité ni même imaginé cette place, que nous ne la désirions point, étant fort contents de notre situation, Mme de Luynes crut devoir parler à la Reine sur la peine où elle la voyoit. Elle lui parla avec respect, mais avec dignité; lui fit voir combien elle sentoit l'honneur qu'elle recevoit, mais en même temps qu'elle en connoissoit les engagements, et que, n'ayant rien à désirer pour son bonheur, elle osoit dire que c'étoit un sacrifice qu'un assujettissement aussi grand, lorsqu'on y veut faire son devoir. Elle dit à S. M. qu'elle louoit ses sentiments pour Mme de Mazarin, et que, pour elle, elle n'avoit jamais ni demandé ni souhaité l'honneur qu'elle recevoit; qu'elle étoit touchée des bontés de la Reine, à qui elle avoit l'honneur de faire sa cour librement. La Reine la reçut avec beaucoup de bonté. Mme de Luynes ne se contenta pas de cette démarche. Elle sentoit que Mme de Mazarin devoit être dans une grande peine; elle vouloit lui faire une honnêteté, mais être sûre en même temps qu'elle fût bien reçue. Elle parla à Helvétius (1), en qui Mme de Mazarin a confiance. Elle alla ensuite chez Mme de Mazarin, qui en fut extrêmement touchée, et lui parla fort naturellement des peines qu'elle avoit contre Mme la maréchale de Boufflers, de sa sécheresse, que l'on ne pouvoit agir de concert avec elle, que cela seroit cependant nécessaire pour se soulager réciproquement. Mme de Luynes lui promit de sa part, politesses, attentions, égards; la visite se passa au mieux. Depuis ce moment, il y a plus d'un an, Mme de Luynes n'a cessé de marquer des attentions à Mme de Mazarin; l'allant voir en partant, lorsqu'elle étoit obligée de faire quelques voyages, à son retour lui rendant encore presque toujours une petite visite, envoyant chez elle

---

(1) Premier médecin de la Reine.

continuellement pour l'avertir qu'elle n'iroit pas chez la Reine un matin, une après-dînée. Mme de Mazarin, de son côté, agissant aussi de concert avec Mme de Luynes, et se louant de sa politesse ; en ayant même parlé à la Reine. Mme de Luynes, sachant que Mme de Mazarin a une mauvaise santé et ne peut se tenir debout longtemps, lui donnoit le choix avec plaisir du jour pour être au souper, à la toilette, servoit le souper du Roi chez la Reine presque toujours, et Mme de Mazarin depuis un an n'en a servi aucun, ni dîner ni souper, au moins dont j'aie connoissance ; elle dit cependant avoir servi une fois, je n'étois apparemment pas ici ce jour-là. Tout cela, politesse entière de Mme de Luynes ; car la dame d'honneur et la dame d'atours ont chacune leur service séparé ; et lorsque, la dame d'honneur étant absente, la dame d'atours prend son service comme au dîner et souper, c'est à la dame d'atours à s'en informer, et non pas à la dame d'honneur à l'en avertir. La dame d'honneur ne prend jamais le service de la dame d'atours. Il y a quatre mois que l'une et l'autre étant à la toilette, ce qui doit être et arrive souvent, Mme de Mazarin ne suivit point la Reine à la messe suivant l'usage. Au retour de la messe, la Reine se mit à table aussitôt. La dame d'honneur, ou en son absence la dame d'atours, présente la serviette à S. M. en se mettant à table et la servent, ou bien après lui avoir donné la serviette reçoivent d'elle la permission de ne la point servir, ou sont censées la recevoir parce que la Reine effectivement, ayant souvent très-peu de courtisans à son dîner, trouve bon que ces dames ne la servent pas ; elles font donc la révérence à la Reine et se retirent ; les femmes de chambre continuent le service. Mme de Luynes, étant rentrée à la suite de la Reine, vit Mme de Mazarin qui n'avoit pas suivi à la messe et étoit restée chez la Reine ; Mme de Luynes, ayant compté présenter seulement la serviette à la Reine et ne la point servir à dîner, jugea que Mme de Mazarin pourroit être embarrassée, se trouvant assise au dîner de la Reine, que ce fussent les femmes de chambre qui servissent S. M. ; elle crut devoir lui faire une politesse. Elle lui dit donc qu'elle comptoit présenter la serviette à la Reine ; Mme de Mazarin la remercia de cette attention et s'en alla. Mais le 13 de ce mois, Mme de Luynes, à la toilette, s'étoit arrangée avec Mme de Mazarin pour la comédie (quelques jours auparavant pour le souper du Roi), parce qu'il n'y avoit point de dames du palais titrées cette semaine qui puissent servir la Reine. Tout s'étoit passé de concert, et Mme de Mazarin en paroissoit très-satisfaite. Après la toilette, Mme de Mazarin ne suivit point la Reine à la messe ; Mme de Luynes crut qu'elle étoit retournée chez elle.

Au retour de la messe, Mme de Luynes ôte toujours ses gants en rentrant dans la chambre de la Reine pour être prête à donner la serviette sur-le-champ. Elle vit que Mme de Mazarin étoit encore dans la chambre de la Reine ; elle avoit amené une couturière à la Reine. Mme de Luynes, ne voulant point servir le dîner, voulut faire une politesse à Mme de Mazarin. Elle s'approcha d'elle, et lui demanda si elle comptoit rester au dîner ; Mme de Mazarin lui répondit qu'elle comptoit donner la serviette à la Reine, si elle n'y restoit pas. Mme de Luynes lui dit : « Madame, mes gants sont ôtés pour la donner ; » et effectivement la Reine dans le moment même se mit à table, et Mme de Luynes lui présenta la serviette. Mme de Mazarin, qui auroit pu s'en aller sur ce que lui avoit dit Mme de Luynes, se fâcha et dit en sortant pour passer dans le cabinet : « Apparemment que je ne prendrai pas le service après vous. » Ces paroles n'étoient pas adressées directement à Mme de Luynes, qui fit semblant de ne les pas entendre, et qui n'auroit pu y répondre quand elle l'auroit voulu, puisqu'il falloit sur-le-champ même donner la serviette à la Reine. Mme de Mazarin, dans le cabinet, se plaignit amèrement à M. le duc de Charost du procédé de Mme de Luynes, et dit hautement qu'elle ne lui avoit demandé si elle resteroit que pour la mettre dans la nécessité de prendre le service après elle, ce qu'elle ne devoit pas faire. Cela étoit bien éloigné de l'intention de Mme de Luynes, et quand elle l'auroit voulu elle ne s'y seroit pas bien pris, puisque Mme de Mazarin pouvoit s'en aller comme elle l'avoit fait il y a quatre mois, et comme Mme de Luynes crut qu'elle le feroit. Mme de Mazarin, piquée, disoit que si Mme de Luynes n'avoit point eu intention de lui faire de la peine, elle n'avoit qu'à lui dire ses sentiments, qu'elle seroit contente. On peut juger si cette idée étoit raisonnable. Mme de Luynes avoit jusqu'à ce jour fait des politesses et marqué des attentions même excessives. Comme elles ne sont pas nécessaires, je crois qu'elle les retranchera. Mais, quant au fond de la question, on a agité si la dame d'atours devoit prendre le service après la dame d'honneur. M. de Maurepas dit que non; que lorsque la dame d'atours sert à table, ce qui est le service de la dame d'honneur, si la dame d'honneur arrive, elle est en droit de reprendre son service : cela seroit regardé comme une grande impolitesse, mais que c'est son droit; mais que, la dame d'honneur ne continuant point le service à dîner ou à souper, elle doit le remettre à la première femme de chambre, quoi qu'en présence de la dame d'atours. Ce sentiment n'est pas universellement approuvé, et Mme la princesse de Conty, mère de M. le prince de Conty, qui a vu ce qui s'est passé du temps du feu Roi, dit il y a quelques jours, que sans difficulté la dame d'atours doit prendre le service, et que même ce n'est que depuis peu que la dame d'atours monte dans les carrosses de la Reine; que ce fut une grâce accordée à Mme de Mailly de monter dans ceux de Mme la Dauphine, mais que c'est le premier exemple. Il n'y a eu rien de réglé sur tout cela. Il n'en étoit nullement question dans ce qui s'est passé; mais le grand bruit qu'a fait cette petite affaire a donné occasion à beaucoup de raisonnements.

J'oubliois de marquer que Mme de Luynes, ayant été avertie des discours de Mme de Mazarin, crut devoir rendre compte des faits à M. le Cardinal et à M. le garde des sceaux. L'un et l'autre approuvèrent sa conduite. Elle en parla même à la Reine, qui ne put approuver Mme de Mazarin, quelque amitié qu'elle ait pour elle.

Mme de Luynes présenta hier Mme la comtesse de Bavière au Roi et à la Reine. Mme de Bavière est bâtarde de l'Électeur de Bavière d'aujourd'hui (1); sa mère, à ce que l'on m'a dit, est une fille de grande condition. Sa mère, voyant l'Électeur fort amoureux, avoit espéré qu'il se détermineroit à épouser sa fille, et on prétend que par cette raison elle engagea sa fille un peu légèrement; la fille, ayant vu l'Électeur se marier (2), n'a point voulu le voir. Elle est encore jeune et fort jolie, à ce que l'on m'a dit. Mme la comtesse de Bavière a quinze ans; elle est blanche, a une jolie taille, un bon maintien; elle est plutôt laide que jolie, cependant elle ne déplaît point. Elle a été reconnue par l'Électeur sans nommer la mère. Elle a pris son tabouret, son mari (3) étant grand d'Espagne. Le comte de Bavière prétend que ce mariage a beaucoup servi à arranger ses affaires, et qu'un bien fort incertain est devenu assuré et considérable par les bontés de l'Électeur.

J'appris, il y a quelques jours, par M. de Tessé qu'il y avoit eu quelques plaintes des valets de pied de la Reine contre les gens de Mme de Luynes et ceux de Mme de Mazarin. Les valets de pied de la Reine prétendent que les laquais de ces dames occupent entièrement la cheminée de l'antichambre de la Reine, de façon qu'ils ne peuvent plus eux-mêmes s'y chauffer. On prétend que

---

(1) Depuis Charles VII, empereur d'Allemagne.
(2) Le 5 octobre 1722 à Marie-Amélie, fille de l'empereur Joseph.
(3) Emmanuel-François-Joseph, dit *le comte de Bavière*, fils naturel de Maximilien-Marie-Emmanuel, électeur de Bavière.

le droit de la dame d'honneur et de la dame d'atours est d'avoir seulement un laquais chacune dans l'antichambre de la Reine, et que les autres les attendent dans la salle des gardes, comme ceux des autres dames. Les plaintes n'ont eu aucune suite, sinon de donner ordre aux gens de Mme de Luynes de ne pas donner sujet aux valets de pied de la Reine de se plaindre dorénavant.

Mme de Verrue, ma tante, mourut le 18, après une maladie de plus de deux ans, fort singulière, qui avoit commencé par de grandes souffrances et qui a fini par un abcès dans le poumon. Elle avoit très-peu de fonds de bien, tout au plus 15 ou 20,000 livres de rente, mais beaucoup d'actions, du moins à ce que l'on en croit, et une quantité immense de meubles et effets. Elle achetoit continuellement et ne refusoit rien à ses fantaisies; et quand elle désiroit quelque chose, elle en achetoit six fois, dix fois même plus qu'il ne lui en falloit, et ses fantaisies changeoient souvent d'objet (1). Elle avoit dit plusieurs fois et fait dire à M. de Grimberghen, son frère, qu'il auroit tout son bien. Elle paroissoit aimer beaucoup sa fa-

---

(1) « La comtesse de Verrue, » dit le *Mercure de France,* « étoit d'un caractère aimable. Elle joignoit à la noblesse des sentiments un discernement, une justesse d'esprit et des manières affables et engageantes qui la faisoient également aimer et respecter. Son amour pour les tableaux étoit sa passion dominante, aussi sa maison paroissoit-elle un palais heureusement orné pour la gloire et pour le triomphe de la peinture et du goût; en effet on auroit dit que la délicatesse la plus exquise et les grâces les plus capables de flatter l'organe de la vue avoient présidé au choix de chaque morceau. Elle se connoissoit parfaitement et n'avoit besoin pour se déterminer à acquérir ou pour rebuter un tableau que de ses propres lumières et du sentiment plus ou moins agréable qu'elle éprouvoit en le voyant d'abord.....

« La manière dont l'illustre défunte a disposé de quantité de tableaux précieux en faveur de quelques amis de distinction, ses dispositions pour récompenser tout son domestique et la place qu'elle a désignée dans le cimetière des pauvres où elle a voulu être inhumée par les pauvres mêmes, prouvent également la solidité de son choix pour ses amis, sa reconnoissance, la noblesse de ses sentiments et son humilité chrétienne. »

Plusieurs tableaux provenant du cabinet de la comtesse de Verrue font aujourd'hui partie de la collection du Musée du Louvre.

mille et traiter mon fils avec amitié comme l'héritier et le soutien de cette famille. Elle avoit paru désirer avec empressement que M. de Grimberghen lui donnât les terres provenantes de la succession de M. de Saissac et que Mme de Saissac y consentît. Cela fait, elle a cru apparemment avoir tout fait pour mon fils. Elle ne le nomme pas même dans son testament, et pour M. de Grimberghen elle le fait légataire universel, de moitié avec Mme de Duras, sa nièce ; elle laisse prodigieusement en pensions et en argent à ses domestiques ; elle substitue tout son bien à Mme d'Aumont, sa petite-nièce ; donne cent actions à Mme de Carignan, vingt-cinq à Mme l'abbesse de l'Abbaye-aux-Bois, sa fille ; 6,000 livres une fois payées à Mme l'abbesse de Caen, son autre fille ; 4,000 livres une fois payées, à Mme de Gouffier, sa sœur, qui est pauvre ; autant à M. de Gouffier, son neveu ; un présent considérable en tableaux à M. Glud de Saint-Port, son ami depuis longtemps ; un autre présent assez considérable à M. de Lassay le fils, quelques autres legs particuliers à quelques-uns de ses amis qui étoient tous les jours chez elle. M. le garde des sceaux est exécuteur testamentaire. Elle ne laisse qu'une croix de karats avec de la vraie croix à Mme de Saissac, sa sœur.

J'appris hier une circonstance sur la comédie : c'est qu'on relève à tous les actes les gardes qui sont sur le théâtre ; et malgré cela souvent il y en a qui s'y trouvent mal ; c'est apparemment parce que la salle est plus petite que du temps du feu Roi, car on ne les retiroit point (1).

On raisonnoit aujourd'hui sur le voyage que Mme de Tallard fit à Meudon avec la Reine, il y a quelque temps. M. le Cardinal étoit lui-même incertain si la gouvernante

---

(1) Cette petite salle de spectacle se trouvait entre le corps principal du château de Versailles et l'aile du midi, dite *aile des princes*, du côté opposé à la chapelle. Elle ne fut détruite qu'en 1810, et son emplacement forme aujourd'hui un passage qui conduit de l'ancienne cour des princes dans les jardins. La grande salle de spectacle ne fut terminée qu'en 1770.

des enfants de France doit monter dans les carrosses de la Reine. On prétend que, du temps de Mme la Dauphine, Mme la duchesse du Lude, dame d'honneur, s'y étant trouvée avec Mme de Ventadour, Mme la duchesse du Lude monta la première et appela Mme de Ventadour par ordre de Mme la Dauphine; Mme la duchesse du Lude se mit dans le fond à côté de Mme la Dauphine, et Mme de Ventadour sur le devant. Au retour, Mme la Dauphine, qui n'aimoit pas beaucoup alors Mme la duchesse du Lude, raconta au Roi ce qui s'étoit passé; on prétend qu'il fut décidé alors que la gouvernante ne seroit point appelée.

Mme de Mazarin a fait dire à Mme de Luynes qu'elle étoit fort aise de s'être trompée dans l'idée qu'elle avoit eue que ce qui s'étoit passé il y a quelques jours avoit été pour lui faire de la peine.

30 novembre, Versailles. — Le roi vient de donner les entrées de la chambre à M. le duc de Rohan, gendre de M. le duc de Châtillon. Cette grâce a paru extraordinaire, étant fort désirée et demandée par gens considérables, qui étoient en droit de l'espérer beaucoup plus que M. le duc de Rohan. Elle a été vraisemblablement demandée par M. le duc de Châtillon comme étant presque un droit des fils du gouverneur. Cela est vrai pour les fils du gouverneur du Roi. Par cette raison, elle a été donnée à M. de Villeroy et à M. de Béthune, et même à M. de Tallard et à M. d'Hostun, mais comme fils et petit-fils de gouverneur et gouvernantes du Roi; mais le gouverneur de M. le Dauphin ne donne aucune raison de prétendre aux entrées chez le Roi. Plusieurs personnes considérables ont fait des représentations, même assez fortes, à M. le Cardinal. Il paroît que M. le Cardinal n'a écouté que le désir qu'il a eu de faire plaisir à M. le duc de Châtillon.

Il y a eu aujourd'hui dans la chapelle la cérémonie de la rose d'or. Voici comme elle s'est faite : La Reine est partie à midi de chez elle, suivie de Mlle de Clermont, Mmes de Luynes et de Mazarin, Mmes de Béthune, de Villars,

de Boufflers, de Mérode, etc. S. M. avoit mandé à toutes
les dames qui étoient à Versailles de se trouver à la cérémonie. Il y en avoit en tout...... La Reine a descendu
en bas par l'escalier de marbre. Derrière S. M. marchoit
M. l'abbé Lercari, qui est venu pour présenter la rose ; il
étoit vêtu d'une simarre violette ; il étoit accompagné d'un
ou deux ecclésiastiques. La Reine s'est mise sur un prie-
Dieu, devant lequel étoient, à droite et à gauche, MM. les
abbés de Chevrières, de quartier, et de Saint-Aulaire,
ordinaire (1) ; M. l'abbé Lercari étoit à gauche de la
Reine, à deux ou trois pas du tapis de pied et assez près
du prie-Dieu ; mais en arrière et à genoux sur le tapis
de la chapelle ; sans carreau ; M. de Sainctot derrière lui ;
M. de Dreux et M. de Verneuil à droite du prie-Dieu de
la Reine ; entre le dit prie-Dieu et la marche du chœur,
tous les grands officiers de la Reine ; et les dames placées
à l'ordinaire. M. le Cardinal, accompagné de quatre aumôniers et un clerc, après les révérences ordinaires, a
commencé la messe et l'a continuée sans aucune interruption jusqu'après la communion ; après avoir communié, il a dit la petite prière que l'on appelle *Communion* ; il est revenu ensuite à l'autel, a dit le *Placeat sancta
Trinitas* ; après lequel, au lieu de se retourner pour la
bénédiction, il a passé aussitôt au coin de l'autel, et a
lu l'évangile de saint Jean. De là, S. Ém. est revenue
au milieu de l'autel, d'où il est descendu aussitôt ; et,
après les révérences accoutumées, est allé du côté de
l'épître près de la crédence, où il a pris sa mitre et sa
crosse, et est revenu aussitôt monter à l'autel, où l'on
avoit apprêté un fauteuil dans lequel il s'est assis. Pendant cet intervalle, la Reine s'étoit assise dans son fauteuil
que l'on avoit approché sur le bord du drap de pied ; tout
le monde étoit debout. M. l'abbé Lercari, qui étoit debout

---

(1) M. l'abbé de Saint-Aulaire, aumônier ordinaire ; M. l'abbé de Chevrières, aumônier de quartier.

NOVEMBRE 1736.

aussi à la gauche de la Reine, ayant M. de Sainctot à sa droite, a présenté à la Reine le bref du pape. La Reine auroit dû le baiser, mais elle l'a donné aussitôt à M. de Balagny (1), secrétaire de ses commandements, qui a fait l'office de chancelier de la Reine, en l'absence de M. de Breteuil (2). M. de Balagny étant à droite de la Reine, debout, a lu haut le bref du Pape, qui est en latin (3). Il l'a remis aussitôt après à la Reine qui l'a baisé. La Reine s'est levée ensuite, et accompagnée seulement du chevalier d'honneur (4); du premier écuyer (5), de l'écuyer de

---

(1) M. Rossignol de Balagny, conseiller au Parlement, l'un des deux secrétaires des commandements de la Reine.

(2) M. le marquis de Breteuil, ex-secrétaire d'État au département de la guerre, chancelier de la Reine.

(3) Copie du bref du Pape :

Carissimæ in Christo filiæ nostræ Mariæ Carlottæ Francorum Reginæ christianissimæ Clemens P. P. XII.

« Carissima in Christo filia nostra salutem singularis pietatis cultissimique
« animi decus, quo regiæ dignitatis splendorem auget, atque illustris per
« hominum ora vagatur majestas tua, nobis non satis visum est, præstan-
« tissima solum præsentis temporis laude celebrari; verum et aliquo insigni
« monumento posterorum memoriæ prodi eorumque admirationi propositum
« esse oportere. Huic expediendo explicandoque consilio rosam auream, a
« nobis solemnibus ceremoniis consecratam, mysticasque exhibentem fidei
« nostræ significationes, idoneam duximus; quæ sua specie ejusdem animum
« tuum clarissimis florentem meritis referat, tuam religionem ob oculos ponat,
« nunquam desiisse majestatem tuam eximio studio quicquid rerum sacrarum
« est, Romanam simul Ecclesiam, summumque ejus pastorem colere atque
« observare. Illam igitur, veluti memorabilis virtutis tuæ ac Pontificiæ cari-
« tatis amplissimum testimonium, nostro nomine tibi afferet dilectus filius
« magister Nicolaus Lercari, utriusque signaturæ nostræ Referendarius, ec-
« clesiastico deinde ritu et celebritate repræsentabitur; ne quid ad munus pro
« tua majestate, nostraque benevolentia exornandum reliqui fuisse videatur.
« Istud si jucunde, hilariterque acceperis, facies, quod tuam maxime benigni-
« tatem decet; insitumque nobis tuæ propagandæ gloriæ desiderium gratum
« tibi fuisse ostendes. Ita rem fore, è tua singulari humanitate ominamur: atque
« Apostolicam benedictionem, carissima in Christo filia nostra, majestati tuæ
« amantissime impertimur. Datum Romæ, E. die 11 aprilis 1736. »

(4) Le marquis de Nangis.
(5) Le marquis de Tessé.

quartier et de ses aumôniers, a marché à l'autel, où elle s'est mise à genoux. M. l'abbé Lercari a monté aussitôt à l'autel, où la rose d'or avoit été placée ; étant debout il a pris la rose d'or sur l'autel. Dans le même temps S. Ém. s'est levée et a lu une oraison assez longue envoyée de Rome exprès pour cette cérémonie. Ensuite ayant rendu le livre, il a donné son anneau à baiser à la Reine, et lui a présenté aussitôt la rose d'or que S. M. a baisée, et S. Ém. l'a remise sur-le-champ à M. l'abbé de Chevrières, aumônier ordinaire. La Reine est retournée à son prie-Dieu. M. le Cardinal s'est levé, on a ôté le fauteuil, et s'étant retourné vers l'autel, il a passé du côté de l'épître ; il a dit la postcommunion et l'oraison pour le Roi ; il est revenu au milieu de l'autel, où il a chanté le *Sit nomen Domini benedictum*, et a donné la bénédiction. Il est ensuite descendu apporter le corporal à baiser à la Reine, et est entré dans la sacristie. La Reine s'est tenue debout auprès de son fauteuil pour attendre S. Ém. La rose a toujours été portée par M. l'abbé de Chevrières jusque dans le petit cabinet de la Reine. M. le Cardinal marchoit à côté de la Reine un peu devant, et M. l'abbé Lercari derrière, comme en allant à la messe. La Reine a été faire placer la rose dans son cabinet, et ensuite s'est mise à table à l'ordinaire. Mlle de Clermont, qui avoit suivi la Reine à toute la cérémonie et étoit revenue avec elle, présenta la serviette à S. M., et Mme de Luynes prit aussitôt après le service et servit tout le dîner.

REMARQUE SUR LA ROSE D'OR.

Le quatrième dimanche de carême qu'on appelle *Lœtare*, du premier mot par où commence l'introït de ce jour, se nomme aussi le dimanche des Roses, à cause que le Pape, ce jour-là, en bénit une d'or à Sainte-Croix de Jérusalem. Après l'avoir bénie, il sort processionnellement de l'église, et montre cette rose au peuple pour lui procurer quelque consolation spirituelle par la ressemblance qu'elle a avec la fleur de ce nom. La rose, en effet, a principalement trois propriétés naturelles, sa couleur a quelque chose d'aimable, son odeur est pleine de suavité, et son suc ranime les forces; en sorte qu'entre toutes les fleurs il n'en est point qui récrée plus la vue, qui réjouisse davantage l'odorat, et qui fortifie comme elle par sa saveur.

Les Papes ont coutume d'envoyer la rose d'or aux princes ou princesses qui sont le plus attachés au saint-siége. L'on prétend que c'est Urbain V qui le premier en bénit une et l'envoya (selon Balleus) à Jeanne, reine de Sicile; cependant il est certain qu'Innocent III a fait mention de cette cérémonie cent soixante-dix ans auparavant. Innocent IV envoya une semblable rose à Raymond Bérenger, comte de Provence. L'on la montre encore aujourd'hui dans la cathédrale d'Aix, depuis cinq cents ans qu'elle a été envoyée. En 1518, Léon X en avoit envoyé une par son nonce à Jean-Frédéric, électeur de Saxe; mais parce que ce prince, étant déjà engagé dans l'hérésie, en fit peu de cas, elle fut donnée à Henri, roi d'Angleterre.

DÉCEMBRE.

Usage des aumôniers du Roi, attendent son coucher, déchus des entrées, et nouvelle difficulté faite par les valets de chambre; confirmation dudit usage. — Sollicitation de M. le cardinal de Polignac pour un procès; son habillement. — Aigrette donnée par le Roi à Mme la Duchesse jeune, de préférence à un portrait du Roi, et les raisons. — Ordre de la part du Roi pour un nouveau meuble dans la chambre de la Reine. — Décision en faveur des sous-gouverneurs de M. le Dauphin contre les officiers du gobelet; circonstance et détail sur son service à table. — Mort de M. Maréchal, premier chirurgien; éloge de lui et détail sur sa charge. — L'appartement de feu M. le duc d'Antin donné à M. de la Rochefoucauld et ses changements. — Détail des arrangements de la Lorraine pour être cédée au Roi. — Droit des officiers de cavalerie d'entrer dans les gardes du corps, et détail. —

M. le comte de Clermont vend avantageusement au Roi la terre de Châteauroux. — La Reine dit ses intentions à Mme la duchesse de Luynes au sujet de la serviette et du service. — Clôture des États de Bretagne. — État des gratifications des États de Bretagne; circonstance du Sr Brilhac d'Amilly, président. — Procès en séparation de M. et Mme de Mortemart. — M. le cardinal de Polignac perd son procès. — Retour d'Espagne de M. le duc de Villars et ce qu'il a remarqué en ce pays-là sur la cour et la magnificence des seigneurs. — Gratification des États de Bretagne à M. le prince de Léon et cessation du dixième promise. — M. de la Fare chargé de la même promesse pour les États du Languedoc. — Sermon du P. d'Héricourt et son compliment. — Le Roi touche. — Chasse du Roi les fêtes de Noël. — Établissement des Récollets à Versailles et du couvent.

1er *décembre, Versailles.* — J'ai appris aujourd'hui qu'il y avoit eu, il y a quelques jours, une difficulté par rapport aux aumôniers du Roi. Ils avoient autrefois les entrées de la chambre comme les capitaines des gardes et plusieurs autres charges; elles leur ont été ôtées. Ils ne les ont plus que le matin au lever, où ils entrent avec la chambre. Comme les heures du coucher du Roi sont souvent incertaines et qu'ils sont obligés de l'attendre, ils sont dans l'usage de s'asseoir dans la chambre du Roi en dedans du balustre, tout auprès du dit balustre du côté de la cheminée; à la première place, presque au-dessous de la pendule. Le grand aumônier et le premier aumônier n'ont point d'autres places quand ils attendent le coucher du Roi dans sa chambre. Cependant cet usage de s'asseoir n'est qu'une tolérance venue de l'impossibilité qu'il y a d'attendre deux ou trois heures debout dans le même lieu. Nul n'a droit de s'asseoir dans la chambre du Roi. Les valets de chambre, valets de garde-robe et autres, par la même tolérance, s'assoient de l'autre côté du lit, aussi en dedans du balustre. Ils avoient un peu étendu cette permission; ils arrangeoient des tabourets le long du lit du Roi, ils se couchoient sur lesdits tabourets et tiroient par-dessus eux les rideaux du lit. M. le cardinal de Fleury, ayant trouvé cet usage indécent, donna ordre qu'il n'y eût que le valet de chambre de garde assis en dedans du balustre, et que ce valet de chambre eût soin que personne ne fût assis que lui. L'aumônier de quartier ayant demandé à M. le Cardinal si cet ordre regardoit les aumôniers, M. le Cardinal lui dit que non. Cependant dès le jour même, le valet de chambre, exact à ce qui lui avoit été ordonné, ayant vu l'aumônier de quartier assis à sa place ordinaire, lui dit les intentions de S. Ém. L'aumônier, ne voulant point faire de dispute dans la chambre du Roi, se leva aussitôt et se tint debout; il alla dès le lendemain en instruire M. le cardinal de Rohan (1), qui venoit d'arriver à Paris. Cette affaire a duré huit jours sans aucune décision. Les aumôniers sont demeurés debout. Pendant ce temps, le valet de chambre de garde s'est emparé de la place près de la pendule que les aumôniers occupoient ordinairement. Cette nouveauté a donné occasion à de nouvelles représentations. On m'a dit aujourd'hui que M. le Cardinal avoit décidé que l'aumônier de quartier et même le grand et le premier aumônier ne pourroient s'asseoir dans le balustre que du côté de l'antichambre. On croit qu'il pourra y avoir quelque changement à cet ordre; cette place n'étant guère convenable, et ce côté du lit n'étant pas même celui du prie-Dieu du Roi. Cette difficulté pour que l'aumônier s'assoie dans la chambre du Roi étoit déjà arrivée du temps de M. le duc de Mortemart, qui avoit offert à l'aumônier de lui faire donner un tabouret près de la cheminée hors du balustre. L'aumônier lui représenta que ce seroit leur donner un droit qu'ils n'avoient point, qu'ils ne demandoient qu'une tolérance. En conséquence il fut dit qu'ils continueroient à s'asseoir : ce qu'ils ont toujours fait depuis.

9 *décembre, Versailles*. — J'appris, il y a quelques jours, que, sur ce qui avoit été réglé par rapport à la place dans le balustre, tolérée à l'aumônier de quartier en attendant le coucher, et que j'ai marqué ci-dessus, il avoit été fait

---

(1) Grand aumônier du Roi.

des représentations, depuis lesquelles il a été décidé que ledit aumônier reprendroit la place où il avoit coutume de se mettre du côté de la pendule.

J'appris hier que M. le cardinal de Polignac (1), qui a un procès considérable au grand conseil contre la succession de son prédécesseur archevêque d'Auch, pour les réparations, avoit été à toutes les audiences en rochet et en camail, ce qui a paru extraordinaire. Apparemment qu'il s'est fondé sur ce que les cardinaux sont dans cet usage à Rome d'aller en camail et en rochet lorsqu'ils vont à ce que l'on appelle *in fiocchi*, c'est-à-dire avec le plus grand appareil; mais cet usage n'est point pratiqué en France.

J'ai appris aussi que le roi a envoyé, il y a quelques jours, à Mme la Duchesse la jeune une aigrette de diamants que l'on dit de la valeur de 100,000 livres. C'est vraisemblablement à cause des voyages que S. M. a faits à Chantilly, en allant à Compiègne et en revenant. On avoit pensé, à ce que j'ai ouï dire, à envoyer un portrait du roi enrichi de diamants, au lieu d'aigrette. Mme la Duchesse douairière a trouvé que Mme sa belle-fille étoit trop jeune, et le Roi d'une trop jolie figure. Il y a réellement pour 72,000 livres de diamants à l'aigrette, sans compter la monture. Le Roi envoya, il y a quelques années, son portrait enrichi de diamants à Mme la comtesse de Toulouse, à l'occasion des voyages de Rambouillet.

Je viens d'apprendre que M. le Cardinal a chargé M. de Fontanieu (2) d'aller prendre les ordres de la Reine pour un meuble nouveau que le Roi fait faire pour l'appartement de la Reine; on a fait faire les étoffes exprès. La Reine choisira celles dont les dessins lui plairont davan-

---

(1) Melchior de Polignac, archevêque d'Auch.

(2) Gaspard-Moïse de Fontanieu, conseiller d'État ordinaire, contrôleur général des meubles de la couronne. C'est lui qui avait formé un recueil de titres concernant l'histoire de France renfermés dans 841 portefeuilles in-4° et acquis en 1765 pour la bibliothèque du Roi.

tage; on donnera huit cents aunes d'étoffes pour faire ce meuble.

13 *décembre, Versailles.* — J'ai marqué ci-dessus qu'il y avoit eu un règlement de fait par rapport au service de MM. les sous-gouverneurs de M. le Dauphin lorsqu'il est à table et que le gouverneur est absent. Il sembleroit en ce cas, comme je l'ai marqué, que ce seroit aux officiers du gobelet à donner à boire à M. le Dauphin. L'exemple de ce qui s'est passé dans la minorité du Roi en est une preuve; cependant l'un des sous-gouverneurs, avec qui j'en raisonnois il y a quelques jours, me dit que la décision qui avoit été faite en faveur des sous-gouverneurs étoit conforme à ce qui se passoit chez feu Monseigneur, chez M. le duc de Bourgogne et chez M. le duc de Berry. Il m'apprit encore une autre circonstance : lorsque le gouverneur est assis auprès de M. le Dauphin pour le servir à table, il a un couvert et une assiette devant lui; il reçoit les assiettes de la main des officiers du gobelet, les donne à M. le Dauphin, les reçoit de M. le Dauphin lorsqu'il en change, et les rend aux officiers du gobelet, et de même pour les couverts; outre cela, les officiers du gobelet lui présentent la soucoupe, les carafes d'eau et de vin. Le gouverneur donne l'essai à faire aux officiers du gobelet, de l'eau, du vin, et renverse le verre, lequel essai se fait sur-le-champ. Lorsque c'est un sous-gouverneur qui sert à table en l'absence du gouverneur, les officiers du gobelet présentent directement les assiettes à M. le Dauphin. M. le Dauphin, lorsqu'il en change, les rend au sous-gouverneur, lequel les remet aux officiers du gobelet. Cette différence est fondée, à ce que prétendent les officiers du gobelet, sur ce que, le sous-gouverneur étant pour veiller à la santé de M. le Dauphin, il est en droit d'ôter son assiette devant lui quand il le juge à propos; mais, n'ayant point l'honorifique du service, il ne peut pas donner les assiettes; de même, lorsque c'est un sous-gouverneur, l'essai du vin et de l'eau ne se fait point. Il est vrai que chez le Roi le même usage est observé. Lorsque le grand maître, qui ne sert presque jamais que dans les occasions de cérémonie, le grand chambellan, les quatre premiers gentilshommes de la chambre, le grand maître ou les deux maîtres de la garde-robe ne servent point le Roi à table; l'essai ne se fait point devant S. M., il se fait seulement au buffet. Chez la Reine, l'essai ne se fait jamais que dans les occasions de cérémonie (1), et tous les jours au grand couvert. Mais j'oubliois d'observer que le sous-gouverneur qui sert à table M. le Dauphin en l'absence du gouverneur est assis à côté de lui.

16 *décembre*, *Versailles*. M. Maréchal, premier chirurgien du Roi, mourut à sa terre de Bièvre, le 15, âgé de soixante-dix-huit à soixante-dix-neuf ans. Outre une grande habileté et expérience, et beaucoup de légèreté dans la main, qu'il avoit même conservée dans les derniers temps, il avoit acquis avec justice la réputation de probité et de parler vrai. J'entendis dire au Roi, à l'occasion de la mort de M. Maréchal, qu'il avoit pensé perdre sa place pour avoir parlé trop vrai à la dernière maladie de Louis XIV. M. Fagon avoit toute la confiance de Mme de Maintenon; son sentiment sur la maladie du Roi n'étoit pas conforme à celui de M. Maréchal. M. Maréchal, que rien n'empêchoit de dire ce qu'il pensoit, le dit hautement; il s'en fallut peu qu'il n'eût ordre de se retirer. J'entendis dire encore au Roi dans le même temps une action de fermeté du dit Maréchal et de présence d'esprit. Il faisoit l'opération au feu duc de Gramont, grand-père de celui-ci. L'incision étoit faite, Maréchal voulut prendre la tenette pour tirer la pierre; en la prenant il se coupa tous les doigts jusqu'à l'os. La main toute en sang, il ne fit que

---

(1) Il se fait tous les jours au grand couvert pour la Reine comme pour le Roi ; mais lorsque la Reine mange dans sa chambre l'essai ne se fait jamais en sa présence, au lieu que, le Roi mangeant dans sa chambre, il se fait devant lui lorsqu'il est servi comme il vient d'être dit par quelqu'un de ses grands officiers. (*Note du duc de Luynes.*)

remuer les doigts pour voir s'il n'y avoit point de nerfs coupés, et il acheva l'opération.

Cette charge n'est pas fort considérable par le revenu fixe, mais il y a beaucoup de casuels. Tous les chirurgiens et barbiers du royaume doivent un certain droit au premier chirurgien. Ce droit ne va guère plus qu'à 20 à 21 sols; mais il y a peut-être trente à quarante mille barbiers ou chirurgiens. Comme la perception de ce droit seroit d'un grand détail et difficile, depuis quelques années l'on a créé des lieutenants qui sont dans chaque ville principale. Ces lieutenants ont toute l'autorité du premier chirurgien et se chargent de percevoir ce droit à son profit dans leurs districts. Le premier chirurgien vend ces charges quelquefois jusqu'à 100 pistoles; mais souvent au-dessous suivant l'étendue du district. Elles avoient été supprimées; elles furent rétablies il y a quelque temps, et Maréchal les vendit toutes, ce qui lui fit un profit considérable. La mort de Maréchal ne fait aucun changement. M. de La Peyronie étoit déjà en place. Le Roi lui donnoit plus de 20,000 livres par an jusqu'à la mort de M. Maréchal. Il y a un logement fort commode attaché à la charge de premier chirurgien; mais La Peyronie en avoit déjà un; il compte même ne le point quitter.

L'appartement de M. d'Antin fut donné, il y a quelques jours, à M. de la Rochefoucauld; cet appartement est fort commode pour une personne seule (1). M. d'Antin venoit d'y faire faire un changement qui lui donnoit une chambre à coucher, petite, et un cabinet assez grand pour manger. Il n'a pas eu le temps de jouir de cette commodité; on change de nouveau cet appartement. La chambre à coucher devient seconde antichambre; l'antichambre

---

(1) Cet appartement est en entrant dans la cour des princes au-dessous de celui de M. de Gesvres et au-dessus de celui du colonel des gardes françoises. (*Note du duc de Luynes.*)

ancienne fera la chambre de M. de la Rochefoucauld avec une garde-robe derrière; et à gauche une grande chambre et un grand cabinet pour Mme de la Rochefoucauld; mais comme elle vient peu ici, M. de la Rochefoucauld sera logé commodément.

16 *décembre.* — Quoiqu'il soit question depuis longtemps des arrangements pour la Lorraine (1), cependant il n'y a que dix ou douze jours qu'on les regarde comme publics. Voici la copie d'une lettre de Lunéville, du 26 novembre dernier, qui contient le détail desdits arrangements :

« La nuit du 24 au 25 de ce mois, il est arrivé ici un courrier de Vienne qui a apporté à S. A. R. Mme la duchesse de Lorraine la nouvelle et les articles arrêtés du mariage du roi de Sardaigne avec Mme la princesse aînée, sa fille, lequel courrier est parti cejourd'hui pour aller en France apporter la nouvelle au Roi.

« S. A. R. Mgr le duc de Lorraine donne à cette princesse pour dot 100,000 écus payables en trois termes peu éloignés. Le roi de Sardaigne lui assigne 200,000 livres de douaire, et lui donne 100,000 livres par an pour ses menus plaisirs et 20,000 pistoles pour ses bagues et joyaux.

« Le roi Stanislas prendra incessamment possession du duché de Bar tant mouvant que non mouvant, et peu après du duché de Lorraine.

« La France donne à S. A. R. Mgr le duc de Lorraine 4,500,000 livres.

« S. A. R. Mme la duchesse de Lorraine aura Commercy avec la principauté en souveraineté pendant sa vie (réversible à la France), avec 600,000 livres par an pour toute sa dépense.

« Mme la princesse Charlotte aura 42,000 livres par an, en

---

(1) Ces arrangements avaient lieu en vertu de la paix de Vienne (1735), qui terminait la guerre de la succession de Pologne, et par laquelle Stanislas Leczinski recevait les duchés de Lorraine et de Bar.

attendant que S. A. R. pourvoie à son établissement, dont il fournira la dot et les frais.

« La France, entrant en possession des deux duchés de Bar et de Lorraine, se chargera de payer les dettes d'État (dont il sera incessamment fait un état) ; le tout en déduction, ainsi que les sommes de 600,000 livres et de 42,000 livres, des quatre millions et demi ; en sorte que S. A. R. Mgr le duc de Lorraine n'aura pour lui, sa femme, ses enfants à venir et le prince Charles, que deux millions, et 600,000 florins qui lui sont cédés sur le gouvernement des Pays-Bas en indemnité du sacrifice qu'il fait de ses États pour les intérêts de l'empereur.

« S. A. R. mande à Mme sa mère de choisir toutes les personnes qu'elle veut avoir pour composer sa cour et la servir, et de lui en envoyer la liste, pour, après qu'il aura choisi de son côté ceux qu'il veut qui le suivent à Vienne et en Flandre, il puisse lui envoyer la réforme du surplus.

« S. A. R. Madame a dû faire son choix aujourd'hui, et elle doit en envoyer la liste à Vienne mercredi prochain. »

Le feu Roi, voulant donner aux officiers de cavalerie l'espérance de pouvoir être quelques jours attachés à son service auprès de sa personne, avoit fait un arrangement que les places d'officiers qui se trouveroient vacantes dans les gardes du corps, seroient remplacées alternativement par des officiers du corps des gardes et par d'autres du corps de la cavalerie. On a remarqué que cette règle n'a pas toujours été suivie exactement, comme l'état ci-après en est une preuve.

Compagnie de Noailles.

MM.

De Saint-Pau et Druy....	Du temps du feu Roi.	Ces quatre ont eu des brigades tout de suite, sans qu'il y ait eu de colonel de cavalerie entre.
Faüvet et Segonzac.....	....	
Chabannes et Suzy......	Tout de suite, du ministère de M. le Cardinal.	

Compagnie de Charost.

Boisandré et Danjony... } Tous deux de suite, du ministère de M. le Cardinal.

Compagnie d'Harcourt.

Velleron et Busca..... Vareil et Daugé........ }	Du temps du feu Roi.	Ces quatre ont eu des brigades tout de suite, sans qu'il y ait eu de colonel de cavalerie entre...
Bellefonds, Digoine et Montgibaud...... }	Ont eu chacun une brigade, et il n'est entré qu'un colonel de cavalerie pour une quatrième, du ministère de M. le Cardinal.	

17 *décembre*. — J'appris il y a quelques jours que M. le comte de Clermont avoit vendu au Roi la terre de Châteauroux. La situation de M. le comte de Clermont, par rapport aux dépenses de la dernière campagne, le mettoit dans l'obligation de chercher à vendre quelques terres pour payer ses dettes. La terre de Châteauroux en Berry lui avoit été cédée en partage dans la succession de Mme la Princesse. Elle avoit été estimée 2,600,000 livres, et M. le comte de Clermont étoit chargé sur cela d'indemniser ses cohéritiers jusqu'à concurrence de 900,000 livres. Il avoit proposé à M. le Duc de prendre cette terre, mais M. le Duc n'en avoit que faire. M. le comte de Clermont fit la même proposition à M. le contrôleur général pour le Roi. M. Orry lui répondit que le Roi ne cherchoit point à acheter des terres. Cependant la situation de M. le comte de Clermont étoit si pressante, et il fit valoir avec tant de force le droit qu'il avoit plus qu'un autre sur les bontés de S. M., qu'enfin le marché a été conclu ; on dit même qu'il est avantageux pour le Roi. La terre est affermée environ 80,000 livres. Le Roi paye un million argent comptant, qui sera employé au payement de dettes ou arrangements d'affaires de M. le comte de Clermont. Le Roi se charge, outre cela, d'acquitter M. le comte de Clermont des 900,000 livres qu'il doit à ses cohéritiers et de lui payer encore 800,000 livres, savoir : 400,000 dans un contrat de rente viagère, au denier dix, et trois cents et tant de mille livres qui resteront en fonds entre les mains du Roi. S. M. en fera la rente à M. le comté de Clermont et le remboursera lorsqu'il trouvera quelque emploi à faire.

La Reine dit avant-hier à Mme de Luynes, en sortant de la comédie, qu'il s'étoit glissé un abus dans sa maison, auquel il étoit à propos d'apporter remède : que ses dames d'honneur et d'atours lui présentoient la serviette sans continuer à la servir à table ; que cela étoit contre la règle, et que lorsqu'on avoit commencé le service, on ne devoit point le discontinuer, à moins que ce ne fût elle-même qui en donnât l'ordre exprès. Elle ajouta qu'elle le diroit de même à Mme de Mazarin, et que les jours que l'une ou l'autre ne voudroient pas la servir, il étoit convenable qu'elles ne lui présentassent pas la serviette. On pourroit penser que ce service, qui est le plus honorable, puisque c'est celui que les enfants et petits-enfants de France, et les princes et princesses du sang prennent toujours lorsqu'ils s'y trouvent, seroit rendu plus convenablement par les dames d'honneur ou d'atours que par les femmes de chambre. Mme la maréchale de Boufflers ne croyoit pas même avoir besoin d'une permission expresse de la Reine pour ne pas continuer à avoir l'honneur de la servir.

18 *décembre*. — *Discours de M. le maréchal duc d'Estrées à la clôture des États de Bretagne, le 18 décembre.*

« Messieurs, toutes les affaires importantes qu'il y a eu à traiter dans cette assemblée ayant été terminées avec autant de sagesse que de diligence, il est temps de nous séparer et de vous permettre de retourner dans le sein de vos familles pour y goûter un repos que vous n'avez interrompu que pour vous livrer en bons citoyens aux soins des affaires d'une province qui vous a confié ses intérêts. Quelle doit être votre satisfaction d'y avoir si bien réussi et d'avoir en même temps donné à votre souverain des preuves si publiques de votre respect et de votre affection pour sa personne, ainsi que de votre obéissance pour tout ce qui est émané de son autorité ! Quelle gloire n'aurez-vous point d'avoir su si parfaitement démêler les artifices de quelques esprits remuants qui, sous la fausse apparence de défendre vos intérêts, n'avoient songé qu'à vous séduire et à vous préparer peut-être les plus grands malheurs? La sagesse des trois ordres a prévalu sur ces mauvaises influences, et cette bonne et nombreuse noblesse qui a assisté à cette assemblée ne s'est laissé conduire que par les lumières de la raison et par les sentiments élevés de son cœur, conformes à ceux de sa naissance.

« Je vous ai déjà témoigné, Messieurs, par ordre de S. M., la satisfaction qu'elle a eue d'une conduite qui lui a été si agréable, et le désir qu'elle a de faire sentir les effets de ses bontés à une province qu'elle affectionne. Je fortifierai ces dispositions favorables par le compte que j'aurai l'honneur de lui rendre de ce qui s'est passé dans cette assemblée, et je n'oublierai rien de tout ce qui pourra en relever le mérite. Le Roi sera instruit par moi du désir qu'elle a de lui plaire, et combien cette grande noblesse, dont l'attachement lui est si cher, a cherché à se distinguer dans tout ce qu'elle a entrevu qui pouvoit lui être agréable. La déclaration si sage que vous avez enregistrée est une preuve de sa bonté : elle n'a d'autre objet que celui de rendre cette assemblée plus respectable, et de purger l'ordre de la noblesse d'un nombre de sujets qui la déshonorent et qui ne méritent pas par leur naissance d'avoir l'honneur d'y être admis. Contribuez de votre part à son entière exécution, et soyez bien persuadés que le Roi ne veut employer son autorité que pour procurer vos avantages.

« Permettez-moi, Messieurs, de vous témoigner combien je suis touché des marques d'amitié et de confiance que vous m'avez données ; j'en connois tout le prix, et je n'en perdrai jamais la mémoire. J'ose dire que je les mérite par la pureté et le désintéressement de mes sentiments pour une province que j'honore infiniment et qui me sera toujours chère. Je ne sais pas si l'état de ma santé me permettra de me retrouver avec vous à votre première assemblée ; mais j'y serai présent par mon cœur, et quoique absent, je n'en serai pas moins attentif à ses intérêts, et vous me trouverez en toutes occasions disposé à les appuyer. »

Ce discours a été déposé au greffe, à la réquisition de M. l'évêque de Rennes.

État des gratifications des dits États.

Il n'y a de gratifications réglées aux États de Bretagne que 30,000 livres au commandant, 15,000 livres à sa femme, la première fois qu'elle y vient ; 15,000 livres au président de l'Église, 15,000 livres au président de la noblesse, 15,000 livres à sa femme, la première fois qu'elle y vient, 10,000 livres au président du tiers état.

Depuis environ dix ou douze ans on a donné, à toutes les tenues d'États, 15,000 livres à la femme du commandant, 15,000 livres à celle du président de la noblesse, lorsqu'elles ont été présentes. On n'en avoit point donné en 1734 ; on les a rétablies cette année, et, de plus, on a donné 15,000 livres à la maréchale d'Estrées pour la présente tenue.

Depuis quelque temps on est aussi dans l'usage de donner des gratifications aux procureurs syndics, savoir : 6,000 livres à celui qui reste en Bretagne, et 12,000 livres à celui qui vient à la Cour. On n'avoit rien donné en 1734 ; on lui a donné cette année 24,000 livres, parce qu'il fait seul les deux charges. C'est le président Bedée qui vient ici.

De plus, on a donné aux deux présidents de l'Église et de la noblesse 15,000 livres de gratification extraordinaire, et 4,000 livres au président du tiers état, chose absolument nouvelle, 10,000 livres au vicomte de Rohan parce qu'il a présidé un jour à la place de son père. Il y a des exemples que les fils des barons ont eu de pareilles gratifications en pareil cas.

Feu Mme de Brilhac avoit obtenu subtilement 6,000 livres de pension pour son mari; cela a passé en usage et vient d'être continué au premier président La Briffe de Damilly.

Il y a outre cela, pour lui et pour l'intendant, des gratifications réglées. Je ne me souviens plus à quoi elles montent.

20 *décembre*. — On parle beaucoup ici de M. le duc et de Mme la duchesse de Mortemart. Ils plaident actuellement en séparation, et Mme de Mortemart s'est mise au couvent du Cherche-Midi. L'union n'a pas été de longue durée entre eux. Il est vraisemblable que la passion extrême de M. de Mortemart pour sa femme a poussé à l'extrémité l'aversion qu'elle a eue pour lui dès le commencement. C'est l'effet ordinaire de ces deux sentiments contraires. Il y a eu plusieurs scènes que les amis communs ont voulu épargner au public autant qu'il a été possible, mais l'éclat est fait; le jugement paroît embarrassant. Quatre ou cinq habiles avocats prétendent que Mme de Mortemart ne peut pas perdre.

22 *décembre*. — M. le cardinal de Polignac perdit avant-hier, avec dépens, son grand procès contre la succession de M. de Maupeou pour les réparations d'Auch; on dit qu'elles montent à 400,000 livres. On lui laisse son recours seulement contre la succession de M. Desmarets; mais elle est abandonnée il y a longtemps.

25 *décembre*. — M. le duc de Villars vint ici, il y a deux jours, faire sa révérence au Roi et à la Reine; il arrive

d'Espagne, où il avoit été reporter la Toison de M. le maréchal de Villars. Le roi d'Espagne la lui a rendue.

Le Roi a beaucoup fait de questions à M. de Villars sur la cour de Madrid. Les usages en sont fort différents de ceux-ci. L'on ne voit point le Roi et la Reine d'Espagne pendant leur dîner et leur souper; ils mangent toujours ensemble et sont servis à genoux par les dames du palais et les caméristes. On voit le Roi et la Reine tous les jours un quart d'heure avant qu'ils entendent la messe; ils l'entendent dans une antichambre auprès de l'appartement de la Reine et ne vont presque jamais à la chapelle. M. le duc de Villars s'y est trouvé à la Toussaint; ils n'allèrent point ce jour-là à la chapelle. A Saint-Ildefonse, le Roi a une tribune près son appartement qui donne sur l'église. Pendant ce quart d'heure d'audience qu'ils donnent avant la messe, ils parlent beaucoup aux étrangers. Le Roi paroît n'avoir point oublié ce pays-ci; il se souvient des lieux où il a été se promener dans sa jeunesse. Les jardins de Saint-Ildefonse sont très-magnifiques et accommodés dans le goût de ceux de Versailles. Le Roi d'Espagne n'a commencé à y faire travailler que dans le temps de son abdication, et l'on y travaille encore tous les jours; mais comme Saint-Ildefonse est entouré de rochers, il faut en faire sauter une partie lorsque l'on veut faire un bosquet. Il y a des eaux en quantité et au moins aussi belles que celles d'ici.

La magnificence est plus grande en Espagne, pour le nombre de domestiques, chez plusieurs grands seigneurs : M. le duc de Médina-Celi, par exemple, a environ six mille domestiques à son service, tant dans ses terres que dans sa maison. On prétend que ses terres, qui sont en différents endroits dans l'Espagne, auroient plus d'étendue que le Piémont si elles étoient réunies. Mme la duchesse d'Ossone tient aussi un état considérable. Elle est veuve; elle a un fils qui aura environ 4 ou 500,000 livres de rente, et qui n'est ni d'une taille ni d'une figure agréable; elle jouit du bien de son fils et a outre cela un bien considérable qui lui appartient. M. le duc de Villars alla lui rendre visite; il trouva à la descente de son carrosse vingt laquais qui le conduisirent jusqu'au milieu de l'escalier. Là, douze pages l'accompagnèrent jusqu'à la seconde antichambre; ensuite un grand nombre de valets de chambre, avec lesquels il traversa plusieurs pièces. De là, il fut reçu par un nombre beaucoup plus considérable de gentilshommes; ils le menèrent jusqu'à une autre pièce où étoient les dames de Mme d'Ossone, dont une principale fait la fonction de dame d'honneur et les autres de dames du palais; mais ce n'est pas le nom qu'elles portent. Celle qui représente la dame d'honneur présenta M. le duc de Villars à Mme d'Ossone, et s'assit aux pieds de sa maîtresse.

On rapporte une singularité de la magnificence de Mme d'Ossone qui mérite de n'être point oubliée. Il étoit arrivé des truffes à M. de Vaugrenan, notre ambassadeur; il sut que Mme d'Ossone désiroit en avoir: il lui en envoya. Peu de jours après, elle lui renvoya une grande quantité d'oranges dans de très-beaux bassins de porcelaine. M. de Vaugrenan crut devoir faire un présent plus considérable à Mme d'Ossone: il lui renvoya une aigrette de diamants valant environ 7 à 8,000 francs et parfaitement bien montée. Quelque temps après, voulant aller faire un voyage, il donna ses ordres pour avoir des relais en chemin: au premier relais il trouva un écuyer de Mme d'Ossone avec six mules d'une grande beauté et parfaitement bien harnachées; il lui dit qu'il avoit ordre de le prier de vouloir bien non-seulement s'en servir, mais aussi de les garder. Les mules sont fort cher en Espagne quand elles sont de cette grande beauté. Le Roi et la Reine s'en servent; ils sortent presque tous les jours pour aller tirer à des battues; on ne connoît point d'autres chasses en Espagne; ils vont quelquefois jusqu'à sept ou huit lieues, et toujours extrêmement vite.

M. le duc de Villars a dit, à la Reine, que la Reine d'Espagne lui envoyoit cinq cents livres de tabac.

M. le prince de Léon arriva il y a deux ou trois jours ; il vient de Bretagne, et il a été bien reçu ici, tout ayant réussi aux États comme on l'avoit désiré. Les États lui ont accordé, à lui personnellement, les 15,000 livres de gratification qu'ils ont coutume de donner au président de la noblesse à chaque tenue d'États, et outre cela quinze autres mille livres pour les États derniers, il y a deux ans, auxquels on n'avoit point accordé de gratification ; en outre, autres 15,000 livres pour Mme la princesse de Léon, aussi pour les États tenus il y a deux ans, ce qui fait 45,000 livres ; et M. le vicomte de Rohan, son fils, ayant présidé une fois, les États lui ont aussi accordé 10,000 livres. M. de Léon s'étoit absenté exprès ce jour-là par cette raison. Mme la maréchale d'Estrées a eu aussi 15,000 livres de gratification. M. l'évêque de Rennes (1) a eu aussi pareille gratification de 15,000 livres. Pour M. le maréchal d'Estrées, comme il est au nom du Roi, c'est le Roi qui le paye ; ce qu'on lui donne monte environ à 100,000 francs ; il a 35,000 livres comme commandant que le Roi lui donne tous les ans, et à chaque tenue d'États la province lui donne 30,000 livres.

Je crois avoir déjà marqué ci-dessus que M. le maréchal d'Estrées avoit annoncé, il y a longtemps, que le Roi ne leur demanderoit point de dixième, à commencer du 1er janvier 1737. M. de la Fare (2) a eu ordre d'annoncer la même chose aux États de Languedoc. Les intendants n'ont point eu ordre de faire aucune imposition de ce dixième, et la plupart même de ceux qui étoient employés pour cette recette sont rappelés.

Le P. d'Héricourt, théatin, a prêché aujourd'hui pour

---

(1) Louis Guy Guérapin de Vauréal.
(2) Le marquis de la Fare, lieutenant général des Cévennes, Gévaudan, Velay et Vivarais.

la dernière fois, et a fait son compliment au Roi. C'est l'usage de le faire le jour de Noël, quoiqu'il dût y avoir un sermon chaque dimanche de l'Avent; cependant, à cause de la fête de la Vierge et de Noël, il y a eu deux dimanches sans sermon.

Le Roi communia et toucha hier suivant l'usage ordinaire; il entendit les premières vêpres où M. l'archevêque de Sens (1) officia pontificalement : c'est aussi l'usage ordinaire. Le même prélat a officié à la grande messe, et à vêpres Mme d'Hostun a quêté, et il n'y a point eu de salut : tout cela se pratique tous les ans.

26 *décembre, Versailles.* — Le Roi, à qui l'on demandoit, il y a quelques jours, s'il seroit jusqu'au lendemain des fêtes sans aller à la chasse, répondit que peut-être, s'il faisoit beau une des fêtes, il prendroit tout d'un coup la résolution d'aller se promener aux environs de Versailles. En conséquence, aujourd'hui il a été à la messe avec le même habit qu'il avoit hier, excepté qu'il avoit une veste et une culotte de chasse. Il a déjeûné après la messe, et ensuite il est parti pour aller courre le cerf à une petite lieue d'ici.

27 *décembre, Versailles.* — J'appris, il y a deux ou trois jours, que la communauté des Récollets étoit établie ici dès 1666. Ils étoient d'abord douze religieux logés auprès de la paroisse Notre-Dame du côté de l'étang (2) que l'on comble actuellement. Ils faisoient leur office dans une chapelle de la dite paroisse, et les missionnaires qui la desservoient étoient logés vis-à-vis de cette église du côté de la place Dauphine. Un de ces religieux qui étoit déjà prêtre en 1684, et un des douze, me disoit que le 15 avril de la dite année le roi posa le même jour la première pierre de l'église Notre-Dame et celle du couvent des Récollets; que ce couvent fut achevé tel qu'il est en six

---

(1) Jean-Joseph Languet (de Gergy).
(2) De Clagny.

mois; qu'ils y vinrent loger à la fin de janvier 1685, et qu'ils y trouvèrent si exactement tout ce qui étoit nécessaire, qu'il y avoit jusqu'à des plumes pour écrire, dans toutes les cellules.

ANNÉE 1737.

JANVIER.

Nomination de cinq chevaliers de l'Ordre. — Dîner du Roi à son petit couvert le jour de l'an. — Note sur M. le prince Vaini. — Jour de la bénédiction de la rose d'or et de l'estoc et explication. — Conseil de M. de Lyonne au feu Roi pour des chevaliers étrangers. — Bruits contre M. le garde des sceaux et plaisanterie de M. le Cardinal aux ambassadeurs au sujet des dits bruits; exemple de M. Colbert. — Entrées de la dame d'honneur chez le Roi. — Changements dans des appartements. — Ce que le Roi fait à la chapelle le jour des Rois. — Ordre à l'huissier de la chambre de la Reine de laisser entrer les grandes entrées depuis cinq heures jusqu'à sept heures. — Réforme dans la cavalerie et les dragons. — Saignée de la Reine parce qu'elle est grosse. — M. le duc de Chartres attend à la porte de la Reine à cause de son gouverneur; raisons de la Reine. — M. de la Galaisière déclaré intendant de Lorraine. — L'archevêque de Nicomédie allant à Bruxelles nonce. — Part du mariage de la reine de Sardaigne. — Mort du sous-lieutenant des mousquetaires gris, et usage dans ce corps pour remplacer. — Ce que la Reine fait le premier jour de sa sortie après la saignée, et remarques sur la comédie.

1er *janvier*. — La procession des chevaliers de l'Ordre s'est faite aujourd'hui, suivant l'usage ordinaire, et ensuite il y a eu chapitre où le Roi a déclaré qu'il nommoit à cet ordre M. le duc Ossolinski, M. le marquis de Monti, M. le prince Vaini, Romain, M. le maréchal de Biron et M. le duc de Villeroy.

Le Roi a dîné aujourd'hui à son petit couvert comme les autres jours; ce n'est que depuis l'année dernière qu'il a manqué de dîner en public avec la Reine, ce jour-là, et même la nef sur la table. On ne dit pas la raison de ce changement; on croit que c'est par rapport à la grossesse de la Reine.

Voici une note que M. l'abbé de Pomponne, chancelier de l'Ordre, m'a donnée.

« M. le prince Vaini est d'une maison noble du duché d'Urbin. Cette famille avoit des alliances avec la maison Barberin; la branche de la maison d'Este, dont descend la dernière Reine d'Angleterre, s'étoit alliée avec la maison Barberin; cela avoit procuré l'avantage à M. Vaini d'appartenir à cette Reine. L'oncle de M. le prince Vaini, nommé à ce dernier chapitre par le Roi chevalier de ses ordres, étoit homme de beaucoup d'esprit et avoit été général des galères de la religion de Malte. Il s'étoit acquis beaucoup de réputation pendant les guerres de Morée contre le Turc. Son inclination pour la France le porta à engager M. son frère aîné de s'attacher pour toujours aux intérêts de cette couronne dans un temps que la maison d'Autriche possédoit tous les grands États d'Italie. M. le cardinal Janson, en 1694, lui rendit des services si essentiels, auprès du feu Roi, qu'il détermina S. M., conjointement avec les prières de la Reine d'Angleterre, de le faire chevalier de ses ordres en 1696. Afin de le rendre digne d'un si grand honneur, le pape Innocent XII le fit duc et prince de Canta-Loupo, terre considérable qui avoit été dans la maison Savelli. Il vint ici, et le Roi lui donna le collier de l'Ordre. S. M. lui accorda le traitement de cousin après l'avoir fait chevalier de ses ordres. Il donna des marques de son zèle et de sa valeur dans l'affaire de M. le prince de Monaco, en 1700. Son fils, élevé dans ces sentiments, a persévéré dans son attachement à la couronne; c'est ce qui lui a procuré l'honneur que le Roi vient de lui faire. »

2 *janvier*. — J'ai appris aujourd'hui que la cérémonie de la Rose d'or se faisoit le quatrième dimanche de carême. Outre cette cérémonie, il y en a aussi une le jour de Noël, que l'on appelle la bénédiction de l'estoc. Le Pape bénit une épée et un casque; l'épée est à poignée d'or; et la lame large et tranchante des deux côtés; le fourreau de velours cramoisi brodé d'or. Le casque est doublé en dedans de velours cramoisi, il l'est de même en dehors,

excepté qu'il y a des flammes en broderie d'or. Lorsqu'il y a quelques grands généraux qui se sont distingués par quelques victoires contre les hérétiques ou les infidèles, le Pape leur envoie ce casque et cette épée ou estoc. Le Pape en a envoyé au prince Eugène et au grand maître de Malte. Lorsque le casque et estoc n'ont point été envoyés, le Pape bénit de nouveau les mêmes l'année d'après.

J'ai appris aussi que le prince Vaini, qui vient d'être nommé chevalier de l'Ordre, est fils du marquis Vaini, depuis prince du même nom. Dans la jeunesse de Louis XIV, M. de Lyonne, secrétaire d'État des affaires étrangères, proposa au roi d'envoyer le cordon de l'Ordre à quelques-uns des chefs des principales familles de Rome. En conséquence, le Roi donna l'Ordre à un de Sforce, je crois aussi à un prince de la maison d'Este, et encore à un ou deux autres : ceux-là sont morts sans enfants, et l'on a discontinué de suivre le conseil de M. de Lyonne. Le marquis Vaini n'avoit pu encore mériter cet honneur, n'ayant pas été à portée de donner des marques d'attachement à la France. J'ai joint ici-devant la copie d'une note qui m'a été donnée sur lui, à quoi j'ajouterai seulement que, lorsque M. le cardinal de Janson demanda l'Ordre pour M. de Vaini, qui n'étoit alors que marquis, le Roi répondit que dans les pays étrangers il ne donnoit point cet honneur à ceux qui n'étoient point titrés : c'est ce qui détermina le pape Innocent XII à le faire duc et prince de Canta-Loupo. Le prince Vaini d'aujourd'hui a environ quarante ans, une figure noble, un esprit sage, s'est toujours déclaré pour les intérêts de la France, et a les armes de France sur la porte de son palais. M. le cardinal de Polignac, dès le temps de son séjour à Rome, avoit sollicité plusieurs fois cet honneur pour lui.

3 janvier. — Je n'ai point parlé jusqu'à présent des bruits qui se sont répandus depuis deux mois à Paris, et depuis quinze jours ici, par rapport à M. le garde des sceaux.

La profession qu'il a toujours fait d'être attaché à M. le Cardinal seul, sans chercher d'autre appui, lui a attiré des ennemis, lesquels disoient hautement que la confiance de M. le Cardinal en lui étoit presque entièrement perdue; et que l'on verroit bientôt un changement. Ces discours se tenoient même jusque dans l'antichambre de M. le Cardinal; on y ajoutoit des motifs. Le vol fait en Espagne de la cassette de M. de Vaugrenan avoit paru suffisant pour faire jeter des soupçons : on disoit que cette cassette contenoit des papiers qui feroient des preuves contre M. le garde des sceaux. M. le Cardinal, instruit de ces bruits, a voulu détromper le public sur des idées aussi fausses. Le jour de l'an, les ministres étrangers étant venus saluer S. Ém., elle adressa la parole à milord Waldegrave, ambassadeur d'Angleterre, et lui dit en riant : « Je croyois que vous m'apporteriez mes étrennes; où est donc cette cassette qui doit fournir des preuves contre M. le garde des sceaux? Vous devriez bien me remettre ces papiers et faire rendre à M. de Vaugrenan ses diamants. » A ce discours, l'ambassadeur d'Angleterre et tous les autres ministres étrangers ne répondirent que par des respects et des protestations, qu'ils étoient bien éloignés d'avoir donné occasion à de pareils bruits, et allèrent aussitôt chez M. le garde des sceaux lui renouveler les sentiments d'estime, de considération et de confiance qu'ils ont pour lui. Cette histoire de la cassette de M. de Vaugrenan est d'autant plus une calomnie sans fondement, que M. de Vaugrenan avoit mandé que ce qui le consoloit beaucoup, dans la perte de sa cassette, c'est qu'il n'y avoit nuls papiers qui regardassent le Roi.

J'ai ouï dire à cette occasion-là à Mme de Chaulnes, qui le savoit de Mme de Chevreuse, que du temps de M. Colbert, le Roi étant à Paris ou à Saint-Germain, et ayant une confiance entière en M. Colbert pour toutes les choses dont il étoit chargé, il arriva cependant que des esprits jaloux de cette confiance firent courir le bruit qu'il étoit perdu dans l'esprit du Roi. M. Colbert crut devoir rendre compte de ces bruits à S. M., et lui ajouta en même temps que, comme il n'avoit d'autre but que de lui plaire, s'il avoit été assez malheureux pour n'y avoir pas réussi, il n'avoit d'autre parti à prendre pour le bien même des affaires du Roi que de lui demander la permission de se retirer, le crédit et la confiance du public étant absolument nécessaires au surintendant des finances ; que, si au contraire S. M. agréoit toujours ses services, il croyoit devoir lui demander quelques marques de bonté distinguées. En conséquence de cette représentation, et de concert avec le Roi, M. Colbert, étant mandé par S. M. pour aller travailler avec elle, répondit qu'il étoit au désespoir de ne pouvoir obéir, mais qu'il avoit la goutte et qu'il étoit hors d'état de sortir. Le Roi, sur cette réponse, voulut bien venir chez M. Colbert une fois ou même deux, et les bruits cessèrent.

Mme de Luynes, qui en qualité de dame d'honneur de la Reine a les entrées chez le Roi, n'avoit pas encore pris ces entrées. Aujourd'hui ayant su que Mesdames, les deux aînées (1), devoient venir au lever du Roi, elle s'y est trouvée. Mesdames sont entrées comme le Roi étoit à sa toilette, prêt à en sortir. Elles lui ont baisé la main ; le Roi a passé à son prié-Dieu ; Mesdames sont entrées dans le cabinet ; Mme de Tallard et Mme de Luynes les ont suivies ; Mme de Luynes y est entrée aussi. Le Roi a paru la recevoir avec bonté et a été étonné même qu'elle n'eût pas usé plus tôt de son droit.

L'on a fait ces jours-ci plusieurs changements d'appartements : le Roi ayant donné à M. de la Rochefoucauld l'appartement de feu M. d'Antin, il a donné à M. et à Mme de Richelieu celui de M. de la Rochefoucauld ; celui

---

(1) Louise-Élisabeth de France, depuis duchesse de Parme, et Anne-Henriette de France. Ces princesses jumelles étaient nées le 14 août 1727.

de M. de Richelieu; trop petit pour deux, a été donné à M. le comte d'Ayen.

6 janvier. — Le Roi n'est pas descendu pour entendre la messe aujourd'hui, quoique ce fût une grande fête (1); il n'a point été à vêpres; et il a été au salut dans sa tribune; il a suivi en tout cela ce qui étoit pratiqué par le feu Roi.

10 janvier. — Il y a trois ou quatre jours qu'un huissier de la Reine vint demander à Mme de Luynes s'il laisseroit entrer tous ceux qui ont les entrées de la chambre, depuis cinq jusqu'à sept heures du soir, qui est l'heure que la Reine est avec les dames du palais seulement, les courtisans n'entrant qu'à sept heures. La Reine alors jouant, ou la musique commençant, il n'y avoit nulle difficulté pour ceux qui ont les grandes entrées; mais seulement pour les entrées de la chambre. Mme de Luynes demanda hier à la Reine ce qu'elle souhaitoit qu'elle ordonnât à l'huissier. La Reine lui répondit que c'avoit été une fantaisie de Mme la maréchale de Boufflers d'empêcher que tous ceux qui ont les entrées de la chambre entrassent depuis cinq jusqu'à sept; que, pour elle, elle étoit fort aise qu'on vînt la voir pendant ces deux heures. En conséquence, Mme de Luynes ordonna à l'huissier de laisser entrer toutes les entrées de la chambre : ainsi il n'y aura plus de distinction pour les grandes entrées pendant ces deux heures. Il n'y aura plus que le matin, où les grandes entrées entreront avant qu'on appelle la chambre.

La réforme de la cavalerie et des dragons est déterminée, et les inspecteurs sont partis; celle des dragons est bien forte et fait grand tort à ce corps. On avoit demandé qu'au lieu de quinze à cheval et dix à pied, on en laissât vingt à cheval et dix à pied; mais cette proposition a été refusée : cela coûteroit 100,000 écus de plus au Roi par an.

19 janvier. — La Reine fut saignée hier, à cause de sa

---

(1) Dimanche, jour des Rois.

grossesse. Aujourd'hui Mme de Luynes, allant chez elle à midi, suivant l'usage ordinaire, a trouvé à la porte de la chambre M. le duc de Chartres, M. de Balleroy, son gouverneur, et Mme la duchesse d'Alincourt. Comme c'est l'heure que les grandes entrées entrent chez la Reine et que Mme d'Alincourt a lesdites entrées, Mme de Luynes n'a pu comprendre pourquoi Mme d'Alincourt étoit restée à la porte, ni pour quelle raison M. le duc de Chartres n'étoit pas encore entré. Mme de Luynes est aussitôt entrée chez la Reine, qui lui a dit que M. le duc de Chartres étoit à la porte, qu'elle avoit donné ordre qu'il entrât, mais que M. de Balleroy avoit voulu entrer avec lui; qu'elle ne prétendoit pas traiter M. de Balleroy comme M. de Châtillon; qu'elle seroit fort aise de voir M. le duc de Chartres, pourvu qu'il fût sans gouverneur. Mme de Luynes a été elle-même à la porte appeler M. le duc de Chartres, qu'elle a fait entrer. M. de Balleroy s'étant présenté, elle l'a prié de vouloir bien attendre quelque moment. Mme d'Alincourt, qui n'étoit demeurée à la porte que par considération pour M. le duc de Chartres, est entrée en même temps que lui. Quelques moments après on a appelé la chambre, et M. de Balleroy est entré. Il s'est approché de la Reine pour lui faire quelques représentations; quoiqu'elles aient été reçues avec bonté, il a paru qu'elles n'avoient pas fait grande impression. Ce n'est que depuis quelques années que les princes du sang ont cru que c'étoit une espèce de droit pour eux d'avoir les entrées; autrefois ils n'en avoient aucune. Il est vrai que, dans les derniers temps, on les leur a accordées fort facilement; cependant tous ne les ont pas encore.

22 *janvier*. — Il y avoit longtemps que l'on savoit que M. de Chaumont de la Galaisière, beau-frère de M. le contrôleur général, étoit nommé intendant de la Lorraine; cependant les affaires générales n'avoient pas permis qu'il fût présenté au Roi en cette qualité. Il le fut, il y a sept ou huit jours, au Roi et à la Reine. Il fut en

même temps déclaré chef du conseil et chancelier du roi de Pologne, et qu'il auroit les sceaux ; il prêta serment quelques jours après à Meudon, entre les mains du roi de Pologne.

Aujourd'hui M. Tempi, archevêque de Nicomédie, a eu audience particulière du Roi et de la Reine. Il s'en va à Bruxelles en qualité de nonce ; il passe par la France, et c'est l'usage qu'il soit présenté à LL. MM., sans quoi il n'auroit aucuns honneurs.

Il y a deux ou trois jours que M. de Stainville et M. le commandeur de Solar vinrent faire part au Roi et à la Reine du mariage du roi de Sardaigne avec la princesse aînée de Lorraine. On savoit ce mariage depuis longtemps, mais ces deux ministres attendoient toujours des pouvoirs pour en faire part.

23 *janvier*. — M. de Montesquiou, sous-lieutenant des mousquetaires gris, mourut il y a quelques jours. Par cette mort tous les officiers inférieurs montent chacun suivant leur rang ; c'est l'usage. Ce l'étoit même du temps de Louis XIV, que le plus ancien maréchal des logis montât à la dernière cornette ; mais depuis le règne de Louis XV il n'y a eu qu'un seul exemple dans les mousquetaires gris, qui fut M. de Monthelon. Ordinairement le Roi nomme qui il juge à propos à la cornette, et celui qui est nommé donne une somme au plus ancien maréchal des logis ; cette somme est de 30,000 livres.

La Reine a été aujourd'hui, pour la première fois, à la messe à la chapelle depuis sa saignée ; ce soir elle a été à la comédie italienne. Mardi et jeudi, quoique S. M. n'y ait point été, il y a eu comédie et tragédie ; M. le Dauphin ni Mesdames n'y étoient point non plus ; il n'y avoit même de princesses que Mlle de la Roche-sur-Yon.

FÉVRIER.

Jour de la Chandeleur. — Réception de quatre nouveaux chevaliers et petite dissertation sur ce sujet. — Procès de M. le duc de Rochechouart au sujet d'un échange fait par la veuve d'un chevalier de l'Ordre. — Jugement du procès de Mlle de Kerbabu. — Procès en séparation de M. de Mortemart. — Remontrances du Parlement au sujet d'un mandement de M. l'archevêque de Cambray et circonstance de M. Portail. — Changement pour les jours de spectacles. — Dépense pour serrer de la glace, suivant les années. — Soupers du Roi dans les petits cabinets et remarques. — Souper du Roi à Versailles chez M. le comte de Toulouse; comment et avec qui. — Cassette de M. de Vaugrenan retrouvée. — Thèse de M. l'abbé de Fleury et assistants. — Part au Roi, à la Reine, etc., de la mort du grand maître de Malte et de l'élection du successeur, et détail de la cérémonie des audiences données à l'ambassadeur de Malte. — Entreprise de M. de Châtillon contre le droit de M. de Mirepoix à l'étude de M. le Dauphin et décision. — La manière dont M. de Châtillon est auprès de M. le Dauphin pendant les repas et exemples qui l'ont fait décider. — Quête du jour de la Chandeleur. — Jour de la naissance du Roi; décoration de la chapelle. — Agrément du Roi pour le mariage de M. le comte d'Ayen fait duc et de quelle façon. — Démission de M. de Charost de sa charge de capitaine des gardes et celle de M. de Béthune de sa pairie, toutes deux en faveur de M. d'Ancenis présenté au Roi comme duc, et exemples sur l'exercice de la charge. — Remercîment de Mme de Béthune avec Mme la duchesse de Luynes au Roi et circonstance presque semblable à celle de Mme de Tallard avec Mme de Montmorency rapportée. — Mme d'Armagnac nommée pour la conduite de la reine de Sardaigne; difficulté levée et comment. — Conduite du Parlement au sujet d'un mandement de M. de Cambray et de l'enterrement d'un chanoine. — Dispute qui empêche le cours des affaires. — Arrêt du conseil. — Remontrance au Roi. — Droit de convoquer et de demander à délibérer. — Mesures prises pour un ballet au sujet de la paix. — Disgrâce de M. le garde des sceaux, lesquels sont rendus à M. le chancelier. — M. Amelot présenté par M. le Cardinal au Roi et à la Reine. — Projet d'audience de Mme de la Mina; détail et exemple. — Discours sur M. Chauvelin au sujet d'un diamant. — Difficulté entre M. Amelot et M. le contrôleur général pour la séance au conseil; détail et décision. — Prétention de MM. les secrétaires d'État contre M. le contrôleur général. — Revenu de ladite charge. — M. de Fulvy achète de M. Amelot sa charge de surintendant des finances; valeur et revenu. — Compliment de M. de Nicolaï à M. de Chauvelin étant fait garde des sceaux. — Audience de Mme l'ambassadrice d'Espagne fort détaillée. — Droit des chaises à porteurs. — A cette audience le Roi ni M. le Dauphin n'ont point été reconduits par Mme de Luynes. — Mariage de la reine de Sardaigne, princesse de Lorraine; embarras pour les places dans son carrosse et à l'église. — Présentation de Mme la duchesse d'Ayen remarquable par le nombre de dames titrées.

3 février. — Hier, jour de la Purification, la messe et

la procession des chevaliers dans la cour à l'ordinaire; les quatre nouveaux chevaliers furent reçus, MM. de Biron, d'Ossolinski, de Monti et de Villeroy; il y eut chapitre avant la messe pour lire les preuves et les informations suivant l'usage. Les novices ont chacun deux parrains, qui les accompagnent dans les différentes révérences et font les mêmes qu'eux. Lorsque les novices sont titrés, ce sont les derniers ducs qui sont parrains; lorsque le novice n'est pas titré, ce sont les deux plus anciens chevaliers non titrés ; c'est ce qui s'observe toujours. A la promotion de 1731, M. le duc de Lévis et M. le prince de Tingry, aujourd'hui maréchal de Montmorency, furent reçus; ils eurent l'un et l'autre les mêmes parrains (1), qui étoient deux ducs; il n'y avoit que M. le duc de Lévis qui eût dû les avoir, mais ils firent leurs révérences ensemble.

M. le duc de Rochechouart, petit-fils de feu Mme la duchesse de Beauvilliers, a actuellement un procès qui intéresse tous les chevaliers de l'Ordre. Mme de Beauvilliers avoit échangé avec M. le duc d'Antin la terre de Mézières contre celle de Lumigny; celle-ci relève de mon fils à cause de Coulommiers. Lorsque les seigneurs particuliers n'ont point acquis les droits d'échange, ils appartiennent au Roi. Mme de Beauvilliers, comme veuve d'un chevalier de l'Ordre, prétendoit ne point devoir ces droits. M. de Rochechouart soutient encore la même prétention; mais l'on répond que cela ne pourroit avoir lieu que supposé que Lumigny relevât directement du Roi, et que le droit des veuves des chevaliers ne s'étend point sur les droits qui reviennent au Roi pour des échanges de terre non mouvantes directement de S. M. Cette affaire doit être portée au conseil de finances.

Le procès de Mlle de Kerbabu contre M. d'Hautefort fut jugé il y a deux ou trois jours; il lui fut accordé 10,000

---

(1) Parce qu'ils firent leurs révérences ensemble. (*Note du duc de Luynes.*)

livres de dommages et intérêts payables par la succession de feu M. d'Hautefort, sur quoi elle en a déjà reçu une partie; on croyoit qu'il lui seroit adjugé sa dot, qui étoit de 75,000 livres, sur quoi on diminueroit 20,000 livres qu'elle a touchées, et on ajoute 2,000 livres de frais qu'elle a payées, qui faisoient 57,000 livres. On fondoit ce raisonnement sur la bonne foi où l'on prétend qu'étoit Mlle de Kerbabu de s'être vue mariée pendant plusieurs années, et que ledit mariage n'a été cassé que parce qu'il y manquoit quelques formalités. Il faut qu'il se soit trouvé des raisons bien fortes contre ce raisonnement.

Le procès de M. et de Mme de Mortemart se continue; les sentiments sont fort partagés; on croit que le Parlement pourra bien ordonner comme par interlocutoire qu'elle sera dans un couvent pendant quelques années, cela sous le prétexte de vouloir donner aux juges le temps et les moyens d'examiner davantage une affaire embarrassante, et réellement dans l'intention de les mettre à portée de se raccommoder ou de se séparer volontairement. D'autres gens prétendent que cette décision n'est pas trop de la compétence du Parlement, que c'est une espèce de *mezzo-termine*, et que les juges sont faits pour prononcer en faveur de l'une ou de l'autre partie.

Le Parlement travaille actuellement à des remontrances au sujet du mandement donné, il y a un an ou deux, par M. l'archevêque de Cambray. Feu M. Portail avoit fait un projet de ces remontrances dans une assemblée qui se tint il y a quelque temps. On demanda à M. le président Portail de montrer ce que M. son père avoit fait; il pria la compagnie de vouloir bien l'en dispenser, ajoutant avec sagesse que M. son père auroit expliqué les raisons qu'il avoit eues, mais que, n'étant plus, il ne croyoit pas convenable que sa mémoire pût être exposée à être blâmée. Il fut débattu si l'on n'obligeroit point M. Portail à remettre lesdites remontrances; il passa à la pluralité des voix qu'elles ne lui seroient plus demandées et que M. le premier président feroit un nouveau projet. M. Pelletier, contre son sentiment, a travaillé audit projet; il en montra le commencement à la compagnie il y a quelques jours. On l'arrêta dès la première page, parce qu'il y avoit : « Quoique votre Parlement ne prétende point être juge de la doctrine. »

5 février. — Il vient d'y avoir un changement par rapport à la comédie italienne : il y en avoit une ici tous les samedis; il n'y en aura plus ce jour-là, mais le mercredi; comme il n'y a point d'opéra le samedi, cela faisoit grand tort aux Italiens de venir ce jour-là. La musique qui étoit le mercredi est remise au samedi; ainsi, il y aura musique, lundi et samedi ; comédie françoise, mardi, et jeudi tragédie ; comédie italienne, mercredi, vendredi, et dimanche jeux. Il n'y a à tout cela rien de changé que le jour des Italiens. Le Roi ne va presque jamais à aucune comédie; il court le cerf au moins trois fois la semaine, et le sanglier de temps en temps; depuis même qu'à l'occasion de la rage d'une de ses meutes il en avoit fait une troisième pour le cerf, il couroit plus souvent.

Vendredi 8 février, Versailles. — La gelée qu'il fit il y a quelques jours, mit à portée de serrer un peu de glace dans les glacières du Roi; mais on n'y en put mettre qu'environ cinq toises cubes, ce qui ne peut suffire que pour environ huit jours à toute la Cour. Dans les années où la gelée est forte et dure longtemps, la toise cube ne revient qu'à environ 10 livres au Roi à serrer, et lorsque la glace est extraordinairement mince, comme cette année, la toise revient environ à 70 livres au moins la toise cube. Le Roi a dix glacières, tant à Versailles qu'à Trianon, Satory et autres lieux. On estime qu'elles peuvent contenir environ 400 toises cubes de glace. Il y a eu des années qu'il en a coûté près de 40,000 livres; mais dans les années ordinaires ce n'est que 4,000 livres.

Le Roi soupa avant-hier dans ses cabinets; il y soupe

presque toujours au moins une fois la semaine. Ces soupers commencent ordinairement à sept heures ou sept heures et demie. Ceux qui veulent se présenter pour avoir l'honneur de souper avec S. M., entrent dans le cabinet s'ils ont les entrées, sinon demeurent dans la chambre à la porte du cabinet. Le Roi sort un moment de son cabinet, regarde ceux qui se présentent et rentre aussitôt pour faire faire la liste. L'huissier nomme ceux qui sont sur cette liste, lesquels entrent à mesure qu'ils sont appelés et vont se mettre à table aussitôt. Ces soupers durent ordinairement jusqu'à minuit ou environ; ils ne se font presque jamais que les jours de chasse. Dans les commencements même, quelquefois le Roi faisoit appeler en général ceux qui l'avoient suivi à la chasse dans ses carrosses; mais pour donner plus de facilité aux courtisans d'avoir l'honneur de souper avec S. M., elle veut bien nommer ceux qu'elle juge à propos de faire entrer; cependant le plus grand nombre est de ceux qui ont eu l'honneur de suivre le Roi à la chasse et même dans ses carrosses; quoiqu'il y en ait souvent de ceux-là de refusés (1). Ces soupers ne se continuoient point pendant le carême. L'année passée fut la première où le Roi continua lesdits soupers, mais avec l'attention que tout le monde fût hors de table avant minuit. S. M. a la même attention dans le courant de l'année pour la veille des jours de jeûne, ainsi que celle des jours maigres, pour remplir tout ce qui est d'obligation.

Le Roi soupa hier chez M. le comte de Toulouse. Comme cela n'étoit point encore arrivé, cela a fait une nouvelle; cependant tout s'y passa de la même façon que dans les voyages de Rambouillet. Mme la comtesse de Toulouse et Mlle de la Roche-sur-Yon, Mmes d'Antin et d'Hostun, Mmes d'Heu-

---

(1) Le public appeloit *les Marmousets*, à cause de leur petite taille et de leur petit mérite, les seigneurs qui chassoient et soupoient avec le Roi. (Voir les Mém. du marquis d'Argenson, t. II, p. 40.)

dicourt et de Tresnel, et huit ou neuf hommes soupèrent avec S. M.; M. le comte de Toulouse soupa dans sa chambre à cause de sa santé; il servit le Roi pendant quelque temps, et M. le duc de Penthièvre aussi, et le reste du temps M. le comte d'Hautefort-Bozein, premier écuyer de M. le comte de Toulouse. Mme la marquise de Grasse, dame d'honneur de Mme la comtesse de Toulouse, et Mme de Guébriant qui lui est aussi attachée, et M. le chevalier de Crenay, capitaine des gardes de M. le comte de Toulouse, soupèrent à une petite table. Après le souper, le Roi joua au trictrac avec M. du Bordage.

La cassette dont nous avons parlé ci-devant, de M. de Vaugrenan, notre ambassadeur en Espagne, a été retrouvée avec tout ce qu'il y avoit dedans, à l'exception de quelques papiers qui ont été un peu gâtés, parce qu'elle avoit été jetée dans un puits, entre autres la donation faite par feu Mme de Vaugrenan à son mari; mais comme elle est insinuée (1), cette perte est réparable. On n'a trouvé d'ailleurs aucuns papiers qui regardassent l'État ni M. le garde des sceaux. Cependant les bruits dont on a parlé, et qui avoient diminué pendant quelque temps, continuent encore fortement, quoique tout paroisse d'ailleurs dans la situation ordinaire.

Hier M. l'abbé de Fleury, petit-neveu de M. le Cardinal et fils de M. le duc de Fleury, chevalier de l'Ordre, soutint une thèse en Sorbonne que l'on appelle la *tentative* (2). M. le cardinal de Fleury y demeura environ trois heures; il n'avoit voulu prier personne que le clergé. Cependant presque toute la Cour, tous les ministres étrangers et grand nombre de MM. du Parlement y furent.

---

(1) Enregistrée.

(2) *Tentative* est une thèse, un premier acte ou essai qu'on fait dans l'école de théologie pour éprouver la capacité d'un répondant, et qui sert de premier examen pour obtenir le degré de bachelier.... La tentative est précédée d'un rigoureux examen sur la philosophie et sur la théologie. (*Dict. de Trévoux*.)

M. l'archevêque de Rouen (1) présidoit à cette thèse; il étoit dans une chaire sous un dais.

Mardi prochain l'ambassadeur de Malte, qui est M. le bailly de Mesmes, doit venir ici donner part au Roi et à la Reine, à M. le Dauphin et à Mesdames, de la mort du grand maître, nommé don Manoël de Vilhena, Portugais, et de l'élection de celui qui a été mis à sa place, qui est Mayorquin et qui s'appelle don Nicolas (2) Despuig. L'ambassadeur doit être habillé de velours noir, avec le manteau court de même. Il doit être accompagné de deux chevaliers que l'on nomme camarades d'ambassade, qui sont MM. de Givry et de Saint-Germain. Ces camarades d'ambassade ne sont que pour suppléer en cas d'absence ou de maladie de l'ambassadeur, mais ils n'ont aucun caractère ni aucun rang que de marcher à droite et à gauche de l'ambassadeur. Presque tous les chevaliers profès qui sont ici accompagneront l'ambassadeur. On compte qu'il y en a soixante-dix ou quatre-vingts. Ils marchent devant l'ambassadeur par rang d'ancienneté deux à deux; ils sont tous habillés de drap ou de velours noir, avec un manteau pareil à l'habit. Les grands-croix ont par-dessus leurs manteaux une grande croix sur la poitrine et sur l'épaule gauche. L'ambassadeur a outre cela un plumet. Il est traité comme ambassadeur de tête couronnée et se couvre devant le Roi; et lorsque pendant l'audience l'on parle du grand maître, l'ambassadeur et le Roi même ôtent leurs chapeaux. Ils ne viennent point dans les carrosses du Roi, mais ils sont traités aux dépens de S. M. Le dîner est dans la salle des ambassadeurs. Comme elle est diminuée par le logement que l'on a fait à M. le marquis d'Antin et qu'elle ne peut tenir qu'environ cinquante personnes, M. le Cardinal et M. le garde des sceaux comptent donner à dîner au surplus des com-

---

(1) Charles-Nicolas de Saulx-Tavannes.
(2) Son prénom étoit Raymond.

mandeurs et chevaliers. Il y a un chevalier de Malte, page de la Reine, qui a demandé à S. M. permission de marcher à la suite de l'ambassadeur, ce qui lui a été accordé; mais il sera vêtu comme les chevaliers non profès, c'est-à-dire en habit noir seulement.

13 *février.* — L'audience de l'ambassadeur de Malte fut mardi dernier; elle se passa comme nous avons marqué ci-dessus. Il y a seulement quelques observations à ajouter; il y avoit soixante-dix-huit chevaliers marchant deux à deux sans observer de rang d'ancienneté. Les quatre grands-croix et l'ambassadeur faisoient partie des soixante-dix-huit. A la tête, et avant tous, marchoient quelques conventuels et quelques frères servants. Ces conventuels sont des prêtres attachés aux hôpitaux. Les frères servants sont destinés à faire les fonctions que faisoient les chevaliers à leur premier établissement avant que d'être guerriers, qui étoient de servir les malades. Ils ne font point de preuves de noblesse, mais de bonne famille et qu'ils ne sont point de race juive ou turque. Tous les chevaliers étoient en noir, comme on l'a dit, hors M. le chevalier de Grille, officier dans les gardes françoises. Comme il étoit de garde, il avoit son habit uniforme et marchoit cependant avec les autres. M. l'ambassadeur désira aussi que M. le chevalier de Meuse, qui n'est encore reçu que par le grand maître et point par le chapitre, marchât avec les autres chevaliers, quoiqu'il ne pût encore porter la croix. L'ambassadeur n'eut point les honneurs des dehors, mais seulement dans la salle des gardes. M. le duc d'Harcourt (1), qui avoit le bâton ce jour-là, attendoit à la porte de la salle des gardes que l'ambassadeur entrât par l'autre pour l'aller recevoir à peu près à la moitié de ladite salle. L'ambassadeur ne fut point reçu à la porte de la chambre par le premier gentilhomme ni reconduit; il avoit oublié de remettre au

---

(1) L'un des quatre capitaines des gardes du corps du Roi.

Roi la lettre du grand maître; il s'en souvint cependant
et la remit, mais un peu plus tard qu'il n'auroit fallu. De
chez le Roi il alla chez la Reine, où il fut reçu par le chef
de brigade comme il l'avoit été par M. le duc d'Harcourt. Il ne fut reçu ni reconduit par Mme de Luynes. L'audience étoit dans le cabinet avant la chambre de la Reine.
Les chevaliers remplissoient tout le fond du cabinet du
côté du jardin, et même une partie de l'espace qui étoit
entre les deux rangs de tabourets des dames. L'ambassadeur avoit oublié aussi de donner à la Reine la lettre du
grand maître; il ne s'en souvint que quand il fut sorti,
et la Reine étant rentrée dans sa chambre, il revint avec
quelques grands-croix et remit ladite lettre à S. M., qui
étoit encore debout devant sa toilette. M. de Verneuil
étoit venu auparavant rendre compte à la Reine de cet
oubli. Chez M. le Dauphin et chez Mesdames, l'ambassadeur fut reçu de même par l'officier des gardes seulement; M. le Dauphin répondit à merveille au compliment
et sans paroître embarrassé.

J'ai appris ces jours-ci qu'il y avoit eu, il y a quelque
temps, un petit sujet de contestation entre M. le duc de
Châtillon et M. l'évêque de Mirepoix. Nous avons marqué
ci-devant que l'étude commence toujours par un quart
d'heure pendant lequel le précepteur est toujours seul
avec M. le Dauphin. M. le cardinal de Fleury étoit de
même avec le Roi, sans que M. le maréchal de Villeroy y
assistât. M. le duc de Châtillon, jugeant qu'il étoit en droit
d'assister même à ce quart d'heure, y avoit effectivement
été tous les jours dans ce quart d'heure pendant deux
mois, sans doute pour établir son droit. M. l'évêque de
Mirepoix, ayant l'expérience que M. le Dauphin ne parloit pas avec autant de confiance et de liberté à cause de
la présence de M. de Châtillon, et que lui-même étoit
hors de portée de donner à M. le Dauphin les mêmes instructions qu'à l'ordinaire, crut devoir le représenter à
M. de Châtillon. Cette représentation n'ayant pas fait tout

l'effet qu'il désiroit, il lui ajouta qu'ayant prêté serment au Roi, il croyoit être en droit de rester seul auprès de M. le Dauphin; que, quant au droit de M. de Châtillon, il ne le disputoit en aucune manière; mais que comme il savoit par expérience que c'étoit faire un grand tort à l'éducation de M. le Dauphin de ne pas lui laisser ces moments où il ne puisse lui parler ni l'écouter avec une entière liberté, et qu'il n'avoit d'autre objet et d'autre but que le plus grand bien de l'éducation de M. le Dauphin, il quitteroit plutôt sa place que de consentir que M. de Châtillon y fût toujours assistant; que s'il vouloit y venir tous les quinze jours, trois semaines, à la bonne heure; mais non pas tous les jours régulièrement. M. de Châtillon a senti les raisons de M. de Mirepoix et a pris le parti de suivre ce qu'il lui avoit proposé. M. le Cardinal a approuvé la conduite de M. de Mirepoix.

Il y eut aussi, il y a quelque temps, une autre difficulté d'espèce différente. M. de Châtillon est assis, comme nous l'avons dit, à côté de M. le Dauphin pendant son dîner et son souper, et se lève non-seulement pour tous les ministres étrangers mais pour toutes les personnes de considération, mais il se rassoit aussitôt. Quelques étrangers avoient trouvé mauvais que M. de Châtillon demeurât assis, et l'on prétendoit que feu M. de Beauvilliers ne servoit point assis M. le duc de Bourgogne, mais seulement à genoux sur un tabouret. L'exemple de M. le maréchal de Villeroy a décidé cette difficulté, et M. le duc de Châtillon continuera de le servir assis. Pendant la toilette de M. le Dauphin il y a un tabouret pour le gouverneur, ou en son absence pour le sous-gouverneur qui est de semaine; mais ni les uns ni les autres ne s'y assoient qu'avant qu'on ait appelé la chambre, ou après que tout le monde est sorti.

9 février, Versailles. — J'avois oublié de marquer une petite circonstance par rapport à la quête du jour de la Chandeleur. Mme la duchesse de Rochechouart, femme du premier gentilhomme de la chambre, étoit nommée pour quêter ; on représenta à la Reine pendant son souper, la veille de la fête, que Mme de Rochechouart, n'ayant jamais quêté, seroit bien embarrassée à cause de la cérémonie des chevaliers. La Reine eut la bonté de faire attention à cette prière et envoya avertir Mme d'Armentières, qui quêta le lendemain.

16 février. — Hier, jour de la naissance du Roi, la chapelle fut éclairée à la messe de la Reine comme les jours de salut. Le Roi étoit allé à la Muette la veille.

19 février, Versailles. — Il y a quelques jours que M. le maréchal de Noailles demanda au Roi l'agrément pour le mariage de M. le comte d'Ayen avec Mlle de Brissac. M. le comte d'Ayen prend le nom de duc d'Ayen. Il n'y a cependant qu'un duché dans la maison de Noailles qui est pairie, et M. le maréchal de Noailles ne cède point ce duché. Ce n'est point non plus un brevet de duc, c'est une grâce particulière dont voici l'explication. Le duché-pairie est sur la terre d'Ayen, qui est, à ce que je crois, en Limousin. Dans le voisinage de cette terre sont deux autres petites terres qu'on appelle Noailles et Noaillac. Ces deux terres, étant mouvantes de la vicomté de Turenne, n'avoient pu être réunies au duché. M. de Noailles vient de faire depuis peu de jours un accommodement avec M. de Bouillon, qui lui a cédé la mouvance de ces deux petites terres. Aujourd'hui le Roi érige en duché ces deux terres sous le nom de Noailles; c'est un duché non pairie, mais qui sera enregistré au Parlement, et qui sera éteint après la mort de M. le maréchal de Noailles ou de M. le duc d'Ayen; et dans l'un ou l'autre de ces deux cas, lesdites deux terres seront réunies au duché-pairie d'Ayen, pour ne former qu'un seul et même corps de duché. Ainsi, dans ce moment, M. le maréchal duc de Noailles est duc et pair d'Ayen, et s'appellera toujours Noailles, et M. son fils, qui sera duc d'Ayen, sera enregistré duc de Noailles, et lorsqu'il n'y aura plus qu'une de ces deux têtes, il n'y aura plus qu'un seul duché. Mlle de Brissac est la même qui devoit épouser le fils aîné de M. le duc de Béthune, et, après sa mort, le second qui mourut aussi quelques mois après son frère. Avant ces deux mariages projetés dans la maison de Charost, il y avoit eu encore un autre engagement de M. le duc de Château-Thierry avec Mlle de Brissac qui avoit manqué par la mort de M. de Château-Thierry. Elle est fille du feu duc de Brissac, pair et grand panetier de France, et de Mlle Pecoil.

M. le duc d'Ancenis fut hier présenté au Roi et à la Reine par M. le duc de Charost, son grand-père; il l'avoit déjà été comme marquis d'Ancenis; mais cette fois-ci c'est comme duc, M. le duc de Béthune lui ayant fait cession de son duché. Il n'y a qu'une pairie dans la maison de Charost, qui a été cédée ci-devant par M. de Charost à M. de Béthune, et qui l'est présentement par M. de Béthune à M. d'Ancenis. M. d'Ancenis est outre cela capitaine des gardes, par la démission de son grand-père. M. de Béthune n'étoit que survivancier de M. de Charost; il est aujourd'hui titulaire, et M. son fils a la survivance. Anciennement et du temps du feu Roi, lorsqu'il accordoit des survivances aux enfants, le père gardoit le titre de la charge, et le fils exerçoit cette même charge comme survivancier. Depuis un assez long temps cet usage avoit changé, et dans le cas des survivances le père se démettoit, le fils devenoit titulaire, et le père avoit la survivance de son fils. Ici c'est le fils qui a la survivance; il ne pourra cependant exercer qu'à l'âge de vingt-quatre ans, et il en a dix-sept ou dix-huit présentement.

Lorsque M. le prince de Rohan obtint la même grâce pour M. le prince de Soubise, son petit-fils, pour la compagnie des gendarmes, et M. de Chaulnes pour M. de Picquigny, son fils, pour la compagnie des chevau-légers, il fut dit que l'un et l'autre n'exerceroient entièrement qu'au bout de six ans; mais ils devinrent dans le moment titulaires de la charge, de manière même que M. de Rohan et M. de Chaulnes eurent un brevet pour commander pendant ces six années; cependant M. de Picquigny et M. de Soubise prennent l'ordre du Roi l'un et l'autre, mais ils ne pourront travailler avec S. M. pour le détail de la compagnie qu'après le temps marqué.

A l'occasion de la survivance accordée à M. d'Ancenis, et qui n'est accordée que depuis deux jours, Mme la duchesse de Béthune alla avant-hier après dîner remercier le Roi; elle fit prier Mme de Luynes par M. le duc de Charost de vouloir bien s'y trouver. Mme de Luynes se rendit dans la chambre de S. M., qui étoit alors dans son cabinet. Lorsque la porte fut ouverte, Mme de Béthune, comme faisant son remerciment, crut devoir entrer la première. Mme de Luynes la suivit, n'ayant pas voulu faire de difficulté dans le moment même; mais ayant senti que ce procédé n'étoit pas convenable de la part de Mme de Béthune, elle en parla à M. le duc de Charost et lui fit sentir que, quand elle ne seroit regardée que comme ayant épousé le fils aîné de sa maison, ou que comme femme d'un pair plus ancien que M. de Béthune, elle ne devoit en aucun cas passer après Mme de Béthune; qu'il y avoit outre cela une autre raison qui ne lui étoit pas personnelle, mais regardoit sa charge; qu'en qualité de dame d'honneur, elle devoit présenter ou n'être pas présente. Mme la duchesse de Tallard lui a conté à cette occasion ce qui lui étoit arrivé à la présentation de Mme la comtesse de Luxe. MM. de Senozan, par Mme de Senozan qui est d'Irville, ont l'honneur d'appartenir de fort près à MM. de Tallard. Mme la maréchale de Montmorency pria Mme la duchesse de Tallard de vouloir bien présenter Mme sa belle-fille. Mme de Tallard s'y trouva. Mme la maréchale de Montmorency, ayant fait réflexion qu'il seroit singulier que ce ne fût pas elle qui présentât Mme de Luxe, fut embarrassée; Mme de Tallard s'en aperçut et prit le parti de s'en aller, comme ne pouvant en cette occasion manquer à ce qu'elle devoit à sa place de gouvernante. Le tout se passa dans l'une et l'autre occasion avec politesse, n'y ayant rien de personnel, mais attention de conserver le droit des charges. Mme de Luynes parla à M. le Cardinal de la circonstance avec Mme de Béthune. Il approuva les raisons de Mme de Luynes, et M. de Charost lui fit des excuses pour Mme de Béthune. Par cette raison, Mme de Luynes ne se trouvera pas à la présentation de Mme la duchesse d'Ancenis. Mme de Tallard s'est cependant trouvée à la présentation de Mme de Soubise, mais les circonstances sont bien différentes. Ce fut Mme la princesse de Rohan qui présenta Mme la princesse de Soubise, laquelle doit être regardée par Mme la duchesse de Tallard comme une mère à laquelle elle rend un respect en la suivant.

Mme d'Armagnac doit partir ces jours-ci pour aller prendre la princesse aînée de Lorraine, qui épouse le roi de Sardaigne, et la mener à Turin. Mme d'Armagnac a été choisie par M. le duc de Lorraine pour ce voyage. Il lui écrivit pour l'en instruire. Mme d'Armagnac est séparée de corps et de biens de M. le prince Charles depuis longtemps. Cette séparation est des plus authentiques et laisse toute liberté à Mme d'Armagnac; cependant elle crut devoir mander à M. le prince Charles l'honneur que lui faisoit M. le duc de Lorraine. Elle lui écrivit, mais dans des termes réfléchis et qui n'eussent point l'air de demander une permission, puisqu'elle n'en a pas besoin. Le prince Charles ne fit point de réponse et parut trouver mauvais que M. le duc de Lorraine ne lui eût rien mandé ni fait dire à cette occasion. M. de Stainville en rendit compte à M. le duc de Lorraine, qui écrivit au prince Charles pour lui demander son agrément; cette lettre, arrivée effectivement un peu tard, n'a pas satisfait, à ce que l'on dit, le prince Charles, lequel n'a voulu donner son consentement qu'à condition que le Roi lui diroit lui-même, ce qui a été exécuté, et Mme d'Armagnac part. Elle ne prendra point congé du Roi ni de la Reine, n'ayant point été présentée à LL. MM. Elle a vu plusieurs fois la Reine ici en particulier; elle l'a même vue en public à Meudon, ayant eu l'honneur de dîner avec elle et le roi et la reine de Pologne, comme nous avons dit ci-devant; mais cela a été regardé comme bonté particulière de la Reine, et non comme présentation.

L'affaire du Parlement fait ici un grand bruit; il y avoit longtemps qu'il y étoit question de faire des remontrances au Roi au sujet d'un mandement (1) de M. de Cambray (2) donné il y a deux ans. Nous avons déjà parlé de ces remontrances et dit que M. le premier président étoit chargé d'y travailler. Dans le temps que les chambres étoient assemblées pour examiner ce travail, M. Titon, conseiller de grande chambre, prit la parole et dit qu'il croyoit à propos de juger dans l'assemblée des chambres les plaintes qui lui avoient été envoyées de Douai à l'occasion d'une démarche du chapitre de cette ville. M. l'évêque d'Arras (3) ayant envoyé il y a quelque temps un mandement à ce chapitre au sujet de la constitution *Unigenitus*, tout le chapitre avoit reçu ledit mandement; un seul chanoine refusa de se soumettre et écrivit à M. l'évêque d'Arras, dans les termes les plus clairs et les plus forts, pour prouver l'opposition de ses sentiments à ladite constitution. Ce même chanoine est tombé depuis peu de temps malade à l'extrémité. Le doyen fut averti pour lui porter les sacrements; mais avant de les lui donner, il lui demanda s'il persistoit dans les sentiment contenus dans sa lettre. Le chanoine ayant déclaré hautement qu'il y persistoit, le doyen lui refusa les sacrements. Le chanoine étant mort, le chapitre ne jugea pas à propos qu'il fût enterré en terre sainte. La famille du chanoine s'en est plaint et a envoyé l'affaire à M. Titon. Il

---

(1) V. l'article du 3 fév. 1737, p. 167.
(2) Charles de Saint-Albin.
(3) François de Baglion de la Salle.

étoit question dans le Parlement de savoir si cette affaire devoit être jugée par les chambres assemblées, ou seulement par la grande chambre; M. le premier président pensoit qu'elle ne devoit être jugée que par la grande chambre seule. Dans ces circonstances est intervenu un arrêt du conseil d'État qui ordonne que les pièces de cette affaire seront envoyées à M. d'Angervilliers (1). On dit que le Parlement veut faire de nouvelles remontrances au sujet de cet arrêt. Voici un mémoire que j'ai reçu de cette affaire :

« Un chanoine du chapitre de............., situé dans un faubourg de Douai, du diocèse d'Arras (Arras est du ressort du parlement de Paris), avoit appelé et réappelé de la constitution. Étant tombé malade de la maladie dont il est mort, le doyen dudit chapitre alla plusieurs fois chez le chanoine pour l'obliger à revenir de son erreur et d'accepter la constitution. Le chanoine a persisté dans ses appels, est mort sans confession ni recevoir les sacrements. Aussitôt la mort du chanoine, le chapitre s'est assemblé; il a arrêté que le chanoine ne seroit point inhumé dans le chœur de leur église ainsi que les autres chanoines, mais qu'il seroit inhumé dans un lieu où l'on enterre les enfants qui n'ont pas reçu le baptême; ce qui fut exécuté. Mais les chanoines, ayant réfléchi que le chanoine étant inhumé dans un lieu proche d'une chapelle, qu'on pourroit regarder comme un lieu saint, auroient obligé la justice ordinaire du lieu à rendre un jugement portant que le chanoine seroit exhumé, mis dans un autre lieu, et enterré comme l'on enterre les huguenots dans le pays, c'est-à-dire debout la tête en bas. On assure que le jugement a été exécuté. Le parlement de Paris a la grande police; il a le droit de connoître des affaires qui y ont trait. Quelques-uns de MM. des enquêtes ayant

---

(1) M. d'Angervilliers, ministre de la guerre, avait l'Artois dans les provinces de son département.

été instruits de l'affaire, entre autres M. Titon, conseiller de la chambre des enquêtes, allèrent chez M. le premier président (1), mercredi 6 de ce mois, pour lui en rendre compte; ils n'avoient encore reçu que des lettres. M. le premier président leur dit qu'il falloit s'assurer plus particulièrement. Depuis, les procès-verbaux ayant été reçus, MM. des enquêtes et des requêtes sont venus le vendredi 15 du matin à la grande chambre; ils ont demandé à délibérer sur l'affaire, et cela dans la vue de sévir, tant contre le chapitre que contre les officiers de la petite justice qui a rendu le jugement. M. le premier président s'est expliqué que l'affaire n'étoit point de nature à être mise en délibération les chambres assemblées; que la grande chambre seule devoit en connoître; que d'ailleurs MM. des enquêtes et des requêtes n'avoient pas droit de demander aucune délibération ni de s'assembler que par l'invitation du premier président. Une bonne partie de la journée du vendredi s'est passée en disputes sans rien déterminer. Le samedi jusqu'à onze heures, la même chose. Le lundi matin, les enquêtes et les requêtes assemblées à la grande chambre, l'arrêt du conseil fut annoncé. Une partie de Messieurs opinèrent qu'il seroit fait des remontrances au Roi; quand ce vint à M. de Champeron (2) à donner son avis, il dit qu'il étoit d'avis des remontrances, mais qu'il convenoit en même temps délibérer si M. le premier président avoit seul droit de convoquer l'assemblée des chambres et de demander à délibérer. Cela obligea M. le premier président à interrompre les opinions. On fut jusqu'à dix heures sans rien déterminer. Hier on s'est encore assemblé; les mêmes questions furent proposées; l'assemblée fut continuée à aujourd'hui mercredi. On croit qu'on ne finira rien; toutes les affaires sont arrêtées depuis jeudi dernier. »

---

(1) Louis le Pelletier.
(2) Coste de Champeron, conseiller de la grand'chambre.

Il avoit été question d'un ballet à l'occasion de la paix (1) ; il devoit se donner dans la grande galerie. Les paroles en étoient faites par Roy, poëte, et la musique par les petits violons, Rebel et Francœur. Toutes les mesures étoient prises pour l'arrangement du spectacle et des spectateurs, et l'on comptoit que la dépense n'iroit pas à plus de 20,000 francs d'extraordinaire; mais comme le Roi n'a nul goût pour les spectacles et que la Reine s'en soucie peu, il a été décidé qu'il n'y en auroit point.

21 *février, Versailles.* — Les bruits dont nous avons parlé sur M. le garde des sceaux, et auxquels plusieurs personnes ne vouloient pas ajouter foi parce qu'ils duroient depuis trop longtemps, furent vérifiés par l'événement d'hier.

M. le Cardinal étoit allé à Issy lundi, et M. le garde des sceaux le même jour à Paris. Il y vit les ambassadeurs avant-hier mardi, et comptoit revenir mercredi dîner à Versailles; il devoit repartir de Paris à sept heures et demie du matin. A six heures et demie, M. de Maurepas arriva chez lui accompagné de M. de Jumilhac, lieutenant des mousquetaires, et après lui avoir dit qu'à une pareille heure et avec la compagnie qu'il avoit avec lui il pouvoit croire que ce n'étoit pas pour nouvelles agréables, il lui remit une lettre de M. le Cardinal. M. le garde des sceaux fut surpris, ne s'attendant point à cet événement. Il se remit aussitôt et lut tout bas la lettre, qui est longue; il parut qu'il y avoit quelques endroits qui lui faisoient de la peine. Fort peu après cette lecture, M. de Maurepas se retira, ayant demandé et emporté la clef du cabinet de M. le garde des sceaux à Versailles, et ses démissions des charges de secrétaire d'État, de garde des sceaux et de la survivance des postes. Il avoit demandé à M. le garde des sceaux qu'il séparât les papiers qui pouvoient lui appartenir et qu'il envoyât quelqu'un à Ver-

---

(1) De Vienne.

sailles pour être présent lorsqu'on ouvriroit son cabinet ; à quoi M. le garde des sceaux répondit qu'il n'avoit nuls papiers qu'il voulût conserver, que tout étoit au Roi, que S. M. lui renverroit ceux qu'elle ne jugeroit pas à propos de garder, que pour lui, il n'enverroit personne. M. de Maurepas rapporta en même temps la clef et la cassette des sceaux, qu'il remit ici à M. le Cardinal. M. et Mme Chauvelin partirent à sept heures et demie pour Grosbois avec M. de Jumilhac, sans aucuns mousquetaires. M. de Jumilhac étoit porteur d'un ordre écrit de la main du Roi. Aussitôt qu'il eut conduit M. et Mme Chauvelin à Grosbois, il en vint rendre compte au Roi; il étoit ici à midi. Immédiatement après le lever du Roi, M. le Cardinal envoya avertir M. le chancelier, lequel entra dans son cabinet avec MM. de Maurepas, de Saint-Florentin (1) et d'Angervilliers (2). Immédiatement après la messe du Roi, M. le Cardinal alla chez S. M., suivi de M. de Maurepas et du lieutenant de la prévôté, qui portoit la cassette des sceaux. Aussitôt Bontemps vint de la part du Roi quérir M. le chancelier dans le cabinet de M. le Cardinal; il en sortit aussitôt avec MM. de Saint-Florentin et d'Angervilliers. Étant entrés dans le cabinet du Roi avec eux, M. de Maurepas présenta au Roi l'édit de suppression de la charge de garde des sceaux, que S. M. scella elle-même, et remit ensuite les sceaux à M. le chancelier, qui sortit dans le moment accompagné du lieutenant qui portoit la cassette. Les provisions de M. Chauvelin portoient en même temps la survivance de droit à la charge de chancelier. C'est la troisième fois que les sceaux ont été remis à M. le chancelier Daguesseau. Le 17 février 1717, il fut fait chancelier garde des sceaux par la mort de M. Voisin. Pendant la Régence, au mois de mars 1718,

---

(1) Secrétaire d'État chargé des affaires de la R. P. R. et de la feuille des bénéfices.
(2) Secrétaire d'État au département de la guerre.

M. le Régent jugea à propos de donner les sceaux à M. d'Argenson et créa alors la charge de garde des sceaux, qui avoit été supprimée par Louis XIV. M. d'Aligre est le dernier qui l'avoit eue. En 1720, au mois de mai, les sceaux furent rendus à M. le chancelier Daguesseau ; mais les honneurs et le droit de porter la robe furent conservés à M. d'Argenson. En 1722, au mois de mars, les sceaux furent ôtés une seconde fois à M. Daguesseau pour être donnés à M. d'Armenonville. En 1727, au mois d'août, ils furent ôtés à M. d'Armenonville pour être donnés à M. Chauvelin ; M. d'Armenonville conserva les honneurs et la robe. Aujourd'hui M. Chauvelin ne conserve ni l'un ni l'autre ; il paroît avoir soutenu ce coup avec fermeté : il n'a voulu voir que sa famille ; il est occupé à la consoler, et paroît d'autant plus tranquille qu'il dit n'avoir rien à se reprocher. Le public cependant raisonne beaucoup ; les uns veulent le taxer sur l'intérêt. On fait même à cette occasion l'histoire d'un diamant qu'il avoit proposé à M. le Cardinal d'acheter pour le Roi, et pour qu'il n'en coûtât point d'argent à S. M., d'échanger contre une ancienne armure que Soliman avoit donnée au feu Roi. On dit que cette armure avoit été vendue un prix très-considérable sur lequel, aussi bien que sur le prix du diamant, M. le garde des sceaux auroit eu du profit. Mais, d'autre côté, l'on soutient que le diamant qui a été acheté brut 83,000 francs, et qui vaut bien 40,000 écus depuis qu'il est taillé, a été payé argent comptant, et que le Roi n'a jamais eu d'armure qui vienne de Soliman. On dit aussi que M. le garde des sceaux a profité de son crédit et de sa place pour faire plusieurs dépenses et plusieurs acquisitions qui lui ont peu coûté, et pour tirer du profit en plusieurs petites occasions. On ajoute que, depuis qu'il a été adjoint au ministère, il a paru vouloir s'élever ; et que, dès ce moment, il a donné occasion de mécontentement à M. le Cardinal. Mais on a peine à concevoir que M. le garde des sceaux ayant autant d'esprit et ayant montré dans tous les temps une dépendance si absolue à M. le Cardinal, à qui il devoit tout, connoissant d'ailleurs l'attention de S. Ém. pour la conservation des finances du Roi et l'horreur qu'elle a de tout ce qui peut être soupçonné manquer de désintéressement, ait pu donner prise sur sa conduite par cet endroit, d'autant plus qu'on ne peut croire qu'il ait eu ces sentiments. Mais l'usage ordinaire est de parler légèrement de ceux qui sont hors de place.

M. le chancelier n'a point prêté de serment et n'a point eu besoin de provisions pour reprendre les sceaux.

Aujourd'hui M. le Cardinal a présenté au Roi et à la Reine M. Amelot de Chaillou, intendant des finances, qui a prêté serment entre les mains de S. M. pour la charge de secrétaire d'État des affaires étrangères; et sa charge d'intendant des finances a été donnée à M. de Fulvy, frère de père de M. le contrôleur général.

Avant-hier M. de Verneuil (1) vint, par ordre de M. le Cardinal, montrer à Mme de Luynes l'arrangement projeté pour l'audience que la Reine doit donner à Mme de la Mina, ambassadrice d'Espagne. Cet arrangement a souffert beaucoup de difficultés, M. de la Mina désirant un traitement honorable pour sa femme, et ne voulant point cependant une grande cérémonie, parce que comme ambassadeur de famille il doit être traité plus familièrement qu'un étranger. Il est constant que l'ambassadrice n'a pas le même rang que l'ambassadeur, celui-ci représentant la personne de son maître. Mme de la Mina a pris la housse sur son carrosse et sur sa chaise à porteurs, mais seulement comme les personnes titrées. On a cherché des exemples, et on n'en a point trouvé d'autre que celui de Mme la duchesse d'Albe; mais il n'y avoit point de Reine. Mme d'Albe fut présentée au Roi par Mme la duchesse du Lude, dame d'honneur de Mme la Dauphine, avec laquelle

---

(1) Introducteur des ambassadeurs.

elle alla tout de suite chez Mme la Dauphine, et s'étant baissée pour baiser le bas de la robe, Mme la Dauphine la salua. Elle fut ensuite reconduite par Mme la duchesse du Lude jusque vers la porte de l'antichambre de Mme la Dauphine, et dîna chez Mme la duchesse du Lude. Ici pour la Reine le cérémonial sera différent. Mme de la Mina descendra chez Mme de Mérode (1) et de là viendra chez Mme de Luynes. Il avoit d'abord été dit qu'elle retourneroit chez Mme de Mérode, où Mme de Luynes iroit lui rendre sa visite sur-le-champ; il a depuis été réglé que vers l'heure de midi, dimanche prochain 24 de ce mois, Mme de la Mina étant venue chez Mme de Luynes, elles iroient ensemble chez M. le Cardinal; que de là Mme de Luynes iroit chez la Reine, et que Mme de la Mina viendroit chez moi attendre quelques moments; qu'ensuite étant accompagnée de Mme la duchesse de Saint-Pierre et de Mme la princesse de Chalais, qui auront aussi été chez M. le Cardinal avec elle, elle ira chez la Reine, lorsque S. M. sera hors de sa toilette; que M. de Verneuil entrera d'abord pour l'annoncer à la Reine, qu'aussitôt Mme de Luynes sortira et viendra jusqu'au milieu de la chambre qui précède celle de la Reine au-devant de Mme l'ambassadrice, qu'elle saluera; que Mme de Luynes passera devant elle en entrant chez la Reine, parce que celle qui présente doit toujours passer la première; que Mme de la Mina baisera le bas de la robe de la Reine; qu'on lui apportera un tabouret à droite de celui de Mme de Luynes; que pendant ce temps M. de Verneuil ira avertir le Roi, qui viendra chez la Reine; que le Roi baisera Mme de la Mina; qu'ensuite elle prendra congé de la Reine et sera reconduite jusqu'au même endroit par Mme de Luynes, qui la saluera comme en entrant, et qu'elle dînera chez moi. Mme de la Mina vient dans son carrosse, et non dans ceux du Roi ni de la Reine.

---

(1) Dame du palais de la Reine.

22 *février*. — Il paroît que le fait que l'on a avancé sur le diamant dont nous parlâmes hier n'est pas vrai. On dit seulement qu'il y a eu un diamant appartenant à M. le garde des sceaux, qu'il avoit vendu brut à un joaillier; que, l'ayant vu taillé et d'une valeur beaucoup plus considérable, il l'avoit fait acheter 20,000 écus au Roi. On prétend qu'il avoit eu du profit sur ce marché; mais la fable dont nous avons parlé supposoit un diamant de beaucoup plus grand prix, et outre cela une armure de Soliman estimée et vendue fort cher; tout cela n'existe point. Le Roi a bien eu à la vérité quelques équipages de cheval venant de Soliman, mais la valeur de ces équipages n'est guère que de 50 ou 60,000 francs.

24 *février*. — Il y avoit depuis quelques jours une difficulté, par rapport à la séance au conseil du Roi, entre M. Amelot de Chaillou et M. le contrôleur général. Elle fut jugée hier par le Roi. Comme l'ancienneté de réception d'intendant des finances est ce qui décide pour la séance au conseil des parties, par la même raison M. Amelot de Chaillou, plus ancien intendant des finances que M. le contrôleur général des finances, croyoit avoir droit de séance aux conseils d'État et de dépêches avant M. Orry; mais l'exemple de M. de Saint-Florentin et de M. d'Angervilliers a déterminé le Roi à juger en faveur de M. le contrôleur général. M. d'Angervilliers, par droit d'ancienneté d'intendant des finances, auroit dû passer avant M. de Saint-Florentin; celui-ci cependant, étant secrétaire d'État avant M. d'Angervilliers, a la séance aux conseils d'État et de dépêches avant lui. Il est vrai qu'aux conseils des parties, M. d'Angervilliers a la séance auparavant. Ici M. le contrôleur général, ayant déjà séance au conseil d'État, la conservera avant M. Amelot; mais si le Roi faisoit entrer des commissaires au conseil d'État, ce qui arrive quelquefois, ce seroit alors le rang d'intendant des finances qui régleroit; M. d'Angervilliers passeroit avant M. de Saint-Florentin,

et M. Amelot de Chaillou avant M. le contrôleur général.

M. Amelot de Chaillou ne s'appellera plus qu'Amelot; ce nom, qui est le sien, étant plus connu dans les affaires étrangères.

25 février. — J'ai appris aujourd'hui, par rapport à la difficulté sur le rang de M. Amelot au conseil, que MM. les secrétaires d'État avoient prétendu que M. le contrôleur général ne devoit point rouler avec eux; sur quoi il avoit répondu que, s'ils soutenoient cette prétention, il feroit revivre les anciens droits de sa charge qui lui donnoient le rang avant eux. Il a été décidé, à cette occasion-ci, qu'il rouleroit avec les secrétaires d'État.

La place de contrôleur général vaut environ 110,000 livres, y compris même les droits qui lui sont attribués à chaque cahier des États. Il y a outre cela 100,000 écus à chaque renouvellement des fermes; ce qui arrive tous les six ans.

La charge d'intendant des finances que vient d'avoir M. de Fulvy vaut un peu plus de 40,000 livres de rente, sur quoi il faut payer 200,000 livres pour le prix de la charge à M. Amelot, et les frais des bureaux que la charge oblige d'avoir montent à environ 10,000 livres. Il a outre cela 12,000 francs comme chef d'un bureau (1) en qualité de maître des requêtes, qu'il conserve, et 14,000 livres comme directeur général de la compagnie des Indes.

M. Amelot, en entrant dans la charge de secrétaire d'État des affaires étrangères, a payé 400,000 livres pour le brevet de retenue. Il y a des brevets de retenue sur toutes ces charges; celui même de la charge de M. de Saint-Florentin est de 800,000 livres.

---

(1) C'est le treizième bureau des commissaires du conseil pour les commissions ordinaires des finances. Ce bureau était chargé de l'examen des oppositions formées à l'exécution des rôles pour la levée du dixième des biens.

On continue à tenir les mêmes propos dont nous avons parlé, par rapport à M. Chauvelin. Une chose peu importante, et qui ne mérite d'être rapportée que par sa singularité, c'est que Barjac, ancien domestique de M. le Cardinal, s'est déclaré hautement ne point aimer M. Chauvelin depuis qu'il est en place; qu'il le disoit à qui vouloit l'entendre, et surtout depuis plusieurs mois; qu'il étoit connu pour tel par M. Chauvelin même, qui n'avoit jamais pu le faire changer de sentiment. Cette disgrâce a donné occasion à se ressouvenir du compliment qui fut fait par M. de Nicolaï à M. Chauvelin lorsqu'il fut mis en place. M. de Nicolaï, premier président de la chambre des comptes, respecté par sa vertu, sa vérité et son âge, étant allé voir M. le garde des sceaux, qu'il avoit connu président à mortier, lui dit d'une voix haute suivant sa coutume : « M. le président Chauvelin, vous vous levez bien matin, il n'est plus question que de savoir si vous vous coucherez bien tard, » et finit ce compliment par un rire que tout le monde connoît.

L'audience de Mme l'ambassadrice d'Espagne fut hier. Elle se passa comme il est marqué ci-dessus, excepté que ce fut après la messe de la Reine, et non pas après la toilette. Elle descendit chez moi. Mme de Luynes n'étoit pas encore allée chez la Reine; elle resta ici pendant que Mme de Luynes fut chez S. M. Mme de Saint-Pierre arriva chez Mme de Luynes un moment après Mme l'ambassadrice; comme elle sortoit de chez moi pour aller chez la Reine, je lui donnai la main. Elle passa chez M. le Cardinal, où elle se fit écrire; il étoit au conseil d'État. Elle fut reçue par Mme de Luynes au milieu de la pièce qui précède la chambre de la Reine. S. M. étoit dans son fauteuil, elle se leva; Mme l'ambassadrice baisa le bas de la robe. Le Roi quitta le conseil, étant averti par M. de Verneuil, et vint chez la Reine; Mme l'ambassadrice fit quelques pas vers S. M., qui la salua. Comme elle ne parle pas du tout françois et l'entend médiocrement, la conversation ne fut pas bien vive. L'assemblée étoit nombreuse en femmes et en hommes. Mme de la Mina avoit été assise à droite de Mme de Luynes avant l'arrivée du Roi; depuis que le Roi fut reparti pour rentrer au conseil, la Reine demeura debout. M. de Verneuil alla avertir M. le Dauphin, qui, étant arrivé, salua Mme l'ambassadrice vers le milieu de la chambre. La Reine étant un peu tournée pendant ce temps-là et faisant la conversation avec quelques-unes des dames, S. M. se rapprocha quelques moments, et s'étant remise debout auprès de son fauteuil, Mme l'ambassadrice lui fit les trois révérences en sortant comme en entrant; elle fut reconduite par Mme de Luynes jusqu'au même endroit où elle l'avoit reçue; elle alla ensuite chez Mesdames prendre son tabouret. Je ne l'y suivis point, n'ayant nulle affaire à cette cérémonie; je ne lui avois même donné la main jusqu'à l'endroit où Mme de Luynes la reçut que parce qu'elle étoit descendue chez moi, qu'elle en partoit pour aller chez la Reine, et que Mme de Luynes n'y étoit pas. M. de la Mina fut partout avec elle, mais comme simple spectateur. Au sortir de chez Mesdames elle revint chez moi, où elle dîna avec Mme la duchesse de Saint-Pierre, avec M. et Mme de Mérode, M. et Mme de Chalais, M. le marquis de Ruffec, grand d'Espagne, et plusieurs autres François, et outre cela trois Espagnols qui l'avoient suivie partout, étant venus avec elle, dont l'un s'appelle Soto-Mayor, et les deux autres Attarès, tous deux frères de la première femme de M. de la Mina (1). Le nom de la maison de son mari est Guzman, et pour elle c'est del Réal. Après le dîner, M. le Cardinal vint exprès ici pour lui rendre visite, mais sans s'asseoir. Elle est petite, assez bien faite et fort laide; elle s'en retourna à Paris fort peu après la visite de M. le Cardi-

---

(1) Voir au 25 octobre 1737.

nal. Elle avoit un carrosse à housse et une chaise de même, pareilles aux duchesses et aux grandes d'Espagne ; sa chaise vint jusqu'à ma porte et n'alla pas plus loin que la pièce qui est au-dessus de la comédie. Les chaises à porteurs ne vont pas plus loin ; elles ne vont jamais dans la galerie qui mène chez Mesdames, que l'on appelle la Galerie des princes. La chaise où le fauteuil de la gouvernante des enfants de France est la seule qui ait droit d'y aller. La chaise de Mlle de Clermont va jusque dans la salle des gardes et y reste ; celles des filles et petites-filles de France vont jusque dans l'antichambre de la Reine. Les chaises de Mesdames vont jusqu'à la porte de la chambre du Roi, et par conséquent la gouvernante lorsqu'elle porte une de Mesdames sur ses genoux; mais si elle suit seulement Mesdames, elle descend dans la pièce qui est avant la dernière salle des gardes du Roi. Mme de Ventadour est la seule à qui, par considération pour son âge et la place de gouvernante du Roi, il ait été permis de se faire porter au travers des appartements à la chapelle. Je la rencontrai, il y a quelques jours, portée dans un fauteuil dans la grande galerie.

J'ai oublié de marquer, par rapport à l'audience, que M. le Dauphin, étant sorti de chez la Reine avant l'ambassadrice, ne fut point reconduit par Mme de Luynes comme à l'ordinaire, parce qu'alors elle accompagnoit Mme de la Mina qui alloit sortir dans le moment. J'avois encore oublié que les deux battants de la chambre de la Reine ne furent point ouverts à Mme l'ambassadrice.

Le mariage de la princesse de Lorraine est fixé au mardi 5 de mars ; elle doit être épousée par M. le prince de Carignan au nom du roi de Sardaigne, et le lendemain elle partira pour aller passer huit jours à la campagne chez M. de Craon, et de là à Turin. Il y a eu deux difficultés pour cette cérémonie, sur lesquelles on a consulté Mme de Luynes pour savoir les usages de ce pays-ci et s'y conformer : l'une pour les carrosses, l'autre pour l'église. Les carrosses à huit ne sont point connus dans ce pays-là; ils ne sont qu'à quatre. Mme la duchesse de Lorraine, la princesse aînée, devenue reine de Sardaigne, et la princesse cadette, doivent nécessairement occuper trois places. La quatrième doit-elle être occupée ou par Mme d'Armagnac, princesse du sang de Lorraine et chargée de conduire la reine de Sardaigne, ou par Mme de Craon, dame d'honneur de Mme la duchesse de Lorraine? La seconde : quelle place Mme de Craon doit-elle avoir à l'église? Mme de Luynes a consulté M. le Cardinal et Mme de Ventadour, et a mandé qu'elle croyoit que, dans le carrosse, Mme d'Armagnac, comme princesse du sang de Lorraine, devoit occuper la quatrième place de préférence; que, pour l'église, Mme de Craon, sans difficulté, devoit être derrière Mme la duchesse de Lorraine.

28 février. — Hier Mme la duchesse d'Ayen fut présentée au Roi, à la Reine, à M. le Dauphin et à Mesdames par Mme la comtesse de Toulouse. Il y avoit seize dames en comptant Mme de Grasse, dame d'honneur de Mme la comtesse de Toulouse; mais il y en avoit quinze d'assises qui étoient: Mme la comtesse de Toulouse, Mme d'Ayen, Mme de Brissac grand'mère, Mme de Brissac mère, Mme de Brissac belle-fille, Mme de Boufflers, Mme d'Alincourt, Mme la maréchale de Biron, Mme la duchesse de Villars, Mme la duchesse de Ruffec, Mme la duchesse de Caumont, Mme la duchesse de Gramont, Mme la duchesse de Rochechouart, Mme la maréchale d'Estrées et Mme la duchesse de Vaujour. Mme la comtesse de Toulouse étoit sur un tabouret pareil aux autres, excepté qu'elle étoit à la première place; elle entra la première, ensuite la mariée, puis Mme de Brissac la grand'mère.

Mme de Brissac la grand'mère présenta hier et a présenté aujourd'hui sa petite-fille aux princesses qui se sont trouvées ici; elles ont eu des fauteuils suivant la règle et l'usage, et ont été reconduites.

MARS.

Plusieurs voyages de M. de Cassini à Versailles pour l'éclipse de soleil et pour la comète. — Bal chez M. de Chalais, où le Roi a été sans en avoir averti; circonstance de M. le duc d'Ayen. — Contrat de mariage de M. d'Ancenis; ce qui empêche qu'il ne prête serment. — État actuel de la vénerie; sa dépense ancienne et courante; nouveau chenil. — Le Roi va au bal de l'Opéra, et comment. — Usage du parlement de Rennes pour les écoliers. — Requête de Mme de Bauffremont. — Détail du voyage du Roi allant à l'Opéra et imprudence de quelques officiers des gardes. — Plaintes au Roi faites par M. de Tonnerre contre M. le comte de Clermont. — Pénitence de M. le Dauphin. — Discours contre M. Chauvelin au sujet de M. Bernard. — Les chambres continuent de s'assembler; fin de cette affaire et copie de l'arrêt. — Deuil pour la mort du frère de M. l'électeur palatin. — M. de Villars nommé pour faire compliment au roi et à la reine de Sardaigne. — Pénitence de M. le Dauphin finie et marque de son bon cœur. — Degré de parenté entre le Roi et l'évêque d'Augsbourg. — Stafette; ce que c'est. — Mort de Mme la duchesse de Gramont douairière; son nom; circonstance pendant son mariage. — Présentations de Mme la duchesse d'Ancenis et de Mme la comtesse de Lorges. — Petite affaire d'un exempt par rapport aux gens de Mme la princesse de Conty. — Assemblée des ministres chez M. le Cardinal deux fois la semaine. — Prise de possession du duché de Bar, au nom du roi de Pologne, et de la Lorraine. — Présentation de Mme d'Arcussia, difficulté. — Étoffes dont le duc de Lorraine fait présent à la reine de Sardaigne. — Embarras causé par la présence de Mme la duchesse de Richelieu pour le voyage de Craon. — Le Roi va au nouveau chenil; M. le Dauphin le suit à la chasse du lièvre. — Déjeuner au grand maître. — Quelque découverte sur les francs-maçons nuisible à cet ordre; défenses aux traiteurs et cabaretiers de rien donner à leurs assemblées. — Départ de M. le prince de Nassau et pourquoi. — Cerfs lâchés de Meudon. — Nom du prédicateur, arrangement des jours de sermon; ceux qui y ont place. — Quantités de toiles pour les cerfs. — Démêlé entre M. le grand prieur et M. de Conflans; jugement de cette affaire. — Substitution d'un pape et légitimation de César Monsieur en termes singuliers. — Règlement pour la distribution de la glace. — Banc des aumôniers de quartier au sermon. — Tabouret de M. de Maillebois derrière le Roi et décision sur cela. — Gouvernement d'Orléanois; pension à M. d'Épernon. — Renonciation du Roi au legs de Petit-Bourg. — Ordre à M. de Belle-Isle pour les troupes pour la réception du roi de Pologne en Lorraine; officiers de la maison de ce prince. — Charge de directeur général des bâtiments donnée à M. le contrôleur général. — Officier qui place au sermon, aux spectacles. — Factions des gardes écossois différentes chez le Roi de celles des autres gardes. — Ordre des places des grands officiers derrière le fauteuil du Roi. — Saignée de la Reine; remarque sur la comédie. — Visite d'adieu du roi et de la reine de Pologne au Roi. — Bontemps sert d'écuyer à la reine de Pologne allant chez le Roi. — Le Roi fait à Meudon ses adieux au roi et à la reine de Pologne; détail sur cela. — Accouchement de Mme de Coigny; lettre du Roi.

Versailles, 1er mars. — Le Roi ne va point aujourd'hui à la chasse; il s'amusera à regarder avec M. Cassini, de l'Observatoire, l'éclipse de soleil, qui sera assez considérable. Depuis que la comète a paru découverte, il y a aujourd'hui quinze jours pour la première fois, par M. de Cassini, il est venu souvent ici. Cette comète est entre la planète de Vénus et l'horizon, sur la droite, à peu près à pareille distance de l'une à l'autre. Elle a une assez grande queue, mais elle est peu apparente.

Le Roi soupa hier dans ses cabinets, au retour de la chasse. Plusieurs de ceux qui avoient eu l'honneur de souper avec S. M. voulant aller au bal de l'Opéra, elle les renvoya pour qu'ils y allassent. Le Roi parut même avoir quelque désir d'y aller aussi, non pas dans ses carrosses, mais dans celui de M. le comte de Clermont ou de quelque autre. M. le duc d'Ayen, capitaine de ses gardes en quartier, étoit déjà allé se coucher; le Roi descendit chez lui à son logement de quartier, le réveilla, le fit rhabiller devant lui et lui mit sa bourse. M. de Chalais, ayant soupé avec lui, lui dit que, s'il vouloit aller au bal sans faire tant de chemin, qu'il y en avoit un chez Mme de Chalais pour Mme de Rochechouart, Mlle de Chalais et autres jeunes personnes. Le Roi fit passer M. de Chalais devant lui et lui recommanda de ne rien dire, et ayant pris par-dessous la voûte et par la galerie d'en bas, il monta chez M. de Chalais; il s'y assit, dansa un menuet avec Mme de Rochechouart, ensuite alla prendre Mme de Rupelmonde la mère, qui ne fit que la révérence. Le Roi parut désirer encore de danser quelques contredanses; il en dansa une avec Mlle de Chalais, et ensuite une avec Mme de Rochechouart. Il parut s'être fort bien diverti, et ne sortit qu'à quatre heures ou quatre heures et demie, ayant fort chaud. Il revint par le même chemin sans lumière, suivi de M. le duc d'Ayen et de M. de Chazeron, lieutenant des gardes.

Le Roi n'a été aujourd'hui à la messe qu'à midi, et, après la messe a signé le contrat de mariage de M. le duc d'Ancenis avec la fille aînée de feu M. le comte de Roye et de feu M{{lle}} Huguet. C'est M. l'archevêque de Bourges (1), oncle et tuteur de M{{lle}} de Roye, qui fait ce mariage. Elle a une sœur qui est à marier. Il devoit prêter aujourd'hui serment et avoir le bâton toute la journée, mais il se trouve une difficulté qui retardera de quelques jours ce serment. M. Crozat, qui avoit prêté à M. le duc de Charost une partie de l'argent pour la charge de capitaine des gardes, a voulu être remboursé dans cette occasion-ci, parce que, dès que l'on expédie un nouveau brevet de retenue, il faut rembourser l'ancien. La somme ayant été remise au denier cinquante à l'occasion d'un remboursement que M. Crozat voulut éviter, cela fait un objet qui mérite quelques jours d'arrangement. Dès que M. d'Ancenis aura prêté serment, quoiqu'il ne porte le bâton qu'un seul jour et qu'il ne doive servir que dans six ans, il aura l'honneur des armes dans les salles, et M. le duc de Charost, s'étant démis, ne conservera plus les mêmes honneurs.

5 mars. — Je revins hier de Rambouillet, où j'étois allé samedi. J'y ai appris par occasion de conversation quelques circonstances sur la vénerie qui peuvent mériter d'être écrites. M. le comte de Toulouse fut fait grand veneur en 1714 ; c'étoit avant lui M. le duc de la Rochefoucauld. La somme réglée pour l'entretien de la vénerie est de 56,000 livres ; mais comme c'est un prix fait anciennement et qui n'étoit pas à beaucoup près suffisant, le Roi donnoit d'extraordinaire 1,000 louis par quartier, ce qui faisoit aux environs de 50 ou 60,000 francs par an. Lorsque Louis XIV voulut que M. le comte de Toulouse

---

(1) Frédéric-Jérôme de Roye de la Rochefoucauld.

achetât cette charge, il lui dit qu'il ne lui donneroit pas ladite augmentation ; ainsi avec les seules 56,000 livres (qui sont indépendantes des appointements de M. le comte de Toulouse, qui sont de 23 ou 24,000 livres), M. le comte de Toulouse entretint l'équipage tout au mieux, non-seulement pendant la dernière année de la vie du feu Roi, mais même encore pendant neuf années de la Régence et jusqu'en 1727 qu'il demanda à M. le Duc, alors ministre, à rendre compte au Roi de clerc à maître ; ce qui commença à s'exécuter alors et qui s'exécute encore actuellement, de sorte que ce qui est à payer par delà les 56,000 livres est avancé par M. le comte de Toulouse, mais lui est remboursé tous les trois mois sur le trésor royal. Pendant ces dix années, tout l'extraordinaire payé par M. le comte de Toulouse, outre les 56,000 livres réglées, s'est trouvé monter à environ un million, ce qui par conséquent (la vénerie bien et magnifiquement entretenue) ne coûtoit qu'environ 156 ou 160,000 livres par an ; aujourd'hui la dépense va jusqu'à 250,000 livres et même plus. Il est vrai que le feu Roi, et depuis M. le comte de Toulouse, n'avoient qu'une seule meute, et le Roi en a trois aujourd'hui sur le compte de la vénerie ; la seconde depuis plusieurs années, et la troisième dont on a déjà parlé depuis fort peu de temps. Elle est même ordinairement confondue dans la grande, et on la sépare seulement dans quelques occasions. Le feu Roi, et M. le comte de Toulouse encore plus depuis, manquoient quelquefois une chasse pour laisser reposer les chiens et ne prenoient qu'un cerf par chasse ; le Roi en prend presque toujours deux, quelquefois trois, et court régulièrement. D'ailleurs les chiens sont plus vites, les chevaux plus chers ; on les prend presque tous en Angleterre, et ils reviennent aux environs de 1,000 livres pièce. Du temps de M. de la Roche-foucauld, ils ne coûtoient que 3 ou 400 livres. Il y avoit même un marché pour des jeunes chiens de

Normandie, avec un gentilhomme à qui le Roi donnoit 4,000 francs, qui n'étoient point compris dans
les 56,000 livres réglées pour la vénerie. On lui envoyoit
toutes les lices pleines, et il fournissoit tous les jeunes chiens. M. le comte de Toulouse vient de faire un
marché à peu près semblable avec un gentilhomme
de Normandie, mais seulement pour douze jeunes chiens
ou lices à choisir tous les ans, pour lesquels le Roi lui
donnera 1,500 livres; mais outre cela le Roi fait toujours
élever beaucoup de jeunes chiens; et même depuis peu,
sans en avoir parlé ni à M. d'Antin ni à M. le comte de
Toulouse, il a fait construire, sur les dessins que lui a fournis
M. Gabriel le fils, un chenil pour les jeunes chiens, à
l'entrée de Versailles, du côté de Sceaux, qui est au
plus magnifique et qui coûte bien 100,000 livres. Cette
dépense n'est point prise sur le fonds de la vénerie. Ce
n'est pas même M. Gabriel qui l'a fait exécuter, c'est
M. de l'Épée, autre architecte du Roi.

Hier lundi gras, le Roi revint de la Muette, où il avoit
soupé et couché la veille. En revenant il courut le cerf,
avec sa troisième meuto, et revint souper dans ses cabinets. Plusieurs personnes s'étant présentées pour ce
souper, le Roi n'en prit que douze ou treize. Vers minuit
ou minuit et demi, il écrivit un petit billet à la Reine
pour lui marquer de ne point l'attendre et qu'il alloit
au bal de l'Opéra; il écrivit aussi à M. de Nestier (1), de
la grande écurie, pour lui marquer de ne l'attendre que
jusqu'à une certaine heure pour la chasse qu'il devoit
faire aujourd'hui. Il manda aussi à Croismare, de la petite
écurie, d'exécuter les ordres qu'il lui avoit donnés. M. de
Chalais avoit soupé avec le Roi; il lui demanda sa gondole, où on mit six chevaux de S. M. Le Roi laissa ici
son Saint-Esprit et monta, lui neuvième, dans la gondole;

---

(1) Louis-Cazeau de Nestier, écuyer ordinaire de la grande écurie.

le reste de ceux qui avoient eu l'honneur de souper avec S. M. suivirent dans des chaises de poste. Le Roi n'avoit avec lui aucuns officiers de ses gardes, seulement M. le duc d'Ayen, capitaine de ses gardes. Il y avoit ici au bal chez moi deux officiers qui, sachant le Roi parti, montèrent à cheval pour l'aller joindre. Il n'y avoit point de gardes du corps; ce fut un mystère pendant plus d'une heure que le départ du Roi. S. M. est restée pendant une heure et demie au bal sans être reconnue; elle donna en deux différentes fois deux coups de poing à Mademoiselle, qui fut fort étonnée de se voir ainsi traiter par un masque. Il paroît qu'il a évité avec soin que personne pût lui parler en particulier. M. le comte de la Suze, grand maréchal, est le premier qui l'ait reconnu, et le Roi est remonté dans son carrosse aussitôt. S. M. étoit ici sur les six heures du matin. Il a entendu la messe et s'est couché dans sa chambre, avec ordre de ne l'éveiller qu'à six heures du soir s'il dormoit jusqu'à ce temps-là; mais il s'est levé à onze heures et est parti sur-le-champ pour aller courre le cerf.

J'appris aussi hier un usage du parlement de Rennes au sujet des écoliers en droit de cette ville. Le Parlement a ordonné que, lorsqu'ils seroient trouvés avec des armes, ils perdroient un an de leurs études.

La requète de Mme de Bauffremont fait ici beaucoup de bruit. Elle est de la maison de Courtenay et prétend par cette raison être princesse du sang de France, et ce n'est pas, à ce qu'il paroît, sans beaucoup de fondement. Cette question avoit été agitée du temps de M. le cardinal de Richelieu par le père de Mme de Bauffremont. On dit que le cardinal Mazarin, persuadé du droit des Courtenay, et voulant faire épouser une de ses nièces (qui a été depuis Mme la Princesse) à M. de Courtenay, l'avoit fait un jour monter dans son carrosse pour raisonner avec lui; mais ayant vu que M. de Courtenay se mettoit sur le devant de son carrosse, et que, pour mériter son amitié et sa protection, il demandoit à être capitaine de ses gardes, il changea de résolution et cessa de le soutenir. Le père est mort il y a longtemps, et même le fils qui avoit épousé une d'Avaugour. On prétendoit qu'il manquoit la preuve des deux générations; Mme de Bauffremont dit qu'elle les a retrouvées. Quoiqu'elle ne puisse pas jouir des honneurs sans une grâce particulière, étant mariée, elle paroît soutenir sa prétention avec beaucoup de vivacité. A l'exemple de Mme la duchesse de Modène, qui vint elle-même ici pour présenter une requête au Roi, Mme de Bauffremont attendit il y a quelques jours le Roi au bas du petit escalier par où il rentre quand il revient de la chasse, toute seule, lui présenta sa requête, et lui dit que M. le Cardinal lui avoit permis d'avoir l'honneur de la lui présenter. On ne sait pas encore si cette requête sera admise; on dit que les princes du sang pensent favorablement pour Mme de Bauffremont.

5 *mars*. — Nous avons mis qu'il n'y avoit d'officiers des gardes que M. le duc d'Ayen qui accompagnat le Roi en allant hier au bal de l'Opéra. Cependant M. de Varneville, exempt des gardes, y fut aussi; il suivoit à cheval à l'ordinaire, et M. d'Ayen étoit dans la gondole.

Le Roi avoit envoyé un billet écrit de sa main et non signé pour MM. de Saint-Sauveur et de Croismare, écuyers de la petite écurie, le premier qui se trouveroit éveillé, portant que l'on enverroit mettre six chevaux à la gondole de M. de Chalais, et qu'on la fît attendre entre les deux écuries pour des masques qui y devoient monter ou d'autres personnes qu'il y enverroit; qu'il y eût deux pages à cheval, et que l'on envoyât un relais où on voudroit. S. M. avoit envoyé devant M. le prince de Soubise et M. le duc d'Hostun chercher des dominos. Ils prirent un fiacre quand ils furent à Paris, et rapportèrent un domino neuf qu'ils eurent bien de la peine à trouver pour le Roi, et d'autres pour ceux qui le suivoient. Le Roi mit son domino dans la gondole, et les autres mirent pied à terre pour se masquer ; ils remontèrent ensuite. Le Roi, ayant passé le guichet, fit rester les pages qui portoient des flambeaux et descendit à l'Opéra. Deux officiers des gardes qui avoient soupé et dansoient chez moi, ayant su le roi parti, montèrent à cheval pour le suivre, quoiqu'ils n'eussent point d'ordres ; ils demandèrent en arrivant où étoit le Roi. On prétend que c'est ce qui fit reconnoître S. M. ; elle avoit trouvé, en descendant de la gondole, un de ses écuyers de main qui étoit là pour son plaisir, et qui l'ayant reconnu lui donna la main pour descendre. Au sortir du bal le Roi, n'ayant point sa voiture, s'en alla à pied jusque chez M. le Premier, dans la rue Saint-Nicaise, suivi de ceux qui étoient venus avec lui et de quelques autres, étant éclairé seulement par deux petits décrotteurs qui se trouvèrent là. On vouloit refuser l'entrée de chez M. le Premier à cette troupe de masques ; on se douta cependant à la fin qui c'étoit. Le Roi s'assit sur des paniers de vin, au bas de l'escalier, et y attendit son carrosse ; il renvoya les dominos. En arrivant à Versailles, il descendit dans la cour de la chapelle pour y entendre la messe, qui fut dite par un missionnaire. Il a été cette après-dînée chez la Reine, où il a beaucoup parlé de son voyage ; il étoit de fort bonne humeur. Il a soupé ce soir dans ses cabinets avec beaucoup de monde.

Versailles, 7 mars. — Les deux officiers des gardes qui allèrent lundi pour joindre le Roi au bal de l'Opéra étoient M. de Narbonne et M. de Tressan. On trouve que l'un et l'autre auroient mieux fait de n'y point aller ; M. de Tressan, parce qu'il étoit de service auprès de la Reine ; il dit pour sa justification qu'on lui étoit venu dire que M. le duc d'Ayen l'avoit demandé ; on prétend que cette excuse ne suffit pas et qu'il faudroit qu'il eût été relevé chez la Reine. A l'égard de M. de Narbonne, on dit que, n'ayant point reçu d'ordre, il auroit mieux fait de rester à Versailles. On a même blâmé M. de Chazeron sur ce qui se passa il y a quelques jours. Depuis l'aventure de

M. de Brancas, que l'on appelle communément Brancas Sistere, lequel l'année passée entra chez le Roi et y donna quelques signes de folie, on a établi qu'il y auroit tous les soirs, depuis l'appel jusqu'au coucher du Roi, un chef de brigade et un exempt chez S. M. M. de Chazeron étoit de garde le jour que le Roi alla la première fois au bal chez M. de Chalais. M. de Chazeron, ayant su que le Roi étoit monté chez M. de Chalais, ne crut pouvoir mieux faire que de l'y aller joindre. On a trouvé qu'il auroit encore mieux fait de rester dans la chambre du Roi; puisque le Roi ne lui avoit point envoyé d'ordre de le suivre : c'étoit une preuve qu'il vouloit être seul.

L'affaire de M. de Tonnerre fait ici grand bruit : c'est le frère de celui qui a épousé Mlle de Blanzac; il est lieutenant-colonel du régiment Commissaire général, qu'avoit ci-devant son cousin et qui est mestre de camp général. Hier comme le Roi sortoit de son cabinet, qu'il venoit de donner l'ordre et qu'il alloit souper, M. de Tonnerre, dans la chambre même de S. M., se jeta à ses pieds et lui dit qu'il lui demandoit justice contre M. le comte de Clermont, prince du sang, qui l'avoit déshonoré. Le Roi lui dit de parler à M. le Cardinal; quelqu'un de sensé lui conseilla aussi d'aller trouver S. Ém., chez laquelle il fut sur-le-champ. Mais comme il paroissoit fort troublé et que le sujet de sa plainte ne paroissoit ni vraisemblable ni mériter grande attention, M. le Cardinal lui conseilla d'aller se reposer et lui dit de venir le retrouver ce matin. Les questions qu'on lui fit dès hier au soir parurent prouver que ses plaintes n'étoient que l'effet d'une tête dérangée, disant qu'il avoit entendu une voix qui l'avoit envoyé promener en termes fort malhonnêtes, et qu'il avoit reconnu être celle de M. le comte de Clermont. Il a tenu encore les mêmes propos ce matin à M. le Cardinal, qui a envoyé chercher M. le comte de Clermont, le mestre de camp général, afin que la famille eût soin de faire enfermer M. de Tonnerre.

M. le Dauphin est en pénitence depuis quelques jours ; on n'en dit point précisément la raison, mais M. de Châtillon a voulu qu'il ne vît personne aux heures où il a coutume de se divertir, qu'il allât à la messe avec un seul valet de pied, et que dans la salle des gardes de son appartement on ne prît point les armes pour lui comme à l'ordinaire.

On continue à parler de plus en plus sur M. Chauvelin, ci-devant garde des sceaux. Il paroît que c'est toujours sur l'intérêt qu'on l'accuse davantage. On parle de deux faits qui regardent M. Bernard : on dit que M. Bernard ayant fait son testament avoit nommé exécuteur M. Chauvelin, qu'il l'en avoit même instruit et fait dire qu'il prenoit la liberté de lui offrir un diamant de 80,000 francs, qui étoit en nature, et non pas en argent comme c'est souvent l'usage. On ajoute que M. Bernard manda quelques jours après à M. Chauvelin qu'il croyoit qu'il voudroit bien recevoir dès à présent ce diamant et qu'il le lui envoya effectivement ; mais que la disgrâce de M. Chauvelin l'ayant fait changer de sentiment, il lui manda qu'il étoit bien fâché de ne pouvoir plus le nommer son exécuteur testamentaire, les affaires de sa succession devant être si considérables qu'elles demandoient un homme de beaucoup de crédit et d'autorité. On prétend que, malgré cette nouvelle, le diamant n'avoit point été rendu. On dit aussi qu'il y a une requête portant plaintes sur l'acquisition de Grosbois et sur la nature des effets dans laquelle les 420,000 livres ont été payées. L'usage trop commun d'accabler les gens qui sont dans le malheur peut faire d'autant plus douter, qu'il est inconcevable que M. Chauvelin ait pu y donner lieu.

Les chambres continuent à être assemblées ; elles s'étoient séparées pour les trois ou quatre jours gras. Elles ont recommencé aujourd'hui, de manière même que l'édit pour la suppression de la charge de garde des sceaux, dont nous avons parlé, n'est encore enregistré qu'au grand conseil, et que toutes les affaires des particuliers sont suspendues. On avoit toujours loué jusqu'à présent la conduite de M. le premier président; on veut à présent, dans Paris, le blâmer sur quelques points. Il s'agit de savoir si l'affaire de Douai est de la compétence des chambres assemblées, ou seulement de la grande chambre, et si M. le premier président a seul droit de proposer les affaires qui sont de la compétence de l'une ou de l'autre, ou si chaque conseiller n'a pas le même droit.

8 mars. — J'apprends dans le moment que l'affaire du Parlement est enfin terminée. Voici copie de l'arrêté du 7 mars :

« Ce jour, les chambres assemblées, [la Cour] en délibérant sur ce qui s'est passé le 15 février et jours suivants, a arrêté qu'elle continuera de se conformer aux anciens usages, maximes, discipline qui lui sont propres, et notamment en ce qui concerne le droit et la liberté de délibérer qu'elle a toujours eu. »

A l'égard de l'affaire de Douai, il est dit qu'il sera fait des remontrances au Roi.

9 mars. — Le Roi prit le deuil mercredi, en noir, pour huit jours, à cause de la mort du frère de l'Électeur Palatin. On ne vouloit le prendre que pour quatre jours; mais le ministre de l'Électeur Palatin a représenté que, dès que le roi de France prenoit un deuil, il sembloit que ce ne pouvoit être pour moins de huit jours.

Avant-hier on sut que le Roi avoit nommé M. le duc de Villars, fils de feu M. le maréchal de Villars, pour aller faire des compliments de la part de S. M., au roi et à la reine de Sardaigne, sur le mariage. Il va à Lyon faire des compliments à la reine de Sardaigne, à son arrivée; il la suivra à Turin, où il s'acquittera de sa commission pour le roi de Sardaigne. Il compte mener seulement quelques gentilshommes et quelques pages, mais non pas un véritable équipage, ni que ce soit un voyage de grande dépense.

M. le Dauphin fut hier chez le Roi et chez la Reine, et en rentrant chez lui on prit les armes dans la salle de ses gardes. La punition dont on a parlé est finie; il paroît que c'est à l'occasion de quelque mouvement d'humeur et de vivacité contre M. de Châtillon et contre M. de Mirepoix; cependant on remarque avec plaisir qu'il n'est point insensible à l'attachement qu'on a pour lui. M. de Châtillon et M. de Mirepoix lui ayant dit en conséquence de son humeur que, si elle continuoit, ils seroient obligés de demander au Roi permission de se retirer l'un et l'autre, M. le Dauphin se mit à pleurer.

Il est souvent question, parmi la jeunesse, de l'ordre des Francs-Maçons, autrement dit Frimassons; plusieurs jeunes gens de ce pays-ci et de nom se sont fait recevoir depuis peu dans cet ordre. On prétend qu'il est établi depuis six cents ans par des titres bien authentiques, que plusieurs personnages considérables s'y sont fait recevoir. Il y a un secret inviolable dans cet ordre, que les rois même d'Angleterre n'ont jamais pu savoir: cet ordre vient d'Angleterre. Il y a en France des assemblées qu'on appelle *loges*, où l'on propose et l'on reçoit ensuite ceux qui se présentent. On donne dix louis pour être reçu. Le jour de la réception il y a un grand souper, précédé, dit-on, d'un discours prononcé par M. de Ramsay, Écossois et chancelier dudit ordre; il y a plusieurs cérémonies, mais dont on ne dit point le détail. On sait seulement que ceux qui sont de cet ordre, ou ceux qui veulent y être reçus, doivent avoir un tablier, une truelle, une paire de gants d'homme et une paire de gants de femme. Gens de toute espèce et de toutes professions sont reçus dans cet ordre, hors les femmes qui n'y sont point admises; il y a des maîtres et des compagnons, et outre cela des chevaliers servants. Il me paroît que ceux-ci sont reçus facilement; quand on a besoin d'un domestique pour servir, on le fait recevoir chevalier servant. La porte de la salle d'assemblée est gardée par deux hommes, l'épée à la main. On prétend qu'il n'y a rien dans cet ordre contre la religion, ni contre l'État, ni contre les bonnes mœurs, et que cela a été certifié par gens dignes de foi. Les soupers de ces assemblées sont très-nombreux ; la différence des états et conditions n'empêche pas que tous ne mangent ensemble, jusqu'à quarante et cinquante. Il n'est pas, dit-on, nécessaire de souper pour être reçu, ni quand on est reçu de se trouver régulièrement auxdites assemblées. On dit cet ordre fort répandu dans tous les pays étrangers. On se reconnoît par certains signes, et on se fait un grand plaisir de bien traiter ses confrères.

12 *mars*. — Le frère de l'Électeur Palatin dont on porte le deuil étoit évêque d'Augsbourg ; il étoit parent du Roi au quatrième degré. On portera le deuil encore demain, afin que les huit jours entiers soient passés.

J'ai appris aujourd'hui ce que c'est que l'on appelle staffette (1) en Allemagne ; c'est un usage pour que les paquets soient rendus plus promptement. Les ministres des princes d'Allemagne adressent leurs paquets à Strasbourg, par exemple au maître de la poste, lequel porte le paquet à Kehl sur les terres de l'Empire, et là il paye au maître de Kehl sur le pied d'un cheval par poste jusqu'au lieu où le paquet doit être rendu. Le maître de poste de Kehl fait partir un postillon, et à chaque poste un nouveau postillon porte le paquet à la poste d'après, et le maître de poste de Kehl est chargé de payer à chaque maître de poste ce qui lui appartient. Les postes sont de quatre lieues, et l'on paye par cheval un florin, ce qui vaut 50 sols à cause du change. Le prix ordinaire du florin est 40 sols de notre monnoie.

Toute la famille de MM. de Gramont est en deuil depuis quelques jours, à cause de la mort de Mme la duchesse de Gramont, seconde femme du grand-père de

---

(1) *Stafette*, en allemand, courrier, exprès ; estafette.

M. le duc de Gramont d'aujourd'hui, colonel du régiment des gardes françoises. Elle étoit âgée de soixante-dix ou douze ans. Elle s'appeloit Lacour, et avoit été femme de chambre de feu Mme de Livry, mère de M. de Livry, aujourd'hui premier maître d'hôtel du Roi. M. le duc de Gramont en étoit devenu amoureux; on ne dit pas cependant qu'elle eût été fort jolie. Il l'épousa et en eut un enfant sans avoir déclaré son mariage; cet enfant est mort depuis douze ou quinze ans. Après ce mariage caché, il le déclara. Le feu Roi le désapprouva extrêmement et ne voulut jamais permettre que Mme la duchesse de Gramont jouît des honneurs. Cependant M. le duc de Gramont, ayant été envoyé en Espagne, demanda en grâce au Roi à son retour de vouloir bien accorder une pension à sa femme; le Roi lui en donna une de 12,000 livres, qui avoit été réduite à 8,000, dont elle jouissoit encore. Mlle de Lacour trouva les affaires de M. le duc de Gramont fort dérangées, et par un très-grand ordre que l'on prétendoit même aller jusqu'à l'avarice, elle les raccommoda entièrement et se fit à elle-même un revenu assez considérable. M. le duc de Gramont hérite par sa mort de 14,000 livres de rente, qu'il lui payoit pour son douaire et pour son habitation. Elle laisse deux maisons dans Paris, l'une de 8,000 et l'autre de 4,000 livres de loyers, dont elle en avoit donné une à M. de Lautrec. On ne sait encore qui est-ce qui héritera des autres effets et de l'argent comptant. Elle logeoit sur le quai, à l'hôtel de Transylvanie, qu'elle avoit acheté et dont elle relevoit encore pour 4 ou 5,000 livres. On dit que sa conversation, ses phrases et ses expressions étoient extrêmement singulières.

A peu près dans le même temps que Mme de Livry, dont nous venons de parler et qui étoit fille de M. de Saint-Aignan, avoit Mlle Lacour pour femme de chambre, elle avoit aussi Mlle de [Lucé], mais sur le pied de demoiselle. M. le duc de Saint-Aignan en devint amoureux et l'épousa. C'est la mère de M. de Saint-Aignan, qui est à Rome ambassadeur, et de M. l'ancien évêque de Beauvais. M. de Beauvilliers et Mme de Livry étoient d'une première femme (1).

Mme la duchesse d'Ancenis et Mme la comtesse de Lorges furent présentées dimanche dernier. La première est d'une figure noble, et plaît sans être belle; nous avons dit que c'étoit la fille du feu comte de Roye. La seconde, qui est Mlle de Marsan, Bretonne, et qui a épousé M. le chevalier de Lorges, présentement M. le comte de Lorges et second fils de M. le duc de Lorges, est fort laide; mais comme on avoit dit qu'elle étoit horrible, on l'a trouvée mieux. Ce fut Mme la duchesse de Duras qui la présenta comme l'aînée de la maison, et qui par conséquent entra la première, comme c'est l'usage.

Il y eut, ces jours passés, une petite difficulté au sujet de Mme la princesse de Conty. Comme elle sortoit de chez la Reine, un de ses gens l'annonça dans la salle des gardes; un exempt qui se trouva là dit aux gens de Mme la princesse de Conty de ne pas faire tant de bruit; ce qui ayant été rapporté à Mme la princesse de Conty, elle le trouva mauvais. L'exempt lui en a fait des excuses, et lui a dit qu'il croyoit que c'étoit au garde qui étoit en sentinelle à l'annoncer; cette affaire n'a eu aucune suite.

14 *mars*. — Il y a eu aujourd'hui une assemblée chez M. le Cardinal, composée de M. le contrôleur général, de M. Amelot, de M. de Maurepas et de M. d'Angervilliers seulement; c'est un usage nouvellement établi et que l'on dit qui se continuera les lundi et jeudi de chaque semaine. Il n'est question dans ces assemblées, à ce que l'on dit, que des affaires du dedans du royaume.

M. de Mechek, grand maréchal du roi de Pologne, qui

---

(1) V. l'article du 26 janvier 1738.

étoit revenu depuis peu de Lorraine, ayant été prendre possession du duché de Bar au nom du roi de Pologne, repart après demain pour aller prendre possession de la Lorraine. Il paroît même que le ministère désire qu'il y arrive promptement.

15 *mars*. — Mmes les duchesses de Lauzun et de Duras présentèrent, il y a quelques jours, Mlle de Sabran qui vient d'épouser M. d'Arcussia. M. de Sabran est homme de condition de Provence; Mme de Sabran est de la maison de Foix. MM. d'Arcussia sont de Marseille et se disent originaires d'Italie; ils prétendent être d'une ancienne noblesse, qui à la vérité n'est point illustrée. Il paroît qu'il y a eu quelques difficultés sur cet article. M. le Cardinal ne vouloit point que Mme d'Arcussia fût saluée par le Roi; Mme de Sabran, qui ne vouloit point que sa fille fût présentée sans recevoir cet honneur, s'est donné beaucoup de mouvement; elle l'a enfin obtenu. Elle prétend faire voir par des preuves authentiques l'ancienneté de la noblesse de M. d'Arcussia.

18 *mars*. — Il y a déjà plusieurs jours que l'on a reçu des nouvelles du mariage de la reine de Sardaigne à Lunéville. On dit qu'il n'y a rien de si magnifique que les habits que lui a envoyés M. le duc de Lorraine. Les étoffes ont été prises à Lyon, d'où on les a portées à Vienne pour les renvoyer ensuite en Lorraine.

La présence de Mme de Richelieu sembloit former quelque embarras par rapport au voyage de la reine de Sardaigne et de Mme la duchesse de Lorraine chez M. de Craon. Mme de Richelieu, étant instruite des discours qu'avoit tenus sur son mariage M. de Lixin, gendre de M. de Craon, croyoit ne devoir pas aller à la campagne de M. de Craon. On peut même juger, par ce qui fut dit dans le temps de la mort de M. de Lixin devant Philipsbourg, qu'il n'étoit pas convenable qu'elle y allât. Elle avoit représenté à Mme la duchesse de Lorraine l'état où est Mme la duchesse de Bouillon, sa sœur, qui est mourante de la poitrine, et avoit demandé par cette raison permission de revenir immédiatement après le mariage. M^{mé} la duchesse de Lorraine a voulu absolument que Mme de Richelieu allât avec elle, et même que M. de Craon l'en allât prier. Mais Mme de Craon, sur cet arrangement, a pris le parti de ne se point trouver chez elle. M. de Craon, qui n'avoit pas la même raison, puisqu'il avoit prié Mme de Richelieu, ne s'y est pas trouvé non plus pour un autre sujet. Il avoit été décidé que M. le prince de Carignan, qui venoit d'épouser la reine de Sardaigne, et M. de Guise, auroient l'honneur de manger avec la reine de Sardaigne et Mme de Lorraine. En pareille circonstance, M. de Craon a cru ne devoir point recevoir le désagrément d'être privé de cet honneur; ainsi le maître ni la maîtresse n'y ont été.

Ce matin le Roi a été voir son nouveau chenil et ses jeunes chiens, et est revenu de là faire collation pour aller ensuite courre le lièvre. M. le Dauphin est parti dans une calèche en même temps que le Roi pour aller voir la chasse, où il est resté fort peu de temps, et est revenu à deux heures, qui est l'heure où il rentre ordinairement suivant la règle qui a été établie.

Le Roi, en partant pour le chenil, a dit, à la plupart de ceux qui se présentoient pour le suivre, qu'il alloit les revenir prendre et qu'ils allassent déjeuner au Grand-Maître (1). Cette table se sert tous les jours de chasse, en même temps que celle du Roi le matin. C'étoit autrefois le capitaine des gardes qui la tenoit soir et matin, et il n'avoit alors que 24,000 livres d'appointements; mais depuis plusieurs années cet usage a été changé : on a augmenté leurs appointements de 2,000 écus pour chacun. Cette table a été supprimée et n'est plus d'usage

---

(1) C'est-à-dire à l'hôtel du grand maître de France ou de la maison du Roi. Cet hôtel sert aujourd'hui de mairie à la ville de Versailles. — Voir l'*Histoire des rues de Versailles*, par J. A. Le Roi, tome II, p. 234 et suiv.

que les jours de chasse, mais ils n'en font point les honneurs.

Il a été fort question, ces jours derniers, des frimassons ou francs-maçons dont il a été parlé ci-dessus. Comme tout le monde en parloit ici, les uns par curiosité de découvrir quelque chose du secret, les autres pour s'y faire recevoir et y engager leurs amis, M. de Fénelon, ambassadeur à la Haye, arrivé depuis peu pour passer ici quelques jours pour ses affaires, en entendit parler chez moi. On lui demanda si cet ordre étoit connu en Hollande : il dit que ce qu'il en savoit, c'est qu'il y avoit été défendu; qu'on lui avoit dit même que c'étoit après avoir vu le serment que l'on fait avant d'être reçu, que l'on avoit trouvé dangereuse dans un État une association nombreuse de gens qui s'assemblent, qui sont liés par un serment et dont le secret est impénétrable. M. de Van-Hoey, ambassadeur de Hollande, à qui on en a aussi parlé, a montré, à ce que l'on dit, copie ou extrait dudit serment; ce qui est certain, c'est que M. le Cardinal écrivit hier à M. Hérault (1) qu'il n'y eût plus ni réception ni assemblée, et qu'il soit défendu aux cabaretiers et traiteurs de donner à manger aux assemblées de cet ordre. On dit que ce qui a déterminé principalement de faire cette défense en Hollande a été la découverte d'une faction pour M. le prince de Nassau pour se faire élire stathouder, et que l'on trouva que la plupart de ceux qui composoient cette faction étoient frimassons.

22 *mars*. — M. le prince de Nassau, qui étoit ici depuis six ans, s'en retourne en Allemagne; on dit que c'est pour peu de temps et que c'est pour quelques arrangements, au sujet de la succession de Nassau, entre tous ceux qui ont droit à cette succession. Son nom est Nassau-Siegen; il est souverain de Sarrebrück et de deux ou trois petites villes. Ses États ne sont pas fort étendus et peu-

---

(1) Conseiller d'État, lieutenant général de police.

vent valoir 3 ou 400,000 livres de rente. L'investiture de ces États est donnée par l'empereur. Ces princes ne reçoivent pas ordinairement eux-mêmes cette investiture; celui qui est chargé de leur procuration se met à genoux devant l'empereur et prête le serment; et lorsque plusieurs ont droit de recueillir la même souveraineté les uns après les autres, chacun d'eux donne une procuration; ceux qui sont chargés de ladite procuration se mettent tous à genoux en même temps devant l'empereur, arrangés selon le rang suivant lequel leurs maîtres doivent se succéder les uns aux autres; ils se tiennent tous par le bout du manteau ou de l'habit, et lèvent tous la main ensemble lorsqu'il s'agit de prêter serment. C'est ce que l'on appelle *Simultanea Investitura*.

Le Roi a été aujourd'hui à Meudon voir sortir des cerfs de ce parc, que l'on avoit enfermés dans des toiles; on les a fait passer par une brèche du côté de Verrières. Ensuite il est venu entendre le sermon. C'est le P. Chrysostome, Récollet, qui prêche très-utilement et avec beaucoup de force. L'usage ancien étoit de prêcher les dimanche, mercredi et vendredi. Le Roi, par rapport à l'arrangement de ses chasses, faisoit prêcher, le dernier carême, une semaine le dimanche, mardi et jeudi, et l'autre le dimanche, mercredi et vendredi. Ce carême-ci on n'a encore prêché que le dimanche, mardi et jeudi, jusqu'à présent.

A la chapelle, la place du grand aumônier du Roi est au coin du prie-Dieu du Roi, à sa droite, et celui du grand aumônier de la Reine vis-à-vis. Le premier aumônier de la Reine n'a point de place, non plus que les aumôniers de quartier du Roi et de la Reine. Ils s'asseyent sur des bancs à côté du chœur et se mettent seulement à genoux devant le Roi, entre son prie-Dieu et l'autel, des deux côtés. Le premier aumônier du Roi est assis derrière S. M., à côté du capitaine des gardes, ou un peu plus loin lorsque le grand maître de la garde-robe y est.

23 *mars*. — J'avois oublié de marquer l'autre jour, à l'occasion des cerfs que le Roi vit sortir de Meudon, que M. d'Ecquevilly me dit que le fond des toiles étoit d'environ deux cents pièces de vingt à vingt-cinq aunes de cours chacune.

M. le grand prieur (1) et M. de Conflans se sont rendus en prison pour être jugés. L'on disoit qu'il y avoit eu un combat entre eux, où M. le grand prieur avoit été blessé considérablement; on prétendoit que ce combat étoit la suite de quelques paroles qu'il y eut l'été dernier entre M. le grand prieur et M. le bailli de Conflans. M. le grand prieur croyoit depuis longtemps avoir sujet de se plaindre de M. le bailli de Conflans. Dans une assemblée qui se tint au Temple, il y eut des sentiments différents de celui de M. le grand prieur; M. le bailli de Conflans s'étant trouvé à la tête de l'avis contraire, M. le grand prieur, dans un mouvement de vivacité, dit au bailli de Conflans qu'il ne pouvoit attendre autre chose de lui après toutes les infamies qu'il lui avoit faites. Le bailli, se tournant vers l'assemblée, dit : « Messieurs, je ne connois d'infâme ici que Monsieur. » Plusieurs personnes se mirent entre deux, et l'assemblée se sépara. On prétend que M. de Conflans, neveu du bailli, voulant venger son oncle, qui n'a qu'un bras, se battit quelques jours après sur le boulevard, et que le grand prieur a pensé mourir de ses blessures. On a informé contre M. de Conflans et contre le grand prieur; M. le bailli n'est point mêlé dans l'affaire. Il y a lieu de croire qu'ils seront justifiés l'un et l'autre, puisqu'ils se sont mis en prison. Ce que je viens de marquer est ce qui s'est dit dans le temps. M. l'ambassadeur de Malte a fait prier tous les commandeurs et chevaliers de l'Ordre qui étoient à Paris de se trouver avec lui à l'entrée des juges.

---

(1) Jean-Philippe, dit *le chevalier d'Orléans*, fils naturel du Régent et de Mme d'Argenton.

On rapportoit hier un fait assez singulier d'une substitution faite par un pape qui, voulant perpétuer ses biens dans sa maison, appelle à cette substitution, non-seulement ses neveux et toute leur postérité, mais encore leurs bâtards quand ils seroient même bâtards de religieux ou de religieuses. Cet acte fait souvenir de Henri IV lorsqu'il fait naturaliser César Monsieur et qu'il dit dans les lettres que Dieu, n'ayant pas jugé à propos de bénir son mariage avec Marguerite de Valois, semble avoir voulu l'en dédommager par la naissance du fils qu'il lui donnoit de Gabrielle d'Estrées.

La grande chambre s'est aujourd'hui assemblée à la Tournelle pour juger l'affaire de M. le grand prieur et de M. de Conflans, dont on a parlé ci-dessus. Il a été décidé qu'il n'y avoit point eu de combat, et ces messieurs ont été renvoyés.

J'ai appris il y a quelques jours qu'il y avoit eu un règlement fait au mois de septembre pour la glace, et c'est vraisemblablement à cause de la grande consommation qui s'en est faite pendant l'été. Je ne sais ce qui a été réglé pour la maison du Roi, mais on en donne huit cents livres par jour pour la Reine et toutes les tables qui sont servies de sa bouche. M. le contrôleur général et les quatre secrétaires d'État en ont chacun quinze livres, et plusieurs seigneurs de la cour cinq livres par jour.

26 *mars*. — Les aumôniers de quartier du Roi ont au sermon un banc au-dessus des courtisans du côté de l'autel, à la droite du Roi; ceux de la Reine n'ont point de place.

Hier lundi il y eut sermon à cause de la fête de l'Annonciation. Il y eut une difficulté par rapport à M. de Maillebois le fils, qui est maître de la garde-robe; il avoit fait porter un tabouret derrière le Roi, à côté de celui du capitaine des gardes. M. le maréchal de Noailles et M. le duc de Gesvres s'en plaignirent à M. le Cardinal.

S. Ém. leur dit d'aller prendre l'ordre du Roi. Le Roi décida que le maître de la garde-robe ne devoit point avoir de place. Les tabourets derrière le Roi sont pour le capitaine des gardes, le grand chambellan, le premier gentilhomme de la chambre, le premier aumônier et le grand maître de la garde-robe.

Nous avons marqué ci-devant qu'à la mort de M. d'Antin l'on avoit ôté les 20,000 livres de pension qui étoient jointes au gouvernement d'Orléanois; et que l'on avoit donné pareille pension à M. le duc d'Épernon, aujourd'hui duc d'Antin. Cet article n'est pas exact quant à ce qui a été donné à M. d'Épernon; il avoit 8,000 livres de pension; qu'on lui laisse et auxquelles on a ajouté 7,000 autres, et le Roi a déclaré, je crois même par écrit, qu'il renonçoit au legs de Petit-Bourg que lui avoit fait feu M. d'Antin.

Le roi de Pologne doit partir le 1er du mois prochain, et la reine de Pologne le 3. M. de Belle-Isle, commandant en Lorraine, a reçu ordre de faire assembler les troupes les plus à portée pour recevoir le roi de Pologne à son entrée dans la Lorraine, et pour que tous les honneurs lui soient rendus. M. de Belle-Isle, commandant en Lorraine, doit même partir dans deux ou trois jours pour se trouver à l'arrivée du roi de Pologne. Une partie de la maison de ce prince et de la reine est nommée : M. le duc Ossolinski, grand maître; M. le marquis de Lamberti, capitaine des gardes à cheval; M. le chevalier de Viltz, grand écuyer, commande le régiment de cavalerie du roi de Pologne, que l'on appelle Stanislas-Roi. Ce régiment, qui étoit vêtu de gris, va l'être de bleu, et s'appellera Royal-Pologne, et sera vendu le même prix des régiments royaux. On avoit offert à M. de Montcanp la place de capitaine des gardes à pied; on dit qu'il l'a refusée. Les dames attachées à la reine de Pologne, et que l'on appellera dames de compagnie, seront quatre, dont deux sont déclarées : Mme la marquise de Salles, fille de

M. le duc de Brancas, et Mme de Boufflers, fille de M. de Craon.

M. de Boufflers, son mari, est neveu de M. le duc de Boufflers, fils d'une fille de M. le maréchal de Boufflers. C'est lui qui vient d'avoir le régiment Dragons d'Orléans vacant par la mort de M. de Castellane, et le Roi a rendu à M. de Chartres le régiment d'infanterie qu'avoit M. de la Ferté-Imbault, fils aîné de M. d'Estampes; il s'appeloit ci-devant Chartres; il reprend ce nom.

Le Roi vient de donner à M. le contrôleur général la charge de directeur général des bâtiments qu'avoit feu M. d'Antin. Nous avons marqué les retranchements qui ont été faits de cette charge à la mort de M. d'Antin. M. Orry aura 40,000 livres d'appointements.

28 *mars*. — Le Roi a été aujourd'hui au sermon. M. le maréchal de Noailles étoit derrière S. M., et M. le duc de Charost, comme ayant été gouverneur, étoit à côté de M. de Noailles à droite. C'est un exempt des gardes du corps qui place au sermon, et cet exempt est toujours de la première compagnie, qui est les Écossois, présentement Noailles. A la comédie il y a, pour placer, un chef de brigade et un exempt. Les factions des gardes écossois chez le Roi sont de trois heures, et celles des gardes des autres compagnies ne sont que de deux heures.

Nous avons parlé ci-dessus du tabouret que M. de Maillebois le fils avoit fait porter au sermon, derrière le Roi, et marqué la décision de S. M. Cette décision fut faite par le Roi, non pas par un simple oui ou non, après avoir entré dans un grand détail avec MM. de Noailles et de Gesvres, et sans en avoir parlé à M. le Cardinal. Les places derrière le fauteuil du Roi sont : le capitaine des gardes, immédiatement derrière ; à sa droite, le grand chambellan ; à sa gauche, le premier gentilhomme de la chambre ; à la droite du grand chambellan, le grand maître de la garde-robe, et cela depuis la décision du feu Roi de 1684, 85 ou 86, que cette charge étoit une des grandes charges de sa maison. Au sermon seulement, le premier aumônier a une place derrière le Roi. Si tout ce qui vient d'être nommé s'y trouvoit, et que la Reine y fût, on éloigneroit un peu plus son fauteuil de celui du Roi.

La Reine fut saignée hier à six heures du soir; c'étoit jour de comédie italienne. Quoique le Roi, la Reine, M. le Dauphin ni Mesdames n'y allassent point, la comédie fut jouée. Les François ont joué aussi aujourd'hui. Mlle de la Roche-sur-Yon y étoit ces deux jours-ci, seule de princesse; elle s'est même fait un peu attendre aujourd'hui, parce qu'elle étoit au bal chez Mesdames.

30 *mars*. — Le roi et la reine de Pologne sont arrivés sur les six heures, pour prendre congé du Roi; ils partent pour la Lorraine dans deux jours. Le roi de Pologne entrant dans le cabinet du Roi, S. M. a pris son chapeau et a reçu debout le roi de Pologne à l'entrée de son cabinet; il a fait la révérence et baisé S. M. des deux côtés; ils ont fait la conversation debout, M. le cardinal de Fleury présent. Cependant la reine de Pologne est entrée, elle a fait la révérence au Roi sans le baiser; un moment après le roi de Pologne a fait la révérence et a encore baisé le Roi des deux côtés; quand il a été sorti, la reine de Pologne a fait la révérence au Roi et l'a baisé du côté droit seulement et est sortie du cabinet de S. M. Le Roi n'a fait aucun pas pour les recevoir ni pour les conduire, et ces visites se sont faites debout.

31 *mars*. — J'ai appris aujourd'hui que, dans la réception que le Roi a faite hier à la reine de Pologne, elle avoit été conduite de chez la Reine jusque dans le cabinet du Roi par Bontemps, qui lui servoit seul d'écuyer, et qu'elle avoit été reconduite de même chez la Reine. Cette circonstance a paru fort extraordinaire; le premier gentilhomme de la chambre devoit faire cette fonction.

Le Roi a été aujourd'hui à Meudon dire adieu au roi et à la reine de Pologne. J'ai eu l'honneur de l'y suivre; S. M. y est allée avec deux carrosses; elle est partie après le salut, est descendue par l'escalier de marbre, au bas duquel elle a monté en carrosse. En arrivant à Meudon, les gardes du corps de la suite du Roi se sont emparés des postes, et ceux du roi de Pologne se sont retirés et sans armes. Le roi de Pologne est venu recevoir le Roi au milieu de la salle qui est en haut de l'escalier. S. M. l'a salué et baisé des deux côtés, a pris la main sur S. M. P.; ils ont passé dans un salon ovale où se tiennent ordinairement les dames de la reine de Pologne; de là, par une petite pièce ou passage qui conduit au cabinet des glaces, les deux rois sont allés dans le cabinet des glaces; la reine de Pologne est venue recevoir le Roi au milieu de ce passage. S. M. l'a saluée et baisée d'un côté. La conversation s'est faite debout dans ledit cabinet pendant environ un quart d'heure, et en sortant la reine de Pologne a reconduit le Roi jusqu'à l'endroit où elle étoit venue le recevoir; il lui a fait la révérence sans la baiser. Le roi de Pologne a reconduit le Roi jusqu'au milieu de la salle ci-dessus dite, où S. M. l'a salué et baisé comme en entrant.

Mme la comtesse de Coigny vient d'accoucher d'un garçon. Le Roi a écrit à cette occasion à M. le comte de Coigny, fils du maréchal, et cette lettre fait grand bruit ici. S. M. lui mande que, quoiqu'elle soit persuadée qu'il ne doute point de l'intérêt qu'elle prend à ce qui le regarde, cependant elle est bien aise de lui en donner de nouvelles preuves par cette lettre, comme son roi, son maître et son ami. La lettre est plus longue, mais en voilà le précis. Cette attention du Roi a été fort louée. M. le comte de Coigny est colonel général des dragons.

AVRIL.

Chute du Roi du lit en rêvant, et la suite. — Sermon et places derrière le Roi. — La Reine à vêpres, le Roi au salut. — Position des gardes du corps, des Cent-Suisses, et plusieurs autres remarques. — Il n'y a point de sermon à la chapelle sans le Roi, et il y a comédie quoiqu'il n'y soit pas. — Raisonnements sur la chute du Roi. — Mme Ossolinska ne salue point le Roi. — M. de Belsunce présente un pied de loup. — Arrivée de M. de Craon; sujet de son voyage. — Dispute au sujet du tabouret à la chapelle, derrière le Roi, au maître de la garde-robe. — Maladie de M. le Dauphin; les entrées réglées par M. de Châtillon. — Il n'y a point de musique chez la Reine deux jours où il devoit y en avoir; pourquoi. — Ancien usage pour les concerts chez la Reine dans la semaine de la Passion et changement. — Audience de la Reine à M. de Craon et à ses enfants. — M. le duc d'Ancenis prête serment de capitaine des gardes; bonté du Roi. — Dimanche des Rameaux. Le Roi entend la messe en bas; officiers derrière lui. — Le Roi va chez M. le Dauphin; ce qu'il dit au sujet de la guerre et de Philippe de Commines. — Passage de la reine de Sardaigne dans le royaume. — Retour de M. de Villars, qui a fait les compliments, et détail. — Habit de M. le Dauphin pour son baptême. — La Reine fait ses pâques et la cène, quoique grosse. — Petite découverte du secret des frimaçons. — Cène du Roi et de la Reine, et détail. — Pâques du Roi, touchement, aumônes. — Usage de la musique aux ténèbres et des missionnaires. — Présentation de Mme Amelot. — État de la maison du roi de Pologne. — Remarque sur M. de la Galaisière. — Exemple de désunion des sceaux et de la chancellerie. — Adoration de la croix et détail. — Question au sujet de la suite du Saint-Sacrement et réponse du Roi. — Dispute pour la place de maître de la garde-robe derrière le Roi. — Baptême de M. le Dauphin; détail sur les tabourets des ducs aux cérémonies. — Prétentions à ce sujet de M. de Châtillon. — Traitement des ducs et duchesses chez les princes du sang. — Rangs des princes et princesses, des ducs et duchesses à la cérémonie du baptême. — Décision du feu Roi contre les maisons de Rohan et de Bouillon. — Le feu Roi approuva Mme de Villequier dans un démêlé avec Mme de Bouillon. — Discussion dans laquelle le Roi veut bien entrer, au sujet d'un rang pour M. de Valentinois fils; clause de son contrat de mariage et prétention de M. de Grimaldi. — M. de Monaco obtient l'habit à brevet; à quelle condition. — Il refuse sa fille au roi de Sardaigne. — M. de Gesvres prend la robe de la Reine chez le Roi. — Le colonel du régiment du Roi-infanterie a les entrées de la chambre; raisonnement sur cela et exemples. — M. de Nangis a la permission de suivre le feu Roi à la chasse; détail sur cette grâce.

2 *avril*. — Hier le Roi, à deux heures après minuit, étant couché dans le lit de la Reine, se jeta avec force en bas du lit, en rêvant, ce qui lui est déjà arrivé deux fois; mais cette chute-ci a été forte. Cependant S. M. se remit dans le lit et y fut jusqu'à six heures, de manière même que la Reine, qui dans le moment de la chute du Roi s'étoit levée parce qu'elle s'étoit trouvée mal, n'en sut rien

que le lendemain matin. S. M., à six heures, n'ayant pas pu dormir à cause de la grande souffrance, se leva ayant fort mal à l'épaule droite; le bras enflé et même du sang extravasé; et une petite bosse et égratignure à la tête. Elle envoya éveiller la Peyronie, premier chirurgien; qui trouva un peu d'émotion dans le pouls. Le Roi fut saigné sur-le-champ. On lui fit rompre le carême; on le tint au bouillon toute la journée. Il est bien aujourd'hui et s'est habillé; on a seulement été obligé de fendre la manche de son habit et de l'attacher avec des cordons.

7 avril. — Le Roi a été aujourd'hui au sermon pour la première fois qu'il sort depuis sa chute. Le sermon, qui étoit sur les preuves de la religion chrétienne, a été admirable et d'une aussi grande force que ceux du P. Bourdaloue (1). Il n'y avoit derrière le fauteuil du Roi que M. le maréchal de Noailles, qui servoit pour M. le duc de Béthune, et M. le duc de Charost sur un tabouret à la droite de M. de Noailles. Cette place est comme gouverneur. J'ai pourtant vu plusieurs fois M. le duc de Charost ne la pas prendre et se mettre sur le banc derrière.

La Reine, qui ne va point au sermon à cause de sa grossesse, a été à vêpres, et le Roi est venu pour le salut. La Reine entend vêpres dans la petite tribune fermée qui est dans le coin à droite de celle du Roi; ses dames sont à genoux sur la banquette de la tribune jusqu'au moment que l'on met le drap de pied. La Reine sort de la tribune fermée, un moment avant que le Roi arrive, et se met un peu à gauche sur le drap de pied; il y a cette différence de la messe de la Reine aux vêpres, que, à la messe il y a deux gardes en bas auprès du chœur à droite et à gauche, et qu'aux vêpres ces deux gardes n'y sont point. En haut il n'y avoit ordinairement, tant à la messe qu'à vêpres, que la première travée de chaque côté où il y

---

(1) Ce sermon étoit du P. Julien, Récollet.

eût un garde. La Reine ayant désiré que l'on gardât la seconde travée du côté de sa tribune fermée, l'on y a mis un garde, ainsi qu'à celle qui est vis-à-vis. A la travée auprès de la tribune fermée de la Reine, il ne s'y met personne, la Reine l'ayant désiré. Dans la tribune fermée qui est vis-à-vis celle de la Reine, c'est M. le Dauphin qui s'y met au salut. Aujourd'hui il est arrivé que le salut étoit bien avancé ; il n'a point entré dans la tribune et a attendu que le Roi sortît. A la première travée à gauche, où nous étions M. de la Force, M. Duguesclin et moi, M. le duc de Chartres est arrivé ; il s'est mis à cette travée, M. de Balleroy, son gouverneur, à genoux à côté de lui, et nous sommes restés dans nos places. Mesdames au salut se mettent dans une tribune fermée en bas à droite, et Mme de Tallard avec elles dans la tribune. A la messe du Roi toutes les travées d'en haut sont garnies de gardes, ainsi que les deux arcades aux deux côtés du grand autel : deux gardes auprès de la marche du chœur et quatre gardes dedans la nef depuis la chaire jusqu'à l'arcade qui va à la sacristie et quatre autres vis-à-vis ; outre cela, les Cent-Suisses font un carré ouvert seulement du côté de l'autel, à peu près dans la largeur des deux premières arcades d'en bas. Au sermon tout est garni en haut et en bas, quand le Roi y va. Les Cent-Suisses sont en haie au bas de la chapelle, et ensuite les gardes du corps. Quand le Roi est en bas, sa tribune d'en haut est fermée ; quand le Roi n'entend d'office que le salut en haut, il n'y a point de garniture en bas ; les Cent-Suisses sont en haie à la porte de la tribune, les travées garnies comme nous avons dit, et point de garniture en bas.

Il n'y a point eu de sermon mardi ni jeudi, parce que le Roi n'a pu y aller. On joue la comédie, quoique le Roi, ni la Reine, ni M. le Dauphin, ni Mesdames n'y soient pas ; mais on ne prêche que lorsque le Roi ou la Reine y sont.

La chute du Roi a donné occasion à beaucoup de raisonnements. Beaucoup de gens prétendent que ce n'est point en tombant de son lit. qu'elle est arrivée, et que la veille au soir il avoit une bosse à la tête. Ce qui est certain, c'est que la veille de cette chute il se coucha fort promptement et une demi-heure plus tôt qu'il n'avoit dit à M. le duc de Gesvres; que deux ou trois personnes dignes de foi remarquèrent une enflure à la tête du côté droit et de la rougeur, et que, quelqu'un en ayant voulu parler au Roi, il en parut embarrassé. Il y a apparence qu'il ne voulut pas parler de ce petit accident pour éviter les questions.

Mme la duchesse Ossolinska a pris aujourd'hui congé du Roi dans le cabinet, après le salut. Mme de Luynes l'a menée chez le Roi. Elles ne se sont point assises. M. de Gesvres, qui en l'absence de M. de Rochechouart les a fait entrer, croyoit que Mme Ossolinska salueroit le Roi, ce qu'elle n'a cependant point fait. Le Roi a paru même le croire, ayant fait un pas en avant.

Après cette visite de Mme Ossolinska, le Roi est entré un moment dans sa chambre pour parler à M. de Chalais, et étant rentré sur-le-champ dans son cabinet, M. de Belsunce, grand louvetier, l'y a suivi pour lui présenter un pied de loup.

9 *avril*. — L'arrivée de M. de Craon ici donne occasion à quelques raisonnements. On ne peut pas imaginer qu'il soit venu exprès pour apporter une lettre à la Reine. Il y a déjà plusieurs jours que l'on parle du mariage de M. le duc d'Orléans avec la princesse de Lorraine. On dit que M. d'Orléans a donné son consentement à ce mariage. Il se pourroit faire que ce seroit le sujet du voyage de M. de Craon. Il s'en retourne dans peu de jours en Lorraine, et compte dans deux ou trois mois aller s'établir en Toscane.

J'ai raisonné aujourd'hui avec M. de Maillebois le père sur le fait dont nous avons parlé ci-dessus, du tabouret derrière le Roi de maître de la garde-robe à la chapelle. Premièrement, pour le fait, le voici exactement. M. de Maillebois le fils suivoit le Roi : M. de la Rochefoucauld n'y étoit point. M. de Maillebois, ayant voulu se mettre derrière le Roi, ne trouva point de tabouret; il prit un pliant. Le droit du pliant n'est pas soutenu par M. de Maillebois; il le regarde comme une faute faite par son fils, qui n'en savoit pas apparemment la différence et qui prit le pliant parce qu'il n'y avoit point de tabouret à portée et qu'il n'avoit pas le temps d'en faire apporter un. Immédiatement après le sermon, M. le maréchal de Noailles alla chez M. le Cardinal, à qui il demanda permission d'aller rendre compte au Roi de ce qui étoit arrivé. Nous avons mis plus haut la décision du Roi. Voici ce que dit M. de Maillebois sur le droit : que les charges de maître de la garde-robe sont fort anciennes et plus même que celles de premier gentilhomme de la chambre; que celle de grand maître n'a été créée qu'en 1670; que lors de cette création l'on ôta aux maîtres de la garde-robe les fonctions et le détail, qu'on jugea à propos d'attribuer au grand maître, avec cette circonstance que les maîtres remplacent le grand maître dans toutes ses fonctions hors le détail des habits du Roi, qui est toujours fait par le grand maître, et sous lui par les quatre premiers valets de garde-robe, de sorte que le grand maître, quoique absent, fait faire les habits du Roi; mais en son absence c'est le maître de la garde-robe qui les présente au Roi. Quant au tabouret derrière le fauteuil à la chapelle, le grand maître n'en n'avoit point, et le premier aumônier en avoit un. Le feu Roi ôta le tabouret au premier aumônier et le donna à M. de la Rochefoucauld, de manière même que M. de Coislin, depuis cardinal, alors premier aumônier, discontinua de se trouver à la chapelle jusqu'à ce qu'il fût grand aumônier. Le feu Roi le rendit depuis à feu M. de Coislin, évêque de Metz, lorsqu'il fut premier aumônier; mais les maîtres de la garde-robe ont toujours eu, du temps du feu Roi, le tabouret en l'absence du grand maître. Dans le temps de la Régence ils eurent ce même tabouret à côté du grand maître. Il y eut même un exemple remarquable sur cela au bal de l'Infante. M. de Souvré, père de celui-ci et maître de la garde-robe en année, n'ayant point de tabouret derrière le Roi, M. le duc d'Orléans lui en fit donner un; ils en ont toujours joui jusqu'en 1730. M. de Noailles, ayant vu un tabouret pour M. de Souvré, fit ses représentations, et le tabouret fut ôté. Le grand maître étoit alors derrière le Roi, mais la question ne fut point décidée. M. de Souvré cessa de s'y trouver pendant tout 1730. En 1731, M. de Maillebois dit qu'il a eu ce même tabouret; depuis 1732 jusqu'à présent il a toujours été absent; mais M. de Souvré prétend avoir toujours joui de cette même distinction. M. de Maillebois, en faisant ses représentations sur ce sujet à M. le Cardinal, lui a dit que la décision du Roi étoit chose trop désirable et trop respectable en même temps pour demander aucun changement dans le moment présent; mais qu'après avoir expliqué ses raisons à S. Ém., il la supplioit d'en rendre compte à S. M. quand elle le jugeroit à propos, qu'il lui assuroit seulement la vérité des faits qu'il avoit vus.

M. le Dauphin a eu de la fièvre cette nuit et en a même encore un peu actuellement; il vient de vomir à ce que j'apprends. Comme il a eu beaucoup de monde ce matin, M. de Châtillon a réglé qu'on ne le verroit qu'à l'heure des bouillons. Il y eut, il y a quelques jours, une difficulté sur les entrées chez lui. M. le duc de Gramont y étant allé à sept heures, l'huissier lui dit qu'il alloit avertir M. de Châtillon. M. de Gramont s'en plaignit, et M. de Châtillon lui dit qu'il n'avoit pu se dispenser d'établir la règle qu'aucunes entrées n'entreroient chez M. le Dauphin qu'après qu'on lui en auroit rendu compte. La conduite de M. de Châtillon a été approuvée, et paroît effectivement devoir l'être pour les heures de récréation de M. le Dauphin, dans lesquelles il doit avoir droit de n'admettre que ceux qu'il croit plus propres à l'amuser sans l'embarrasser.

Il n'y eut point de musique chez la Reine le lundi ni le jeudi de la semaine passée, parce qu'il y eut opéra ces deux jours à Paris pour la capitation des acteurs, et que, plusieurs des musiciens étant de l'Opéra, on a bien voulu leur permettre de s'y trouver.

Il y eut hier musique chez la Reine, où l'on chanta des motets de M. Destouches. Autrefois il n'y avoit point de musique chez la Reine dans la semaine de la Passion; le dernier concert étoit la veille du dimanche de la Passion, et l'on y jouoit des opéras de Lalande, ainsi que les autres jours; mais l'usage depuis cinq ou six ans est de chanter des motets chez S. M. le lundi de la semaine de la Passion. C'est M. Destouches qui l'a demandé.

Après la toilette de la Reine, elle a donné audience à M. de Craon, qui arrive de Lorraine et qui lui a apporté une lettre du roi de Pologne. Cette audience s'est passée debout, la Reine étant auprès de la table de marbre qui est entre les deux croisées de sa chambre. M. de Craon a présenté en même temps deux de ses enfants; il en a eu jusqu'à vingt-deux. Il y en a encore dix-sept ou dix-huit.

M. le duc d'Ancenis a prêté aujourd'hui serment, entre les mains du Roi, de la charge de capitaine des gardes; il portera le bâton aujourd'hui, le Roi lui ayant permis de ne point le suivre encore à cause de sa jeunesse.

10 avril. — Ce matin dimanche des Rameaux, le Roi a entendu la messe en bas; il y avoit de chaque côté du prie-Dieu un maître des requêtes; c'est l'usage qu'il y en ait ordinairement à ce qui s'appelle cérémonie; ils sont censés être là pour recevoir les requêtes qui pourroient être présentées au Roi. Le Roi a entendu le sermon et les vêpres en bas, est remonté ensuite chez lui, où il n'a été qu'un moment, et est revenu ensuite au salut dans sa tribune.

M. le duc de Charost étoit derrière S. M., au sermon, à côté de M. de Béthune, qui est en quartier; à vêpres M. de Charost a monté en haut. J'étois aussi au sermon, mais comme j'avois oublié de faire porter un carreau, et comme nous sommes en droit sans contestation d'en avoir derrière le Roi, j'ai aussi monté en haut.

Au sortir du salut, le Roi est descendu chez M. le Dauphin. Pendant qu'il y étoit, il a regardé un moment une carte qui contient les campagnes du feu Roi, et où il est même dit un mot des sujets de guerre. Sur cela S. M. a dit : « Il y en a quelquefois de légers ; c'est notre affaire, nous répondons du sang qui y est répandu. » Nous étions présents, M. de Châtillon, M. de Muy, M. le chevalier de Créquy et moi. On ne peut assez louer un discours rempli d'autant de religion et de justice.

Nous rapportons, à cette occasion-ci, une réponse que le Roi fit il y a quelques jours. On parloit de Philippe de Commines, qui avoit quitté le service du duc de Bourgogne (1) parce que ce prince, à qui il avoit sauvé la vie ou au moins rendu un service important, ne l'en avoit pas dignement récompensé. Philippe de Commines s'étoit attaché au service de Louis XI. Sur cela le Roi dit : « Ils avoient tort tous deux. »

13 *avril, à Versailles.* — M. le duc de Villars arriva avant-hier à Paris ; il est venu ici aujourd'hui pour rendre compte au Roi de son voyage. Il a fait compliment de la part du Roi à la reine de Sardaigne à Lyon, et ensuite il a été à Chambéry comme simple particulier. La reine de Sardaigne lui a fait présent d'un portrait du roi de Sardaigne enrichi de diamants, n'ayant point le sien à pouvoir lui donner. On estime à peu près 20,000 livres ce présent ; il y a six diamants qui entourent ce portrait et en haut une couronne fermée de carats dans laquelle il y a encore trois diamants, mais plus petits. Le voyage de la reine de Sardaigne sur les terres de France s'est fait incognito, à ce que l'on dit ; cependant elle étoit es-

---

(1) Charles le Téméraire.

cortée par un régiment entier; on tiroit le canon à son arrivée; les magistrats des villes venoient au-devant d'elle. Elle fut logée à Dijon au logis du Roi, qui est la maison de M. le Duc; il est vrai qu'elle n'étoit point haranguée et qu'ayant voulu aller au cours à Dijon, on lui dit que cela ne se pouvoit pas à cause d'un incognito. Le roi de Sardaigne vint au-devant d'elle au Pont-de-Beauvoisin où se fit le mariage. M. de Villars avoit ordre de ne se point trouver à cette cérémonie; on dit que la reine de Sardaigne est fort polie, cherchant à plaire, et nullement embarrassée, même avec ses nouveaux sujets. Ils sont fort étonnés de voir qu'elle parle et qu'elle soit aussi occupée à donner des marques d'attention. Mme d'Armagnac va jusqu'à Chambéry; on croyoit qu'il y auroit quelques difficultés sur le cérémonial, surtout par rapport à la sœur de la feue reine de Sardaigne; mais on a assuré Mme d'Armagnac qu'elle seroit contente. M. de Villars dit que l'équipage de Mme d'Armagnac est fort brillant, et qu'il est persuadé que ce voyage lui coûtera bien 80,000 livres.

Le baptême de M. le Dauphin (1) est fixé au samedi veille de la Quasimodo. J'ai vu ce matin son habit, qui est de brocart d'argent avec un point d'Espagne d'argent; il sera tout habillé de blanc. Trois de Mesdames seront baptisées en même temps. M. le duc d'Orléans et Mme la Duchesse tiendront M. le Dauphin; M. le duc de Chartres et Mme la princesse de Conty, Madame l'aînée (2); M. le Duc et Mademoiselle, Madame la seconde (3); et Madame troisième (4) sera tenue par Mlle de Clermont et M. le comte de Charolois, qui n'est point venu ici depuis quatre ou cinq ans et qui a mandé précisément qu'il viendroit pour cette cérémonie.

---

(1) Né à Versailles le 4 septembre 1729.
(2) Louise-Élisabeth, depuis duchesse de Parme.
(3) Anne-Henriette, nommée *Madame Henriette*.
(4) Marie-Adélaïde, nommée *Madame Adélaïde*.

La Reine, quoique grosse, fera ses pâques à la grande paroisse (1). Toutes les dames du palais doivent s'y trouver, celles même qui ne sont pas de semaine. S. M. fera aussi la cène jeudi ; c'est l'après-dînée et dans le même endroit où le Roi l'a faite ce matin ; nous mettrons le détail de cette cérémonie.

Il arriva, il y a quelques jours, une petite circonstance au sujet des francs-maçons qui peut mériter d'être remarquée. Mon fils ayant trouvé un marchand bijoutier qui vouloit lui vendre une pierre fausse, mon fils s'en aperçut ; le marchand, qui le prit pour M. de Picquigny, lequel est frimasson, lui dit qu'entre frères l'on ne se trompoit point. Mon fils, ne l'ayant point détrompé d'abord de l'erreur où il étoit, prétend avoir tiré de cette conversation une partie des secrets de l'ordre : il dit qu'il y a deux signes différents pour les maîtres et pour les compagnons en se donnant la main droite ; pour celui des maîtres, on met les deux paumes de la main l'une contre l'autre, et l'on avance jusque sur le poignet le doigt que l'on appelle index ; pour celui des compagnons, on n'avance le doigt index qu'à l'entrée de la paume de la main du côté des doigts. Celui qui donne la main le premier, tant pour les frères que pour les maîtres, dit à l'autre le mot Goas, l'autre lui répond Zaquine ; il y a encore un mot que mon fils croit ne pas savoir entièrement, mais dont il croit que le commencement est Magüeby. Ce qui commença à le faire reconnoître, c'est que ledit marchand lui demanda ce qu'il avoit fait de son maillet le jour de sa réception ; mon fils ne put rien répondre à cette question et avoua ensuite au marchand qu'il n'étoit point frimasson, mais que s'il vouloit lui avouer le reste il lui garderoit le secret. Le marchand, fort affligé, lui dit qu'il lui en avoit trop dit et qu'il ne lui en diroit pas davantage. Quelque

---

(1) Ce projet n'eut point lieu, et la Reine les fit à la chapelle. (*Note du duc de Luynes.*)

moment après, mon fils, ayant trouvé un frère maçon, lui fit le signe des frères et dit le mot. Le frère lui demanda dans le moment quel jour il avoit été reçu.

18 *avril*. — Ce matin le Roi a fait la cène à l'ordinaire à dix heures; après quoi il a été à la grande messe. Je mettrai le détail de cette cérémonie que j'ai demandé, car je n'y étois pas, et je n'y ai même jamais été, parce que les ducs y devroient naturellement porter les plats à la suite des princes du sang. La prétention de préséance des princes lorrains, sur laquelle le feu Roi ne voulut point donner de décision, nous empêche les uns et les autres de nous y trouver. Le feu Roi même l'avoit ainsi réglé que ni ducs ni Lorrains n'y seroient. Ce sont des gens non titrés, tels qu'il plaît au Roi (1) de les nommer, qui portent les plats.

J'ai assisté à celle de la Reine, parce que là il n'y a point de difficultés pour nous. Je mets ici un brouillon pour montrer la séance de cette cérémonie; c'est dans la première salle des gardes (2), du côté de M. le Cardinal; la table longue qui est au fond de la salle, vis-à-vis les fenêtres, est celle où sont les treize petites pauvres filles assises sur ladite table. Vis-à-vis et près des croisées, entre la première et la seconde desdites croisées, du côté du jardin, est un fauteuil et deux pliants pour l'archevêque ou évêque et les deux assistants, assez près des croisées pour laisser libre le passage de chez M. le Cardinal chez la Reine. La cérémonie commença par le sermon; la chaire du prédicateur est tout contre la cheminée et vis-à-vis la chaire, et à la muraille est un tableau de dévotion. La Reine est dans son fauteuil vis-à-vis ladite chaire;

---

(1) Ce n'est pas le Roi qui les nomme, c'est le grand maître. On verra par la suite ce qui s'est passé à l'occasion de cette même cérémonie. (*Note du duc de Luynes.*)

(2) C'est ce que l'on appelle le magasin. (*Note du duc de Luynes.*)

On voit aujourd'hui dans cette salle les tableaux de David représentant le sacre de Napoléon et la distribution des aigles.

derrière elle l'officier des gardes, c'étoit M. le chevalier d'Aydie; à sa droite le chevalier d'honneur, et à sa gauche la dame d'honneur; à droite de la Reine sur un pliant, Mlle de Clermont; à la droite de laquelle, mais sur le retour, M. le Cardinal sur un pliant; derrière Mlle de Clermont, personne. Mlle de Villeneuve, qui la suivoit, étoit sur une banquette où j'étois avec plusieurs courtisans et autres. Derrière cette banquette dix ou douze autres pour le peuple.

Le sermon dura trois quarts d'heure et fut médiocrement bon : c'est assez l'ordinaire que ces sermons soient médiocres; ce n'est point le prédicateur du carême, ce sont des prédicateurs extraordinaires. Le Roi m'a dit que celui qu'il avoit entendu avoit été assez bon (1). Celui de la Reine lui fit un compliment au milieu de son sermon, qui parut assez extraordinaire. Immédiatement après le sermon la musique chanta en faux bourdon le *Miserere*, auprès de la cheminée au-dessus de la chaire; pendant lequel l'archevêque (2) monta dans la chaire, où il se mit à genoux; après le *Miserere* il lut l'absoute, dit quelques oraisons, mit sa mitre, salua la Reine et donna la bénédiction, ayant la mitre, suivant l'usage, mais sans crosse. On dit qu'à celle du roi il avoit sa crosse. Pendant l'absoute M. de Chalmazel (3), son bâton à la main, vint demander à Mlle de Clermont ce qu'il devoit faire par rapport à la serviette à présenter à la Reine, comme Mesdames devoient arriver un moment après la cérémonie; Mlle de Clermont lui dit que c'étoit à lui, M. de Chalmazel, à présenter la serviette à Madame l'aînée. La raison de cette décision, c'est parce que ce n'étoit pas dans l'appartement

---

(1) L'abbé Roustille, chanoine de l'église cathédrale d'Angers, avait prêché à la cène du Roi, et l'abbé Lefèvre, chanoine de l'église cathédrale de Verdun, à la cène de la Reine.

(2) Jean-Baptiste-Antoine de Brancas, archevêque d'Aix.

(3) M. le marquis de Chalmazel, premier maître d'hôtel de la Reine.

de la Reine. Si la cène avoit été faite dans quelqu'une des pièces de l'appartement de S. M., le chevalier d'honneur auroit été derrière son fauteuil, et non l'officier des gardes, et Mlle de Clermont étant comme princesse du sang et non comme surintendante, ç'auroit été la dame d'honneur qui auroit présenté la serviette à Madame, et Madame à la Reine. J'oubliois de marquer qu'entre la chaire et la porte du côté de la cour des princes, il y avoit un autel avec deux cierges allumés et une croix au milieu.

Après la bénédiction, l'évêque se retira et les prêtres; et la Reine, suivie de M. d'Aydie, de M. de Nangis, de Mme de Luynes et de M. le Cardinal, alla vers la porte du côté de l'escalier de marbre, au bout de la table où étoient les petites filles. Madame reçut la serviette des mains de M. de Chalmazel et la présenta à la Reine; la Reine étoit dans son fauteuil à cause de sa grossesse; on poussoit le fauteuil le long de la table d'un bout à l'autre. Il y avoit un bassin que l'on mettoit au-dessous des pieds des enfants, et une aiguière de laquelle on versoit de l'eau sur les pieds. Madame première, à laquelle M. de Chalmazel avoit aussi présenté une serviette pour elle, essuyoit les pieds, et la Reine les baisoit. M. le Cardinal, pendant ce temps, restoit au bout de la table d'où la Reine étoit partie. Aussitôt le lavement des pieds fini, Madame l'aînée et Madame seconde, Mlle de Clermont et toutes les dames allèrent querir les plats. Ils étoient rangés en treize rangs sur une grande table contre la porte des petits escaliers de la comédie. Il y avoit quinze plats dans chaque rang, savoir : un plat de pâte de pain, sur lequel étoient trois pains, et une salière aussi de pain avec du sel blanc dedans. A la treizième rangée la même salière y étoit, mais sans sel dedans, à cause de Judas. Le second plat est un pot de vin tenant environ trois chopines, trois plats de légumes, sept plats de poisson, carpes frites et au court bouillon, anguilles, saumon salé, alose, merlan et harengs (je ne mets pas l'ordre dans lequel étoient lesdits plats), et trois plats de fruits, mendiants, pruneaux et pommes cuites, le tout sur des plats de bois. Madame l'aînée prit le pain, Madame seconde le vin, Mlle de Clermont les haricots, ensuite les duchesses suivant le rang du duché de leur maison, Mme de Chalais immédiatement après les duchesses. Il y avoit six duchesses, Mme de Chalais et six dames non titrées. Ces dernières marchoient sans aucun rang entre elles. Immédiatement avant Madame marchoit M. de Chalmazel, avec son bâton et une serviette; devant lui M. Fournier, maître d'hôtel ordinaire, avec un bâton moins grand que celui de M. de Chalmazel, qui est a trois pans et terminé par une couronne fermée. Devant M. Fournier trois maîtres d'hôtel de quartier, avec le bouquet et la serviette. Toutes les quinze dames qui portoient les plats avoient chacune une serviette autour du corps. Devant les maîtres d'hôtel marchoit M. de Dreux, grand maître des cérémonies, avec un bâton en canne à pomme et bout d'ivoire; devant lui M. Desgranges, maître des cérémonies, avec un bâton de même; devant lui, l'aide des cérémonies, avec un bâton de même. Devant eux, trois personnes que je ne connoissois point et dont je ne sais pas encore les fonctions. A chacun des treize services, ces onze personnes marchant devant les plats venoient jusqu'à une certaine distance de la Reine, lui faisoient la révérence et retournoient par le même chemin, et les dames continuoient le leur jusqu'à la Reine, à qui elles présentoient les plats et ensuite retournoient prendre les autres. Tous ceux qui étoient derrière la Reine étoient debout, même M. le Cardinal. La Reine recevoit les plats, et dans le moment M. le Cardinal les prenoit des mains de la Reine et les donnoit derrière lui à quelqu'un qui les remettoit à celle qui avoit soin de la pauvre petite fille pour qui étoient les plats. Les quinze plats étant donnés, M. le Cardinal présentoit à la Reine une bourse de cuir dans laquelle étoient 13 écus ou 39 livres.

La Reine touchoit la bourse, et M. le Cardinal la donnoit ensuite à celle qui a soin de l'enfant. Toute cette cérémonie finie pour le premier enfant, on l'emmenoit, et on rapprochoit le second, et de même des autres; de sorte que la Reine ne sortoit point de sa place. Pendant la cérémonie, Madame troisième et Madame quatrième, qui ne pouvoient porter des plats, étoient à quelque distance de la Reine.

Le samedi le Roi fit ses pâques à la paroisse à l'ordinaire et revint toucher les malades dans la galerie des princes en bas. L'usage est qu'à chaque communion du Roi le grand aumônier distribue des aumônes qui vont à environ 2,000 écus chaque fois.

Pendant les trois jours de ténèbres l'usage est qu'il y a un psaume chanté par la musique et le *Miserere* en faux bourdon, et le samedi l'*O filii et filiæ* chanté par la musique. Le jour de Pâques l'*O filii et filiæ* est chanté au salut par les missionnaires, alternativement avec l'orgue.

Aujourd'hui le P. Chrysostome a fait le compliment au Roi, qui a même été trouvé fort beau. Il y a pourtant eu un endroit remarqué. En félicitant le Roi sur les différents bonheurs dont il jouissoit, il a mis au nombre de ces bonheurs d'avoir un ministre sage et éclairé pour lequel la nature sembloit avoir passé le nombre ordinaire de ses années (1); M. le Cardinal étoit présent.

Mme Amelot a été présentée au Roi par Mme de Maurepas. S. M. l'a saluée.

21 *avril*. — J'ai appris aujourd'hui une partie de l'arrangement de la maison du roi de Pologne. Il n'a point de premiers gentilshommes de la chambre. Il sera mis ci-dessous les noms de ceux qui composent la maison de LL. MM. Polonoises. Il a six chambellans qui ont 4,000 livres d'appointements et plusieurs autres chambellans

---

(1) Le cardinal Fleury, né en 1653, avait alors quatre-vingt-quatre ans; il mourut en 1743.

sans appointements, les plus considérables de la noblesse de Lorraine ayant demandé ces charges-là. Il a douze gentilshommes qui ont 3,000 livres d'appointements chacun. M. de la Galaisière, quoique chancelier, garde des sceaux et chef du conseil de S. M. P., est ministre chargé des affaires de France auprès du roi de Pologne. Ces titres paroîtroient incompatibles, ministre de deux souverains en même temps; il y en a pourtant déjà eu un exemple en France. M. Amelot, parent de celui qui est aujourd'hui chargé des affaires étrangères, étoit ambassadeur de France auprès du roi d'Espagne d'aujourd'hui, et en même temps il étoit ministre du roi d'Espagne ayant séance en son conseil. Il faut qu'entre les souverains ce soit un grand-père et un petit-fils, ou un gendre et un beau-père, pour que ces deux charges soient compatibles.

Officiers de la maison du roi de Pologne en Lorraine.

MM. le duc Ossolinski, grand maître,
le comte Zaluski, grand aumônier,
le chevalier de Viltz, grand écuyer,
MM. le commandeur de Thianges, grand veneur,
le comte d'Ossonville, grand louvetier,
le comte de Béthune, grand chambellan.

M. le marquis de Stainville ayant remercié, il va tenir la table de M. le duc de Lorraine à Bruxelles, avec 12,000 florins de pension, et sera son grand chambellan.

Chambellans ordinaires.

MM. le comte de Croix,
le comte de Ligneville,
le marquis de Nettancourt,
MM. le chevalier de Serinchamp,
le marquis de Brassac,
le chevalier de Meuse.

Pensionnaires ayant les honneurs des grands officiers.

M. le comte de Berchiny, M. le comte d'Andelot.

Chambellans ad honores.

MM. le marquis de Lamberti,
le comte de Torneille,
le marquis de Choiseul,
le marquis du Châtelet,
le chevalier du Châtelet,
le marquis de Cursine,

MM. le marquis de Salles,
le . . . . de Gournay,
le . . de Bassompierre,
le marquis de Bonsey,
le comte d'Honelstin,
le comte de Ludre.

Gentilshommes.

MM. de Casteja, de Vauglas } pour la chambre.
de Massoles, de la Roche-Aymon, } pour la table,
de Miascoski, de Grossoles } pour la chasse.

MM. de Martigny, de Rénil } pour les étrangers.
de Belac . . les bâtiments.
Horski . . . la livrée.
Depimont . . la musique.
Landreville . . les pages.

Gentilshommes ad honores.

MM. de Varanges,
de Brillon,
de Saumery,
des Soupirs,
Ward-Barry,
Equerty,

MM. de Montsard,
de Saint-Vincent,
de Bouvet,
Chevalier de Bouvet,
d'Anonville.

Maison de la reine, jusqu'à présent.

Mme de Linange, dame d'honneur,
Mme la marquise de Boufflers,
Mme la marquise de Choiseul, } dames du palais.
Mme de Rochecourt,
Mme la marquise de Salles,

Nous avons marqué plus haut la réunion des deux charges de chancelier et de garde des sceaux. Ces deux charges naturellement doivent être possédées par la même personne, quoiqu'elles aient été souvent séparées. Le premier exemple de séparation fut sous Henri II; le chancelier Olivier étant fort avancé en âge et infirme, Henri II lui ôta les sceaux pour les donner à Jean Bertrandi, qui les eut d'abord par commission et ensuite par titre d'office.

J'aurois dû marquer tout de suite l'adoration de la croix de vendredi. Je la vis d'en haut, parce que, depuis la dispute arrivée pour la préséance entre les ducs et MM. de Lorraine, le feu Roi a réglé, ainsi que pour la cène, que ni les uns ni les autres ne s'y trouveroient. Il n'y avoit avec le Roi que M. le Duc à sa droite, au bord du drap de pied et non dessus suivant la règle; dans le même rang, au-dessous de M. le Duc, M. le prince de Dombes et M. le comte d'Eu, à gauche du Roi aussi hors du drap de pied. Mme la princesse de Conty et Mlle de Clermont; derrière le Roi M. le duc de Béthune seul; derrière Mme la princesse de Conty sa dame d'honneur; derrière Mlle de Clermont Mlle Villeneuve. La cérémonie avoit commencé par le sermon pendant lequel M. le duc de Charost étoit assis derrière le Roi, à côté de M. de Béthune; mais après le sermon il remonta en haut.

Immédiatement après que l'officiant, le diacre et le sous-diacre eurent adoré la croix, le confesseur du Roi (1), à genoux au bout du prie-Dieu à droite, appuyé sur le côté dudit prie-Dieu, après avoir fait la révérence au Roi, alla le premier à l'adoration de la croix. M. le cardinal de Rohan, qui avoit assisté au sermon, s'en étoit allé pour éviter les génuflexions qui l'auroient incommodé. Après le confesseur, les deux aumôniers du Roi, les abbés de Choiseul et d'Aydie; celui-ci demeura auprès de la croix debout. M. le cardinal de Fleury alla ensuite à l'adoration. Dès qu'il fut revenu à sa place, le Roi, suivi de

---

(1) Le P. de Linières, jésuite.

M. de Béthune seul et accompagné de M. le Duc, fit les trois révérences ordinaires et alla adorer la croix; le Roi revint à sa place toujours accompagné de M. le Duc. L'abbé d'Aydie revint à sa place dès que le Roi eut adoré la croix. M. le Duc partit de sa place pour l'adoration de la croix lorsque le Roi fut revenu à son fauteuil. Après M. le Duc, Mme la princesse de Conty; ensuite Mlle de Clermont, puis M. le prince de Dombes et M. le comte d'Eu l'un après l'autre. Ensuite le Roi alla à la procession à l'ordinaire. L'usage est à cette procession, de même qu'à celle de la Fête-Dieu et dans toutes les occasions où le Roi suit le saint sacrement, que le dernier prince du sang marche le plus près du saint sacrement. J'avois cru que la place la plus honorable étant le plus près du saint sacrement étoit celle que le Roi devoit occuper. Je lui fis même cette observation à son dîner : il trouva ma réflexion juste; mais l'usage est contraire, et la raison est que les princes du sang ne font qu'un même corps avec le Roi, et que les hommes doivent toujours marcher devant celui à qui ils rendent respect, au lieu que pour les dames elles vont derrière la Reine. Une autre raison c'est que, lorsque la Reine suit le Roi, rien ne les doit séparer que le capitaine des gardes, car M. le Dauphin même marche immédiatement devant le Roi, dont il n'est séparé que par quelques officiers des gardes.

24 *avril*. — Comme je n'étois instruit que par M. de Maillebois de ce qui regarde la place de maître de la garde-robe derrière le Roi, j'ai voulu savoir les raisons des premiers gentilshommes de la chambre. Ce qui est singulier, c'est qu'ils avancent chacun de leur côté des faits différents. M. le duc de Gesvres, à qui j'en ai parlé aujourd'hui et qui est plus au fait de ces détails qu'aucun des trois autres, soutient que, pendant la vie du feu Roi, jamais les maîtres de la garde-robe, en l'absence même du grand maître, n'ont eu de place derrière S. M.; qu'il est vrai qu'ils avoient usurpé ce droit pendant la

Régence, tant en l'absence qu'en présence même du grand maître, et que les deux maîtres de la garde-robe en ont joui l'un et l'autre; mais que sous Louis XIV on n'en trouvera point d'exemple; que M. le duc de Tresmes, qui se souvient fort bien de ce temps-là, assure la même chose; que les garçons du garde-meuble qui sont chargés d'apporter les tabourets le doivent savoir mieux que d'autres, et entre autres le nommé Bienvenu (1) qui est un des plus anciens, de même que les huissiers de la chambre, entre autres un des plus anciens nommé Bonnefons (2), n'ont jamais vu de place derrière le Roi pour les maîtres de la garde-robe. M. de Gesvres ajoute que même avant la charge de grand maître, créée pour M. de la Rochefoucauld, les maîtres de la garde-robe n'avoient point de place, et que M. le Cardinal dit à M. de Maillebois qu'il étoit inutile qu'il en parlât au Roi, parce que S. M. ne changeroit point de sentiment. M. le Cardinal, à ce que m'a dit M. de Gesvres, dit avoir toujours vu les maîtres de la garde-robe n'avoir point de places derrière le Roi.

La cérémonie de samedi prochain a déjà fait naître des difficultés. On dit que ce ne sera point une cérémonie; on ne mettra point d'échafauds, et le Roi a déclaré qu'il ne vouloit pas que ceux qui seroient en deuil le quittassent, qu'il n'étoit même nullement nécessaire de faire des habits neufs, parce que ce n'étoit point une cérémonie. Cependant M. le Cardinal a dit ou mandé à M. le Duc que les légitimés ne seroient point en rang avec les princes du sang, parce que c'étoit une cérémonie. Il a été réglé que tout se passeroit comme au mariage de M. le prince de Conty et au baptême de l'enfant de M. l'ambassadeur de Venise.

Au mariage de M. le prince de Conty, M. de Gesvres

---

(1) Jacques Bienvenu, ancien tapissier de la duchesse de Bourgogne.

(2) François Pinault de Bonnefons, ancien huissier de chambre ordinaire près le duc de Bourgogne.

ayant représenté à M. le Cardinal le droit des ducs pour des carreaux en présence et derrière S. M., parce que M. le Cardinal craignoit que cela ne fît quelque embarras, il fut réglé qu'il y auroit des carreaux pour les personnes titrées, en ayant attention d'éviter l'embarras que cela pourroit faire. Je marquerai ce qui se passera par rapport aux femmes titrées. Pour les hommes titrés, il y a long-temps qu'ils jouissent de cette distinction. Les gens de condition, qui ne devroient pas être jaloux des prérogatives d'une dignité à laquelle ils arrivent tous les jours, font tout leur possible pour détruire cette prérogative; et parce que M. le maréchal duc de Duras, capitaine des gardes du corps, est le premier qui ait eu un carreau, ils prétendent que cela ne peut s'étendre tout au plus qu'à ceux qui sont en exercice de leurs charges auprès du Roi, quoique depuis M. de Duras, dans toutes les circonstances et les occasions sous le feu Roi, pendant longues années et depuis, les hommes titrés aient toujours eu des carreaux, sans aucun trouble, derrière le Roi. M. de Châtillon, aujourd'hui duc et gouverneur de M. le Dauphin, qui étoit un des plus vifs contre les prérogatives des ducs, quatre ou cinq jours avant que d'être déclaré duc et pair, affecta de prendre un carreau derrière M. le Dauphin, dont il étoit déjà gouverneur, pour prouver que ce n'étoient pas les ducs seuls qui pouvoient l'avoir, et cela, étant instruit et certain qu'il seroit duc dans quatre jours, et demanda même que M. de Dreux écrivît cette circonstance comme un exemple; mais il seroit difficile que la noblesse prouvât ce droit attaché à la place de gouverneur, au lieu que les gens titrés ont une possession non interrompue. Les princes du sang même trouvent fort mauvais cette possession, et quoique les ducs aient toujours été en droit de n'être séparés par rien des princes du sang, de marcher à côté d'eux et à leur gauche dans les cérémonies, d'être assis à côté d'eux dans les carrosses du Roi, à l'eau bénite et aux enterrements et autres cérémonies, les princes du sang cherchent tous les jours à détruire ce droit. Ils voudroient bien même, ainsi que les princesses du sang, pouvoir refuser des fauteuils, et se déterminent avec assez de peine à en faire donner seulement aux présentations, quoique ce droit soit sans contestation.

M. le duc d'Orléans et M. le duc de Chartres pensent bien différemment, voulant bien rendre aux ducs et grands d'Espagne la conduite jusque dans leur antichambre, en dehors prenant la main sur eux comme de raison; les fauteuils sans aucune difficulté, et tous les honneurs dus aux dignités que les rois de France et d'Espagne leur ont accordés. Les princes de la maison de Condé n'ont cependant pas pu éviter de donner des fauteuils; mais quant aux reconduites, ils les évitent autant qu'il leur est possible par des compliments et comme voulant marquer plus de bonté.

26 avril. — On a fait tous ces jours-ci les arrangements pour la cérémonie de demain. On croiroit, comme je l'ai marqué ci-dessus, que quoique ce ne fût pas cérémonie; cependant les légitimés ne seroient pas à côté des princes du sang; mais après avoir examiné le brevet accordé aux princes et princesses légitimés, on a remarqué que ce n'est qu'aux mariages qu'ils ne doivent pas être à la suite des princes du sang. M. le Duc lui-même a été obligé d'en convenir sur ce qui est porté dans le brevet qu'il a demandé à voir. Ainsi les légitimés seront à la suite des princes du sang. On a augmenté le drap de pied pour que les carreaux de M. le Dauphin à droite et à gauche de Mesdames première, seconde et troisième, puissent tenir sur ledit drap de pied; celui de Mme la duchesse d'Orléans (*Son Altesse Royale*) y seroit aussi si elle y venoit. Cet honneur, quoique plus nouvellement, ayant été accordé aux petits-fils et aux petites-filles de France. M. le duc d'Orléans, premier prince du sang, sera à la droite de M. le Dauphin, assis à côté de lui, mais non pas à genoux à côté de lui, son carreau ne pouvant être qu'au bord du drap de pied. A la suite de M. le duc d'Orléans seront les autres princes du sang, [qui] tourneront autour du drap de pied, lorsqu'ils seront à genoux et même assis, en remontant du côté de l'autel s'il n'y a point de place sur la même ligne, de sorte que M. le comte d'Eu, qui est le dernier, sera le plus près de l'autel. A gauche, à côté de Madame troisième sera Mme la Duchesse, la mère, et les autres princesses de suite de la même façon que les princes seront à droite. Les ducs y seront avec leurs carreaux de même que les duchesses ; mais ils ne placeront point leurs carreaux en avant du Roi ; seulement en arrière. Chacun enverra son valet de chambre l'attendre dans la chapelle avec un carreau pour le porter à sa place en arrivant. Les ducs devroient être placés tout de suite suivant leur rang, et avant ceux qui ne sont point titrés ; mais pour éviter les plaintes et des importunités au Roi et à M. le Cardinal, on a pris le parti de se placer sans rang et mêlés même parmi les gens de condition qui seront sans carreaux suivant la règle.

Le Roi ayant demandé à M. le duc de Gesvres s'il iroit à la cérémonie et où il se placeroit, M. de Gesvres lui répondit qu'il se placeroit où il pourroit être le plus commodément, avec son carreau. De même en parlant à M. le Cardinal sur l'arrangement de cette cérémonie, M. de Gesvres lui a conté historiquement que les ducs y seroient avec leurs carreaux, ce que M. le Cardinal a approuvé en recommandant que ce ne soit point en avant du Roi. M. de Dreux est instruit aussi de cet arrangement, et les gardes ont ordre de laisser entrer les valets de chambre avec les carreaux. Aucunes livrées, pas même les pages du Roi, n'entreront dans le carré. Les princes du sang prétendent avoir un homme de livrée qui porte leur carreau, et cela fondé sur ce que, n'ayant point une maison aussi étendue que celle de M. le duc d'Orléans, ni comme celle du Roi, ils n'ont personne chez eux chargé en particulier de porter leurs carreaux. Cette difficulté ne paroît pas sans réponse, puisqu'un gentilhomme ou un valet de chambre pourroit être chargé de porter lesdits carreaux.

MM. de Rohan, hommes et femmes, ne s'y trouveront point en bas. Ils évitent autant qu'ils peuvent toutes les occasions de se trouver avec les ducs. A la mort de M. le duc de Bourgogne, lorsqu'il fut question d'aller jeter de l'eau bénite, le feu Roi décida que si les princes lorrains s'y présentoient, qu'eux ni les ducs n'en jetteroient; mais que si MM. de Rohan et de Bouillon y étoient, les ducs jetteroient de l'eau bénite avant eux : ce qui arriva effectivement; mais MM. de Rohan et de Bouillon, voyant MM. les ducs passer devant eux, s'en allèrent. Ce qui avoit été décidé en faveur de MM. les ducs fut écrit sur le registre de M. de Dreux; mais deux ans après, les représentations de Mme de Maintenon déterminèrent le Roi à faire un changement et à ordonner à M. de Dreux que cet article seroit rayé sur le registre. Il fut mis en marge que le Roi n'avoit jamais voulu décider entre les ducs et MM. de Rohan et de Bouillon.

27 avril. — J'appris hier à l'occasion de ces disputes que sous le feu Roi, dans le temps d'un deuil pour lequel S. M. recevoit des compliments, Mme la duchesse de Bouillon et Mme la marquise de Villequier s'étant trouvées à la porte de la chambre du Roi, Mme de Bouillon vouloit entrer la première comme femme du grand chambellan; mais Mme de Villequier, l'ayant gagnée de la main, la poussa et entra la première dans la chambre. Mme de Bouillon ressortit et se plaignit. Le Roi dit que les charges ne donnoient point de préséance aux femmes de ceux qui les possédoient.

J'appris aussi il y a quelques jours la question que l'on a agitée au sujet de M. le duc de Valentinois. Comme il ne veut point se démettre de son duché en faveur de son fils, on demandoit si ce fils ne pouvoit pas avoir le même rang qu'avoit la maison de Grimaldi. Le Roi même en fit la question à M. de Gesvres et lui dit de le demander à M. de Maurepas. M. de Gesvres lui répondit que M. de Maurepas ne lui feroit point de réponse à cette question. Le même jour, à son lever, le Roi dit tout haut à M. de Maurepas que M. de Gesvres avoit une question à lui faire à laquelle il prétendoit qu'il ne répondroit pas. Sur quoi M. de Maurepas dit à S. M. : « Oserois-je demander à V. M. si c'est elle ou M. de Gesvres qui dit que je ne répondrai pas? » Sur quoi le Roi dit que c'étoit M. de Gesvres qui le disoit. M. de Gesvres s'étant approché de la cheminée avec M. de Maurepas, le Roi y vint lui-même un moment après; et, comme on entendit quelques mots et qu'on pouvoit se douter de quoi il étoit question, le Roi passa dans son cabinet avec ces Messieurs. L'affaire fut discutée assez longuement. M. de Maurepas, n'ayant pas présents les termes précis des lettres, remit au lendemain à rendre une réponse plus exacte. Par l'examen de ces lettres, il est prouvé que l'ancien duché a été supprimé et que ce n'est point en conséquence des honneurs attachés à la maison de Grimaldi, ni de l'ancien duché, que M. de Valentinois a aujourd'hui les honneurs, mais en conséquence d'un nouveau duché; que dans le cas que sa femme, fille de M. de Monaco, mourût avant lui sans enfants, M. de Valentinois conserveroit non-seulement les honneurs et le titre de duc, mais, ce qui est le plus extraordinaire, la séance au Parlement; et qu'en ce cas la seconde des filles, qui étoit à marier alors et qui est aujourd'hui Mme d'Isenghien, feroit son mari duc parce que S. M. s'obligeoit en ce cas de créer un nouveau duché; et que ledit duc, mari de la seconde fille, auroit séance au Parlement même avec M. de Valentinois, mais sans aucun rang entre eux, et que le premier arrivé passeroit devant l'autre; que si dans l'intervalle depuis la création du duché pour M. de Valentinois jusqu'à la seconde érection du duché en faveur du mari de la seconde [fille], le Roi faisoit de nouveaux ducs, alors les ducs et pairs créés auroient séance au Parlement après M. de Valentinois et avant le mari de la seconde fille. On prétend que M. de Grimaldi, aujourd'hui attaché à M. le prince de Dombes, comme appelé à la substitution de la maison de Grimaldi, prétendroit, au cas que cette substitution fût ouverte, avoir non-seulement les biens mais les honneurs. Le Roi est le maître de faire des grâces, mais à titre de droit la prétention paroîtroit chimérique.

J'appris aussi à cette occasion un fait assez singulier : c'est que feu M. de Monaco, dont l'esprit étoit fort borné, avoit demandé avec la plus grande vivacité au feu Roi l'habit à brevet. Comme cet habit donnoit dans ce temps-là quelques priviléges pour des soupers particuliers et quelque espèce d'entrées, et que le Roi, sans refuser M. de Monaco, ne vouloit pas qu'il eût ces priviléges, le Roi lui accorda cet habit à brevet, à condition qu'il ne pourroit jamais le porter à la cour. Le même M. de Monaco avoit donné preuve de l'attachement le plus grand pour le Roi, car M. le duc de Savoie lui ayant fait demander sa fille en mariage, il ne voulut écouter aucune proposition sans avoir l'agrément du Roi; le Roi refusa cet agrément. Le roi de Sardaigne conseilla à M. de Monaco de ne point s'embarrasser du refus du Roi, et lui manda qu'il pouvoit passer dans ses États et qu'il se chargeoit de tout ce qui pourroit lui arriver. M. de Monaco refusa constamment toutes ces propositions. Depuis ce temps-là il avoit refusé de donner sa fille à M. le prince Charles, son neveu par Mᵐᵉ de Monaco. C'est cette fille que M. de Valentinois, fils de M. de Matignon, a épousée.

La Reine a été aujourd'hui chez le Roi après son dîner. Depuis qu'il a été incommodé, elle y va presque tous les jours savoir de ses nouvelles, le plus souvent seule, et quelquefois suivie d'une femme de chambre qui demeure à la porte du cabinet. Lorsque la Reine s'en est allée, M. le duc de Gesvres, dans le cabinet même, a pris sa robe, suivant l'usage, et l'a portée jusqu'à la porte de la chambre de la Reine. M. de Bouillon étoit dans la chambre du Roi ; mais comme M. de Gesvres tenoit la robe, il a continué à la porter.

30 *avril.* — Les entrées de la chambre, accordées à M. le comte de Biron lorsqu'il eut le régiment du Roi, me donnèrent lieu de m'informer si ce droit étoit attaché à cette charge. M. de Nangis, à qui j'en ai parlé, m'a dit que, du temps du feu Roi ayant eu le même régiment, il avoit eu les mêmes entrées. Cela paroît cependant singulier, les entrées de la chambre n'appartenant de droit qu'à la domesticité. Les capitaines des gardes, les capitaines-lieutenants des gendarmes et des chevau-légers, ceux des mousquetaires, le capitaine des Cent-Suisses, etc., ne les ayant que comme domestiques. L'exemple de M. le maréchal d'Humières, qui ne put les obtenir que comme ayant été capitaine des cent gentilshommes à bec-de-corbin, en est encore une preuve ; mais ce droit n'est que pour le régiment du Roi-infanterie, celui du Roi-cavalerie ne l'a point ; et à l'égard des dragons il n'y a point de régiment du Roi, mais régiment Royal. Il sembleroit par la même raison que le régiment de la Reine, au moins Infanterie, donneroit le même droit chez la Reine ; mais ces entrées ayant été demandées à ce titre et sur l'exemple de M. de Nangis, elles ont été refusées. Il n'y a dans le militaire, chez la Reine, que les gendarmes et chevau-légers de la Reine qui donnent les entrées de la chambre chez la Reine, et cela comme faisant, en quelque manière, partie de la maison du Roi et par conséquent au même titre de domesticité.

Ces grâces d'entrées de la chambre, quoique considérables aujourd'hui, l'étoient encore davantage du temps du feu Roi, parce qu'alors toutes les petites circonstances par où on pouvoit lui faire sa cour étoient des grâces importantes. M. de Nangis m'en contoit aujourd'hui un exemple. Étant à la chasse avec le feu Roi dans la forêt de

Marly, il imagina, pour lui faire sa cour, de lui demander la permission de le suivre à la chasse à tirer; mais étant fort embarrassé de demander une si grande grâce au Roi (M. de Nangis n'avoit alors que vingt-cinq ou vingt-six ans), le Roi lui dit qu'il étoit bien jeune pour lui demander une pareille grâce et qu'il verroit. Quelque moment après, ayant trouvé M. de Nangis et l'ayant appelé, il lui dit qu'il avoit pensé à ce qu'il lui avoit demandé, qu'il lui en savoit bon gré parce que ce n'étoit pas une chose amusante, qu'il lui accordoit cette grâce à deux conditions: la première qu'il n'en parleroit point qu'il ne l'eût permis, la seconde qu'il en useroit modérément. Plusieurs jours se passèrent sans que M. de Nangis osât faire usage de cette permission; enfin, dans le même voyage, s'étant trouvé auprès de Bontemps dans le salon de Marly, Bontemps lui dit qu'il savoit quelqu'un qui iroit bientôt à la chasse à tirer avec le Roi. M. de Nangis fit l'ignorant et le pressa extrêmement de lui dire qui c'étoit. Bontemps l'assura qu'il pouvoit donner cette bonne nouvelle à celui que cela regardoit; enfin ils s'expliquèrent plus clairement, et M. de Nangis, fort embarrassé de savoir si sur cette conversation il devoit profiter de la permission, dit à Bontemps qu'il iroit dès le lendemain, et que si le Roi le trouvoit mauvais, il le citeroit. Bontemps en convint, et dès le lendemain M. de Nangis, ayant laissé partir le Roi pour la chasse, monta à cheval pour l'aller joindre. M. le duc de Berry, qui avoit beaucoup d'amitié pour lui, le voyant arriver et ne doutant pas que ce fût une étourderie, fit tout ce qu'il put pour l'engager à s'en retourner. M. de Nangis n'avoua jamais qu'il eût la permission et continua son chemin, répondant de mauvaises raisons à tout ce que lui dit M. le duc de Berry, et ensuite à M. le Premier qui étoit venu lui parler, étant persuadé que cette démarche déplairoit au Roi. M. de Nangis se mit derrière tout le monde; le Roi ayant tourné l'aperçut, et lui adressant la parole lui dit: « Que dites-vous de ma chienne, trouvez-vous qu'elle chasse bien ? » Ce discours étonna extrêmement tous les spectateurs, et dès le soir même toute la Cour vint faire des compliments à Mme la maréchale de Rochefort (1) et à M. de Nangis.

MAI.

Remarques sur le baptême de M. le Dauphin et de Mesdames, sur les nourrices, les gratifications et les femmes de chambre. — Promenades de la Reine; circonstance et remarque sur les gardes du corps. — Le colonel du régiment du Roi passe ledit régiment comme inspecteur; il prend congé différemment des autres; manière de remplacer les officiers dudit régiment. — Ancien et nouvel usage pour avertir le Roi pour son dîner. — Entrées de la chambre à plusieurs charges qui ne les avoient point. — Salut à M. le Dauphin à la revue des gardes françoises et suisses; droit de M. le prince de Dombes. — Pension à un laïque sur une abbaye. — Raccommodement de M. et de Mme de Mortemart. — Mme de Renel donne sa place à Mme de Bouzols. — Qui nomme les femmes pour les enfants du Roi. — Appointements des jardiniers de Versailles et Marly; jets d'eau, leur consommation. — M. d'Havrincourt obtient la survivance de son père.

2 mai. — Je n'ai point encore parlé du baptême depuis le jour qu'il a été fait. Cette cérémonie commença environ à cinq heures un quart et ne dura pas cinq quarts d'heure. Elle fut toute des plus simples. Mesdames furent baptisées toutes trois ensemble. M. le cardinal de Rohan ne fit aucun discours, seulement les paroles nécessaires; il y eut quelques révérences d'omises. Lorsque l'on demande au parrain comment il nomme l'enfant qu'il présente, il doit faire la révérence au Roi pour lui demander ses ordres. Le Roi fut debout auprès de l'autel pendant la cérémonie, même debout auprès de son prie-Dieu pendant les signatures. La Reine étoit retournée s'asseoir pendant lesdites signatures. On signa sur le prie-Dieu du Roi. M. le

---

(1) Grand'mère de M. de Nangis.

cardinal de Rohan signa le dernier. M. le curé étoit présent et ne signa point alors. Nous étions dix ou douze ducs et M. de Chalais, grand d'Espagne, aux premières places à droite et à gauche en entrant, avec nos carreaux. Derrière la Reine la dame d'honneur, la dame d'atours, le chevalier d'honneur et l'officier des gardes, sur des tabourets; et ce qu'il y a de fort singulier, c'est que les dames d'honneur des princesses, à qui on apporte des siéges de chez lesdites princesses, avoient derrière elles des pliants, peut-être moins grands et moins ornés, mais de même espèce que ceux des princesses mêmes. Il me parut que M. de Gesvres, M. de Dreux et les officiers des gardes du corps désapprouvoient fort ces pliants, mais ils restèrent parce qu'il n'y avoit point d'ordre de les ôter. Les dames du palais étoient à droite en entrant, du côté de l'autel, sur une banquette, et par conséquent n'étoient point derrière la dame d'honneur. On remarqua que le carreau de M. le Dauphin auroit pu être plus en avant sur le drap de pied; quelques gens même prétendent qu'il devoit être immédiatement derrière le Roi, et que celui de Monseigneur y étoit, de manière même que M. le duc de Bourgogne, lorsque le Roi, arrivoit à son prie-Dieu ou qu'il en sortoit, rangeoit lui-même le carreau de M. le Dauphin; il me paroît que cette citation demande confirmation. Il y avoit les trois princes légitimés, et de l'autre côté Mlle du Maine seulement; les uns et les autres à la suite des princes et princesses du sang. Il sembleroit, par ce que j'ai marqué ci-dessus, que ce devoit être le contraire; mais depuis cette première décision, les brevets des princes avoient été examinés. Ils ne portent exception que pour les mariages seulement. Si ç'avoit été la grande cérémonie, il y auroit eu des gratifications d'usage assez considérables; ici il y en a quelques-unes que l'on regarde comme indispensables, comme par exemple 2,000 livres par chaque enfant au grand maître des cérémonies, les deux tiers de pareille somme au maître des cérémonies, et le cinquième à l'aide. Il y a encore quelques autres distributions que je ne sais pas. Il y avoit en haut une travée pour les ministres étrangers, et toutes les autres, même les trois de la musique, et la grande tribune du Roi, gardées et remplies par l'ordre du capitaine des gardes.

On me disoit aujourd'hui que les trois nourrices des trois Mesdames, non-seulement n'avoient pas assisté à la cérémonie, mais même, quoique premières femmes de chambre de Mesdames, elles ne les avoient pas coiffées pour le baptême ; cela vient apparemment de ce qu'avant que la Reine accouche, il y a une première femme de chambre de nommée, et que la nourrice ne devenant première femme de chambre qu'après sa nourriture faite, elle n'est apparemment regardée en quelque manière qu'en second. La nourrice de M. le Dauphin est toujours de droit femme de chambre de la Reine, comme les autres le sont des princes ou princesses qu'elles élèvent. L'usage est qu'il y ait pour chaque enfant huit femmes en comptant la nourrice, mais sans compter la première femme de chambre. Celle-ci a environ 2,400 livres d'appointements, et elle est chargée de payer une fille de garde-robe et du linge de l'enfant ; chez Mesdames comme elles sont six, il y a six huissiers de la chambre du Roi ; il y en a outre cela deux chez M. le Dauphin. Comme ils ne sont que seize, par conséquent quatre par quartier, et que le quartier sortant ne fourniroit pas suffisamment, le quartier précédent sert chez Mesdames.

La Reine alla se promener il y a quelques jours dans le jardin, au sortir de chez Mesdames ; comme elle n'avoit point averti et qu'elle n'avoit à sa suite que les gardes avec des armes, cela fit un moment d'embarras. On trouva cependant le moyen de les faire remplacer par d'autres sans armes ; l'usage est que dans les jardins les gardes marchent devant le Roi et devant la Reine, mais sans armes, et non les Cent-Suisses. Un des capitaines des gardes du temps du feu Roi ayant voulu en pareil cas faire marcher des gardes avec des armes, M. de Courtenvaux fit venir des suisses avec leurs hallebardes. On prit le parti de renvoyer les uns et les autres, et il ne marcha que des gardes du corps sans armes, suivant la règle.

6 *mai*. — M. le comte de Biron prit hier congé du Roi; il va faire la revue du régiment du Roi-infanterie, dont il est colonel, comme inspecteur; c'est l'usage. Il prit congé de S. M. comme elle rentroit dans son cabinet après son dîner. Ce n'est point le premier gentilhomme de la chambre qui présente le colonel du régiment du Roi lorsqu'il prend congé; il ne fait point une profonde révérence au Roi comme les mestres de camp qui partent pour leurs régiments; il demande seulement les ordres de S. M. Le colonel du régiment du Roi travaille avec S. M. pour le détail dudit régiment. Du temps, et même je crois auparavant que feu M. de Pezé l'étoit, le colonel rendoit compte au Roi de toutes les différentes grâces qu'il demandoit pour les officiers dudit régiment, et cela par un mémoire au bas duquel le Roi mettoit un bon. M. de Pezé gardoit ce mémoire et donnoit des certificats signés de lui portant que le Roi avoit accordé telles et telles grâces. On expédioit les brevets, commissions, etc., et le bon du Roi sur le mémoire général servoit de décharge au colonel pour ses certificats particuliers; mais il arrivoit que le ministre de la guerre étant obligé d'avoir connoissance des grâces accordées et par conséquent un double du mémoire, faisoit faire sur ledit mémoire des mémoires particuliers de chaque grâce qu'il portoit au Roi et faisoit mettre un bon de S. M. sur chacun desdits mémoires. M. le comte de Biron a pris un autre arrangement; et lorsqu'il travaille avec le Roi il lui porte des mémoires particuliers, et le Roi met un bon sur chacun. Ainsi le ministre de la guerre ne travaille plus avec S. M. sur ce détail, et c'est sur les bons du Roi que l'on expédie. M. le comte de Biron communique cependant à M. d'Angervilliers

les mémoires qu'il doit porter à son travail chez le Roi ; mais il regarde cette démarche comme d'honnêteté et non de droit.

Le roi a dîné aujourd'hui à son petit couvert comme à l'ordinaire et est allé ensuite à la chasse du vol. Le dîner est toujours dans la chambre de S. M. Lorsque la table est passée et le dîner servi, le Roi étant alors dans son cabinet, l'usage ancien étoit, suivant la règle, que le premier gentilhomme de la chambre avertit le Roi qu'il étoit servi. Il sembloit même que cet usage ne pouvoit être autrement, n'y ayant dans ce temps-là que le premier gentilhomme de la chambre et ceux qui ont les mêmes entrées qui doivent entrer chez le Roi. M. le Duc, comme grand maître, a voulu faire changer cet usage et fut le premier qui dans un voyage de Marly entra dans le cabinet. Le Roi étoit alors dans le cabinet qu'on appelle des chiens. M. le Duc voulut s'avancer pour dire au Roi qu'il étoit servi ; mais le premier gentilhomme de la chambre en année, s'y étant trouvé, s'avança et avertit le Roi en présence de M. le Duc. Cependant depuis, l'usage s'est introduit que non-seulement le grand maître, qui est prince du sang et a les grandes entrées, mais le premier maître d'hôtel, qui n'a que les entrées de la chambre, et le maître d'hôtel de quartier, qui n'a point d'entrées du tout, vont avertir le Roi dans son cabinet pour le dîner et pour le souper, et de même le premier maître d'hôtel de la Reine, le maître d'hôtel ordinaire ou le maître d'hôtel de quartier lorsque le Roi soupe dans la chambre de la Reine. A l'égard des entrées de la chambre, M. de Coulanges, contrôleur de la maison du Roi, ayant prétendu les avoir en cette qualité, il a été décidé que cette charge ne donnoit pas ces entrées ; mais le Roi, par une bonté particulière, a bien voulu les lui donner à lui personnellement.

Le gouverneur de Versailles a les entrées de la chambre en cette qualité, et outre cela le passe-partout qui donne les entrées dans le cabinet des glaces (1) par la porte de la galerie ; mais il ne peut se servir de ce passe-partout et de ces entrées lorsque le Roi est dans son lit. M. le comte de Noailles m'a dit qu'il avoit les entrées de la chambre non-seulement à Versailles, mais dans tous les endroits où le Roi est ; il prétend que c'est un droit attaché à sa charge (2). Cependant comme elle ne doit les donner que pour Versailles, il paroît que c'est une grâce attachée à sa personne, à moins que l'on ne fasse une nouvelle règle. M. de Montmorin, qui ne les avoit qu'à Fontainebleau comme capitaine et gouverneur, les a eues depuis partout ailleurs comme grâce personnelle.

Le major des gardes françoises jouit aussi des entrées de la chambre ; c'est une chose assez nouvelle. M. de Contades les eut du temps du feu Roi, c'est-à-dire les entrées du débotter. Le feu Roi l'aimoit et étoit bien aise de causer avec lui ; par cette raison on le fit entrer au débotter ; depuis ce temps il a continué d'en jouir. Le major entre partout où sont les entrées de la chambre, et même l'aide-major paroît depuis environ deux mois vouloir prendre les mêmes entrées.

La revue du régiment des gardes françoises et suisses se fit samedi dernier dans la plaine des Sablons. M. le Dauphin y arriva en calèche un peu avant le Roi ; on rappela pour lui et on le salua du drapeau, de la pique, et M. le prince de Dombes de l'épée. Lorsque le Roi est présent, M. le Dauphin ne reçoit aucun de ces honneurs. M. le duc de Gramont salue à pied de la pique, et M. le prince de Dombes salue à cheval, ayant un gentilhomme à pied à côté de lui qui est censé être là pour prendre son cheval. Il est à cheval comme colonel général des Suisses ;

---

(1) Ce cabinet, qui servait de salle du conseil, se trouvait près de l'ancienne chambre de Louis XIV et de la grande galerie de Versailles, ou galerie des glaces, du côté opposé à l'Œil-de-bœuf.

(2) De gouverneur de Versailles.

en cette qualité même, la compagnie qu'il a dans ledit régiment en est absolument distincte et séparée ; elle a son état-major et sa justice particulière. Le capitaine, qui est M. de Surbeck, ne rend compte qu'à M. le prince de Dombes, et ce n'est que lorsqu'elle est mêlée avec les autres compagnies qu'elle reçoit les ordres de M. d'Erlach, colonel sous M. le prince de Dombes.

8 mai. — M. de Saint-André, lieutenant de roi des Invalides, me disoit il y a quelques jours qu'il avoit une pension de 200 écus sur une abbaye en Flandre que le feu Roi lui avoit accordée sans jamais avoir été chevalier de Saint-Lazare, ni dans aucun ordre, et que l'abbé de ladite abbaye étant mort pendant la Régence, M. de Saint-André pria M. le duc d'Orléans que le nouvel abbé qu'il alloit nommer confirmât cette pension, ce qui fut fait. Il en jouit toujours sans difficulté. Cet exemple m'a paru mériter d'être mis dans ces mémoires, étant singulier.

11 mai. — Comme nous avons parlé ci-devant de l'affaire de M. le duc et de Mme la duchesse de Mortemart, il est bon de mettre ici leur raccommodement. M. le duc de Mortemart alla, il y a trois ou quatre jours, prendre Mme de Mortemart dans le couvent du Cherche-Midi et la ramena à l'hôtel de Mortemart. Le lendemain ils allèrent ensemble chez M. le président de Nassigny (1), leur juge, lui dire qu'ils s'étoient raccommodés.

La santé de madame de Renel, que l'on nomme présentement Clermont-d'Amboise, dame du palais de la Reine, étant très-mauvaise depuis longtemps et l'empêchant de faire les fonctions de sa charge, elle a supplié le Roi de vouloir bien lui permettre de se retirer et a demandé à S. M. qu'elle voulût bien donner sa place à Mme de Bouzols, sa sœur, ce qui a été fait. Mme la maréchale de Berwick et Mme de Bouzols remercièrent hier le Roi et la

---

(1) Pierre-Jacques Moreau de Nassigny, l'un des présidents de la première chambre des requêtes au parlement de Paris.

Reine ; elle doit entrer de semaine demain ; c'étoit la semaine de Mme de Renel. C'est le Roi qui donne les brevets pour les dames du palais, et les 2,000 écus qu'elles ont sont payés par le Roi et ne sont point sur la maison de la Reine.

12 mai. — On nomma hier les huit femmes pour l'enfant dont la Reine accouchera. L'usage est que le Roi en nomme quatre, la Reine deux, et Mme de Tallard, comme gouvernante, en nomme une, et Mme de Ventadour une aussi ; c'est un droit qui lui a été conservé par bonté particulière du Roi ; car ayant voulu remettre la démission de sa charge au Roi, S. M. ne voulut point la recevoir ; ainsi elles sont toutes deux titulaires. Outre ces huit femmes de chambre, il y en a une première qui est chargée de tout et qui a seule tout l'honoraire. Cependant lorsque la nourrice a fini sa nourriture, elle reste première femme de chambre et roule pour le service avec celle qui l'étoit déjà, faisant chacune leur semaine alternativement ; mais ladite nourrice n'est chargée de rien. C'est ordinairement la gouvernante qui choisit la première femme de chambre. On a remarqué à cette occasion que la liste des femmes qui demandoient, ou plutôt l'extrait de la grande liste que Mme de Tallard avoit fait des plus convenables et qu'elle avoit porté à M. le Cardinal, avoit été apportée au Roi, qui, ne voyant pas sur cette liste la femme de Dubuisson, qui est baigneur de S. M., il dit qu'il la falloit mettre, qu'il l'avoit promis à son mari.

Versailles, 18 *mai*. — J'allai hier me promener dans les jardins de Marly, qui sont toujours entretenus fort proprement. Les eaux jouoient, et comme j'y trouvai M. Hardouin, contrôleur des bâtiments de Marly, je sus par lui, dans la conversation, que le jardinier de Marly a 15,000 livres par an d'appointements (celui de Versailles en a 18,000), que le réservoir contenoit treize pieds et demi d'eau, que la machine de Marly peut monter environ trois cent cinquante ou soixante pieds d'eau de la rivière en vingt-quatre heures ; mais que les raccommodages interrompant souvent le mouvement de cette machine, on ne devoit compter que sur deux cent cinquante pieds en vingt-quatre heures, que les jets d'eau ordinaires baissent le réservoir d'environ quinze pouces en huit heures; que les eaux extraordinaires, qui sont les cascades et autres effets d'eau, ôtent dudit réservoir en une heure et demi environ deux pouces et demie d'eau, et qu'enfin autrefois ladite machine fournissoit l'eau à Trianon et à Versailles, et qu'elle ne fournit plus que Marly présentement.

20 *mai.* — M. d'Havrincourt est venu ces jours-ci remercier le Roi pour la survivance du gouvernement de Hesdin qu'a son père. Ce gouvernement vaut environ 12,000 livres de rente. M. d'Havrincourt le père a un brevet de retenue de 80,000 livres sur ce gouvernement, et M. le Cardinal, pour éteindre ledit brevet, a accordé la survivance au fils.

JUIN.

Dîner chez M. de la Mina; embarras par rapport à MM. de Pons et de Richelieu. — Lettre de cachet à M. de Fitz-James, pourquoi? — Dispute entre M. le contrôleur général et M. de Champcenetz pour une maison à Meudon. — Appointements des ambassadeurs et des envoyés de France à Vienne. — Départ de M. de Chavigny. — Appointements des ambassadeurs espagnols ici. — Reconduites de Mme de Luynes au Roi; circonstance. — Dames du palais de la feue Reine. — Lettre de cachet pour M. Chauvelin. — Mort tragique de M. Lemoine, peintre du Roi. — Projet de M. le duc de Bouillon pour la vicomté de Turenne. — Prétention des officiers des gardes à la présentation des états de Bourgogne chez la Reine. — Entrées aux ambassadeurs d'Espagne ici, et en Espagne aux ambassadeurs de France. — Audiences particulières de la Reine aux ambassadeurs de Hollande et de Portugal. — Entrée de l'ambassadeur de Venise. — Dissertation sur toutes les entrées au sujet de M. de la Torela. — Changements dans les bâtiments du château de Fontainebleau; gratifications et appointements du concierge. — Détail sur l'entrée de l'ambassadeur de Venise à Paris. — Frais et ameublement de l'ambassadeur d'Espagne. — Instruction de l'ambassadeur d'Espagne pour les visites; règlement du cérémonial dans ses visites. —

Entrée de l'ambassadeur de Venise à la cour. Qui derrière le fauteuil de la Reine. — Droits du grand chambellan dans la chambre. — Détail de l'hôtel des gendarmes et du nouveau chenil que le Roi a été voir. — Remarque sur l'honorifique du grand chambellan sur le premier gentilhomme de la chambre. — Observation sur l'audience de l'ambassadeur de Venise; compliment audit ambassadeur de la part de LL. MM. — Dispute entre les capitaines des gardes et les premiers gentilshommes de la chambre pour la place derrière le fauteuil; exemple; réponse de M. de Tresmes. — Jeu de cavagnole. — Départ de M. de Cambis; appointements, gratifications, etc., à l'ambassadeur en Angleterre. — Bâtiments de Compiègne; fonds ordinaires pour les bâtiments et augmentation. — Remarque sur la face du château de Versailles depuis le bout de l'aile neuve jusqu'à celui de la galerie des princes. — États de la dépense des petits cabinets. — Augmentation au château de la Meutte. — Projet pour le nettoyement du canal. — Entrées à M. de la Torela. — Détail sur la procession le jour du Saint-Sacrement, à laquelle assiste le Roi. — Revue des mousquetaires; salut à M. le Dauphin. — La Reine partage avec le Roi les honneurs. — Usage des rouges pour les maréchaux des logis et pour le salut. — Marques de bonté du Roi en trois occasions. — Décision pour les gendarmes et chevau-légers au sujet du salut. — M. le Dauphin au cours.

10 *juin, Versailles.* — Un voyage de quinze jours que j'ai fait à Dampierre m'a empêché d'écrire aussi exactement. Je partis d'ici le 22 mai et je ne suis revenu que le 6 juin.

Pendant ce voyage M. de la Mina donna, le 30 mai, à cause de la fête de saint Ferdinand, un souper à plusieurs dames et quelques hommes. Nous y fûmes Mme de Luynes et moi. Les billets d'invitation pour les dames étoient au nom de Mme de la Mina. Il y eut beaucoup de parties de brelan (1), de quadrille et de piquet, une grande table de dix-sept dames et six hommes, et une autre de cinq dames et huit hommes. Ce qui fut la cause de cette séparation des dames, ce fut un petit embarras qui survint. M. de la Mina ne sut que la veille, à onze heures du soir, que M. de Richelieu et M. le prince de Pons avoient des raisons pour ne se pas trouver en même lieu. L'un et l'autre étoient priés, et même Mmes de Pons et de Richelieu. M. de la Mina fut très-affligé et très-inquiet de cette circonstance; cependant ses attentions y sup-

---

(1) Le duc de Luynes prononce et écrit berlan.

pléèrent. M. et Mme de Pons furent dans une chambre à jouer, M. et Mme de Richelieu dans l'autre ; M. et Mme de Richelieu furent à la petite table, M. et Mme de Pons à la grande. On m'a dit qu'il y avoit déjà eu un embarras semblable à un repas chez M. de Stainville, où M. le prince de Pons et M. de Richelieu s'étoient trouvés.

Pendant mon voyage est arrivée l'affaire de M. le duc de Fitz-James. Étant allé chez Alexandre, au bureau de la guerre à Versailles, au sujet d'un congé qui avoit été accordé à milord Tyrconnel, capitaine dans son régiment, il demanda à M. Alexandre avec vivacité pourquoi ce congé avoit été accordé sans qu'il en eût rien su. M. Alexandre lui répondit que milord Tyrconnel s'étoit adressé à M. le Cardinal et à M. d'Angervilliers, que c'étoit à eux à qui il falloit demander les raisons ; que pour lui il ne faisoit qu'expédier. La vivacité de M. de Fitz-James continuant, Alexandre cessa de lui répondre et parla à une autre personne qui étoit dans son bureau. M. de Fitz-James sortit ; Alexandre voulut le reconduire ; M. de Fitz-James se retourna, le prit par l'épaule et, lui faisant faire une pirouette, lui dit qu'il n'y avoit qu'un faquin comme lui qui pût en agir ainsi avec lui. Alexandre prit son épée et son chapeau, sortit, alla en rendre compte à M. le Cardinal et à M. d'Angervilliers, et s'en alla à Paris. Il est vrai que c'est le jour qu'il devoit y aller naturellement ; mais il n'en revint qu'après que M. de Fitz-James eut été envoyé à la Bastille. On l'accuse d'avoir trop marqué qu'il ne vouloit rentrer dans son bureau qu'après avoir eu satisfaction. M. de Fitz-James s'en alla aussi à Paris et revint ensuite ici. Il reçut deux ou trois jours après une lettre de cachet pour aller à la Bastille, où il a demeuré deux ou trois jours. Il a ordre aussi d'être pendant six mois éloigné de la Cour et de Paris. On m'a dit que M. de Fitz-James disoit ne se pas souvenir d'avoir prononcé le mot de faquin. L'on ajoute encore qu'il avoit été piqué de ce que M. Alexandre avoit parlé avec trop d'avantage de la naissance de milord Tyrconnel, qui prétend descendre des vice-rois d'Irlande (1). On prétend encore que M. Alexandre, étant descendu de chez lui et voyant M. de Fitz-James entrer dans sa chaise, avoit mis la main sur la garde de son épée et lui avoit demandé s'il avoit quelque chose présentement à lui dire. Je ne sais point la vérité de toutes ces dernières circonstances, dans lesquelles le plus ou le moins peut faire un grand changement ; mais on croit qu'il y avoit un ancien sujet de peine de M. de Fitz-James contre Alexandre, et l'on en dit la cause. M. de Fitz-James avoit voulu faire nommer à la majorité de son régiment un lieutenant qui avoit été attaché à feu M. le maréchal de Berwick en qualité d'écuyer. Il avoit parlé de cette affaire et la regardoit comme finie. Un mémoire raisonné donné par M. Alexandre en avoit empêché l'effet ; M. de Fitz-James l'avoit su et en étoit fort fâché contre Alexandre.

Il y a eu divers sentiments sur cette punition. On a cité même deux exemples différents, l'un arrivé au père d'Alexandre, aussi premier commis, qui ayant eu une discussion avec une personne considérable dont j'ai oublié le nom, discussion dans laquelle Alexandre avoit tort, il reçut deux soufflets, et il n'en fut rien. Mais M. Alexandre, son fils, ayant été insulté dans son bureau par un officier inférieur du temps du feu Roi, l'officier fut cassé, et le Roi même ayant su assez longtemps après qu'Alexandre avoit toujours différé d'expédier l'ordre, le Roi le trouva mauvais et ordonna qu'il fût exécuté. Le respect dû aux bureaux, que l'on peut regarder comme la maison du Roi, la grande expérience de M. Alexandre, et la nécessité où est le Roi de conserver de la considération à des places dont c'est l'avantage le plus réel, les représentations de tous les secrétaires d'État, ces raisons ont déterminé la pu-

---

(1) Le maréchal de Berwick, père du duc de Fitz-James, était fils naturel de Jacques II, roi d'Angleterre.

nition que nous venons de marquer. M*me* la maréchale de Berwick (1) n'a voulu se mêler de rien dans cette affaire.

Il y a eu aussi pendant mon absence une difficulté entre M. le contrôleur général et Champcenetz, dont on a beaucoup parlé. M*me* la marquise de Jarre, morte depuis peu, avoit une maison à Meudon, dont le Roi lui avoit donné la jouissance. Le bailli de Meudon ayant envie d'avoir cette maison, s'adressa à M. de Champcenetz, valet de chambre du Roi et gouverneur de Meudon. Champcenetz en rendit compte à M. le Cardinal, qui approuva de la donner au bailli. M. d'Isle (2), contrôleur des bâtiments de Meudon, ayant su cet arrangement, vint représenter ici que cette maison étant au Roi, les Bâtiments en étant chargés, c'étoit aux Bâtiments à y nommer; et en conséquence pria M. le Cardinal de mettre un bon sur son mémoire pour la donner au Bailli, ce qui fut exécuté. M. de Champcenetz ayant fait de nouvelles représentations, M. le Cardinal renvoya l'affaire à M. Orry. Champcenetz fit un mémoire qu'il porta à M. Orry, dans lequel étoient expliqués les exemples en pareilles circonstances, de la Meutte, Versailles, Saint-Germain, plusieurs maisons dans Versailles appartenantes au Roi où c'est M. le maréchal de Noailles qui nomme. M. le contrôleur général, lisant ce mémoire et les exemples en présence de M. de Champcenetz, répéta plusieurs fois: « Cela n'est pas vrai. » M. de Champcenetz fut blessé de cette expression; mais, dans une seconde conversation, M. le contrôleur général lui parla d'une façon à ne lui laisser aucune peine: Le fond de l'affaire n'est pas encore décidé. Je sais tout ce détail de Champcenetz même. M. le contrôleur général dit, pour ses raisons sur le fond de ladite affaire, que MM. les gouverneurs n'étant dans leur établissement que des concierges (ce qui est vrai, car ils en ont encore

---

(1) Anne Bulkeley, veuve du maréchal de Berwick.
(2) Jean-Charles Garnier d'Isle, architecte.

le titre); ce n'est point à des concierges à nommer à des logements; mais à avoir l'œil qu'ils soient bien tenus. Mais ces places de concierges ont beaucoup augmenté depuis leur établissement.

Quelques jours avant mon départ, M. le marquis de Mirepoix remercia le Roi, qui l'a nommé pour son ambassadeur à Vienne. Nos ambassadeurs dans cette cour ont 60,000 livres d'appointements; les envoyés n'ont que 36,000 livres; mais on fournit aux uns et aux autres le supplément nécessaire pour qu'ils ne perdent rien par le change.

M. de Chavigny part ces jours-ci pour le Danemark, où il a la qualité d'envoyé extraordinaire.

Les ambassadeurs d'Espagne en France ont 1,000 pistoles par mois; c'est 16,000 livres de notre monnoie: le total fait 192,000 livres par an. Outre cela on leur paye les fêtes extraordinaires; mais les fêtes ordinaires du courant de l'année sont aux frais des ambassadeurs (1).

Quelques jours avant mon départ, le Roi étant venu chez la Reine dans l'après-dînée, Mme de Luynes le reconduisit suivant la règle. Quelque temps auparavant elle avoit inutilement reconduit le Roi, qui ne s'étoit point retourné; Mme de Luynes le dit à M. de Courtenvaux (2); et pour cette fois-ci le Roi lui dit: « Madame, pour aujourd'hui je ne l'oublierai pas. »

Il y a quelques jours qu'en raisonnant sur les dames du palais nous remarquâmes qu'en 1723, deux ans avant le mariage du Roi, il y avoit encore six dames du palais de la feue Reine vivantes, qui étoient Mme la maréchale

---

(1) Cet usage vient d'être changé par rapport aux appointements. M. de Pignatelli, arrivé depuis peu en qualité d'ambassadeur d'Espagne, m'a dit qu'il n'avoit que 800 pistoles par mois; je ne sais même si ce n'est pas 10,000 livres de notre monnaie en tout. (*Note du duc de Luynes* du 4 décembre 1749.)

(2) François-Michel-César le Tellier, marquis de Courtenvaux, capitaine-colonel des Cent-Suisses de la garde du Roi.

d'Humières, Mme la maréchale de Noailles, Mme de Saint-Géran, Mme de Chevreuse, Mme de Béthune, Mme la duchesse du Lude et Mme la maréchale de Rochefort, qui étoit dame d'atours. Il n'y a plus que Mme la maréchale de Noailles qui vive présentement.

J'appris, le 6, avant de partir de Dampierre, que M. Chauvelin avoit eu ordre d'aller à Bourges. On ne dit point la raison de cet éloignement, mais il y a longtemps que l'on en parloit, et l'on m'a dit que M. le Cardinal avoit eu trois semaines la lettre de cachet dans sa poche avant que de l'envoyer.

J'appris avant-hier la mort de Lemoine, premier peintre du Roi; c'est lui qui a peint le nouveau salon avant la chapelle (1). Le Roi lui donna pour cet ouvrage 40,000 livres et la place de premier peintre, qui en vaut 4,000. Il est vrai qu'elle en valoit 12,000 à M. Lebrun, mais depuis lui les autres n'avoient eu que 4,000 livres. On prétend que c'est cette différence de traitement qui a été la cause de la mort de Lemoine; il croyoit qu'il devoit avoir les 12,000 livres. La jalousie de ses confrères lui avoit donné du chagrin. Ce qui est certain, c'est que sa tête étoit affoiblie depuis longtemps, et il s'est tué lui-même.

On parle depuis longtemps d'un projet d'arrangement que M. de Bouillon veut faire avec le Roi pour la vicomté de Turenne; c'est une terre extrêmement considérable, quoiqu'elle ne taille que 32,000 livres de ferme; mais les Rois lui ayant accordé des priviléges et exemptions, il n'y est perçu aucun droit pour le Roi, et la terre vaut en total environ 80,000 livres à ce que dit M. de Bouillon. Il veut la vendre au Roi le denier soixante, et l'on prétend que ce seroit un bon marché pour le Roi. Ce marché mettroit M. de Bouillon à portée de payer toutes les dettes de sa maison et les siennes, et de jouir encore d'environ 400,000

---

(1) Le salon d'Hercule; le plafond peint par Lemoine avait été découvert le 26 septembre 1736.

livres de rente, sur quoi, à la vérité, il y a 160,000 livres de rente à payer, mais viagère. M. le comte d'Évreux croit avoir droit de s'opposer à cette vente, disant que la terre lui est substituée et à tous les mâles et à Mme de la Trémoille; mais si on se sert du prix de la vente pour payer les dettes faites avant la substitution, il paroît qu'elle peut être vendue; cela n'est point encore terminé.

Les états de Bourgogne ont harangué aujourd'hui, présentés par M. le Duc. M. l'abbé de Périgny portoit la parole. Le tiers état à genoux, à l'ordinaire. La Reine les a reçus dans le cabinet avant sa chambre. MM. les officiers des gardes prétendoient avoir droit d'être derrière le fauteuil de la Reine. M. de Nestier, chef de brigade, m'a prié de dire à Mme de Luynes que M. de Dreux leur avoit dit qu'ils avoient ce droit. Comme c'étoit un moment avant que la Reine entrât dans son cabinet, je ne l'ai point dit à Mme de Luynes; mais j'ai assuré à M. de Nestier que les usages et exemples étoient contraires, et que ce cabinet étant regardé comme la chambre de la Reine, la place derrière le fauteuil de la Reine appartenoit au chevalier d'honneur, et en son absence au valet de chambre. Les officiers des gardes prétendent que, quoique le capitaine des gardes n'ait point de place derrière le fauteuil du Roi lorsque S. M. dîne dans sa chambre, cependant aux audiences et cérémonies publiques il est placé derrière le fauteuil du Roi, à moins que ce ne soit en dedans du balustre; mais le Roi n'a qu'une seule chambre où il reçoit les audiences, ce n'est pas dans son appartement. La Reine, au contraire, a sa chambre et deux cabinets qui sont réputés être sa chambre. Elle ne donne jamais d'audience au dedans de son balustre, et l'usage est contraire aux prétentions de MM. les officiers des gardes.

11 *juin.* — L'affaire pour la place a encore été traitée depuis. Mme de Luynes en a parlé aujourd'hui à la Reine, la Reine à M. le Cardinal. J'en ai parlé aussi à S. Ém., qui

m'a dit nettement que dans ce cabinet les officiers ne devoient pas être placés derrière le fauteuil.

Un huissier de la chambre de la Reine ayant dit aujourd'hui à Mme de Luynes que M. de la Mina avoit les entrées de la chambre chez le Roi, j'ai voulu m'informer du fait; j'ai été le demander à M. le Cardinal, qui m'a dit que cela étoit vrai et que même nos ambassadeurs en Espagne avoient à cette cour ce que l'on appelle, je crois, *Sprivado :* ce qui répond à nos entrées familières.

Il y a eu aujourd'hui deux audiences chez la Reine, toutes deux particulières, c'est-à-dire la Reine debout auprès de la table qui est entre les deux fenêtres, après sa toilette et avant sa messe. L'une étoit don Louis d'Acunha, ambassadeur de Portugal, homme de beaucoup d'esprit et fort connu; il est âgé de quatre-vingt-quatre ans. L'autre pour M. de Van Hoey, ambassadeur de Hollande, qui s'en va pour six semaines en Hollande. Ils ont été l'un et l'autre annoncés par M. de Verneuil, introducteur des ambassadeurs.

Dimanche se fera à Paris l'entrée de M. Venier, ambassadeur de Venise. Il partira de Picpus, suivant l'usage; mardi il fera son entrée ici. Comme il a droit de se couvrir, il en fera semblant pour marquer le droit. La Reine devroit être habillée en grand habit pour le recevoir; mais ne le pouvant à cause que sa grossesse est fort avancée, M. de Verneuil est chargé d'écrire une lettre à M. Venier, pour lui marquer la raison qui empêche la Reine de s'habiller.

M. de la Torela n'a aucune entrée chez le Roi. M. de la Mina a celle de la chambre, avec cette différence pourtant qu'il entre un moment avant la chambre. Les entrées chez le Roi sont les familières, les grandes entrées, les premières entrées et les entrées de la chambre. Les entrées familières sont dans le moment que le Roi est éveillé et lorsqu'il est encore dans son lit. Tous les princes du sang, hors M. le prince de Conty, outre cela M. le

Cardinal, M. le duc de Charost, Mme de Ventadour et la nourrice sont les seuls qui les aient. Les grandes entrées, qui sont celles des premiers gentilshommes de la chambre, sont lorsque le Roi vient de se lever. Les premières entrées sont lorsqu'il est levé et qu'il a sa robe de chambre. L'entrée de la chambre est lorsque le Roi est dans son fauteuil vis-à-vis de sa toilette, et ensuite entrent les courtisans.

Toutes ces entrées le soir sont absolument égales au coucher du Roi, c'est-à-dire les familières, les grandes et les premières entrées demeurent à ce que l'on appelle le petit coucher, c'est-à-dire jusqu'à ce que le Roi soit dans son lit. Les autres sortent lorsqu'on avance le fauteuil du Roi auprès de la toilette. Lorsque tout le monde est sorti, le premier valet de chambre garde le bougeoir ou le donne sans ordre du Roi à qui il veut de ceux des courtisans qui restent. On garde le bougeoir jusqu'à ce que le Roi se lève de son fauteuil pour se mettre dans son lit. Alors on le rend, et on reste encore après l'avoir rendu jusqu'à ce que tout le monde sorte. Les entrées de la chambre, ainsi que les courtisans qui n'ont point d'entrées, sortent lorsque l'on dit : « Passez, Messieurs, » c'est-à-dire lorsque le Roi est déchaussé entièrement et que l'on avance son fauteuil auprès de sa toilette. Le Roi, le soir, en sortant de son cabinet, passe à son prie-Dieu dans son balustre près de son lit, ensuite vient ôter son cordon bleu et son habit. C'est dans ce moment que le premier valet de chambre tenant le bougeoir, le Roi dit : « Un tel; » c'est pour donner le bougeoir. Le Roi prend sa chemise que lui donne le prince du sang, ou le grand chambellan, ou le premier gentilhomme de la chambre, ou le grand maître, ou le maître de la garde-robe; ensuite sa robe de chambre; il s'assit, on le déchausse; les pages de la chambre lui donnent ses pantoufles, alors on avance le fauteuil près la toilette; on dit : « Passez, Messieurs; » tout s'en va hors la première entrée, la grande et la familière, mais les entrées de la chambre sortent.

Versailles, 18 *juin*. — J'allai jeudi 13 de ce mois faire un voyage à Fontainebleau pour y voir l'hôtel de Lorges, que j'achetai l'année-dernière, et l'appartement de Mme la maréchale de Boufflers dans la galerie de Diane, que le Roi a donné à Mme de Luynes. J'ai vu dans ce voyage les ouvrages que le Roi a fait faire dans le château. Le passage par le balcon découvert pour aller de l'antichambre du Roi à celle de la Reine étoit une grande incommodité à laquelle on a remédié en ouvrant une porte entre la cheminée et la fenêtre dans l'antichambre du Roi, qui est au bout de la galerie des Réformés. Par cette porte on entre dans le cabinet ovale qui étoit le cabinet du Roi, et qui devient seconde antichambre, et de là on passe dans l'antichambre de la Reine; on n'a point changé la porte de communication à l'antichambre de la Reine, qui est fort petite; on n'a rien changé à la chambre du Roi. La pièce qui étoit avant la chambre de S. M., qui étoit une pièce ovale, devient son cabinet; et par delà ce cabinet un passage carré, adossé à la galerie des Réformés, qui étoit séparé de l'antichambre par une grande arcade, est présentement un second cabinet pour le Roi, dans lequel est une séparation pour lui faire une garde-robe; ce cabinet est fort orné. Dans l'endroit où étoit l'arcade est un escalier qui descend à des entre-sol et même jusqu'au rez-de-chaussée de la cour des fontaines, et là il y a une cuisine et deux salles à manger pour le Roi, et quelques autres pièces.

A côté de la galerie des Réformés il y a une terrasse découverte sous laquelle étoit une galerie couverte qui servoit de passage. On a fermé cette galerie pour y faire quelques pièces dont on donne une partie à Mme la princesse de Conty avec des entre-sol au-dessus. On avoit pris une pièce de l'ancien appartement de Mme la princesse de Conty pour le Roi. On a fait aussi quelque changement dans les logements des capitaines des gardes du corps et du capitaine des gardes de la porte qui donnent dans la cour ovale; mais les changements les plus considérables sont pour M. le Dauphin. Son appartement a son entrée par la cour de la conciergerie; l'on a fait un perron dans le fond de la cour pour l'entrée de cet appartement, lequel appartement comprend non-seulement tout ce côté de ladite cour, mais encore tout ce qui donne sur le jardin de Diane jusqu'à la galerie des Cerfs, dans laquelle même M. le Dauphin aura une entrée par un tambour que l'on a fait exprès pour cela, et l'on met dans cette galerie toutes les choses qui peuvent servir à son amusement. Une partie de cet appartement de M. le Dauphin étoit celui de M. de Charolois en dernier lieu. L'appartement de M. de Châtillon n'est séparé de celui de M. le Dauphin que par un escalier qui va dans la galerie de Diane et un corridor. Cet appartement de M. de Châtillon est au rez-de-chaussée de la cour de la conciergerie, et est composé de quatre pièces de plain-pied et de beaucoup d'entresol. On a bâti aussi sur le devant de la cour de la conciergerie jusqu'à la porte qui va à la cour des cuisines. Il y a encore un espace qui va jusqu'à l'appartement qu'occupe M. le Cardinal, que l'on ne bâtira que l'année prochaine; dans cette partie sont plusieurs appartements et cuisines.

J'ai appris dans ce voyage que le concierge du château de Fontainebleau n'a que 5 ou 600 livres d'appointements et autant à peu près de gratification du Roi, et 300 livres de gratification de la Reine. Du temps de Mme la Dauphine, il n'avoit d'elle que 120 livres; outre cela il est nourri pendant le séjour du Roi, c'est-à-dire un plat, deux pains et deux bouteilles de vin; mais il reçoit des gratifications des princes, des princesses et même des seigneurs. Celui-ci s'appelle Latour.

Il y a encore beaucoup de projets pour Fontainebleau. Le Roi veut faire bâtir des logements dans la galerie d'Ulysse; on compte qu'il y en aura cinquante, dont vingt et un pourront avoir des cuisines.

Je revins le samedi coucher à Paris pour être à un souper que M. l'ambassadeur d'Espagne donna dimanche. C'étoit le jour de l'entrée de l'ambassadeur de Venise. Je vis cette entrée chez M. de la Mina; c'étoit M. le maréchal de Biron qui accompagnoit l'ambassadeur. L'entrée commençoit par le carrosse de l'introducteur, deux à M. de Biron, le carrosse du Roi où étoit l'ambassadeur, celui de la Reine, deux de la livrée d'Orléans, trois ou quatre de Condé, trois de Conty, deux ou trois du Maine et deux de celle de Toulouse et les quatre de l'ambassadeur. Le carrosse du corps (1) est fort beau. J'oublie quelques-uns des carrosses, car il y en avoit vingt-quatre ou vingt-cinq en tout. Le souper de chez M. de la Mina n'étoit que de quinze personnes, mais très-bonne compagnie, et le souper fort grand et très-bon. J'ai marqué ci-dessus ce que le roi d'Espagne donnoit à son ambassadeur. J'ai appris outre cela qu'il avoit eu, pour les frais de son voyage et de son ameublement, 2,000 pistoles d'Espagne valant 32,000 livres.

M. de la Mina a commencé à voir les princes du sang; il a été peu chez la reine d'Espagne (2); il l'a pourtant vue et Mme de la Mina aussi. Ses instructions portent de ne la voir que deux ou trois fois l'année; pour M. le duc d'Orléans, Mme la duchesse d'Orléans et M. le duc de Chartres, il ne les verra point du tout. Il y eut, il y a quelque temps, quelques difficultés pour la place de son carrosse à l'opéra; cependant cela n'a point eu de suite. Il a seulement demandé de ne pas courre le risque d'être obligé de sortir d'une loge pour qui que ce soit, à moins

---

(1) C'est-à-dire celui où se trouvait l'ambassadeur.
(2) Louise-Élisabeth d'Orléans, fille du Régent; veuve en 1724 de Louis Ier, roi d'Espagne. Elle demeurait au palais du Luxembourg, où elle mourut le 16 juin 1742.

que ce ne fussent des dames. Il a demandé aussi que l'on réglât le cérémonial qui seroit observé aux visites des princes du sang, et il a été réglé que l'ambassadeur rendroit la première visite, qui lui seroit aussi rendue par le prince du sang. L'ambassadeur est reçu à la descente de son carrosse par les gentilshommes de la maison du prince. Si c'est en bas, le prince vient au-devant de lui jusqu'à la moitié du vestibule qui est avant son antichambre; si c'est en haut, le prince descend quelques marches de son escalier. Le prince donne la main partout à l'ambassadeur, le fauteuil égal à la première place dans sa chambre, où ils restent seuls, le reconduit de la même manière en lui donnant la main, mais jusqu'à son carrosse, met un pied seulement sur le pavé, le voit monter et partir. A la visite du prince, l'ambassadeur vient le recevoir à son carrosse; à cela près le traitement est tout égal. Je crois pourtant qu'à la reconduite l'ambassadeur doit mettre les deux pieds sur le pavé. Aujourd'hui M. Venier a fait son entrée ici; il est venu dans le carrosse du Roi et conduit par M. le prince de Lambesc de Paris ici; mais M. de Lambesc ne le reconduit pas. Il a eu tous les honneurs des armes en dehors et en dedans, c'est-à-dire on a rappelé en dehors; les tambours des Cent-Suisses étoient prêts à battre, mais ils n'ont pas battu; le drapeau étoit plié et étoit porté par un suisse et non par l'enseigne; les gardes du corps sous les armes. Il a été reçu par le capitaine des gardes chez le Roi, et par le chef de brigade chez la Reine, et de même chez M. le Dauphin et chez Mesdames. La Reine l'a reçu dans son cabinet qui est avant sa chambre à coucher.

J'ai marqué ci-dessus les difficultés qu'il y avoit eues par rapport à la place derrière le fauteuil de la Reine et ce que M. le Cardinal m'avoit dit. Hier Mme de Luynes en parla encore à M. le Cardinal, qui lui dit que l'officier des gardes n'avoit point de place derrière le fauteuil de la Reine dans ce cabinet. Cependant hier au soir il y eut encore plusieurs difficultés sur cette place. M. le chevalier de Saint-André dit qu'il y avoit été placé à côté de M. de Nangis il y a deux ans. On répéta la comparaison de ce qui se passe chez le Roi. Mme de Luynes parla à Mlle de Clermont, qui ne voulut pas décider; la Reine ne le voulut pas non plus; enfin ce matin M. de Maurepas a été consulté sur cette affaire, et il a représenté que le chef de brigade, étant occupé à recevoir l'ambassadeur à son entrée et à sa sortie, ne pouvoit être placé derrière le fauteuil de la Reine; et, en conséquence de cette représentation, un valet de chambre a été seul derrière le fauteuil de la Reine, parce que M. de Nangis est absent.

M. de Bouillon vint me voir hier au soir. A propos de cette dispute de place chez la Reine nous raisonnâmes sur les prérogatives de la charge de grand chambellan (1). Il a tout l'honorifique du service, mais il n'a pas le commandement dans la chambre; seulement le soir, lorsque le Roi est couché, après avoir pris l'ordre de S. M. pour l'heure du lendemain, il donne à la chambre l'ordre tout haut en présence du premier gentilhomme de la chambre. M. le duc de la Trémoille (2) voulut disputer à M. de Bouillon, la première année que M. de Bouillon eut la charge; M. de Bouillon dit qu'il s'en rapporteroit à la décision même de M. le duc de Tresmes. M. de Tresmes manda qu'il avoit toujours vu le grand chambellan donner l'ordre le soir. Quelques jours après, M. de la Trémoille crut avoir au moins le droit de répéter à la chambre l'ordre que M. de Bouillon venoit de donner; mais M. de Bouillon lui représenta que cette prétention étoit insoutenable, et que, s'il vouloit la soutenir, il seroit obligé, lui, de lui donner l'ordre à lui-même, ce qui n'étoit cependant point sa volonté ni son droit.

Le Roi est sorti aujourd'hui à cinq heures pour aller voir

---

(1) Le duc de Bouillon était grand chambellan du Roi.
(2) Un des quatre premiers gentilshommes de la chambre.

l'hôtel des gendarmes (1), qui vient d'être fini et meublé. Il y a cinquante-quatre lits de maîtres sans compter ceux des domestiques et quelques chambres pour les officiers, une grande salle pour manger et pour tenir quatre tables de douze couverts. Le tout est meublé d'une étoffe que l'on appelle siamoise; plusieurs chambres à un lit, mais la plupart à deux lits, et presque toutes avec des garde-robes, cheminées de pierre de liais. Le quartier des gendarmes va s'y établir incessamment. Le terrain de cette maison a coûté trente-quatre mille et tant de livres d'achat, le bâtiment cent quatre-vingt mille et tant de livres, et les meubles vingt-quatre mille cinq ou six cents livres. Il ne reste plus à payer présentement de cette dépense qu'environ 80,000 livres. Le Roi, que j'avois l'honneur de suivre, a été de là à son nouveau chenil. Je ne l'avois pas encore vu. La distribution en est grande et magnifique : à gauche, deux grands chenils et une chapelle au bout; à droite plusieurs logements; plus, un grand nombre de cours différentes avec de l'eau dans chacune et un ébat très-grand. M. Gabriel, qui y étoit, m'a dit que le tout avoit coûté 120,000 livres.

22 juin. — Nous avons marqué ci-dessus que le grand chambellan a tout l'honorifique du service dans la chambre, et que c'est le premier gentilhomme de la chambre qui y commande. J'ai même appris depuis une circonstance sur cela. Lorsque le Roi est au conseil ou au travail dans son cabinet, il ne reste personne dans sa chambre; et, quand le conseil ou le travail est fini, un de ceux qui sont dans le cabinet sort, et l'huissier appelle alors le premier gentilhomme de la chambre ou le premier valet de chambre; mais si le grand chambellan se trouve à la porte de

---

(1) L'hôtel des gendarmes, puis des chevau-légers de la garde du Roi, se trouvait sur l'avenue de Sceaux. — Voir l'*Histoire des rues de Versailles*, par J. A. Le Roi, tome II, page 229.

la chambre; on l'appelle le premier et il entre avant le premier gentilhomme de la chambre.

L'audience du 18 de l'ambassadeur de Venise fut dans le balustre du Roi; tout le monde sorti. Le capitaine des gardes étoit à la porte du balustre et le premier gentilhomme de la chambre derrière le fauteuil du Roi.

M. le duc de Rochechouart (1), premier gentilhomme de la chambre, alla dimanche dernier de la part du Roi faire compliment à M. Venier sur son heureuse arrivée et sur le choix que sa république avoit fait de lui pour venir demeurer dans ce pays-ci. Il fut reçu à la descente de son carrosse par l'introducteur des ambassadeurs; et l'ambassadeur descendit les deux tiers de son escalier pour le recevoir. M. de Rochechouart eut partout la main sur lui. L'ambassadeur le conduisit dans son appartement. Il y avoit trois fauteuils, pour l'ambassadeur; pour M. de Rochechouart et pour l'introducteur des ambassadeurs: celui de M. de Rochechouart à la première place, celui de l'introducteur fort au-dessous de M. de Rochechouart et ensuite l'ambassadeur. Quand son compliment fut fini, il se leva, et l'ambassadeur le reconduisit jusqu'à son carrosse qu'il vit partir. M. Venier lui donna partout la main. Ce fut M. de Tessé, premier écuyer (2), qui alla faire compliment de la part de la Reine.

Il y a encore actuellement une difficulté entre les capitaines des gardes et les premiers gentilshommes de la chambre. Autrefois les capitaines des gardes n'avoient point de place derrière le fauteuil du Roi, même dans son antichambre, et cela paroissoit fondé en raison, l'antichambre étant gardée par un huissier qui est aux ordres du premier gentilhomme de la chambre; et point de capitaine des gardes; les gardes mêmes ne devant point

---

(1) Il étoit duc de Mortemart, mais on l'appeloit duc de Rochechouart.
(2) René-Marie de Froulay, marquis de Tessé, colonel du régiment d'infanterie de la Reine, était premier écuyer de la Reine.

entrer dans l'antichambre sans ôter leur bandoulière. On sait l'exemple de M. le duc d'Aumont, bisaïeul de celui-ci. Il étoit derrière le fauteuil du roi Louis XIV, dans l'antichambre où S. M. soupoit (1). Étant sorti un moment, il laissa un valet de chambre à cette même place; arriva un officier des gardes qui, s'approchant du fauteuil, gagna sur le valet de chambre et se trouva insensiblement derrière le fauteuil. M. d'Aumont revint pour reprendre sa place, et la voyant occupée prit par le bras l'officier des gardes et le fit ranger. Louis XIV entendit ce mouvement et demanda ce que c'étoit; M. d'Aumont lui dit : « Sire, c'est quelqu'un qui n'étoit point à sa place et que j'en ai fait ôter. » Le Roi se retourna et dit seulement à M. d'Aumont : « Il faut corriger les inférieurs, mais non pas avec tant de hauteur. » Le S⁺ Bonnefons, huissier de la chambre du Roi, qui étoit pour lors au service de S. M., m'a dit avoir ouï dire ce fait dans le temps même. M. d'Aumont avoit été capitaine des gardes, mais il étoit alors premier gentilhomme de la chambre. Cependant il paroît constant que, depuis, les capitaines des gardes ont été derrière le fauteuil du Roi dans l'antichambre. Ils prétendent devoir être aussi derrière le fauteuil avec le premier gentilhomme de la chambre, et disent qu'il y a eu un accord fait entre les capitaines des gardes et les premiers gentilshommes de la chambre pour que les uns et les autres partagent le fauteuil dans la chambre et dans l'antichambre. J'ai entendu dire que tous les premiers gentilshommes de la chambre ne convenoient pas de cet accord.

Comme j'ai raisonné de ce que dessus avec M. le duc de Gesvres et que je lui ai même communiqué, il l'a envoyé à M. le duc de Tresmes, qui a fait la réponse ci-dessous : « La convention n'est point de mon temps; je l'ai ouï dire du temps de Mmes de la Vallière et de Montespan,

---

(1) C'étoit après la mort de Mme la Dauphine de Bavière. (*Note du duc de Luynes.*)

et ai trouvé les capitaines des gardes du corps partàgeant le fauteuil avec nous dans sa chambre, et point les officiers; les officiers des gardes, seulement dans l'antichambre, et jamais les capitaines des gardes du corps dans le cabinet; ils ne l'ont jamais partagé avec nous. J'ai ouï dire que le feu Roi approuva la convention, les premiers gentilshommes de sa chambre ayant les entrées dans les temps où les capitaines des gardes étoient avec le Roi chez ces dames et que S. M. ne vouloit pas y être seul. »

Depuis quelque temps il y a un jeu qui paroît s'établir ici, que l'on appelle cavayole (1). On dit qu'il vient d'Italie; c'est une espèce de biribi dont le tableau est partagé en six, huit et même dix tableaux de douze cases chacun, et autant de boules que de chiffres. On ne peut mettre que vingt-deux jetons en plein. Lorsque le chiffre sur lequel sont les vingt-deux jetons arrive, tous les autres joueurs payent chacun vingt-deux jetons et un par delà. Si l'on a mis une partie des vingt-deux jetons sur un chiffre et le reste sur d'autres, on paye la quantité de jetons qui se trouve sur le chiffre et toujours un de plus. Enfin s'il arrive un chiffre où il n'y ait point de jetons, on paye toujours un jeton pour ce chiffre. Chaque tableau tire six boules. On joint à cela des paris de tableau à tableau, aux coins, aux milieux, etc. Ce jeu est d'assez de mouvement sans être vif; mais il amuse beaucoup de personnes en même temps, dont les uns peuvent jouer plus petit jeu et les autres plus gros par les pariers. Le Roi y a joué assez gros jeu à Rambouillet, et l'on commence à y jouer beaucoup ici.

M. de Cambis est venu ici pour prendre congé. Il va ambassadeur en Angleterre et partira incessamment. Les appointements d'ambassadeur de France en Angleterre sont de 5,000 livres par mois, et la gratification ordinaire pour

---

(1) Ou cavagnole. Voir page 31 de l'Introduction.

frais de voyage et ameublement est de 16,000 livres; mais M. de Cambis a obtenu une gratification un peu plus forte.

24 juin. — Il paroît que le Roi continue à prendre goût pour les bâtiments. Nous avons marqué ci-dessus les changements et les augmentations qu'il fait faire à Fontainebleau. J'ai appris aujourd'hui de M. Gabriel (1) que les fonds ordinaires pour les bâtiments sont de deux millions par an; que S. M. les a augmentés cette année de 400,000 livres, à cause de Compiègne; que les travaux que l'on fait dans le château de Compiègne coûteront 800,000 livres et donneront trente-deux logements de plus; que les maisons que l'on y fait faire pour les ministres, le plus près du château qu'il est possible, coûteront 1,200,000 livres. M. Gabriel m'a dit aussi qu'il y avoit eu un projet pour bâtir hors la ville de Compiègne, du côté de la forêt, un autre château, beaucoup plus grand que celui qui est dans la ville, et que l'on disoit que la dépense pour ce château iroit à quatre millions; mais cela n'auroit pu empêcher que l'on ne fît les mêmes ouvrages à l'ancien que l'on y fait actuellement; et il est comme certain, à cause des terrasses, remuements de terre et ornements d'architecture indispensables, que les quatre millions n'auroient pas été à beaucoup près suffisants.

Le rez-de-chaussée, le premier et le second étage depuis l'appartement de M. de Charost (2), à Versailles, jusqu'à celui de Mme de Tallard (3), contiennent trois cent cinquante-sept croisées de face sur le jardin; lequel nombre de croisées ne donne que quarante-neuf logements, y compris le Roi et la Reine. Il n'y a dans toute l'étendue du premier étage et du-rez-de-chaussée que

---

(1) Premier architecte des bâtiments du Roi.

(2) A l'extrémité de l'aile du nord, où se trouve aujourd'hui la salle de spectacle.

(3) A l'extrémité de l'aile du midi, du côté de l'orangerie.

M. de Charost et M. le cardinal de Rohan de particuliers ; tous les autres sont princes et princesses. Mme de Tallard ne peut être comptée, son appartement dépendant de celui des enfants de France.

L'on avoit dit que les petits cabinets du Roi à Versailles coûtoient 15 ou 1,600,000 livres. M. Gabriel m'a dit que depuis 1722, que S. M. a commencé à y faire travailler, jusque aujourd'hui la dépense, suivant les états arrêtés, ne monte qu'à 580,000 livres. M. Gabriel en fit il y a peu de temps le dépouillement pour en rendre compte au Roi.

Le Roi fait faire un double au salon de la Meutte, où il mange, et à l'appartement qu'il occupe dans ledit château au-dessus du salon (1). M. Gabriel m'a dit que cela coûteroit environ 80,000 livres. Cela n'est point pris sur le fonds des bâtiments.

Il paroît qu'il n'y a point encore de temps fixé pour le nettoiement projeté du canal. Le plus grand embarras est de détourner les eaux de Versailles, qui vont des deux côtés se rendre dans ledit canal. Celles qui, du côté de la petite paroisse (2), tombent dans l'égout qu'on appelle les quatre bornes (3) retournent dans le canal par un aqueduc qui est sous la rue de l'Orangerie et le chemin de Saint-Cyr. On comptoit conduire ces eaux par auprès de l'étang de Porchéfontaine et les jeter dans la rivière par la vallée ; il faudra seulement donner une plus grande quantité d'eau qu'il n'y a pour emmener les immondices. On

---

(1) Le Roi avait dès cette époque pour maîtresse Mme de Mailly. « Mlle de Charolois a favorisé les rendez-vous, par le rapprochement de sa maison de Madrid, au bois de Boulogne, avec le château de la Meutte, où le Roi soupe souvent. » (*Mémoires du marquis d'Argenson*, 1737, t. II, p. 41.)

(2) Cette petite église, construite en 1725 pour les habitants du quartier Saint-Louis à Versailles, fut remplacée en 1754 par l'église cathédrale actuelle.

(3) Le milieu du carrefour où la rue Satory se rencontre avec celle de l'Orangerie était occupé autrefois par un vaste égout, défendu seulement par quatre bornes. En 1765 le contrôleur des bâtiments Pluyette fit enlever cet égout. — (LE ROI, *Hist. des rues de Versailles*, tome II, page 54.)

dit que l'autre côté sera encore plus facile à conduire à la rivière.

25 *juin.* — J'appris hier que le Roi avoit donné à M. de la Torela (1) les mêmes entrées qu'à M. de la Mina.

J'ai oublié de marquer ce qui se passa jeudi pour la procession. L'usage est que le Roi va à la Paroisse en carrosse à deux chevaux. S. M. y fut à deux carrosses. M. le comte de Clermont (2) à sa gauche dans le fond, M. le prince de Dombes et M. le comte d'Eu sur le devant, M. de Bouillon (3) et M. de Béthune (4) aux portières. Nous étions six dans le second carrosse. Il y avoit quatorze pages derrière le carrosse du Roi et quatre devant. Les gardes du corps et les Cent-Suisses marchent à pied; mais les officiers des gardes du corps sont à cheval en bas, sans bottes, et ceux des Cent-Suisses à pied. Il y a des reposoirs entre la Paroisse et la chapelle. Le Saint Sacrement, en arrivant dans la cour du Roi, prend à gauche, traverse devant les fenêtres de l'appartement du Roi, passe par-dessous la voûte, et en sortant de la chapelle repasse sous la même voûte et prend par l'autre côté de la cour, et s'arrête au même reposoir en retournant. Le Roi entend la grande messe à la Paroisse; il se met dans les stalles à droite en entrant. M. de Bouillon, M. de Béthune et moi avions des carreaux.

27 *juin.* — Hier le Roi fit la revue des deux compagnies des mousquetaires; ils entrèrent à pied, suivant l'usage, dans la cour du Roi. S. M. passa dans les rangs et vint se remettre auprès de la cour de marbre, d'où elle vit faire l'exercice au tambour et sans tambour aux deux compagnies l'une après l'autre. L'une et l'autre le firent fort bien. Les Gris ont un peu plus de vivacité dans leurs

---

(1) Le prince de la Torela, ambassadeur extraordinaire du roi des Deux-Siciles.
(2) Louis de Bourbon-Condé.
(3) Grand chambellan.
(4) Capitaine des gardes.

mouvements. M. le Dauphin, une demi-heure avant la revue du Roi, alla se promener dans les rangs des deux compagnies étant en bataille, comme nous venons de dire, dans la cour du Roi. On avoit demandé à S. M. permission pour que M. le Dauphin fût salué; le Roi l'ayant trouvé bon, cela fut exécuté. Quelques gens ont cru que ce n'auroit pas été un grand inconvénient de ne pas demander cette permission, le salut n'étant dû qu'au Roi seul, et M. le Dauphin étant si grand par lui-même qu'il ne peut désirer aucun honneur. On a remarqué que si M. le Dauphin avoit demandé cette grâce au feu Roi, cela n'auroit peut-être pas plu à Louis XIV. Nous avons cité ci-devant ce qui étoit arrivé du temps du feu Roi à une revue dans l'avenue de Versailles ou Champ de Mars. Monseigneur (1) étant fort avancé devant le Roi, le timbalier battit, les trompettes sonnèrent. Le Roi demanda ce que c'étoit, et ayant su que c'étoit pour Monseigneur, le Roi dit à M. le comte de la Motte, sous-lieutenant des chevau-légers, de faire mettre le timbalier en prison, afin qu'il apprît son métier. M. le prince de Rohan et M. de Chaulnes disent savoir l'un et l'autre ce fait, par tradition, de M. de Soubise et de M. de Chevreuse. M. le prince de Rohan m'a dit positivement n'avoir jamais salué feu Monseigneur, lequel venoit ordinairement aux revues avec le Roi. Même, il y a deux ans que cette difficulté ayant été agitée, M. le prince de Rohan demanda l'ordre au Roi, qui lui donna un ordre par écrit de suivre les anciens usages; il doit représenter cet écrit au Roi, qui décidera ce qu'il souhaite qui soit fait pour M. le Dauphin et Mesdames. M. le prince de Rohan en demandera un ordre par écrit. MM. les mousquetaires saluèrent M. le Duc à la dernière revue, même de l'étendard. Les gendarmes et chevau-légers n'y étoient pas. Les capitaines-lieutenants de ces compagnies ne saluent que lorsque l'étendard salue; pour

---

(1) Le Dauphin.

les officiers inférieurs, ils saluent. J'oublie d'observer que les mousquetaires, suivant la règle, ne firent que rappeler pour M. le Dauphin. La question de saluer M. le Dauphin avoit été traitée la veille devant le Roi. M. le Cardinal avoit rendu compte à S. M. du désir qu'avoit M. le Dauphin d'être salué. Le Roi dit d'abord que ce salut ne pouvoit se faire en sa présence. M. d'Avéjan proposa au Roi de fermer sa fenêtre, afin qu'il parût n'y être pas; ce qui fut exécuté. La Reine étoit sur le balcon de M. le comte de Clermont, autrefois de Mme de Maintenon. Les mousquetaires la saluèrent de la pique et u drapeau en passant devant le balcon. Il avoit encore été agité, à l'occasion de la revue, si l'on pouvoit rendre ces honneurs à la Reine en présence du Roi. Le Roi lui-même décida cette question, et il fut arrêté que la Reine partageant tous les honneurs que l'on rend au Roi, en présence même du Roi, comme à l'église l'encens, et à table l'essai pour la Reine qui se fait devant le Roi, elle devoit être saluée en présence du Roi; que lorsqu'elle étoit à côté, on ne rendoit qu'un salut; mais à quelque petite distance qu'elle fût, pourvu qu'elle soit séparée du Roi, elle devoit être saluée. L'année passée, elle le fut à la revue des gardes du corps. M. le Dauphin, qui venoit de passer dans la main des hommes, le fut aussi (1); mais il étoit arrivé un bon quart d'heure ou une bonne demi-heure avant le Roi. M. le Cardinal même le fut. Il arriva longtemps avant le Roi, et avoit passé devant toutes les troupes avant que le Roi arrivât. Il ne fut salué que de l'épée. On regarde ce salut comme sans conséquence, comme celui que l'on rend aux dames, et d'ailleurs M. le Cardinal paroît mériter quelque exception aux règles ordinaires. Outre cela, la volonté du Roi étant ce qui décide sur tous les honneurs, c'est toujours bien fait de rendre ceux qu'il approuve.

---

(1) Les chevau-légers et gendarmes n'y étoient pas. (*Note du duc de Luynes.*)

J'observe toujours que quelque troupe que ce soit ne fait que rappeler pour M. le Dauphin. A la revue des gardes du corps, l'année passée, la Reine étoit dans son carrosse, un peu éloignée du Roi.

Après l'exercice à pied, les mousquetaires allèrent prendre leurs chevaux; ceux des Gris étoient dans la petite écurie, et ceux des Noirs dans la grande. Il sembleroit que ce devroit être le contraire; mais la droite de la chambre du Roi est toujours le poste le plus honorable, et c'est la petite écurie; et pour preuve même, les gardes françoises, qui ont le pas sur les Suisses, sont dans la cour de ce même côté. La Reine, qui croyoit que les mousquetaires ne passeroient pas à cheval, devant passer mardi prochain avec la maison du Roi, n'étoit plus sur son balcon. Il est d'usage que ces troupes, faisant le service à pied et à cheval, passent des deux manières devant le Roi; à pied, l'étendard est plié et ne salue point; à cheval, c'est le drapeau qui est plié. Le Roi, avant la revue, fit recevoir plusieurs officiers dans les mousquetaires gris; c'est-à-dire M. d'Avéjan prend l'ordre du Roi et en sa présence dit, le chapeau bas, suivant le style ordinaire : « Mes compagnons, le Roi vous donne tels et tels. » Depuis deux ans il y a deux nouveaux maréchaux des logis dans les mousquetaires gris qui font les fonctions d'aide-major. L'usage est dans les mousquetaires, gendarmes et chevau-légers, que les officiers qui font la fonction d'aide-major sont choisis par le capitaine-lieutenant où il veut; il leur donne des brevets, signés de lui, sur lesquels on expédie, au bureau, des commissions de mestre de camp. Les mousquetaires ont voulu jouir de la même prérogative; elle leur fut disputée, et M. d'Angervilliers représenta que ce seroient des mestres de camp qui en quelque manière n'auroient pas été créés par le Roi. C'est ce qui les détermina de demander au Roi de vouloir bien créer deux nouveaux officiers pour faire la fonction d'aide-major, qui ont reçu des brevets du Roi, sur lesquels brevets ont été expédiées des commissions de mestres de camp.

Je remarquai avec étonnement que les mousquetaires passant par la cour des ministres, les gardes françoises et suisses sont sous les armes et ne battent point. On m'a dit que M. le duc de Gramont avoit fait ce changement. Cela paroît contraire aux usages ordinaires des troupes.

Un peu avant la revue, je vis un détachement des gardes du corps qui apportoit au château les timbales et étendards de la compagnie de Villeroy. C'est l'usage quand les compagnies arrivent, avec cette différence que les étendards et timbales des gendarmes et chevau-légers sont portés dans la chambre du Roi, parce que le Roi en est capitaine, et ceux des gardes du corps dans la salle des gardes. Les timbales et étendards des gendarmes et chevau-légers restent toujours dans la chambre de S. M., parce qu'ils sont toujours de service auprès d'elle. Les mousquetaires pourroient avoir le même droit (1), mais ils demeurent à Paris. Il y a quelques années que l'on apporta les timbales et étendards de la compagnie de Villeroy chez le Roi; mais le premier valet de chambre les fit ôter; on les mit dans la galerie, où on les vint reprendre pour les mettre dans la salle des gardes; c'est de M. de Champcenetz que je le sais. M. le duc de Villeroy m'a dit que faisant porter les timbales et étendards chez le Roi il avoit fait battre et sonner, dans la grande cour; mais voyant que les gardes françoises et suisses ne lui rendoient pas le même honneur, il avoit depuis donné ordre que l'on ne battît et sonnât qu'en entrant dans la cour du Roi. M. d'Avéjan (2) m'a dit aussi qu'il lui étoit arrivé dans la cour des ministres de trouver les gardes françoises qui étoient seulement posées sur leurs armes,

---

(1) Pour les drapeaux et étendards. (*Note du duc de Luynes.*)
(2) Capitaine-lieutenant de la première compagnie des mousquetaires de la garde.

ce qui le surprit; et l'aide-major même lui en fit des excuses, et lui dit que c'étoit de l'ordre de M. le duc de Gramont. Cette année, les gardes françoises et suisses ont pris les armes.

Par rapport à la difficulté faite à M. d'Avéjan, à cause des maréchaux des logis, j'ai appris qu'en 1717, pendant la Régence, le Roi avoit rendu une ordonnance par laquelle il accorde à MM. les lieutenants commandant des Rouges (1) de la maison du Roi, le droit de prendre dans le corps ou ailleurs, à leur choix, deux maréchaux des logis qui feront la fonction d'aide-major, auxquels, en conséquence du brevet desdits capitaines-lieutenants de ces compagnies, il seroit expédié des commissions de mestre de camp. Ceux qui ont été ainsi brevetés dans les gendarmes, chevau-légers et mousquetaires, ensuite de la dite ordonnance, ont eu commission de mestre de camp et sont encore dans ces emplois. Un de ceux des mousquetaires étant mort, il y a deux ou trois ans, M. d'Avéjan donna son brevet à celui qu'il avoit choisi pour remplir la place; mais quand il demanda la commission de mestre de camp, en vertu dudit brevet, elle fut refusée. M. d'Angervilliers fit les représentations que nous avons dites, et par une ordonnance rendue en la dite année 1735 il fut réglé que les capitaines-lieutenants des mousquetaires présenteroient un sujet, qu'ils prendroient où ils voudroient, que le Roi lui donneroit un brevet signé de S. M., en conséquence duquel on expédieroit la commission de mestre de camp; ce qui fait une différence du traitement des gendarmes et chevau-légers avec les mousquetaires.

28 juin. — J'ai ouï raconter aujourd'hui trois faits qui seroient peu importants en eux-mêmes s'ils ne servoient à marquer la bonté du Roi. Hier M. le duc de Bé-

---

(1) Ce sont les gendarmes, les chevau-légers et les mousquetaires de la garde du Roi, dont les uniformes étaient de couleur rouge.

thune, qui suivoit le Roi à la chasse, ayant su que Mme la duchesse de Béthune, qui est depuis longtemps incommodée de la poitrine, avoit craché le sang et du pus, étoit dans une extrême affliction; le Roi, qui ignoroit cet accident, lui demanda à la chasse des nouvelles de Mme de Béthune. M. de Béthune ne répondit qu'en fondant en larmes. Le Roi en arrivant dit à M. de Charost : « Votre fils a pensé me faire trouver mal, » et lui conta l'état de M. de Béthune.

Depuis que M. de Béthune est en quartier, il loge à l'appartement de quartier au-dessous du Roi, ce qui fait que son logement sert à son fils et à sa belle-fille. Le changement de quartier l'embarrassoit, les privant de cette facilité. M. de Charost et lui imaginèrent de proposer à M. de Villeroy, qui va prendre l'appartement de quartier, de vouloir bien prêter le sien à M. de Béthune, à moins qu'il n'aimât mieux rester dans le sien et laisser M. de Béthune dans celui du quartier; le tout supposant l'agrément du Roi. M. de Charost et M. de Béthune dirent hier au Roi qu'ils avoient une grâce à lui demander, et lui ayant expliqué de quoi il étoit [question], il dit : « J'y consens, et de tout mon cœur. »

Il y a quelque temps que le Roi étant occupé à travailler aux logements de Fontainebleau, M. de Chalais lui en demanda un auprès du sien pour sa fille qui a huit ou dix ans. Le Roi lui dit d'abord : « Parlez-en au comte de la Suze. » M. de la Suze ayant indiqué à M. de Chalais un logement qui pouvoit convenir, M. de Chalais en rendit compte au Roi. S. M. lui répondit : « Celui-là ne seroit pas assez commode, je veux vous en donner un meilleur. »

30 *juin*. — M. le prince de Rohan travailla hier avec le Roi pour lui demander l'ordre pour le salut de M. le Dauphin. M. le Cardinal, à qui il en avoit parlé, lui avoit dit de demander cet ordre au Roi, qui étoit mieux instruit que personne. M. le Cardinal étoit présent au travail. M. de

Rohan (1) avoit porté un ordre tout prêt à signer pour M. le Dauphin et l'autre pour Mesdames. Le Roi écrivit de sa main : « Suivre les usages par moi déjà approuvés et apostillés. » Ce sont les anciens usages contenus dans un état de la compagnie des gendarmes, au bas duquel est l'ordre du Roi, pour le salut de M. le Dauphin. M. de Chaulnes m'a dit que la compagnie des chevau-légers avoit le même ordre du Roi, au bas d'un pareil état, pour le salut de M. le Dauphin. Par conséquent M. le Dauphin, n'étant pas salué par les gendarmes et chevau-légers, n'ira à la revue qu'à la suite du Roi. Les officiers inférieurs de ces deux compagnies saluent les fils et petits-fils de France. Pendant la Régence ils avoient eu ordre de saluer aussi les princes du sang, mais cet ordre a été depuis changé. En 1666 ou 67, lorsque le Roi forma le corps de ses gardes, voulant lui donner le pas sur les gendarmes, il cassa cette compagnie et la rétablit aussitôt, mais voulut qu'elle prît la gauche des gardes du corps. Cependant, il lui conserva une distinction, voulant que le sous-lieutenant des gendarmes, qui a le titre de capitaine sous-lieutenant, fît à l'armée le premier service d'honneur, comme de monter la première garde. Le plus ancien lieutenant des gardes du corps a toujours un brevet pour commander la maison du Roi ; mais s'il venoit à être tué, le sous-lieutenant des gendarmes commanderoit de droit la maison du Roi jusqu'à ce que S. M. ait envoyé un autre brevet.

M. le Dauphin a été aujourd'hui au Cours (2) et aux Tuileries avec grande acclamation des peuples.

---

(1) Charles de Rohan-Soubise, capitaine-lieutenant des gendarmes de la garde.
(2) Le Cours-la-Reine.

JUILLET.

Plusieurs remarques sur l'excessive cherté des extraordinaires chez M. le Dauphin. — M. et Mme de Léon prennent congé. — Revue générale de la maison du Roi ; détail. — Lettre de cachet pour des manuscrits chez M. de Seignelay. — Chasses moins fréquentes du Roi ; il se prive du vin de Champagne ; ses promenades sur les toits. — L'établissement des gendarmes à Versailles occasionne des disputes pour le mot ; prétentions des officiers inférieurs ; opposition du premier gentilhomme de la chambre. — Régiment de Chevreuse donné. — Ordre donné à l'huissier au sujet du mot ; conciliation de ce démêlé. — Visites et promenades du Roi après souper. — Visites de la Reine à Mme de Béthune. — Vie de la cour de Pologne. — Mme de Lorraine à Commercy. — Prétentions des officiers inférieurs contre les supérieurs des gendarmes et chevau-légers, sur quoi fondée. — Raisons de M. de Rochechouart contre la redite du mot ; exemples qui les détruisent. — Prérogatives des étendards des gendarmes et chevau-légers. — Représentation de M. de Chaulnes contre ceux de la gendarmerie ; réponse du Roi. — Bonté du Roi pour les chevau-légers. — Remarques sur les prétentions des officiers ci-dessus et sur le droit de M. de Rohan. — Trait honorable pour les chevau-légers. — Règlement pour le service de la maison du Roi à l'armée en 1690. — Ancien usage des deux compagnies ci-dessus pour le salut à M. le Dauphin ; mémoire présenté au Roi. — Visite du Roi à Mme de Luynes. — Accouchement de la Reine ; grand détail ; circonstance. — Question entre les gardes françoises et les gendarmes. — Mort du Grand-Duc. — Droit de la dame d'honneur chez la Reine en couches. — Extrémité de M. le cardinal de Bissy ; singularité d'un abbé de Saint-Germain. — M. le duc de Chartres sans entrées voit la Reine ainsi que l'ambassadrice d'Espagne. — M. de Tessé grand d'Espagne. — Régiment Royal-allemand à M. de Nassau. — État où se trouve M. le cardinal de Bissy. — Ce qu'il en coûte pour prendre le tabouret. — Il faut un brevet du Roi pour les grands d'Espagne. — Visites du Roi tous les jours à la Reine. — M. le Dauphin entend le salut de la place du Roi ; circonstance. — Agrément du Roi à M. d'Aubigné. — La Reine voit plusieurs personnes qui n'ont point les entrées. Les dames changent d'habillement. — Accouchement de Mme de Châtillon. — Mort de M. le cardinal de Bissy. Remarques du Roi sur l'exposition des corps dans leur paroisse. — Visite de M. le Dauphin chez la Reine. Remarques sur un sous-gouverneur au sujet des entrées. — La Reine voit tout le monde le matin et non l'après-dînée. — Revenu du régiment Royal-allemand ; réserve ; ce que c'est que l'état-major. — Livre de M. Carré de Montgeron. — Audience aux gens du Roi à l'occasion de M. de Montgeron. — Clochette à la Reine contre le tonnerre. — Exposition et enterrement de M. le cardinal de Bissy. — Visite du Roi à Mme de Luynes. — Heures que l'on fait la cour à la Reine.

Versailles, 4 juillet. — J'appris il y a quelque temps trois détails peu considérables, mais qui servent à prouver combien on fait payer cher au Roi tout ce qui s'appelle dépense extraordinaire. L'année passée, M. le Dauphin allant promener au Cours et aux Tuileries fut dîner à la Meutte. M. de Châtillon, les deux sous-gouverneurs et d'autres personnes, au nombre de sept ou huit en tout, eurent l'honneur de dîner avec lui; il y eut outre cela à dîner pour les deux officiers des gardes, l'écuyer de quartier et le reste de sa suite, qui n'étoit pas bien nombreuse. On compta 2,000 écus pour l'extraordinaire de ce dîner.

Il y a environ trois mois que M. de Puiguyon, l'un des gentilshommes de la manche de M. le Dauphin, ayant obtenu un congé de six semaines, pour aller se marier, M. le chevalier de Créquy se trouva seul, et par conséquent obligé à une plus grande assiduité. M. de Châtillon crut que l'on pouvoit, sans inconvénient et sans dépense de la table de M. le Dauphin, donner à dîner à M. le chevalier de Créquy, afin qu'il ne fût pas obligé de sortir; mais lorsqu'il sut que l'on demandoit 25 livres d'extraordinaire, il prit le parti de donner lui-même à dîner à M. de Créquy.

Avant que M. le Dauphin fût entre les mains des hommes, Mme la duchesse de Ventadour voyant qu'il avoit envie de manger quelque chose, indépendamment de ses repas, envoya demander deux poires; on demanda 10 livres d'extraordinaire pour ces deux poires.

M. et Mme de Léon partirent lundi pour aller passer deux mois en Bretagne dans leurs terres. Non-seulement M. de Léon prit congé du Roi, mais aussi Mme de Léon, accompagnée de Mme de Chalais, prit congé de S. M. après le salut. Mme de Chalais en fit autant il y a quelques années, allant pour cinq ou six mois dans ses terres; mais elle étoit pour lors dame du palais de la Reine. Quoique M. et Mme de Léon n'aient aucune charge ici, prendre congé paroît encore plus respectueux.

Versailles, 5 juillet. — Mardi dernier, 2 de ce mois, le

Roi fit la revue des dix-sept escadrons composant sa Maison, dans le Champ de Mars. Cette revue de toute la maison n'avoit point été faite depuis le feu Roi. Le Roi vit il y a quelques années les quatre compagnies rouges (1) aux environs de Versailles, mais les gardes du corps n'y étoient pas. Mardi, tout y étoit. Les grenadiers à cheval étoient à la droite et les gendarmes fermoient la gauche. La place étoit assez grande, d'autant plus qu'il y a deux brigades morveuses (2) de la compagnie de Villeroy, qui par conséquent n'y étoient pas. M. le maréchal de Noailles commandoit la Maison. M. le Cardinal vint une demi-heure environ avant le Roi; il passa en calèche à la tête de la ligne. Les grenadiers à cheval battirent, les gardes du corps sonnèrent et battirent ; il n'y eut que les quatre compagnies rouges qui ne sonnèrent ni ne battirent. Quand S. Ém. approcha des gendarmes, M. le prince de Rohan s'avança, et lui dit : « Monseigneur, nous exécutons vos ordres. » M. le Cardinal fut salué de l'épée par les officiers inférieurs. Je n'ai pas bien remarqué s'il le fut par les capitaines des gardes du corps; il ne le fut sûrement pas par ceux des gendarmes et chevau-légers, ni, je crois, par ceux des mousquetaires. Le Roi étant arrivé, il monta à cheval, et passa le long de la ligne et ensuite dans les rangs; il vint se mettre au milieu de la place le dos tourné au fossé qui sépare le jardin de Marly. Les troupes vinrent passer par escadrons devant S. M., ensuite par compagnies, et enfin par quatre. La revue dura environ trois heures; rien n'est si beau que le coup d'œil de toute la Maison rassemblée. Les gendarmes et chevau-légers étoient habillés de neuf, ce qui faisoit un coup d'œil admirable. M. le Dauphin étoit en calèche, à cent pas environ sur la droite; il n'étoit venu qu'à la suite

---

(1) La compagnie des gendarmes de la garde, celle des chevau-légers et les deux compagnies des mousquetaires.
(2) Dont les chevaux étaient malades de la morve.

du Roi, aussi bien que Mesdames, qui étoient un peu plus loin. J'étois à cheval auprès de la calèche de M. le Dauphin. Il fut salué non-seulement par M. de Creil à la tête des grenadiers, mais par MM. les capitaines des gardes du corps et par conséquent par les autres officiers, et outre cela par tous les étendards. Il n'y eut que les quatre compagnies rouges dont les officiers inférieurs seulement saluèrent M. le Dauphin; mais il ne le fut point par les capitaines-lieutenants ni par les étendards. Mesdames furent saluées comme M. le Dauphin. Cette différence de salut a été trouvée extraordinaire par ceux qui ignoroient les ordres précis du Roi dont nous avons parlé ci-dessus, et même critiquée par les autres. A l'égard du salut des officiers des quatre compagnies rouges, ils conviennent qu'ils le doivent aux fils et petits-fils de France. Il n'y a d'exception que les capitaines-lieutenants, comme nous l'avons dit; ils doivent aux fils de France un appel de trompettes et un roulement continuel des timbales. M. le prince de Rohan m'a dit qu'il y avoit une différence pour les petits-fils de France, et qu'il croyoit que cette différence étoit qu'il n'y avoit point de roulement pour eux. Comme l'usage des troupes est de faire à la gauche ce qui se fait à la droite, il sembleroit que les compagnies rouges ont eu tort de ne pas imiter les gardes du corps, mais l'ordre du Roi les justifie.

J'appris hier que M. Hérault (1) avec un commissaire avoit été chez M. le comte de Seignelay il y a quelques jours; qu'il avoit fait ouvrir par l'intendant ou bibliothécaire de M. de Seignelay une armoire où sont plusieurs manuscrits; qu'il les avoit fait cacheter du cachet de M. de Seignelay et emporter à la bibliothèque du Roi. Cet événement a fait grand bruit dans Paris. Le fait est que M. de Seignelay vendit, il y a quelques années (2), au Roi,

---

(1) Lieutenant général de police.
(2) En 1732. Voir l'*Essai historique sur la Bibliothèque du Roi*, par le Prince. M. L. Paris a donné en 1856 une nouvelle édition de cet ouvrage.

pour la somme de 100,000 écus, suivant la quittance, et encore 20,000 livres outre cela, les manuscrits anciens et modernes de la bibliothèque de M. Colbert, au nombre de huit mille et tant, dont six mille de l'histoire, de, etc. (ce sont les termes de la quittance, où le détail est mis du nombre de volumes sur chaque matière). Il restoit à M. de Seignelay plusieurs manuscrits, on m'a dit aux environs de deux mille au plus. M. de Seignelay est en Berry; son intendant a voulu vendre lesdits manuscrits. On m'a dit que le prix n'en étoit fait qu'à 8,000 francs. Ceux qui les vouloient acheter allèrent consulter M. l'abbé Sallier, bibliothécaire du Roi, et lui portèrent le catalogue. M. Sallier, voyant que c'étoient des manuscrits de la bibliothèque de M. de Colbert, en vint rendre compte à M. de Maurepas et à M. le Cardinal, et le Roi donna une lettre de cachet pour faire enlever lesdits manuscrits. On prétend que la quittance portant ce que nous avons dit, elle comprend tout ce qui s'est pu trouver de manuscrits dans ladite bibliothèque; on ajoute même que dans ceux-ci est la suite de l'histoire de Flandre. On peut dire d'un autre côté que le nombre étoit marqué dans la quittance. M. de Seignelay revient de Berry exprès pour cette affaire.

Le Roi continue à souper deux fois par semaine dans ses cabinets; mais il ne boit plus de vin de Champagne et ne reste plus si longtemps à table; il va même un peu moins souvent à la chasse; actuellement il court autour de Versailles, attendant le moment des couches de la Reine. Depuis quelque temps il monte après souper sur les toits du château, et se promène avec ceux qui ont eu l'honneur de souper avec lui jusqu'au bout de l'aile neuve et de là jusqu'à celui de l'aile des Princes. Il a été plusieurs fois faire la conversation chez Mme de Chalais, par une fenêtre qui donne sur le toit, et chez Mme de Tallard, par la cheminée. Il y eut même une conversation assez plaisante chez Mme de Tallard, et qui fut remarquée;

mais comme je n'y étois pas, et qu'on n'a pas pu m'en dire les termes précis, je ne l'écrirai point. Il m'a paru seulement, par ce que j'en ai appris, que le Roi avoit parlé assez naturellement sur son goût et son caractère par rapport à la société. Le jour même de cette conversation ou le souper d'après, il descendit, avec tous ceux qui le suivoient, de dessus le toit par une fenêtre qui n'est point grillée et par une échelle; il joua à cavagnole pendant une heure ou environ, et descendit ensuite chez Mlle de Clermont, où il ne fut qu'un quart d'heure. Lundi dernier, il retourna encore à la même cheminée de Mme de Tallard, et ayant voulu descendre par la même fenêtre, il trouva les barreaux mis. Il envoya querir un couperet, qui fut ce que l'on put trouver de plus près; mais ce fut inutilement que l'on essaya de faire une ouverture. Le Roi vint regagner ses cabinets, et étant redescendu dans la cour, il traversa celle des Princes, et alla chez Mme de Tallard, ayant laissé M. de Souvré et un autre auprès de la cheminée, faisant la conversation pour que l'on ne se doutât point qu'il fût parti. L'on a beaucoup raisonné sur cette fenêtre fermée d'un souper à l'autre. J'en ai parlé aujourd'hui à Gabriel le fils, qui m'a dit qu'entendant parler le Roi de sa promenade sur les toits et de ce qu'il étoit descendu par une fenêtre chez Mme de Tallard, il lui avoit dit que, ne connoissant point de passage ouvert, il ne comprenoit point par où S. M. avoit pu descendre, que le Roi lui ayant dit par quelle fenêtre, il lui avoit répondu : « Sire, c'est ma faute : cette fenêtre devroit être fermée, et je vais donner ordre qu'on la ferme; » que le Roi ne lui ayant point donné d'ordre contraire, il avoit dit le lendemain qu'on fermât la fenêtre, et que la grille s'étant trouvée toute prête, la fenêtre avoit été fermée avec beaucoup de diligence; que Mme de la Lande, dans l'appartement de laquelle donne cette fenêtre, n'avoit pas été fâchée non plus qu'elle le fût promptement.

7 juillet. — Le Roi soupa hier dans ses cabinets au retour de la chasse. Après souper il se promena sur les toits du côté de l'aile neuve et envoya M. de Soubise à la cheminée de Mme de Tallard faire la conversation, pendant que S. M. passa par les cours. Il passa à la porte de Mme de Luynes qu'il ouvrit lui-même; le suisse, à moitié endormi, ayant voulu ouvrir les deux battants, le Roi s'en alla chez Mme de Tallard où il y eut un cavagnole. S. M. y gagna environ cent louis.

L'établissement des gendarmes à Versailles a donné occasion à une discussion dont j'ai entendu parler aujourd'hui. Outre l'ordre que le Roi donne de tous les temps, en allant à la messe, aux gendarmes, chevau-légers, mousquetaires gris et mousquetaires noirs (lequel ordre est porté aussitôt à Paris par les mousquetaires à leur hôtel, et l'étoit par le gendarme à l'hôtel de Soubise dans le temps qu'ils étoient établis à Paris, au lieu que les chevau-légers ayant leur quartier établi le recevoient plus promptement,) outre cet ordre, auquel les officiers de quartier de ces compagnies peuvent se trouver et se trouvent même souvent, quoiqu'ils ne soient pas absolument partie nécessaire, il y a encore le mot qui se donne le soir. Le Roi donne ce mot à la porte de sa chambre, du côté du cabinet, aux gardes françoises et suisses et aux gendarmes et chevau-légers. Les mousquetaires, n'étant jamais habitants dans le lieu où est le Roi, ne sont pas dans le même cas que les autres. Les capitaines-lieutenants des gendarmes et chevau-légers, ou l'officier supérieur en quartier, un de chaque compagnie, reçoit ce mot de la bouche du Roi. Il y eut sur cela même une dispute il y a quelques années. MM. les sous-lieutenants, guidons et cornettes en quartier prétendent ne devoir pas le recevoir du capitaine-lieutenant, mais directement du Roi. Il y a aussi une différence entre les gendarmes et les chevau-légers sur ce mot. Dans les gendarmes, lorsque le sous-lieutenant, guidon ou cornette n'y est pas, le maréchal des logis, en son absence le brigadier, même le sous-brigadier, reçoit le mot. Dans les chevau-légers, le maréchal des logis n'est point remplacé par les inférieurs ; il est pourtant certain que cela devroit être égal. Outre ces officiers, il y a eu de tout temps un chevau-léger, habillé de l'uniforme et sans bottes, qui attend le mot que lui vient donner son officier, lequel mot même il va porter au capitaine-lieutenant, s'il n'est pas chez le Roi pour le recevoir. Je ne parle point du gendarme, parce que le quartier n'étant point établi ici, il n'étoit point question le soir de gendarme ; mais ce chevau-léger non-seulement entre dans la chambre du Roi partout, même au lever, pendant que le Roi mange, et dans les temps que les courtisans entrent à Marly dans le salon, et de même dans les autres lieux, mais même il reste dans la chambre de S. M. dans le temps que le Roi donne le mot. Il a été aujourd'hui question de savoir si le gendarme resteroit de même chez le Roi. Hier étoit la première fois, et précisément ce jour-là le chevau-léger qui devoit y être manqua ; il fut même mis aux arrêts pour cela ; le gendarme fut refusé. Il a été aujourd'hui question de savoir ce qui devoit être et ce qui avoit été. L'affaire a été traitée entre M. le prince de Rohan et M. d'Apchier d'une part, et M. de Rochechouart de l'autre, ensuite avec M. de Gesvres. Il n'est pas douteux que ce qui est accordé à une compagnie l'est à l'autre sans difficulté. On a cité l'usage du chevau-léger qui même avançoit jusque derrière ceux qui recevoient le mot du Roi. On a prétendu de l'autre part que c'étoit un abus, que le chevau-léger n'étoit pas toujours entré dans le temps du mot, que M. de la Trémoille dans son année l'avoit défendu. M. de Rohan a répondu que depuis qu'il avoit parlé à M. de la Trémoille la défense avoit été levée. Enfin on est convenu que le gendarme ainsi que le chevau-léger, qui ont liberté d'entrer tout le jour dans la chambre du Roi, y resteroient pendant le temps de l'ordre du soir, mais non pas du côté du cabinet, mais auprès de la fenêtre du côté de l'antichambre, d'autant plus qu'ils ne sont pas là pour recevoir le mot de leur officier dans la chambre de S. M., ce que l'on regarde comme contraire au respect, mais pour attendre le moment que leur officier sorte, le suivre et prendre l'ordre de lui, soit dans l'antichambre, ou bien où il juge à propos de leur donner. Le chevau-léger ou le gendarme ne doivent dans aucun cas se présenter pour recevoir l'ordre du Roi au défaut de leurs officiers. Il y a même une chose assez singulière, c'est que, quoiqu'à cet ordre du soir, le cornette dans les chevau-légers soit remplacé par un maréchal des logis, et dans les gendarmes, comme nous venons de dire, par même un sous-brigadier, cependant dans les voyages du Roi, dans lesquels les compagnies rouges marchent, les maréchaux des logis même ne remplacent point les officiers pour la place auprès du carrosse, par l'ordonnance rendue je crois en 1725 ou 1726, et même je crois devant, au sujet d'une dispute entre les bleus (1) et les rouges pour ces places. Il fut réglé que les bleus seroient auprès des roues de derrière et les rouges auprès des roues de devant sans pouvoir reculer, mais en même temps que les maréchaux des logis ne pouvoient pas remplacer les officiers supérieurs. On prétend même que les officiers des gendarmes et chevau-légers qui ne sont pas de quartier ne peuvent pas remplacer ceux qui en sont lorsqu'ils manquent. Cette prétention ne me paroît pas fondée, mais je ne la crois pas encore réglée. MM. les officiers des quatre compagnies rouges ont un privilége que n'ont point les officiers des gardes du corps; c'est que, quoiqu'ils soient de quartier (ce qui est plus marqué pour les gendarmes et chevau-légers, les mousquetaires servant toute

---

(1) Les quatre compagnies des gardes du corps du Roi avaient des uniformes bleus.

l'année) et même avec leurs habits uniformes, ils ont l'honneur de manger avec le Roi.

11 *juillet*. — Je croyois la dispute sur l'entrée du gendarme et chevau-léger dans la chambre finie ; mais il me paroît qu'elle ne l'est pas. L'intention de M. de Rochechouart étoit de ne consentir à cette entrée dans la chambre, pendant l'ordre, qu'à condition que cet ordre ne seroit point rendu aux gendarme et chevau-léger dans la chambre même du Roi. Il paroît que M. de Rohan, car M. de Chaulnes n'est pas ici, n'a pas eu connoissance de cette condition, ou bien il a voulu soutenir sa prétention ; mais le fait est que M. de Gadagne, officier des gendarmes, rendit hier le mot dans la chambre du Roi au gendarme. Sur cela M. de Rochechouart a défendu aujourd'hui aux huissiers de [ne] laisser entrer dans la chambre du Roi ni le gendarme ni le chevau-léger. M. le prince de Rohan a dû en rendre compte ce soir au Roi.

Hier il fut déclaré que le Roi avoit donné à M. le duc d'Ancenis le régiment de cavalerie de Chevreuse. Il y a plus d'un an que S. M. avoit laissé ce régiment à mon fils, quoiqu'il fut mestre de camp général des dragons.

12 *juillet*. — J'appris hier au soir la façon dont s'étoit donné l'ordre par M. de Gadagne. Le gendarme et chevau-léger étoient tous deux dans la chambre du Roi, mais l'un des deux étoit en haut de la chambre, du côté du cabinet, derrière les officiers qui reçoivent le mot. M. de Rochechouart avoit recommandé aux huissiers de ne pas souffrir que l'on donnât le mot aux gendarme et chevau-léger dans la chambre du Roi. M. de Gadagne ayant reçu le mot s'approcha du gendarme pour le lui rendre à l'oreille. C'est l'usage général, et le Roi lui-même le donne de cette façon. L'huissier, voyant M. de Gadagne parler à l'oreille au gendarme, vint à lui et assez indiscrètement demanda à M. de Gadagne ce qu'il avoit dit au gendarme. M. de Gadagne, un peu étonné de la question, dit à l'huissier qu'il lui avoit souhaité le bonsoir. Toute cette dernière contestation est venue faute de s'entendre. M. de Rochechouart ne prétend autre chose sinon qu'il n'y ait point d'affectation de rendre l'ordre aux gendarme et chevau-léger dans la chambre du Roi, et qu'ils ne soient ni l'un ni l'autre dans la partie du côté du cabinet. Cette dernière circonstance est aisée à observer. A l'égard de l'autre, comme il n'est point défendu de parler bas dans la chambre du Roi, surtout lorsque S. M. n'y est pas, on ne peut jamais savoir si le mot a été rendu, ou si c'est autre chose qu'on a dit. Lorsque M. le prince de Rohan parla hier de cette question à M. le Cardinal, S. Ém. lui dit qu'elle n'étoit pas trop au fait de ce qui se devoit faire, mais qu'il en vint rendre compte lui-même au Roi pendant le travail, seulement qu'il falloit faire un mémoire, parce que S. M. ne décidoit point sans mémoire. M. de Rohan en fit un l'après-dînée, qu'il me montra et qui étoit assez court; il le porta au Roi; l'affaire fut agitée; mais S. M. ne décida point et remit cette décision à aujourd'hui. M. de Rohan a dû ce matin aller parler à M. le Cardinal et lui dire que depuis l'explication faite tout étoit concilié et qu'il ne demandoit plus de décision.

Le Roi soupa avant-hier dans ses cabinets. Après le souper il vint chez Mlle de Clermont, de là chez M. de la Rochefoucauld voir son appartement, et de là chez Mme la duchesse de Gramont; il fut environ un quart d'heure dans chacune de ces visites, mais il ne s'assit ni ne joua dans aucun endroit. Ensuite il alla se promener sur la terrasse où il fut assez peu de temps.

Mme la duchesse de Béthune, qui est malade considérablement de la poitrine, s'en alla il y a deux jours à Paris. La Reine lui a fait l'honneur de l'aller voir deux fois dans son appartement.

Mon fils, qui est allé à son régiment de dragons, a passé à la cour de Lunéville. On me mande que la vie de cette cour est fort différente de celle-ci. On y dîne à onze heures et demie ou midi ; on y soupe à huit heures ; tout le monde est couché à dix. Le roi de Pologne se lève à six heures, quelquefois à cinq.

Mme la duchesse de Lorraine prit il y a quelques jours possession de Commercy.

A Versailles, 17 *juillet*. — Nous avons parlé ci-dessus des chevau-légers à l'occasion de l'ordre et du salut. Il y a encore plusieurs remarques à faire sur les priviléges de cette compagnie. Il y a eu, depuis plusieurs années, différentes contestations. Les officiers supérieurs, c'est-à-dire les sous-lieutenants, cornettes et guidons (les guidons ne sont que pour les gendarmes, il n'y en a point dans les chevau-légers), prétendoient que ceux d'entre eux qui étoient de quartier devoient seuls commander à l'armée ce que l'on appelle le détachement, qui est pourtant la plus grande partie de la compagnie, et n'être point obligés à en rendre compte aux capitaines-lieutenants, et qu'ils devoient prendre l'ordre du Roi de préférence au capitaine-lieutenant, lequel selon leur prétention devoit choisir son quartier comme les autres. Cette dernière prétention étoit fondée, je crois, sur ce que le capitaine-lieutenant des gendarmes prenoit autrefois effectivement un quartier ; mais l'une et l'autre de ces prétentions ont été réglées en faveur des capitaines-lieutenants. Il y avoit aussi une difficulté sur les vestes uniformes qui a été aussi réglée pour le capitaine-lieutenant. Toutes ces choses sont conformes aux principes de la subordination. Je joindrai ici la copie de quelques règlements, signés du Roi, sur toutes ces différentes prétentions et même sur quelques autres. Il y en a encore une qui est décidée aussi et qui ne s'exécute point cependant ; c'est au sujet du mot au capitaine-lieutenant, lequel le rend au sous-lieutenant ou cornette de quartier qui le rendroit ensuite au maréchal des logis. L'usage général le veut ainsi, et le Roi l'a décidé formellement

et signé, comme on le verra par la copie que je joins ici.
Cependant MM. les sous-lieutenants et cornettes croient
que ce seroit faire tort à leurs charges que de le recevoir
du capitaine-lieutenant, et ils se retirent quand il vient
le prendre du Roi. M. de Chaulnes l'ayant donné une fois
à M. d'Escorailles, cornette, M. d'Escorailles alla s'en plaindre à M. le Cardinal qui lui dit cependant les intentions de S. M. Comme il est arrivé plusieurs fois au feu
Roi de donner ce mot tout haut, ces messieurs croient
qu'ils doivent l'entendre en même temps que leur supérieur, mais non pas le recevoir de lui; cependant l'usage
étant que le Roi le donne tout bas, comme il fait effectivement, l'ordre du service et celui du Roi en particulier sont pour le capitaine-lieutenant.

Nous avons aussi parlé de la difficulté faite par M. de
Rochechouart au sujet de l'entrée du gendarme dans
la chambre, et par conséquent du chevau-léger. Il y a
deux observations à faire sur cet article. La première
c'est que l'ordre du Roi est précis : que l'ordre soit rendu
au major de brigade. Il y a quatre aides-major de brigade (un par quartier) qui ne sont vêtus que comme
simple chevau-léger ou gendarme, ainsi c'est donc
toujours un aide-major de brigade, ou censé tel, qui
vient recevoir le mot; et s'il étoit possible que tous les
officiers supérieurs puissent être absents, le dit aide-
major de brigade paroîtroit en droit de prendre lui-
même le mot du Roi. Secondement, lorsque l'on dit que
c'est manquer de respect à la chambre du Roi que de
répéter le mot qu'il vient de donner, nous voyons tous
les jours un exemple du contraire. Le premier maître
d'hôtel (qui autrefois ne prenoit point d'ordre dans
le cabinet, car c'est une nouveauté), après avoir reçu au
sortir du dîner l'ordre de S. M. pour le souper, le répète sur-
le-champ dans la chambre du Roi au maître d'hôtel, et cet
ordre même souvent se redit encore plusieurs fois dans la
chambre, sans que l'on croie manquer au respect qui est dû.

Les compagnies des gendarmes et chevau-légers sont les seules en droit d'avoir leurs étendards dans la chambre du Roi. Je ne sais si les mousquetaires auroient le même droit ; mais comme ils sont assemblés en corps et qu'ils demeurent à Paris, je ne sais point d'exemples qu'ils aient joui de ce droit. Le feu Roi se faisoit un plaisir de montrer aux étrangers les étendards des chevau-légers (car les gendarmes n'avoient point alors de quartier à Versailles) et leur disoit qu'il n'y avoit que ses deux compagnies de gendarmes et chevau-légers qui aient ce droit. M. de Chaulnes m'a dit l'avoir entendu dire au Roi plusieurs fois, et que la dernière année de sa vie il le dit encore à milord Stairs (1).

Il y a quelques années que le roi Louis XV ayant voulu voir la gendarmerie, elle s'assembla. Comme le Roi est le capitaine de toutes les compagnies de la gendarmerie et que les capitaines ne sont que capitaines-lieutenants, il fut question de savoir si l'on porteroit leurs étendards chez le Roi. Sur les représentations qui furent faites il fut d'abord résolu qu'on ne les y porteroit point. Cependant la gendarmerie étant venue ici, les représentations des capitaines prévalurent et les étendards furent apportés dans la chambre du Roi. M. de Chaulnes en ayant reparlé depuis, M. le Cardinal lui dit que le Roi étoit instruit du privilége des gendarmes et chevau-légers, et le Roi lui-même, après un travail sur la compagnie, dit à M. de Chaulnes en propres termes, que M. le Cardinal lui avoit rendu compte des représentations sur ce qui s'étoit passé à l'occasion de la gendarmerie et que cela ne seroit plus ; « cela ne sera plus, » ce sont les termes dont le Roi s'est servi et [que] M. de Chaulnes m'a répétés.

Le même M. de Chaulnes m'a répété aussi un discours de bonté du Roi qui mérite de n'être pas oublié. La revue

---

(1) Ambassadeur d'Angleterre.

de la maison du Roi étant faite, M. de Chaulnes demanda au Roi ses ordres pour les chevau-légers ; le Roi lui dit : « Mais ils s'en retournent chacun chez eux. » M. de Chaulnes répondit au Roi que dans l'espérance où l'on étoit d'un duc d'Anjou, S. M. pourroit peut-être aller à Paris. Le Roi lui dit : « Mais le quartier reste ici. » M. de Chaulnes répondit que S. M. seroit peut-être bien aise d'être suivie par la compagnie entière et que cela seroit même plus convenable : le Roi fit un moment réflexion et lui dit ensuite : « Cela seroit mieux effectivement, mais cela les feroit rester huit jours de plus ici, cela leur coûteroit trop ; non, je ne le veux point. » Les chevau-légers instruits de ce discours de bonté du Roi auroient tous voulu ne pas partir.

J'ai oublié de marquer sur l'article des prétentions des sous-lieutenants, cornettes et guidons, de ne point recevoir le mot du capitaine-lieutenant, que M. le prince de Rohan n'exige point ce droit dans les gendarmes ; cependant il est également fondé, et l'ordre pour les chevau-légers conclut également pour lui. J'ai encore oublié de marquer la raison pour laquelle les dits sous-lieutenants, cornettes et guidons ne sont pas remplacés en cas de besoin par ceux de leurs confrères qui ne sont pas de quartier, mais par des maréchaux des logis. C'est que s'ils l'étoient par leurs égaux, il n'arriveroit jamais qu'aucun maréchal des logis pût avoir l'honneur du remplacement, ce qui peut en temps de guerre être une occasion pour acquérir de la gloire et est toujours honorable en temps de paix.

Il y a un trait bien honorable pour les chevau-légers ; c'est de M. le Prince (1) à la bataille de Senef, en 1674, où la maison du Roi fit des prodiges, et en particulier les chevau-légers ; tous les officiers ayant été tués ou mis hors de combat, M. le Prince vint à eux et leur dit : « Mes-

---

(1) Le grand Condé.

sieurs, vous êtes autant d'officiers et vous n'en avez besoin d'aucun, mais je vais charger à votre tête. » Il sortit un chevau-léger du rang qui lui dit : « Monseigneur, vous pouvez n'être point en peine de nous. Nous ferons aussi bien sans officier, je vous réponds de tous. » M. le Prince ayant su qu'il étoit le plus ancien, lui dit : « Monsieur, je vous ferois tort si je ne vous laissois pas le commandement de la troupe et je me retire. » Effectivement le chevau-léger, à la tête de la troupe, battit encore les ennemis.

Copie du règlement du Roi pour le service des troupes de sa Maison à l'armée, du 15 juillet 1690.

I. Mes gardes doivent être sous les ordres d'un commandant de la cavalerie, tel qu'il soit, pour le service ordinaire et pour la garde à cheval de ma maison ou celle de mon fils. Il n'y a que pour le guet qu'on doit détacher sans rendre compte à personne.

II. L'officier qui commande l'escadron de garde devant la maison, tel qu'il soit, même de cavalerie, doit prendre la parole de moi ou de mon fils.

III. Les seuls avantages que doivent avoir mes gardes et mes autres compagnies sont que ceux qui sont commandés pour l'ordonnance, soit chez le colonel général, ou autre commandant la cavalerie, tel qu'il soit, et que celui qui fait la charge de maréchal des logis de la gendarmerie, prenne la parole du maréchal de camp de jour, car pour le reste du service il doit s'exécuter sur ce que mande le maréchal des logis de la cavalerie sans nulle difficulté.

IV. Quand je ne suis pas à l'armée ni mon fils et qu'ils ne font point de garde devant le logis ni de guet auprès de nous, ils doivent aller à la grande garde et voir les gardes ordinaires comme le reste de la cavalerie, à moins que le général ne se servît d'eux ailleurs.

V. Quand il y a de mes gardes et de mes gendarmes

ou chevau-légers ou de mes autres compagnies commandées pour un parti, ou quelque détachement que ce soit, si celui qui commande le tout est maréchal de camp, le brigadier qui se trouve le premier, est réputé commandant la cavalerie; il doit donner l'ordre et se mettre à la tête des troupes de ma maison.

VI. Si le commandant n'est que brigadier, il se peut mettre à la tête des troupes de ma maison et donner tous les ordres nécessaires, mais celui qui suit ne le peut, le détachement n'étant que de cavalerie, et celui qui commande étant considéré comme commandant la dite cavalerie.

VII. Pour ce qui est du salut, j'ai déjà dit mes intentions, et pour les expliquer plus clairement, mes compagnies ne doivent saluer que mon fils, ses fils et petits-fils, les princes du sang, le duc du Maine, le comte de Toulouse, et le général de l'armée s'il est maréchal de France, toutes les fois qu'ils le voient hors de ma présence, ou de celle de mon fils; et pour le colonel général de la cavalerie ils ne le doivent saluer que la première fois ou la dernière qu'ils le voient. Nul autre commandant de la cavalerie ne doit être salué.

VIII. Si le général de l'armée ou du corps où ils seront n'est pas maréchal de France ou qu'il ne soit que lieutenant général ou maréchal de camp, ils ne le doivent saluer que la première ou la dernière fois qu'ils le voient, comme le colonel général de la cavalerie. Ce salut ne doit aller que jusqu'aux maréchaux de camp. On ne doit pas saluer les officiers inférieurs quand même ils commanderoient en chef.

IX. Voilà mes intentions sur le service de mes gardes et de mes autres compagnies; et si par hasard il arrive quelque difficulté que je ne saurois prévoir, mon intention est qu'ils cèdent et qu'ils remettent à la fin de la campagne de savoir mes intentions sur l'incident bizarre que quelques officiers de mes dites compagnies auroient cherché mal à propos, et je veux bien qu'ils sachent qu'en ce cas ils feroient quelque chose qui me sera désagréable.

A Versailles, le 15 juillet 1690.

Usage très-ancien des deux compagnies des gendarmes et des chevau-légers de la garde ordinaire du Roi, par rapport aux honneurs qu'elles doivent rendre.

Les deux compagnies rendent au Roi et à la Reine tous les honneurs qu'elles peuvent rendre. — Les capitaines-lieutenants ne saluent que lorsque les étendards saluent, et les étendards ne saluent que le Roi et la Reine. — Les compagnies rendent les mêmes honneurs qu'au Roi (hors le salut des étendards) à Mgr le Dauphin, à Mme la Dauphine et à leurs capitaines-lieutenants. — A l'égard des autres fils et filles de France, elles s'arrêtent, se forment, les timbaliers battent un roulement, les trompettes sonnent un appel continu et les officiers saluent de l'épée. — Les mêmes honneurs se rendent aux seuls petits-fils et petites-filles de France, à l'exception que les timbaliers ne battent point, et que les trompettes ne sonnent qu'un demi-appel. — Quand les quatre brigades sont rassemblées auprès du Roi, elles font toutes la fonction du quartier, et la distinction de la cornette dans le quartier n'a lieu que lorsqu'on fait partir le détachement pour l'armée, où pour lors elle exécute le règlement envoyé par le feu Roi pour sa maison en date du 15 juillet 1690.

Décisions du Roi sur les chevau-légers de la garde ordinaire du Roi.

Si Mgr le Dauphin fait l'honneur à votre compagnie de la voir avant que V. M. paroisse, quels honneurs souhaite-t-elle qu'ils lui soient rendus (1)? Les mêmes lui sont dus qu'à Elle, excepté le salut de l'étendard et celui du comman-

---

(1) Décision du Roi du 19 avril 1735, renouvelée le 1er juillet 1737.

dant et de votre lieutenant ; ces honneurs étant réservés à vous seul et à la Reine (1). S'il plaît à V. M. qu'ils soient rendus à Mgr le Dauphin, elle voudra bien avoir la bonté d'honorer sa compagnie de ses ordres par écrit, sans lesquels elle ne peut s'écarter de ses usages précédemment confirmés par V. M. (2).

Le Roi soupa le 13 dans ses cabinets, et après le souper il fut chez Mme de Tallard où il joua heure à une cavagnole. De là il vint chez Mme de Luynes ; il entra même dans l'appartement, mais nous étions retirés ; il étoit deux heures. Il descendit ensuite chez Mme de Gramont où il ne s'assit point, puis il alla se promener sur la terrasse.

Avant-hier 15, la Reine commença à sentir des douleurs vers les six heures du soir ; on envoya quérir le Roi qui étoit à la chasse ici près. Elle eut pendant quelque temps d'assez petites douleurs et éloignées l'une de l'autre. Enfin après trois ou quatre fort grandes douleurs, dont les deux dernières ne furent pas fort éloignées l'une de l'autre, elle accoucha un peu avant dix heures trois quarts. Le Roi qui devoit souper avec la Reine, voyant sur les huit heures que l'accouchement n'avançoit point et qu'il y avoit grande quantité d'hommes et de femmes qui attendoient le moment de cet accouchement dans la chambre de la Reine, prit le parti d'envoyer ordre tant à sa bouche qu'à celle de la Reine que l'on rassemblât au plus tôt de quoi donner à souper à tous ceux et celles qui voudroient souper ; bien entendu ceux et celles qui sont en droit d'avoir cet honneur. A neuf heures et demie le couvert fut mis, et la table servie dans l'antichambre du Roi (3) auprès de sa chambre. Le Roi dit à quelques dames dans la chambre de la Reine si elles vouloient venir souper ; il n'y en eut

---

(1) Écrit de la main du Roi sur l'original de 1735 : « suivre l'ancien usage. »

(2) Écrit de la main du Roi sur l'original de 1737 : « suivre les usages par moi déjà aprouvés et apostillés. »

(3) Qu'on appelle l'Œil-de-bœuf. (*Note du duc de Luynes.*)

que six ou sept : Mlle de Clermont à sa droite, Mme la maréchale de Villars, qu'il en avoit prié nommément, à sa gauche, Mmes de Montauban, de Tallard, de Mérode, de Boufflers et de Mailly. Pour les hommes, [de] ceux qui se présentèrent autour de la table, le Roi dit à quelques-uns de se mettre à table; il y en avoit neuf, outre le Roi. Il y avoit une petite table qui ne fut point remplie. M. le Duc étoit des neuf et étoit à la droite de Mlle de Clermont. Derrière le fauteuil du Roi étoit M. le duc de Rochechouart; M. le duc de Villeroy étoit à table avec le Roi. M. d'Harcourt se mit aussi derrière le fauteuil du Roi à gauche, mais il étoit sans bâton, ce que je remarquai avec soin. Je vins me mettre à table après avoir été quelques moments au souper du Roi. On n'avoit pas encore servi le rôti chez moi que nous entendîmes un bruit général et des cris de joie : « Un garçon, un prince, vive le Roi, vive M. le duc d'Anjou ! » On couroit chez le Roi, chez la Reine, sans savoir où l'on alloit. Les uns envoyoient des courriers; les courriers partoient de toutes parts. M. le Cardinal fut averti chez lui, où il étoit revenu pour la seconde ou troisième fois, et ne crut pourtant pas la nouvelle. J'allai chez la Reine et je trouvai qu'elle n'étoit point accouchée. Elle avoit eu une fort grande douleur et l'on demandoit du vin d'Espagne pour elle, et un garçon de la chambre pour en aller quérir. L'huissier de la chambre n'en trouvant point dans le moment, cria à la porte de la chambre : « Un garçon, un garçon ! » ce mot fut répété aussitôt et courut de tous côtés. M. de la Billarderie, major des gardes du corps, le crut si certain qu'il envoya un courrier à Mme la duchesse du Maine à Sceaux. Le Roi s'étoit levé de table à cette fausse nouvelle et étoit dans la chambre de la Reine; mais M. de Courtenvaux, qui soupoit avec le Roi, ayant su la nouvelle d'un garde du corps qui disoit la tenir de M. le major, M. de Courtenvaux la débita lui-même et fit partir un courrier à toutes jambes pour Paris. La dernière douleur vint fort peu de temps après celle qui avoit donné occasion à cette méprise. La Reine, pendant son travail, avoit tendu la main au Roi qui l'avoit embrassée. Immédiatement après être accouchée, ayant su que c'étoit une fille (1), elle fit prier le Roi de s'approcher d'elle, et elle lui dit : « Je voudrois souffrir encore autant et vous donner un duc d'Anjou. » Le Roi l'exhorta à se tranquilliser. Un moment avant ce discours, et avant que l'on sut si c'étoit fille ou garçon, M. le duc de Villeroy demanda au Roi qui il enverroit à Paris; il lui dit : « Qui vous voudrez. » Cette réponse fit juger dès lors que c'étoit une fille; mais elle semble être contraire à ce que nous avons marqué de la prétention de MM. les exempts, et paroît prouver que le choix pour le voyage du chef de brigade ou de l'exempt dépend de la naissance d'un garçon ou d'une fille. Quoique le souper du Roi ne fut qu'au rôti, S. M. alla sur-le-champ se coucher. Le lendemain, qui étoit hier, il fut à la chasse et donna l'ordre à M. le Duc qu'il ne falloit rien pour le souper. On comptoit qu'il souperoit dans les cabinets. A huit heures, le Roi envoya demander à souper à son petit couvert; il avoit oublié de donner l'ordre pour ses cabinets. Il ne devoit courre le cerf que demain; il en avoit même donné l'ordre, mais ayant voulu souper dans ses cabinets plutôt aujourd'hui que demain, à cause du vendredi, il donna l'ordre hier à huit heures du soir qu'il courroit aujourd'hui.

J'oubliois de marquer que la Reine, pendant son travail, appela Mme de Rochechouart et lui dit : « Je crois que vous seriez bien embarrassée de me tenir la main, je sais pourtant que c'est votre droit. » C'est effectivement le droit de la femme du premier gentilhomme en année.

Quelques jours avant les couches de la Reine, dans l'incertitude si ce seroit un duc d'Anjou, il y eut une question agitée entre les gendarmes et les gardes françoises, ou

---

(1) Madame Louise, morte carmélite en 1787.

plutôt renouvelée (1). Les gendarmes, le Roi allant à Paris, de même que dans tous les autres voyages, le doivent sortir de Versailles, de même que les chevau-légers doivent le suivre en entrant dans le lieu où il couche. Les gardes françoises prétendent que les gendarmes ne doivent point passer entre eux et les gardes suisses, mais qu'ils doivent passer par derrière. Les gendarmes, qui doivent prendre le Roi à la grille de la première cour, prétendent que suivant l'usage de tous les temps ils doivent se mettre en bataille entre la grille et les gardes françoises. Les gardes françoises disent qu'ils ne doivent point être séparés de leur sentinelle qui est à la grille, et ils la joignent effectivement par des sergents d'espace en espace. M. de Gramont fit un mémoire, il y a quelques années, auquel M. de Rohan a répondu à mi-marge. Il devoit demander une décision au Roi. Il prétend que la sentinelle de la grille et le bataillon ne doivent point être joints, qu'entre l'un et l'autre il y a toujours eu un passage libre pour passer un carrosse, et je crois toujours l'avoir vu de même. Il ajoute que jamais difficulté n'avoit été faite sur cela aux gendarmes avant feu M. le maréchal de Gramont, lequel même cessa de lui faire cette difficulté sur ce que lui dit M. de Contades. La même question seroit pour les chevau-légers à leur arrivée dans Paris, avec les suisses et au retour, mais M. le prince de Dombes, à qui j'en ai parlé, dit qu'il s'en tiendra à ce qui sera décidé pour les gardes françoises.

Aujourd'hui le Roi a dit à son lever que le Grand-Duc (2) étoit mort. Cet événement est d'une grande importance, puisqu'il réalise dans ce moment la succession éventuelle, M. le duc de Lorraine entrant en possession de la Toscane, et le Roi n'étant plus obligé de donner

---

(1) V. l'art. du 23 septembre suivant.
(2) Jean-Gaston II, de Médicis, grand-duc de Toscane, né en 1671.

les 4,500,000 livres par an dont on étoit convenu (1).

21 *juillet.* — Quelque temps avant l'accouchement de la Reine, Mme de Luynes lui demanda ses ordres et ce qui pouvoit lui plaire par rapport au droit de coucher dans sa chambre pendant neuf jours. La Reine répondit avec bonté à Mme de Luynes; mais il parut qu'elle désiroit que Mme de Luynes n'y couchât point. S. M. assura Mme de Luynes que le lit qui lui étoit destiné seroit exactement dans sa chambre pendant les neuf jours, ce qui a été exécuté, et il y est encore. Il n'y a nulle difficulté sur ce droit de la dame d'honneur de coucher pendant neuf jours dans la chambre de la Reine ; ce n'est que parce que Mme de Luynes sait que la Reine craint le bruit qu'elle lui a demandé ses ordres, comme elle fit l'année passée, ne voulant rien faire qui ne lui fût agréable. L'année passée même elle y coucha une nuit.

M. le cardinal de Bissy est à l'extrémité; il est âgé de quatre-vingts ans, étant né en 1657. C'est une perte pour l'Église et une très-grande pour les pauvres. Quoiqu'il n'écrive pas fort bien et ne parle pas fort éloquemment, il est fort instruit et fort zélé pour la bonne doctrine (2). Il donne beaucoup aux pauvres, et se refuse même pour cela presque le nécessaire pour lui. L'abbaye de Saint-Germain, qui vaquera par cette mort, est unique dans son espèce. Il vient de l'affermer 150,000 livres, y compris les droits seigneuriaux, qui sont immenses. Pour l'évêché de Meaux, [il] vaut tout au plus 20,000 livres de rente.

Il y a une chose assez singulière sur l'abbaye de Saint-Germain, c'est qu'elle a été possédée par Mme la prin-

---

(1) Le traité de Vienne (1735) qui mettait fin à la guerre de la succession de Pologne disait que Stanislas Leczinski renonçait au trône de Pologne, tout en conservant le titre de roi de Pologne, et devait être mis en possession des duchés de Lorraine et de Bar ; que le duc de Lorraine aurait la Toscane, à la mort du grand-duc Gaston, et qu'en attendant, le roi de France lui donnerait par an 4,500,000 livres.

(2) « Ce prélat étoit grand moliniste. » (*Journal de Barbier*, t. III, p. 89.)

cesse de Conty, bisaïeule de M. le prince de Conty d'aujourd'hui (1). Le Roi en parloit aujourd'hui chez la Reine. Il disoit même qu'il y avoit eu des lettres patentes rendues dans le temps que Mme la princesse de Conty en étoit abbé.

Nous avons mis ci-dessus une circonstance par rapport à M. le duc de Chartres, sur les entrées, sur laquelle il faut faire une observation. M. le duc de Chartres n'a jusqu'à présent nulle entrée. M. le duc d'Orléans en parloit encore hier chez la Reine. Comme la Reine ne voit actuellement que les entrées, elle n'auroit pu voir M. le duc de Chartres; mais elle a la bonté quelquefois de faire entrer quelqu'un de ceux ou celles qui viennent savoir de ses nouvelles. C'est par cette même bonté qu'elle verra M. le duc de Chartres. Mme de Luynes même, suivant l'ordre de la Reine, a dit aux huissiers que la première fois que M. le duc de Chartres viendroit savoir des nouvelles de la Reine ils le fissent entrer. La Reine, ne donnant point d'entrée chez elle, mais le Roi, si M. le duc de Chartres revenoit une seconde fois, l'huissier demanderoit des ordres.

Mme l'ambassadrice d'Espagne, qui a désiré de venir voir la Reine et qui n'a nulle entrée, ne verra de même S. M. que par une bonté particulière.

M. Amelot a apporté aujourd'hui à M. le marquis de Tessé la lettre par laquelle S. M. Catholique avoit bien voulu accorder la grandesse de M. le comte de Tessé, son père (2), auquel il conserve les honneurs. M. de Tessé, qui sollicitoit cette grâce depuis longtemps, a été remercier le Roi et la Reine.

24 juillet. — Nous avons marqué ci-dessus que le Roi

---

(1) Anne-Marie Martinozzi, nièce du cardinal Mazarin.
(2) René Mans de Froulay, comte de Tessé, lieutenant général des armées du Roi, s'étoit démis en 1735 de la charge de grand écuyer de la Reine en faveur de son fils René-Marie de Froulay, marquis de Tessé.

avoit donné à M. le prince de Nassau-Sarrebrück le régiment de la vieille marine. Comme M. le prince de Nassau est protestant, cette circonstance a donné occasion à des représentations, en conséquence desquelles le Roi a jugé plus à propos de permettre à M. le prince de Nassau d'acheter de M. de Quadt le régiment Royal-allemand. Il y avoit longtemps que M. de Nassau désiroit avoir l'agrément du Roi pour ce régiment, d'autant plus qu'il a été autrefois commandé par son grand-oncle et que la religion protestante et la catholique y sont permises l'une et l'autre; le Roi même y paye un ministre et un aumônier. M. de Nassau donne 100,000 livres à M. de Quadt, lequel se réserve l'état-major et la pension.

M. le cardinal de Bissy est toujours dans un état que l'on dit être hors d'espérance, cependant il est mieux aujourd'hui.

M. de Tessé ayant voulu s'informer combien il faut payer pour le tabouret que Mme de Tessé doit prendre chez la Reine, on lui a dit que l'usage étoit de donner 1,540 livres. Outre la lettre du roi d'Espagne et le brevet, il en faut un du Roi pour pouvoir jouir des honneurs ici.

Le Roi va tous les jours deux fois chez la Reine depuis qu'elle est en couches.

25 *juillet*. — Le Roi n'a point été au salut aujourd'hui; mais M. le Dauphin y a été à la chapelle, et il est arrivé un peu après qu'il a été commencé. Il s'est mis dans la tribune et à la place du Roi. Il n'a été salué par les prêtres qui étoient à l'autel qu'à la fin du salut, quand ils s'en sont retournés à la sacristie; en arrivant à l'autel, ils l'auroient salué de même s'il eût été arrivé.

M. le comte d'Aubigné (1) nous a dit ce soir que le Roi venoit de donner à son fils le régiment de la vieille marine, qu'avoit M. le prince de Nassau, comme nous

---

(1) Louis-François d'Aubigné, lieutenant général des armées du Roi. Cette famille n'est pas la même que celle à laquelle appartenait Mme de Maintenon.

avons dit ci-dessus. M. d'Aubigné le paye 50,000 livres.

Versailles, 28 juillet. — Demain la Reine verra tout le monde; ce sera le quinzième jour de sa couche. Jusqu'à présent ses dames n'ont été habillées qu'en robe de chambre; demain elles prendront leurs grands habits. Hier et aujourd'hui la Reine a bien voulu faire entrer quelques-uns qui n'ont pas les entrées et qui ont demandé à avoir l'honneur de la voir; comme, par exemple, M. le marquis de Clermont, qui vient d'être nommé premier gentilhomme de la chambre de M. le duc d'Orléans, par la démission volontaire de M. le bailli de Conflans. M. le duc d'Orléans ayant désiré le présenter à la Reine, S. M. a trouvé bon qu'il entrât à la suite de M. le duc d'Orléans. M. le lieutenant civil est venu savoir des nouvelles de la Reine; elle a eu la bonté de permettre qu'il entrât un moment. Il y en a eu d'autres à qui cette grâce n'a point été accordée.

Mme la duchesse de Châtillon accoucha hier d'un garçon; c'est un grand événement pour M. de Châtillon, surtout dans la situation présente.

M. le cardinal de Bissy, qui mourut ces jours passés, a été exposé sur un lit de parade. Il sera enterré à Meaux, suivant qu'il l'a demandé. Mon frère, qui a été son grand vicaire, a été prié par la famille pour faire cet enterrement.

On parloit aujourd'hui au dîner du Roi de l'usage de déposer dans les paroisses les corps que l'on transporte ailleurs. Le Roi m'a fait l'honneur de me dire : « Nous sommes nous autres dispensés de cette cérémonie. » J'ai cru devoir lui répondre qu'il n'y avoit que S. M. qui pût songer à un pareil événement, et que nous ne devions jamais l'envisager. « Pourquoi donc? m'a dit le Roi; ne faut-il pas que cela arrive? » On ne sauroit trop remarquer tous les traits de piété et de bonté du Roi.

29 juillet. — Il y a quelques jours que M. le Dauphin étant allé chez la Reine l'après-dînée, entre cinq et sept heures, qui est l'heure, comme nous l'avons dit ci-dessus, où il n'entre que les grandes entrées et les dames du palais de semaine (1), M. le Dauphin fut suivi par M. de Châtillon qui entra avec lui, suivant la règle. M. l'évêque de Mirepoix entra aussi en suivant M. le Dauphin. Cependant il n'a que les entrées de la chambre, et d'être avec M. le Dauphin ne lui en doit donner aucune, parce qu'il n'a point d'obligation de le suivre. M. de Polastron, sous-gouverneur et en semaine, n'arriva pas en même temps que M. le Dauphin; étant venu un moment après, il demanda à l'huissier qui étoit dans la chambre de la Reine. L'huissier lui ayant dit que les dames du palais y étoient, M. de Polastron y entra, sachant que la Reine trouvoit bon qu'il jouit des mêmes entrées, qui sont les entrées de la chambre, et ignorant la différence que la Reine a mise entre les dames du palais de semaine et les autres. On a remarqué cette entrée de M. de Polastron à cause de l'heure. Je lui en ai même parlé par curiosité; il m'a dit que le Roi avoit réglé et même signé que le sous-gouverneur de semaine, même le gouverneur y étant, auroit à la suite de M. le Dauphin toutes les entrées chez le Roi, même les familières, que par conséquent il devroit jouir des mêmes entrées chez la Reine; que cependant il n'avoit joui jusqu'à présent que des entrées de la chambre chez la Reine, parce qu'il lui avoit paru que c'étoit ce que la Reine désiroit.

Ce matin la Reine a vu tout le monde; mais elle n'a voulu voir cette après-dînée que les entrées, comme ces jours passés; elle verra demain les ambassadeurs.

On m'avoit dit il y a quelques jours que le régiment Royal-allemand valoit 25,000 livres de rente. J'ai ouï dire que M. de Quadt disoit qu'il ne lui en valoit que seize en tout. J'ai marqué ci-dessus que dans l'arrangement

---

(1) Les dames du palais non de semaine qui n'ont que les entrées de la chambre n'entrent qu'après sept heures. (*Note du duc de Luynes.*)

fait avec M. le prince de Nassau, M. de Quadt gardoit l'état-major. Il garde seulement la pension de colonel, qui est un objet de 3,500 livres ou de 4,000 francs. Ce seroit même un arrangement singulier que de garder l'état-major; car ce n'est que par tolérance que c'est un profit pour le colonel, puisque naturellement les places en devroient être remplies.

Aujourd'hui le Roi a dîné à son petit couvert, suivant l'usage. Comme S. M. sortoit de table et se lavoit la bouche, un homme habillé de noir, avec un petit manteau, que l'on vient de me dire être M. Carré de Montgeron, conseiller au Parlement (1), ayant passé derrière le fauteuil du Roi, s'est approché fort près de S. M., s'est mis à genoux et en lui présentant un livre in-4°, lui a dit à peu près ces mots : « Sire, c'est un sujet assez fidèle et assez dévoué aux intérêts de V. M. pour oser tout risquer pour lui démontrer la vérité. » M. de Livry, qui étoit derrière le Roi, a pris le livre et l'a porté dans le cabinet du Roi. Le livre est intitulé : « *La vérité démontrée par les faits sur les miracles de M. l'abbé Paris, contre M. l'archevêque de Sens,* 1er tome (2). » Le Roi ayant ouvert le livre l'a envoyé à M. le Cardinal et donné l'ordre que l'on arrêtât l'homme qui l'a présenté. Je ne crois pas qu'il le soit encore. Il y a quatre tomes de ce livre. M. Hérault en a déjà fait enlever vingt mille exemplaires. L'auteur dit dans la préface, qu'il l'a présenté au Roi. Il y a de très-belles estampes, et l'on prétend que ces quatre tomes n'ont point été imprimés à moins de 40 ou 50,000 écus de frais.

31 *juillet*. — M. Carré de Montgeron, dont on a parlé ci-dessus, fut arrêté avant-hier et conduit à la Bastille. Hier MM. les gens du Roi (3) vinrent chez M. le Car-

---

(1) Conseiller à la seconde chambre des enquêtes.
(2) Cet ouvrage, publié à Paris en 1737, est en 3 vol. in-12 et in-4°. La seconde édition est en 3 vol. in-4°.
(3) Les avocats généraux, le procureur général et les substituts du procureur général près la cour de Parlement.

dinal pendant que le Roi étoit à la chasse, et lui ayant demandé permission de parler au Roi, ils attendirent chez S. Em. le retour de S. M. Lorsque le Roi fut revenu de la chasse, M. le Cardinal entra dans le cabinet et M. de Maurepas. Ils y furent environ un quart d'heure, après quoi on alla avertir MM. les gens du Roi qui entrèrent dans le cabinet et ressortirent aussitôt. Personne n'étoit resté dans le cabinet que M. le Cardinal et M. de Maurepas, mais il paroît certain que cet instant d'audience n'étoit que pour demander à S. M. le jour qu'elle voudroit bien recevoir une députation du Parlement. Le Roi leur donna vendredi 2 août. Cette députation est au sujet de M. Carré de Montgeron ; on croit que c'est pour demander pardon au Roi de la démarche téméraire d'un de leurs confrères et obtenir de S. M. qu'il leur soit remis pour en faire justice.

Cette démarche de M. de Montgeron est l'effet d'un cerveau brûlé par l'enthousiasme du parti ; il étoit vêtu de noir, comme nous avons dit, avec un petit manteau ; le tout tout neuf, avec un rabat et des manchettes à dentelles. Il avoit l'air embarrassé et les yeux comme égarés ; ce qui fit même qu'un huissier dans l'antichambre du Roi lui demanda qui il étoit ; à quoi il répondit qu'il étoit magistrat. Étant entré dans la chambre, il demanda au premier qui s'étoit trouvé devant lui par où le Roi passoit pour aller à la chasse. C'étoit M. de Chapiseau, officier du régiment du Roi, qui m'a dit lui-même cette circonstance. M. de Chapiseau lui ayant dit que le Roi descendoit par la cour de marbre, et le Roi s'étant levé de table dans le moment, M. de Montgeron, qui vouloit faire le tour promptement pour s'approcher du Roi, poussa M. de Chapiseau assez rudement, et alla présenter son livre au Roi, comme nous l'avons dit. Dans l'instant même, étant sorti, il remonta dans sa voiture pour retourner à Paris. Il passa à Saint-Cloud, présenta un exemplaire à M. le duc d'Orléans, qui fit quelque difficulté de le recevoir ; mais M. de Montgeron ayant dit qu'il venoit d'en donner un au Roi, il le prit; ensuite il alla chez M. Gilbert de Voysins (1) lui en donner un aussi, et s'en alla dire à M. le premier président et à M. le procureur général (2) ce qu'il venoit de faire.

Hier M. de Ségur, qui arrive de Saverne, présenta à la Reine de la part de M. le cardinal de Rohan une petite cloche ou sonnette de vermeil doré à tenir à la main, qui lui a été donnée par le pape Innocent XII, qui étoit le cardinal Conti. Cette cloche est un présent que les rois d'Espagne envoient au Pape à son exaltation; dans le battant est un petit morceau d'une cloche pour laquelle les Espagnols ont beaucoup de vénération, prétendant qu'elle détourne le tonnerre.

Avant-hier le corps de M. le cardinal de Bissy fut porté de la chambre où il étoit exposé dans l'église de l'abbaye Saint-Germain; plusieurs évêques assistèrent à cette cérémonie. Hier mardi le corps fut transporté à Meaux, où toute la famille s'est rendue. Aujourd'hui s'est faite la cérémonie de l'enterrement à Meaux. Mon frère, qui a été grand vicaire de M. le cardinal de Bissy et pour qui il avoit de l'amitié, a été prié par la famille; il alla hier pour cet effet coucher à Meaux.

Le Roi soupa hier dans ses cabinets; il se promena dans la galerie après souper. Il entra même ici à la porte, et ressortit sur-le-champ, et s'alla coucher sans rentrer nulle part, hors dans l'appartement de M. de Villeroy, où il fut peu de temps.

La Reine voit du monde devant et après sa messe depuis lundi, et pendant son dîner il ne reste que les entrées et de même l'après-dînée; il n'y a que les entrées qui fassent leur cour.

---

(1) Avocat général près la cour de Parlement.
(2) Joly de Fleury.

AOUT.

Grêle en Berry. — Lever du Roi. — Audience du Parlement à Versailles. — Incendie de l'Hôtel-Dieu. — Visite du Roi au duc de Luynes. — Chasses du Roi. — Fête de Mlle de Clermont à Luciennes. — Voyage du Roi à Rambouillet. — Affaires d'un maître des requêtes et du curé de Saint-Louis de Versailles. — Travaux historiques des Bénédictins. — Manuscrits arabes. — Affaire du maître des requêtes et de l'abbé Fantin. — Cassette de M. de Chavigny. — Le comte de Clermont, abbé de Saint-Germain. — Appartement de l'abbé de Vaubrun à la Sorbonne. — Le pot royal à Rambouillet. — Enterrement du président Paris. — Chasse du Roi. — Le jeu de brelan. — Ordre du Saint-Esprit de Montpellier. — Prix de l'Académie française. — Gratifications de M. de la Trémoille et de Mme de Béthune. — Voyage de Maupertuis au pôle nord. — Soufflet donné par le roi d'Angleterre. — Arrêté de la cour de Parlement. — Discours de l'abbé Pucelle. — Procès entre le duc d'Orléans et Mme de Modène. — Mort de la duchesse de Béthune. — L'évêque de Bayeux officie à Saint-Denis. — Compliment du Dauphin. — Saint-Simon, évêque de Metz.

Du 1er août. — Le Roi dit hier à son souper qu'il y avoit eu une grêle en Berry auprès de Saint-Aignan dont les grains pesoient jusqu'à quinze, dix-sept et vingt-cinq livres. Il y a eu plusieurs personnes et bestiaux tués par cette grêle.

On me dit hier que quelques gardes du Roi s'étoient présentés pour entrer dans la chambre de S. M. à son lever; l'huissier ne voulut point les laisser entrer. C'est de lui que je sais cette circonstance, et il m'ajouta qu'ils ne se présentoient jamais pour entrer dans les trois autres quartiers de l'année.

Du 3 août. — Hier les députés du Parlement, au nombre de vingt-deux, y compris les gens du Roi, vinrent à Versailles et y virent le Roi après sa messe. S. M. leur donna audience dans sa chambre en dehors du balustre, son fauteuil tourné le dos du côté de la cheminée. Les secrétaires d'État et M. le Cardinal y étoient. Les entrées demeurèrent; mais d'ailleurs on fit sortir tout le monde. J'ai ouï dire à plusieurs personnes qui y étoient que le discours de M. le premier président fut pour marquer au

Roi la douleur de la compagnie d'avoir appris qu'un de ses membres avoit eu le malheur de lui déplaire, et pour supplier S. M. de vouloir bien faire attention que de la manière dont il avoit été puni les priviléges de la compagnie avoient souffert quelque atteinte; qu'ils espéroient que S. M., si elle jugeoit à propos de faire juger cette affaire, auroit la bonté de faire attention à ces mêmes priviléges, qui leur étoient d'autant plus précieux qu'ils avoient l'honneur de les partager avec les princes de son sang. Le Roi répondit en peu de mots, et à peu près dans ces termes : « Messieurs, j'ai jugé à propos de punir une offense faite à ma personne; si je souhaite que cette affaire soit suivie, je vous ferai savoir mes intentions. » Après le Roi, M. le chancelier parla un moment, et dit qu'il avoit été si essentiel de punir au plus tôt une offense faite à la personne de S. M. et d'enlever des papiers qu'il auroit été dangereux de laisser répandre dans le public, que l'on n'avoit peut-être pas observé quelques-unes des ormes ordinaires. Le sujet de la plainte de MM. du Parlement est parce que quand MM. l'abbé Pucelle, etc., furent arrêtés et exilés, il y eut des mousquetaires commandés pour cette expédition, et qu'ici c'est M. Duval, commandant du guet, qui porta la lettre de cachet à M. Carré de Montgeron et qui le conduisit à la Bastille. Il vint aussi chez lui un commissaire. M. de Montgeron avoit une imprimerie chez lui, et lorsque l'on saisit vingt mille exemplaires de son livre, il promit qu'il brûleroit tous ceux qu'il avoit; il prétend avoir tenu parole, et que ceci est une nouvelle édition; je crois que c'est la troisième. On dit qu'il est bon juge; il n'a apparemment de folie que celle de M. Paris. Il demeurera à la Bastille jusqu'à nouvel ordre.

Hier matin on eut nouvelle de Paris que le feu avoit pris la nuit à l'Hôtel-Dieu. On dit que le feu avoit commencé par la lingerie, où l'on fait de la charpie; que la sœur qui y travailloit s'étant endormie, sa lumière avoit commencé à y mettre le feu, et cela sur les neuf heures du soir. Dès que l'on s'en aperçut, au lieu d'aller avertir, l'on crut venir aisément à bout de l'éteindre, et l'on ferma les portes. Le feu augmenta avec une telle violence qu'à une heure après minuit, du premier guichet du côté des Tuileries, on auroit pu voir l'heure qu'il étoit, s'il y avoit eu un cadran, sur les tours Notre-Dame. On alla sur-le-champ avertir M. Hérault (1), M. le prévôt des marchands (2), M. le premier président et M. le procureur général, qui y passèrent la nuit. On alla querir les pompes (3); on avertit le guet. On disoit qu'il y avoit eu quelques difficultés entre M. le premier président et M. le lieutenant de police au sujet des pompes; mais cela est faux. Dans la règle, le lieutenant de police dépend en quelque sorte du Parlement; c'est le premier président qui le reçoit. Il y a même un mot de M. le premier président de Harlay qui recevant M. d'Argenson, lieutenant de police, lui dit : « Monsieur, nous espérons que vous ferez votre devoir avec exactitude, sûreté, clarté, netteté. » Ce sont effectivement les trois fonctions du lieutenant de police.

Demain le Roi prend le deuil pour onze jours du Grand-Duc. C'est la sœur du feu Grand-Duc qui a donné part au Roi de la mort de son frère. Ce qui a réglé le terme de onze jours, c'est que l'on a porté le deuil trois semaines de Mme la Grande-Duchesse, et que depuis ce temps ils ont été réduits à moitié.

Du 4 août. — J'ai vu aujourd'hui M. le prévôt des marchands qui m'a dit que l'on ne savoit pas précisément par où le feu avoit pris à l'Hôtel-Dieu, mais qu'on croyoit

---

(1) Lieutenant de police.
(2) Turgot de Brucourt.
(3) Il y avait alors rue Mazarine, au bout de la rue Guénégaud, des « pompes du Roi, publiques, pour remédier aux incendies sans que les propriétaires et locataires soient tenus de rien payer. » Un sieur Dumouriez était directeur général des pompes du Roi.

que c'étoit par quelque chambre d'en haut où il y avoit du linge ; que l'on comptoit la perte totale en linge seulement à 100,000 écus au moins, parce que les draps n'avoient point été brûlés ; que si tout le linge de l'Hôtel-Dieu avoit été perdu, cela iroit à plus d'un million ; que le surplus de la perte, tant en bâtiments qu'autres dommages, iroit encore à plus de 100,000 écus, outre le linge.

Voici le détail que m'a conté M. le prévôt des marchands à l'occasion de cet incendie. J'avois ouï dire que les revenus de l'Hôtel-Dieu alloient à 800,000 livres ; il estime qu'ils passent de beaucoup cette somme, et il me paroît qu'il les compte à au moins un million. (On prétend que le tronc où l'on reçoit les aumônes va environ à 100,000 écus. La situation de l'Hôtel-Dieu auprès de Notre-Dame fait que les charités y sont encore plus abondantes que s'il en étoit éloigné) (1). Il y a environ trois mille cinq cents personnes à nourrir dans l'Hôtel-Dieu ; l'hôpital général en a bien davantage ; on compte que cela va à treize mille. Sous le nom d'hôpital général sont compris Bicêtre, la Salpétrière et la Pitié, les Enfants-Rouges et les Enfants-Trouvés ; et c'est en comptant ces cinq hôpitaux que l'on compte ces treize mille personnes. L'hôpital général peut avoir environ 15 à 1,600,000 livres de revenu ; mais c'est peu pour un aussi grand nombre de gens à nourrir.

Il n'y a eu que trois salles de brûlées à l'Hôtel-Dieu. La salle des femmes en couches n'a point souffert de dommage, comme on l'avoit dit. Les malades furent transportés sur-le-champ dans l'église Notre-Dame, et le lendemain on ne dit point la messe dans cette église. M. l'archevêque (2) et M. l'abbé d'Harcourt, doyen de

---

(1) Ce qui est marqué en parenthèse ne m'a point été dit par M. le prévôt des marchands, mais c'est ce qui m'a été dit hier chez M. le Cardinal. » (*Note du duc de Luynes.*)

(2) Charles-Gaspar-Guillaume de Vintimille, des comtes de Marseille du Luc, doyen des évêques de France.

Notre-Dame, ont fait de grandes charités dans cette occasion. M. l'archevêque a retiré dans son palais un grand nombre de malades, un très-grand nombre aussi de novices, a fait donner de la viande, du bouillon. M. l'abbé d'Harcourt a aussi fait donner du bouillon. Le lendemain de l'incendie, on voulut faire porter les malades dans l'hôpital Saint-Louis. On m'avoit dit qu'il falloit un arrêt du Parlement pour faire ouvrir cet hôpital, destiné pour les pestiférés; mais M. le prévôt des marchands m'a assuré que cela n'étoit pas vrai. Les malades étoient déjà dans des charrettes en chemin. Les administrateurs faisant réflexion que c'étoit doubler la dépense, prirent le parti de les faire revenir, et on les a arrangés dans les salles qui restent; et il y a eu quatre cents hommes de troupes commandés tous ces jours-ci et trois cents des gardes françoises et cent des suisses; ils étoient encore commandés aujourd'hui pour ôter les décombres. On compte qu'il n'y a eu que dix-sept ou dix-huit personnes de blessées, une sœur écrasée sous les ruines, et je crois un capucin; un autre capucin qui a eu la cuisse cassée. Il y a eu un capucin, qu'on appelle frère Eustache, qui s'est jeté au travers du feu pour travailler et couper dans tous les endroits nécessaires; il ne lui est arrivé aucun accident; il est maçon de son métier.

Le Roi, après avoir couru le cerf hier, soupa dans ses cabinets, et après souper vint se promener dans la galerie et dans le corridor qui tourne autour de mon appartement; il fit gratter à une des portes de derrière, et me fit appeler. Mme de Luynes s'étant avancée aussi à la porte, le Roi entra, et joua à cavagnole jusqu'à près de trois heures.

Du 6 août. — Le Roi fut tirer hier dans la plaine de Saint-Denis; il tua cent vingt pièces de gibier, et il y en eut en tout plus de neuf cents de tuées, le Roi ayant permis à tous ceux qui avoient l'honneur de le suivre de tirer. S. M. avoit été ces jours passés tirer dans la plaine de

Grenelle et de Montrouge, où il avoit donné la même permission. Il fut après la chasse souper à la Meutte, revint ici à minuit, et alla jouer à cavagnole chez Mme la duchesse de Tallard, où il resta jusqu'à environ deux heures et demie.

Nous avons oublié de parler de la fête que l'on donna il y a quelques jours à Mlle de Clermont à Luciennes. C'étoit une galanterie à laquelle elle ne s'attendoit point, et qui fut faite par sept ou huit, tant hommes que femmes, des personnes qui étoient chez elle. Il y avoit une décoration fort jolie, devant laquelle étoit un trône pour Mlle de Clermont, où on la conduisit insensiblement. Mlle le Maure y chanta; Malter y dansa. Ce fut un des actes de l'opéra des *Sens* que l'on y exécuta; c'est celui de la Vue. L'Amour en ôtant son bandeau le donna à Mlle de Clermont. A l'occasion de cette fête, on a fait plusieurs vers; entre autres on m'a répété les quatre que voici; c'est une chanson sur l'air.....

> Sous ce bandeau laides et belles
> Alloient de pair.
> Les rangs vont bien changer entr'elles,
> L'Amour voit clair.
> On ouvre les yeux tôt ou tard,
> L'Amour n'est plus colin-maillard.

Du 13 août, à Paris. — Le Roi retourna hier à Rambouillet pour son second voyage. Il reviendra mercredi matin à Versailles, et courra le cerf l'après-midi autour de Versailles. Il n'y aura point ce jour de premières vêpres, ni de grande messe le lendemain jeudi, jour de l'Assomption. Au dernier voyage du Roi à Rambouillet, on parla beaucoup d'un refus fait par S. M. Un homme de condition, qui est souvent à Rambouillet, étoit venu à Versailles dans le temps de la mort de M. le cardinal de Bissy, et disoit hautement qu'il comptoit demander l'appartement qu'avoit M. le cardinal de Bissy. Ce même homme, qui suit le Roi souvent à la chasse et lui parle avec assez de familiarité, crut qu'il falloit pour obtenir cette grâce commencer par quelque plaisanterie. Il en fit quelques-unes de bonnes et de mauvaises pendant le souper de S. M. Il n'avoit pas l'honneur de souper avec le Roi (1). Le Roi ne parut point entrer dans aucune de ces plaisanteries, et lui répondit même assez clairement qu'il ne pouvoit pas lui donner de logement. Cependant cet homme insista, et crut que par une persévérance même un peu importune il obtiendroit. Cela fut poussé assez loin pour que le Roi en fût impatienté et lui répondit fort durement. Mademoiselle (2), qui étoit à table, à côté du Roi, voulut par bonté pour cet homme radoucir la dureté des termes dont le Roi s'étoit servi et les faire trouver comme plaisanterie. Le Roi répondit à Mademoiselle qu'il lui diroit après souper la réponse décisive de cette affaire. Effectivement après souper, le Roi étant prêt d'entrer dans le cabinet où il joue, dit à la porte à Mademoiselle : « Cet homme n'aura jamais de logement tant que je vivrai ; mon successeur pourra lui en donner, mais pour moi il peut être sûr que je ne lui en donnerai point. » Il est aisé de juger que cet homme fut peu content du succès de son projet. Il fut vingt-quatre heures sans paroître devant le Roi. S. M., qui par bonté avoit senti apparemment que sa réponse avoit été un peu sèche, dit le lendemain : « Apparemment qu'un tel me boude, puisque je ne le vois point. » Ce même homme se détermina vraisemblablement sur ce discours à paroître comme à son ordinaire, et le vendredi que le Roi courut le cerf à Trappes, en revenant de Rambouillet, je vis cet homme à la chasse du Roi. Ce fut ce même jour qu'un homme très-vrai et très-sage, qui soupoit avec le Roi le jour de la demande, me conta tout ce détail. Il n'étoit pas

---

(1) Ce n'est pas qu'il n'en ait le droit par sa naissance ; il est prêtre, et ce n'est pas l'usage. (*Note du duc de Luynes.*)

(2) Louise-Anne de Bourbon-Condé.

à table assez près du Roi pour entendre ce discours; mais il le sut par beaucoup de gens au sortir du souper, et Mademoiselle lui répéta même ce que le Roi lui avoit dit décisivement au sujet de ce logement.

La maladie de Mme de Béthune, belle-fille de M. le duc de Charost, qui est à la dernière extrémité de la poitrine, ayant obligé Mme de Luynes (1) de demander permission à la Reine de venir à Paris, nous y sommes depuis quelques jours. J'allai hier à Versailles, où j'appris deux événements. On m'avoit déjà parlé du premier avant-hier ici, mais on me le confirma de toutes parts à Versailles. Il fut porté il y a quelques jours plaintes à M. le chancelier par MM. les maîtres des requêtes contre un de leurs confrères; ils prétendirent que l'on avoit reconnu un arrêt faux, c'est-à-dire dont le prononcé est différent de ce qui avoit été jugé. Ce même maître des requêtes l'avoit fait signer à un de ceux de ce bureau, lequel ne croyant pas qu'on voulût le tromper, après quelque difficulté de signer sans lire, y avoit cependant consenti. Un second, à qui on le porta à signer, voulut le confronter avec le plumitif du dit arrêt, et l'ayant trouvé différent, c'est ce qui a donné occasion aux plaintes. On prétend même qu'il y a eu des pièces tronquées. L'aventure se conte de différentes façons. On ajoute, pour charger encore davantage celui que l'on croit coupable, qu'il lui est arrivé une aventure à peu près semblable il y quatre ou cinq mois; ayant opiné au conseil, son sentiment fut relevé par M. d'Aguesseau, fils de M. le chancelier, qui lui dit même que ceci étoit le second exemple de pareille proposition; mais que le premier exemple qu'il en avoit étoit d'un homme dont j'ai oublié le nom, lequel a été si bien reconnu fripon qu'il est enfermé depuis longtemps. On dit aussi que M. le chancelier, à ce conseil, releva l'opinion de ce maître

---

(1) Mme de Béthune avait épousé le frère cadet du premier mari de la duchesse de Luynes.

des requêtes avec assez de force, et lui nia un fait qu'il avançoit.

La seconde affaire dont j'entendis parler hier à Versailles est celle de M. Fantin, curé de Saint-Louis; tout le monde parloit de cette aventure. On prétend qu'à l'inventaire de M. Raudot, ancien commis de la marine, M. Fantin ayant été obligé d'y assister, il se trouva entre autres effets à cet inventaire quelques rouleaux dont les notes exactes étoient dans les papiers de M. Raudot. Lorsqu'il fut question de confronter les effets avec les notes, on trouva qu'il manquoit un rouleau de quarante et un louis. On dit qu'il falloit que tout le monde se fouillât et cherchât. M. Fantin se fouilla comme les autres, et chercha. On ajoute qu'enfin ayant fait semblant de chercher dans une armoire, le rouleau s'y retrouva, et qu'ayant annoncé que le rouleau étoit retrouvé, un domestique de M. Raudot lui dit : « Je ne suis pas étonné que vous l'ayez retrouvé, puisque vous venez de l'y mettre. » On ajoute que M. Fantin dit, pour s'excuser, qu'il avoit pris ce rouleau sous sa robe croyant que c'étoit des médailles qu'il comptoit porter à M. de Maurepas. Cette affaire, arrivée il y a environ huit jours, avoit été tenue secrète, quoiqu'il y eût beaucoup d'assistants, et ne fut publique qu'hier matin. On conte quelques différences dans les circonstances, mais qui ne changent rien au fait. Du moment de cette accusation, le public a cherché à en faire d'autres contre M. Fantin; mais c'est l'ordinaire. Cependant, il fit son prône dimanche dernier comme de coutume. Le général des Missionnaires (1) est venu à Versailles, à ce que l'on m'a dit, et je n'ai point ouï dire que M. Fantin en fût parti.

Du 15 août. — J'appris il y a quelques jours qu'il y a deux ou trois Bénédictins chargés de travailler à rassembler tous les historiens françois. Cet ouvrage sera

---

(1) L'ordre des Missionnaires desservait la paroisse de Saint-Louis.

considérable, et doit comprendre les historiens contemporains, les vies de Saints et tout ce qui peut servir à faire une histoire complète de France (1).

J'appris aussi que M. l'abbé Sévin avoit rapporté une grande quantité de manuscrits arabes où est l'histoire de nos croisades, et outre cela un manuscrit syrien ou égyptien où se trouve un panégyrique de saint Louis. M. l'abbé Sévin s'est fait expliquer cet endroit. L'on travailleroit dès à présent à traduire ces manuscrits, si nous avions quelqu'un qui entendît ces langues. On cherche quelque savant capable d'entreprendre cet ouvrage. Il y a cependant un établissement pour des jeunes gens que l'on envoie dans les pays étrangers, pour apprendre les langues, et que l'on appelle enfants de langues. Ces jeunes gens sont destinés à faire des interprètes, ou à la traduction pour la bibliothèque du Roi.

L'affaire du maître des requêtes, dont j'ai parlé ci-dessus, paroît être présentement dans des circonstances moins désagréables. Ses confrères se plaignent de ce que quelqu'un d'entre eux, surtout un plus vif que les autres, a été porter sa plainte à M. le chancelier, au nom de tous, quoiqu'il n'en eût pas le pouvoir. On dit présentement que c'est plutôt imprudence que ce que l'on vouloit supposer. Celui qui a signé le premier l'arrêt présenté par ce maître des requêtes est un conseiller d'État, qui est fort blâmé de cette signature faite légèrement. On dit que comme il s'agissoit des comptes d'un receveur des économats, ce receveur vouloit qu'on lui allouât plusieurs articles de frais faits dans quelques af-

---

(1) Le duc de Luynes paraît faire plus de cas des travaux des Bénédictins que Voltaire, qui écrivait le 6 mai 1733 à M. de Cideville : « Les infatigables et pesans Bénédictins vont donner en dix volumes *in-folio*, que je ne lirai point, l'*Histoire littéraire de la France*, » et le 26 juillet suivant à M. de Formont : « Voilà une *Pélopée* de l'abbé Pellegrin qui réussit. *O tempora ! o mores !* et cependant les Bénédictins impriment toujours de gros *in-folio* avec les preuves. Nous sommes inondés de mauvais vers et de gros livres inutiles. »

faires, et portoit en reprise plusieurs sommes qu'on n'avoit pas voulu lui allouer, faute de diligence suffisante. Il étoit aisé de se souvenir que ces articles avoient été débattus et n'avoient point été passés. On ajoute que, quoiqu'il ne soit question que de 1,500 livres de frais dans les comptes de chaque année, vu le grand nombre d'années et les articles des reprises, cela faisoit une différence de près de 80,000 livres pour le comptable; c'est de M. l'archevêque de Rouen (de Tavannes) que je sais ce détail. Il arriva de Versailles hier; il est homme sage et bien instruit, et d'ailleurs ami et parent de M. le chancelier.

Il m'a dit aussi que M. Fantin, dont nous avons parlé ci-dessus, n'étoit plus à Versailles. Il a été renvoyé de la congrégation, et est retiré chez les Cordeliers de Noisy. On lui suppose des fautes de toutes espèces, nous l'avons déjà dit; mais, dans l'espèce dont il s'agit, on prétend qu'il en avoit fait pendant qu'il étoit curé des Invalides.

A l'occasion de cette aventure, Mme de Luynes en contoit une hier arrivée à l'inventaire de M. de Chavigny, le secrétaire d'État. Mme de Chavigny, qui avoit déjà douze ou treize enfants et étoit grosse, entendoit la messe un jour de fête, dans le temps que M. de Chavigny se trouva mal; c'étoit même dans le temps de l'élévation qu'on l'avertit, ce qui la fit rester une ou deux minutes de plus à l'église; en arrivant chez elle, elle trouva M. de Chavigny sans connoissance. Mme de Chavigny avoit entre ses mains une cassette contenant 800,000 livres, dont la plus grande partie étoit des dépôts remis à M. de Chavigny. Il avoit redemandé cette cassette depuis quelques jours à sa femme, et elle étoit chez lui lorsqu'il mourut. Malgré l'extrême douleur de Mme de Chavigny, elle songea à redemander cette cassette, qui étoit un objet si important pour la mémoire de M. de Chavigny et pour sa famille. Tous les domestiques convinrent qu'ils l'avoient vue, mais ils la cherchèrent inutilement; ils dirent tous à Mme de Chavigny qu'il les falloit faire mettre en prison, qu'il n'y avoit eu qu'eux auprès de leur maître, M. le curé de Saint-Paul, et M. l'abbé de Saint-Cyran (cet abbé de Saint-Cyran (1) étoit un fameux janséniste, que j'ai vu ou pu voir; il vivoit encore dans le temps de ma première enfance.) Mme de Chavigny fit grand bruit, et dit qu'absolument elle vouloit ravoir sa cassette, qu'elle alloit en demander justice elle-même au Parlement avec ses treize enfants. Ces menaces ébranlèrent assez pour que l'on vînt faire des propositions à Mme de Chavigny, que si elle vouloit consentir à donner 40 ou 50,000 francs pour des œuvres pies qu'on lui indiqua, on lui rendroit sa cassette. Mme de Chavigny persista avec la même vivacité, et dit qu'elle ne donneroit rien, et à la fin la cassette lui fut rapportée.

Du 18 août. — Le Roi donna jeudi 15 de ce mois à M. le comte de Clermont l'abbaye de Saint-Germain. Cette abbaye vaut, à ce que l'on m'a dit, environ 120,000 livres tous frais faits. On prétend que le Roi veut que M. le comte de Clermont porte l'habit ecclésiastique, mais on ne me l'a pas assuré. L'abbaye donne un beau logement à Paris et un à la campagne, qui est Berny; ce qui épargne à M. le comte de Clermont environ 20,000 livres de rente. Il rend au Roi trois abbayes, qui valent aussi environ 80,000 livres de rente tous frais faits : Marmoustiers, qui donne beaucoup de collations de bénéfices; Saint-Claude, que l'on désiroit pour y faire un évêché; et Cercan. M. le Cardinal alla dans le moment chez M. le comte de Clermont, à Versailles; M. le comte de Clermont l'embrassa, et lui dit qu'il savoit le sujet de sa visite, que le Roi venoit de [le] lui dire.

---

(1) Il y a ici erreur manifeste. Léon Bouthillier, comte de Chavigny, secrétaire et ministre d'État, mourut le 11 octobre 1652. L'abbé de Saint-Cyran était alors Martin de Barcos, neveu de l'illustre Jean Duverger de Hauranne, et qui fut célèbre aussi dans l'histoire du Jansénisme. Martin de Barcos mourut en 1678; et le duc de Luynes, né en 1695, n'a jamais pu le voir.

AOUT 1737.

Du 20 *août, Paris.* — J'appris il y a quelques jours quelque chose sur l'Espagne qui mérite d'être écrit. Quelqu'un demandoit à M. l'ambassadeur d'Espagne quelle raison avoit pu déterminer le roi d'Espagne à vouloir qu'un de ses enfants fût cardinal, dignité qui, quoique grande, paroissoit être au-dessous d'un infant. M. de la Mina répondit que c'étoit à cause de l'archevêché de Tolède, lequel donne le droit de nommer pour environ 200,000 livres de rente de bénéfices; mais il faut être cardinal pour jouir de ce droit. Il paroît par cette réponse que la collation des bénéfices est regardée en Espagne comme un objet considérable. M. le comte de Clermont n'a pas paru penser de même. M. le duc de Gesvres, que j'allai voir hier, qui est fort de ses amis, me dit que deux des abbayes qu'il venoit de rendre au Roi, Saint-Claude et Marmoustier, et outre cela la terre de Châteauroux, qu'il vient de vendre à S. M., donnoient à M. le comte de Clermont deux mille quatre cents collations de bénéfices, dont quelques-uns valoient jusqu'à 15,000 livres de rente, et que le total montoit à 11 ou 1,200,000 livres de rente, dont il perd la nomination.

On compte que l'abbaye de Saint-Germain ne donne pas 30,000 livres de rente d'augmentation à M. le comte de Clermont. La maison qu'il avoit dans Paris ne lui coûtoit que 12,000 livres de loyer et celle de la campagne 4,000 livres, et il n'étoit point obligé aux réparations, au lieu qu'il est tenu de celles de l'abbaye, où il y a beaucoup de bâtiments, et où l'on compte qu'il faut qu'il mette 100,000 livres pour pouvoir y habiter. On prétend outre cela que les réparations de Berny ou ajustements indispensables iroient à 100,000 écus, et d'ailleurs sur les 120,000 livres de revenu net de l'abbaye, il faut déduire 6,000 livres de pension que le Roi a données sur cette abbaye à M. le comte de Feldt, Suédois nouvellement converti. Il a abandonné de grands biens pour la religion, et demeure à Rome actuellement.

Sa femme, qui demeure en Suède, avoit voulu se sauver avec tous ses effets pour aller trouver son mari; mais elle a été arrêtée, et est obligée de rester dans le pays.

J'appris hier que M. l'abbé de Vaubrun faisoit accommoder à ses dépens un appartement en Sorbonne. Cet appartement est celui que le cardinal de Richelieu avoit destiné pour le proviseur de Sorbonne. C'est M. le cardinal de Fleury qui est aujourd'hui proviseur de Sorbonne. M. l'abbé de Vaubrun fait mettre au-dessus de la cheminée le portrait de M. le cardinal de Fleury. Par le traité fait entre M. l'abbé de Vaubrun et la Sorbonne, l'appartement lui restera sa vie durant, et après lui appartiendra de droit au proviseur, suivant l'intention du fondateur. Cet appartement joint d'un côté l'église et de l'autre ce que l'on appelle la salle des actes.

Au dernier voyage du Roi à Rambouillet, il y eut quelques petites circonstances différentes des autres. Le samedi s'étant trouvé jeûne dans le diocèse de Chartres, où les jeûnes se remettent, le Roi, en arrivant de la chasse, se souvint qu'il avoit mangé des œufs le matin, et par conséquent ne voulut pas souper. Il prit le parti de se coucher sur-le-champ et de se relever à dix heures et demie, fit jouer à cavagnole jusqu'à minuit, se mit à table, soupa en gras, sortit de table à trois heures, fit jouer jusqu'à cinq, alla à la première messe à la paroisse, à six heures se recoucha jusqu'à midi et demi, joua jusqu'à trois ou quatre heures, se remit à table comme à l'ordinaire avec ceux qui avoient eu l'honneur de le suivre. Ce repas fut ce qu'on appelle à Rambouillet : *Le pot royal*, c'est-à-dire une espèce de déjeuner sur des tables de piquet et de quadrille rassemblées. S. M. fut à table jusqu'à sept heures, joua ensuite, et arriva à minuit à Versailles pour se coucher. C'est de M. le bailli de Froulay, qui y étoit, que je sais tout ce détail.

Du 21 *août.* — Il y a cinq ou six jours que M. le président Paris mourut. Il étoit frère de feu M. Paris dont les prétendus miracles font tant de bruit; il avoit une grande dévotion à la mémoire de son frère, et avoit même dépensé, à ce que l'on m'a dit, 10,000 francs pour une caisse qui enfermoit le métier de bas auxquels son frère travailloit par humilité. Celui-ci fut enterré le 16 de ce mois; il y avoit un concours extraordinaire de populace à cet enterrement; une centaine de prêtres en surplis et beaucoup d'autres sans surplis. On coupoit ses habits, et on coupoit jusqu'à ses cheveux pour avoir de ses reliques. La folie du parti a paru dans cette occasion comme dans la prévention pour les miracles de feu M. l'abbé Paris.

Je fus il y a quelques jours à Versailles. Le Roi partoit pour aller chasser le cerf dans les bois de Rambouillet et tiroit dans son petit parc en passant. Il me fit l'honneur de me dire que quelques jours auparavant, à une chasse semblable, il avoit tué soixante pièces en une demi-heure; il n'avoit manqué que quatre coups.

Ce même jour M. de Polastron me conta un coup de brelan assez singulier chez M. le contrôleur général. Au premier ou deuxième coup de la partie, il se trouva cinq brelans dans le même coup, sans qu'il y en eût de quatrième, et sans qu'on eût fait la plaisanterie d'arranger les cartes. Celui qui faisoit avoit le brelan supérieur, mais c'est un homme exempt de tout soupçon; et d'ailleurs ce n'est pas ordinairement au premier ou second coup de la partie que l'on fait pareil coup d'adresse quand on est capable de les faire. On m'a dit avoir vu déjà arriver une fois ce même coup.

Mme de Luynes ayant donné aujourd'hui à M. le cardinal de Polignac un mémoire qu'on lui avoit recommandé, où il étoit parlé de l'ordre du Saint-Esprit de Montpellier, j'ai eu curiosité de faire quelques questions sur cet ordre. M. le cardinal de Polignac m'a dit qu'il en étoit le grand maître depuis plusieurs années; que cet ordre avoit été institué sous Philippe-Auguste par un Guy de Montpellier, dernier de cette famille; que l'ordre avoit été approuvé par le pape Innocent III et que les priviléges en avoient toujours été conservés par des lettres patentes de tous nos rois, priviléges cependant qui ne consistent qu'aux exemptions de tutelles, curatelles, etc., mais non pas de tailles; que l'institution de l'ordre étoit pour le soulagement des pauvres, surtout des enfants et gens âgés; qu'il y avoit anciennement des frères outre les prêtres destinés pour le service des pauvres, car cet ordre n'est pas militaire; mais qu'y ayant eu quelque contestation entre les religieux et les frères, il y avoit eu un jugement au conseil, et qu'il avoit été décidé qu'il n'y auroit plus de frères, mais seulement des religieux et religieuses servant les pauvres. Les uns et les autres portent une croix blanche à peu près comme la croix de Lorraine. Il y a des commanderies dans cet ordre, mais elles sont affectées aux hôpitaux. Le supérieur de l'hôpital est commandeur et est nommé par M. le cardinal de Polignac, et ne peut recevoir même aucun religieux sans l'agrément de S. Ém., dont ils dépendent absolument. Le temporel est régi à l'ordinaire par un conseil, dont est l'évêque, l'intendant, le premier président; mais M. le cardinal de Polignac a l'inspection générale sur tout l'ordre par tout le royaume et même dans toute la Flandre.

Cet ordre fut si approuvé par Innocent III que le pape demanda à Guy de Montpellier un établissement semblable à Rome. Il y en a actuellement un qui subsiste avec 600,000 livres de rente. Guy de Montpellier n'ayant eu que des enfants bâtards, la grande maîtrise ne put être conservée dans sa postérité; le Pape le refusa constamment. Cependant comme il falloit un grand maître, et que l'établissement de Rome étoit florissant, il y eut un grand maître d'élu à Rome. L'établissement fait en France ne subsista pas de la même manière, au moins par rapport au grand maître; et M. de Louvois ayant proposé au feu Roi d'unir cet ordre à celui de Saint-Lazare, cette union fut faite. Après la mort de M. de Louvois, M. le chancelier Boucherat, ayant examiné les titres confirmatifs de l'ordre, en rendit compte au feu Roi et lui représenta qu'il étoit insoutenable de laisser subsister l'union. Le Roi marqua vivement à M. Boucherat le mécontentement qu'il avoit de n'avoir pas été instruit plus tôt de ces raisons. M. Boucherat voulut s'excuser sur le grand crédit de M. de Louvois, qui l'avoit arrêté ; cette réponse mit le Roi en colère, et il dit à M. le chancelier qu'il avoit manqué à son devoir de ne l'avoir pas instruit. De ce moment S. M. songea à faire cesser l'union ; cela fut exécuté en effet, et le Roi voulut y nommer un grand maître ; mais cette nomination fut retardée un grand nombre d'années, et M. le cardinal de Polignac n'a été nommé que sous ce règne-ci. Cependant le grand maître de Rome subsistoit toujours, et M. le cardinal, ne voulant pas se trouver en concurrence avec lui, demanda permission au Roi de faire un accommodement. Cet accommodement fut fait, et subsiste encore. Le grand maître de France n'a d'autre inspection, comme nous venons de dire, que la France, la Flandre et la Lorraine, et celui de Rome a non-seulement l'Italie, mais encore tous les autres royaumes. Il n'y a aucun fonds à cet ordre, et les priviléges mêmes dont on a parlé n'ont présentement aucune exécution. C'est de M. le cardinal de Polignac que je sais tout ce détail.

Du 23 août, Paris. — Dans ce qui est marqué ci-dessus par rapport à l'ordre du Saint-Esprit de Montpellier, j'ai oublié d'ajouter : que le nombre des commanderies à la nomination du grand maître de France étoit autrefois de deux cents et n'est plus aujourd'hui que de quarante, et que dans le temps que le feu Roi voulut la séparation de cet ordre d'avec celui de Saint-Lazare, auquel il avoit été uni, il nomma grand maître M. l'abbé de Luxembourg (mais cette nomination n'eut point d'exécution), et que la commanderie de Montpellier ne vaut que 200 livres de rente. C'est M. le cardinal de Polignac, comme grand maître, qui en jouit, mais il en laisse le revenu pour les pauvres.

On doit donner ces jours-ci les prix à l'Académie françoise. C'est M. le président Hénault qui en est le directeur; cette direction ne dure que trois mois. Il y a deux prix : l'un de poésie, l'autre d'éloquence. Le premier a été fondé par M. l'évêque de Noyon (Clermont-Tonnerre) et l'autre par M. de Balzac. Ces prix sont une médaille d'or. C'est cette fois-ci la même personne (1) qui remportera les deux prix.

J'appris hier qu'il y a longtemps que M. le cardinal de Fleury avoit promis à M. de la Trémoille de lui faire donner 150,000 livres par un fermier général qui entreroit dans les fermes. C'est en considération d'une très-grande perte que M. de la Trémoille fit à Chantilly au dernier voyage du Roi. S. M. approuve quelquefois pareilles gratifications, mais ordinairement cela est secret. Il y a quelques années que Mme la duchesse de Béthune, belle-fille de M. le duc de Charost, laquelle est actuellement à l'extrémité, en obtint une de 10,000 écus (2).

J'ai oublié, je crois, de parler du voyage ordonné par le Roi pour aller mesurer les degrés sous le pôle, tant au Nord qu'au Midi. Plusieurs hommes savants dans l'astronomie furent chargés de cet examen, parce que M. de Cassini prétendoit avoir remarqué quelque différence dans les degrés en approchant du pôle. Ceux qui ont été au Nord, dont le chef est M. de Maupertuis, homme fort savant, revinrent il y a quelques jours et allèrent saluer le Roi, M. le Cardinal et M. de Maurepas, desquels ils furent très-bien reçus. Ils étoient huit dans ce voyage, et partirent il y a environ seize mois; ils avoient sept domestiques;

---

(1) Le P. Raynaud, de l'Oratoire.
(2) Il est si vrai que cela est si secret, que celle obtenue par Mme de Béthune a été ignorée par son mari, M. de Béthune, pour qui elle avoit toute déférence, confiance et amitié; ou bien il lui en avoit promis un secret inviolable, car je lui ai vu nier le fait. (*Note du duc de Luynes.*)

aucune de ces quinze personnes n'a été malade pendant ce voyage, chose assez singulière pendant un si long temps et d'aussi grandes fatigues. Ils partirent de Dunkerque et arrivèrent par mer à Stockholm ; ils y achetèrent deux carrosses à quatre, qui leur coûtèrent 500 francs chacun, et avec des relais ou postes du pays ils allèrent à Tornéo, à l'extrémité de la Suède du côté de la Laponie ; ils demeurèrent un an à Tornéo, avançant même un peu dans le pays pour s'approcher davantage du pôle et faire leurs opérations. Ils les faisoient toutes les uns après les autres sans que le second eût connoissance de ce qui avoit été trouvé par le premier ; ils se communiquèrent ensuite leurs calculs, dans lesquels il ne s'est presque pas rencontré la plus légère différence.

Tornéo est éloigné de Stockholm d'environ cent milles du pays, ce qui fait à peu près 280 lieues communes de France. Les chemins sont fort beaux, à la réserve d'un bras de mer qu'il faut passer dans un endroit, et dans l'autre une rivière assez dangereuse. La ville de Tornéo est petite et ne contient guère plus de mille personnes ; toutes les maisons bâties de bois, avec un seul rez-de-chaussée. Elles sont composées de poutres posées horizontalement les unes au-dessus des autres avec de la mousse entre deux ; on fait des entailles dans ces poutres pour y joindre d'autres plus exactement sur les côtés. J'ai fort entendu parler de ce détail, parce que l'un des savants, qui étoit de ce voyage, est un prêtre du diocèse de Besançon, nommé M. Houttier, homme aussi habile dans ce genre qu'il est simple et vrai. Il est attaché à mon frère depuis quelques années, et demeure avec lui. M. de Maurepas ayant désiré qu'il fît le voyage, en écrivit à mon frère pour le lui demander.

Il paroît qu'il y a une grande bonne foi établie entre les habitants de Tornéo et ceux des environs. M. Houttier demeuroit seul dans une maison, dont la porte restoit ouverte jour et nuit, ou au moins la clef dans la serrure.

Ses confrères habitoient dans d'autres maisons; mais pour lui il n'avoit pas même de domestique. La clef restoit toujours aux portes des chambres, et pendant un an de séjour il n'a reçu qu'honnêtetés du maître et de la maîtresse de la maison. Les magasins sont éloignés des habitations. Les chevaux dans ce pays ne sont que pendant de certains mois dans l'écurie. Les écuries demeurent ouvertes, et dès que le printemps arrive, les chevaux sortent d'eux-mêmes et vont dans les bois; on sait où ils se retirent, et on les y va chercher lorsqu'on en a besoin. Ce qu'il y a de plus singulier des usages du pays, c'est la façon dont les habitants se baignent. Dans la maison où étoit M. Houttier à Tornéo ainsi que dans plusieurs autres, il y a une pièce séparée de la maison, que l'on appelle en langage du pays *peuk*; il me semble que c'est le nom qu'il m'a dit. Dans le fond de cette pièce, et à droite en entrant, il y a des bancs, et dans le fond à gauche est un amas de pierres soutenues par des barrières de bois. Dans le milieu du monceau de pierre, qui forme une espèce de four, est un intervalle, non pas rond comme un four, mais également large dans toute sa longueur. Les habitants de la maison remplissent de bois ce vide et y mettent le feu. Lorsque les pierres sont extrêmement échauffées, ils jettent de l'eau dessus, ce qui forme dans la chambre une vapeur humide; ils se tiennent nus dans cette chambre pour être mouillés de cette vapeur, les hommes ayant pourtant leurs culottes, et les femmes qui y vont aussi ayant apparemment un tablier. Ils sont toujours au moins deux dans cette chambre, à faire cette sorte de remède, qu'ils prétendent bon pour la santé. Ils ont chacun une poignée de verges à la main desquelles ils se frappent l'un l'autre doucement, pour que l'humidité entre mieux dans les pores. La ville de Tornéo est au fond du golfe de Bothnie. M. de Maupertuis avec trois autres voulut revenir de Tornéo par mer; ils prirent un vaisseau où ils mirent tous les instruments, mais ils échouèrent environ à un tiers de leur route ; mais ce malheur fut aussi heureux qu'il pouvoit l'être : ils ne perdirent rien, et ayant mandé cet accident à ceux de leurs confrères qui revenoient par terre, ils se rejoignirent assez loin au-dessus de la ville de Copperberg (1), où il y a des mines de cuivre. M. de Maupertuis partit le premier, dans un carrosse, pour aller voir ces mines, M. de Maurepas leur ayant recommandé d'en prendre une connoissance exacte. Les autres, dont étoit M. Houttier, partirent quelques jours après, dans l'autre carrosse. M. Houttier m'a raconté ce qu'il avoit remarqué dans ces mines ; en voici le précis. Ils partirent quatre ensemble de la ville de Copperberg avec chacun un habitant du pays portant un flambeau fait avec du sapin. Arrivés à l'endroit des mines, ils descendirent un grand nombre de marches, chacun ayant devant soi un homme avec un flambeau. Après un grand nombre de marches, ils trouvèrent une pente douce, mais un chemin assez étroit pour toucher des bras presque des deux côtés, et assez bas pour être obligés d'y marcher courbés. Ils furent conduits assez longtemps dans ce chemin, qui tourne à droite et à gauche ; enfin, ils arrivèrent au bord d'un grand trou dans lequel ils trouvèrent deux échelles plantées pour descendre ; chacun des conducteurs prit le flambeau entre ses dents et mit le pied à l'échelle. Ces messieurs qui pendant tout le chemin avoient été presque étouffés par la fumée des flambeaux, surtout les derniers, dans un endroit aussi bas et aussi étroit, suivirent leurs conducteurs et descendirent. Ces échelles sont de la hauteur de deux sapins ajoutés l'un à l'autre. Lorsqu'ils furent au bas de ce trou, ils trouvèrent un chemin un peu plus large que le premier et qui alloit aussi en descendant, le long duquel ils rencontrèrent plusieurs hommes en culottes, mais nus d'ailleurs, couchés par terre, qui dormoient ; assez peu de chemin après, ils arrivèrent à une caverne assez spacieuse, où ils

---

(1) Fahlun.

virent plusieurs feux allumés, grand nombre d'ouvriers et, ce qui les surprit plus que tout le reste, deux écuries remplies de chevaux. Le feu sert pour faire éclater le rocher; autrefois on se servoit de poudre, mais on a remarqué qu'elle ébranloit trop le rocher et mettoit les ouvriers en danger d'être écrasés. Il y arriva même, il y a un assez grand nombre d'années, un malheur singulier. Un ouvrier, qui depuis quarante ans travailloit à ces mines, se trouva tout d'un coup enseveli sous le rocher; son corps ne fut retrouvé qu'après un assez grand nombre d'années; il étoit tellement pétrifié que l'on le conserve encore en haut dans une chambre près celle des gens chargés de travailler au cuivre. M. Houttier a vu et touché ce corps; la forme du visage y est à peine conservée; la peau est comme un parchemin sec; et comme il est là depuis environ dix ou douze ans, il commence à sentir un peu, quoique ce ne soit pas encore une odeur insupportable.

On allume du feu dans différents endroits de la mine : on y jette de l'eau froide, c'est ce qui fait éclater; et lorsque le rocher est éclaté, on ramasse ces éclats; on les met dans de petites charrettes qui ont cinq roues. Outre les quatre roues ordinaires, comme à nos chariots, il y a une cinquième roue, qui entre juste dans une espèce de coulisse pour que la charrette aille toujours droit sans accrocher de côté ni d'autre. De chaque côté de cette coulisse est une place assez grande pour tenir un homme pour conduire les chevaux. Ces voitures mènent la matière qui est mêlée avec le rocher jusqu'au bord d'un grand trou ou puits, percé perpendiculairement du haut en bas. Ce puits a 110 toises de hauteur; il n'est pas arrondi partout également dans cette hauteur, et il y a même des endroits où le rocher avance assez considérablement pour être dangereux si l'on ne s'en garantissoit pas; il y a en haut une très-grande roue tirée par des chevaux, laquelle avec une corde d'une seule pièce fait mouvoir alternativement deux grands seaux dans lesquels on monte la matière. C'est par ces seaux que l'on a trouvé le secret de descendre aussi les chevaux. Ces messieurs trouvèrent au bas de ce puits une humidité si grande, qu'ils crurent qu'il pleuvoit et furent mouillés; cependant il faisoit le plus beau temps du monde. Un de leurs conducteurs cria en haut pour que l'on descendit un seau, et sa voix fut entendue. On descendit un seau : M. Houttier avec deux autres monta dedans, car on n'y peut tenir que trois, encore même il ne faut avoir qu'une jambe dans le seau, et l'on se tient à la corde, avec l'attention, comme j'ai dit, de s'éloigner de temps en temps du rocher avec la main aux endroits où il avance trop. M. Houttier arrivé en haut regarda à sa montre combien de temps ses confrères seroient à monter; ils furent neuf minutes; ils examinèrent ensuite en détail tous les établissements faits pour séparer le cuivre du rocher, pour l'amollir, pour le fondre; rien n'est mieux ordonné que ces établissements. Il y a plusieurs machines faites pour élever l'eau et pour la conduire. M. Houttier m'a dit que ces machines, pour la grandeur et pour l'exécution, sont fort au-dessus de celle de Marly. Il y a mille hommes employés à travailler à ces mines, qui sont d'un grand produit pour le roi de Suède. Ces ouvriers travaillent volontairement et gagnent environ vingt-deux sols par jour. A l'égard de la taille des Lapons, M. de Maupertuis mesura par curiosité une des plus petites Lapones; elle a quatre pieds deux pouces.

Du 24 août. — Le soufflet donné par le roi d'Angleterre fait ici beaucoup de bruit. Les uns disent que c'est à M. le duc de Richemont, d'autres à M. le duc d'Argyle. Je ne sais point encore la véritable cause de ce soufflet. On prétend que le roi d'Angleterre ayant laissé tomber son chapeau, un des deux dont nous venons de parler se baissa avec une extrême promptitude pour ramasser ce chapeau; que ce mouvement précipité l'ayant pensé faire tomber, il se retint avec force, et que de l'effort son pied fit un mouvement involontaire qui poussa le chapeau quelques pas, et que le roi d'Angleterre, ayant cru que c'étoit une insulte, lui avoit donné un soufflet. D'autres disent que ce fut par rapport à quelques discours tenus au sujet d'une maîtresse; cela seroit plus vraisemblable. Cette aventure fait un grand mouvement chez une nation aussi aisée à ébranler.

Il y a ici un arrêté du parlement de Paris qui fait encore grand bruit. Le Parlement ayant jugé à propos de faire des remontrances au Roi par rapport à un mandement de M. l'archevêque de Cambray, M. le chancelier répondit à ces remontrances par un assez long discours. Cette réponse fut relue trois fois au Parlement par M. le premier président. Ces messieurs crurent y remarquer trois sujets de plaintes différents : premièrement, que M. le chancelier avoit paru les recevoir avec mépris; secondement, les accuser de contradiction à eux-mêmes dans leurs remontrances; et enfin, trouver qu'ils étoient coupables de s'être mêlés d'affaires ecclésiastiques. Lorsqu'il fut question d'aller aux opinions, M. le président de Maupeou (1), à ce que l'on m'a dit, ouvrit un avis sage, et qui méritoit d'être suivi ; mais M. l'abbé Pucelle (2) ayant opiné, presque tous se rangèrent à son avis. Il eut quatre-vingt-dix-neuf voix de plus que M. de Maupeou, et en conséquence fut fait l'arrêté ci-dessous :

Arrêté de la cour de Parlement du 21 août 1737.

« La Cour a arrêté, qu'avant de déposer dans les registres la réponse du Roi aux remontrances respectueuses au dit seigneur Roi pour lui représenter singulièrement la conséquence extrême dont il étoit qu'il se trouvât dans les registres un monument revêtu de son nom respectable, dans lequel il auroit paru consacrer par sa propre au-

---

(1) René-Charles de Maupeou, l'un des neuf présidents de la grand'-chambre.

(2) Conseiller clerc.

torité des maximes contraires aux droits les plus inaliénables de la souveraineté par le concours du sacerdoce et de l'empire, il sera fait au dit seigneur Roi très-respectueuses et itératives remontrances sur la nécessité de laisser à la Compagnie la liberté d'agir, à l'effet de réprimer promptement les faits de schisme qui par leur impunité se multiplient de jour en jour dans les diocèses. » (Il y a eu 98 voix contre 43, sans les caducs.)

M. l'abbé Pucelle a dit qu'il ne croyoit pas qu'on dût enregistrer une réponse aussi contraire aux droits du Roi et aussi flétrissante pour la Compagnie; qu'il ne restoit que la voie des remontrances; que, quoique l'on en eût déjà fait tant de fois, il falloit y revenir et espérer qu'elles seroient à la fin écoutées. Ensuite il s'est exprimé ainsi : « Dieu a imprimé aux états les plus foibles une espèce d'autorité. Les enfants ont l'autorité des larmes pour se faire entendre, les affligés et les malheureux l'autorité des cris et des gémissements pour obtenir du secours; nous avons aussi notre autorité, qui ne prend rien sur celle du Roi et sur le respect que nous lui devons; nous avons l'autorité de notre place et de notre devoir; nous avons l'autorité d'une fidélité à toute épreuve au milieu des traitements les plus durs; nous avons l'autorité du sacrifice de notre fortune et de notre liberté; nous avons l'autorité du vrai, oui du vrai, Messieurs, car il est vrai que la Constitution est le fléau de l'Église et de l'État. Quel bien a-t-elle produit depuis qu'elle a paru, ou plutôt quels maux n'a-t-elle point causés? La foi en est-elle devenue plus claire ou plus pure? Dieu en est-il plus connu et mieux aimé? Ceux qu'on a mis à la place des ministres qu'on a dépouillés de leurs emplois ont-ils plus édifié l'Église? Le royaume en est-il plus en paix? La couronne du Roi en est-elle plus assurée? »

On plaide actuellement un grand procès entre M. le duc d'Orléans et Mme de Modène, parce qu'elle prétend que sur la dot qui lui a été promise par son contrat de mariage, elle a reçu à la vérité exactement ce que le Roi lui avoit donné, mais que pour ce que M. le duc d'Orléans devoit lui donner, tant en pierreries qu'en argent, elle a sujet de se plaindre; que cependant c'est sur ce fondement qu'elle a renoncé à toutes successions; et que par conséquent elle est en droit de revenir contre ses renonciations. C'est M. Normant qui plaide pour M. le duc d'Orléans, et M. de Laverdy pour Mme de Modène.

Du 25 août, Paris. — Mme la duchesse de Béthune, belle-fille de M. le duc de Charost, mourut hier à quatre heures après midi, âgée d'environ quarante-huit à quarante-neuf ans. Elle étoit fille de M. Antraigues, sœur de M. de Roise, conseiller au Parlement, mort depuis peu; elle avoit toujours eu une conduite excellente, quoiqu'elle eût eu une figure agréable. Elle étoit un peu froide, mais aimée de ceux dont elle étoit plus connue. Elle laisse un garçon et deux filles, dont le plus grand bien vient de son côté (1).

Du 25 août, Paris. — Le Roi a envoyé aujourd'hui un gentilhomme ordinaire faire compliment à Mme de Luynes; il m'a même fait compliment à moi, quoique je sois étranger par rapport à M. de Charost, mais c'est une méprise. La Reine a envoyé cette après-dînée un page à Mme de Luynes. Il a même trouvé ici M. et Mme d'Ancenis et Mme de Tessé à qui il a fait compliment.

Mon frère reçut avant-hier une lettre de MM. les abbés Guistel et de la Fare, aumôniers de quartier du Roi, pour le prier d'officier à Saint-Denis au service du feu Roi, qui ne se fait cette année que le 2 septembre, parce que le premier est un dimanche. Le grand aumônier et le premier aumônier étant absents, c'est apparemment l'usage

---

(1) Elle avoit eu deux autres garçons, dont l'aîné fut tué il y a trois ou quatre ans. On l'appeloit le marquis de Charost, dont le mariage étoit arrêté avec Mlle de Brissac (qui a été depuis Mme la duchesse d'Ayen.) Le second étoit abbé; il quitta le petit collet, à la mort de son frère, et mourut peu de temps après. (*Note du duc de Luynes.*)

que les aumôniers de quartier prient un évêque. Mon frère fera cette cérémonie.

Du 31 *août, Versailles.* — Nous avons marqué ci-dessus que le Roi avoit envoyé un gentilhomme ordinaire faire compliment sur la mort de Mme de Béthune. Dans ces occasions M. le Dauphin envoie l'écuyer de main du Roi qui sert de quartier auprès de M. le Dauphin. C'est M. le duc de Châtillon qui donne l'ordre, et c'est à lui à qui l'écuyer rend la réponse. M. de Châtillon m'a dit que quelquefois il laissoit l'écuyer rendre compte lui-même à M. le Dauphin. Le même jour que le Roi envoya, il vint de la part de M. le Dauphin un écuyer du Roi chez M. le duc de Charost; il ne vint point chez Mme de Luynes, ce qui nous surprit. Mme de Luynes même en dit un mot à M. de Châtillon lorsqu'elle fut revenue ici. M. de Châtillon m'en parla le jour même, et me dit que c'étoit oubli de la part de l'écuyer, à qui il en avoit donné l'ordre. Il me fit mille excuses et compliments, et me dit que si Mme de Luynes vouloit, il alloit donner ordre que l'on vînt ici lui faire le compliment de M. le Dauphin; que cela étoit même si fort sans difficulté, que, comme l'usage étoit que ceux chez qui le Roi et la Reine envoyoient, ainsi que M. le Dauphin, vinssent les remercier, il prioit Mme de Luynes de vouloir bien remercier M. le Dauphin. Mme de Luynes a cru que l'honnêteté faite par M. de Châtillon suffisoit, et fut avant-hier chez M. le Dauphin lui faire son remerciment.

M. l'évêque de Metz (1) vint il y a quelques jours chez moi à Paris, et m'apprit un procès qu'il avoit par rapport à de grands fiefs dépendant de l'évêché de Metz. Ces fiefs appartenoient à M. le comte d'Auneau, qui mourut fort peu de temps après que M. l'abbé de Saint-Simon fut

---

(1) Claude de Rouvroy de Saint-Simon. Il était de la branche aînée de la maison de Rouvroy.

nommé évêque de Metz. Comme ces fiefs dépendent de l'évêché de Metz, c'est l'évêque qui y nomme, à moins qu'il ne veuille les garder pour lui ; mais il faut qu'il se détermine dans le courant d'une année, et je crois que s'il les gardoit, ces fiefs seroient alors unis à l'évêché et passeroient à son successeur. Ce qui est certain, c'est que l'usage ordinaire est que l'évêque les donne. Ces fiefs valent environ 25,000 écus de rente ; il y en a trois. M. l'évêque de Metz, aussitôt qu'il fut à portée d'y nommer, en donna le tiers à M. le duc de Fleury, petit-neveu de M. le Cardinal, un à M. le marquis de Saint-Simon son frère, et l'autre tiers à M. le duc de Saint-Simon, voulant marquer sa reconnoissance à deux personnes à qui il a le plus d'obligations. Il y a un de ces fiefs que M. l'évêque de Metz prétend n'être pas susceptible d'être disputé, et celui-là est donné par moitié à M. le duc de Fleury et à M. le marquis de Saint-Simon.

SEPTEMBRE.

Accouchement de la duchesse d'Hostun. — Mme d'Ancenis nommée dame du palais. — Logements de Versailles. — Usage de la communion à Saint-Denis. — Relevailles de la Reine. — Procès du duc d'Orléans et de Mme de Modène. — Marionnettes chez le Dauphin. — Communion du Roi et de la Reine. — Affaire du maître des requêtes. — Le Roi à Vauréal. — Pots de fleurs à Trianon. — Le voleur solitaire. — Évêchés de Meaux et de Mirepoix donnés. — Procès du prince de Léon et du comte de Toulouse. — Conclusions de M. Gilbert pour le duc d'Orléans. — Le Parlement à Versailles. — Diminution sur les tailles. — Plaisanterie du Régent à M. de Harlay. — Service du premier valet de garde-robe. — Époques des communions du Roi. — Second voyage du Roi à Vauréal. — Baptême du fils de M. de Châtillon. — Présentation de la baronne de Travers. — Portrait du cardinal de Fleury par Autereau. — Arrêté du Parlement et réponse du Roi. — Frais de représentation de l'ambassade de Vienne. — Chasse du Roi. — La duchesse de Dorset aux eaux de Versailles. — Tabouret de Mme de Tessé. — Prétention de la baronne de Travers ; exemple de Mme de Besenval. — Revenus du roi d'Espagne. — Le duc de Dorset présenté au Roi. — Dons du Roi aux baptêmes. — Manufacture des Gobelins. — Tableau de Detroy. — Esprit du Dauphin. — Chevaux donnés par le duc de Wurtemberg. — Chasses du Roi. — Soupers du Roi chez la Reine. — Vers de l'abbé Regnier. — Affaire des gendarmes de la garde du Roi. — Départ du Roi pour Fontainebleau. — Soupers du Roi. — Jeu de cavagnole. — Vol du cabinet. — Arrivée de la Reine et du Dauphin à Fontainebleau. — Aumônes du Roi. — Chasse du cormoran. — Porte-nain du Roi; gouverneur des petits chiens de la chambre. — Messe du Roi et de la Reine. — Difficulté sur le mot. — Le musicien Farinelli. — Magnificence du roi d'Espagne. — Les musiciens Dota, Falco et Poirier. — Privilége du grand écuyer d'Espagne. — Maison du Roi de Naples. — Retraite de M. de Vernassal. — Le cardinal de Fleury au jeu de paume. — Audience de congé de l'envoyé de Danemark.

Du 1ᵉʳ septembre. — Mᵐᵉ la duchesse d'Hostun, belle-fille de Mᵐᵉ la duchesse de Tallard, accoucha le 29 août, d'un garçon. On ne peut dépeindre la joie de M. le duc de Tallard, M. le duc d'Hostun étant fils unique.

Le jour que M. le duc de Charost salua le Roi, à son retour de Paris, trois jours après la mort de Mᵐᵉ de Béthune, le Roi lui dit : « Vous faites une grande perte, mais j'en fais une aussi grande que vous. »

Hier il fut déclaré que Mᵐᵉ la duchesse d'Ancenis, belle-fille de Mᵐᵉ la duchesse de Béthune, avoit la place de dame du palais. Plusieurs personnes avoient demandé cette place ; mais Mᵐᵉ de Béthune, avant de mourir, avoit prié M. le Cardinal de vouloir bien la demander au Roi pour Mᵐᵉ d'Ancenis, et cette grâce avoit été accordée, dès avant la mort de Mᵐᵉ de Béthune ; mais on n'en avoit pas parlé jusqu'à ce moment.

Il y a eu ces jours-ci quelques changements dans les logements de Versailles. Celui de Maréchal, le père, a été donné à M. le comte de Gramont ; celui de M. de Gramont à M. le prince de Pons, et celui de M. le prince de Pons à Mᵐᵉ la duchesse de Brissac douairière, mère de Mᵐᵉ la duchesse d'Ayen ; celui de M. le cardinal de Bissy a été donné à M. le maréchal de Broglie, et celui de M. de Broglie à M. de Puységur. Le Roi déclara ces logements à Rambouillet, et dit sur-le-champ à Mᵐᵉ la comtesse de Toulouse ou à Mademoiselle, je ne sais laquelle des deux : « Au moins un tel sera bien persuadé présentement qu'il n'aura point de logement. » C'est le même que nous avons marqué ci-dessus avoir demandé avec instance celui de M. le cardinal de Bissy.

Mon frère est parti aujourd'hui pour Paris, à cause de la cérémonie de demain, à Saint-Denis, dont nous avons parlé. Le Roi lui dit hier, à cette occasion, qu'il seroit peut-être bien étonné de voir le diacre et le sous-diacre communier sous les deux espèces ; c'est l'usage dans l'église de Saint-Denis à toutes les grandes messes. Le prêtre ou l'évêque consacre une grande hostie et deux petites ; après que le prêtre ou l'évêque a communié, il communie le diacre, lequel prend ensuite le précieux sang dans le calice et l'emporte à un petit autel sur lequel il prend un peu du précieux sang avec une aiguille d'or ; le sous-diacre vient de même communier de la main du prêtre ou de l'évêque, et va ensuite au petit autel prendre le précieux sang. L'évêque qui officie ne mène aucun prêtre avec lui pour l'assister dans les cérémonies ; l'usage est qu'il soit assisté par les religieux.

Hier la Reine alla à la chapelle pour la première fois depuis qu'elle est accouchée. Elle entendit la messe de son chapelain à la petite chapelle en haut, au-dessus de celle de Saint-Louis (1). Elle avoit son prie-Dieu et son drap de pied ; et devant le prie-Dieu étoit à l'ordinaire M. le Cardinal en rochet et en camail. Il présenta à la Reine, après la messe, un cierge où il y avoit un certain nombre de louis d'or attachés, suivant l'usage ; il fit ensuite la bénédiction du pain. Le clerc de la chapelle ayant présenté à S. Em. deux brioches coupées dont la Reine prit un morceau, on en porta ensuite aux dames qui avoient suivi la Reine ; après quoi M. le Cardinal, ayant pris le cierge des mains de la Reine, dit un évangile sur sa tête, suivant la coutume. Avant que la Reine prenne du pain bénit, l'aumônier de quartier ou ordinaire en prend un petit morceau qui est coupé exprès pour cela ; il en donne

---

(1) C'est la chapelle de la Vierge.

la moitié au clerc de chapelle, et font l'essai l'un et l'autre sur-le-champ. J'ai appris à cette occasion que cela se passe de même pour le Roi, lorsqu'il prend du pain bénit; le même essai se fait par l'aumônier. Il se fait aussi un essai toutes les fois que le Roi communie. L'aumônier prend la palle sur laquelle il y a sept ou huit hosties non consacrées, et au milieu est une petite boîte d'or couverte. L'aumônier présente au Roi toutes ces hosties. S. M. montre avec le doigt celle qu'il veut que l'on prenne. Aussitôt l'aumônier, sans toucher à l'hostie, la prend avec la petite boîte d'or et la porte sur le corporal et en même temps prend une des autres hosties, la rompt par la moitié, en mange une partie et donne l'autre à un clerc de chapelle. C'est de M. l'abbé de Guistel, aumônier de quartier, que je sais ce détail.

Hier MM. les gens du Roi ayant été mandés vinrent recevoir les ordres de S. M., et le Roi leur dit qu'il vouloit bien recevoir vendredi prochain une députation du Parlement; c'est au sujet des remontrances dont nous avons parlé ci-dessus.

La réponse du Roi faite par la bouche de M. le chancelier, dont nous avons aussi parlé, n'est pas encore enregistrée.

J'appris hier qu'il y avoit quelque proposition d'accommodement faite par M. le duc d'Orléans à Mme de Modène. Le mémoire de M. Normant pour M. le duc d'Orléans paroît depuis quelques jours, et démontre clairement, à ce qu'il me semble, que Mme de Modène ne peut revenir contre ses renonciations. Ce mémoire, qui est très-bien écrit, paroît prouver que Mme de Modène ne peut pas même demander de supplément de sa dot, à cause de la différence de l'argent fort à l'argent de France. Cependant, comme l'on a trouvé des lettres de change données par feu M. le duc d'Orléans pour le payement de cette dot, qui à la vérité avoient été protestées, mais étoient payables en argent fort; comme les quittances données pour Mme de

Modène ne sont qu'à compte et que les termes du contrat de mariage paroissent au moins douteux, M. le duc d'Orléans a fait offrir à Madame sa sœur de lui payer le supplément de sa dot.

Du 4 septembre, Versailles. —Comme c'est aujourd'hui le jour de la naissance de M. le Dauphin, il doit y avoir des marionnettes. La Reine descend chez M. le Dauphin pour les voir. Il y a eu à ce sujet une petite question qui a été bientôt décidée. Un valet de chambre est venu demander à Mme de Luynes si c'étoit eux qui devoient être derrière le fauteuil de la Reine, et s'il ne falloit pas le demander à S. M. elle-même. Mme de Luynes a répondu qu'on pouvoit le demander à la Reine, mais qu'elle croyoit que cela étoit sans difficulté; et la Reine l'a décidé de même. J'ai été aux marionnettes chez M. le Dauphin. C'étoit M. de Nangis qui étoit derrière le fauteuil de la Reine, et Mme de Luynes à gauche de M. de Nangis. A droite de la Reine étoit M. le Dauphin sur un pliant et M. de Châtillon derrière lui; à gauche de la Reine, Madame première, et Mme de Tallard derrière, et à la gauche de Madame, Madame troisième, comme Madame seconde étoit à la droite de M. le Dauphin. Sur le retour du carré près Madame seconde, étoit M. le duc de Chartres, puis M. le Cardinal assis, et ensuite Mme de Montauban et Melle sa fille étoient assises. Il a été trouvé singulier que M. le duc de Chartres fût au même rang que M. le Dauphin et Mesdames, quoique ce fût en retour; cela n'a jamais été, et quoiqu'à la chapelle il y ait des exemples qui semblent l'autoriser, la différence d'être sur le tapis de pied pour les fils de France, et au bord pour les princes du sang, est si marquée, que cela ne peut entrer en comparaison avec la séance des assemblées ou spectacles. Or il n'a jamais été d'usage que les princes du sang soient sur le même rang que les fils de France. Pour M. le Cardinal, cela est encore plus extraordinaire; mais on peut regarder ce petit spectacle-ci comme ne tirant à conséquence pour rien ; de même que ce qui regarde M. le Cardinal. Derrière ce premier rang étoient les dames non titrées assises. Je m'étois aussi mis à ce second rang, derrière lequel il y en avoit plusieurs autres.

J'ai parlé ci-dessus du jour que la Reine a été relevée. Ce n'est qu'à la fin de la messe dite par son aumônier que l'on apporte le pain bénit à M. le Cardinal, ou en son absence le premier aumônier ; il met une étole, bénit les deux brioches qui lui sont présentées par le clerc de chapelle, et qui sont coupées, rend le livre et le goupillon au clerc de chapelle, prend de sa main le plat où sont les deux brioches, le présente à la Reine, qui prend un morceau d'une brioche. Il ne se fait point d'essai comme nous avons expliqué qu'il s'en faisoit pour le Roi. M. le Grand (1), ou le premier aumônier, ou l'aumônier ordinaire ou de quartier, car l'un remplace l'autre, rend au clerc de chapelle le plat où sont les brioches ; ensuite il donne à la Reine le cierge où il y a quatre louis d'or, met le bout de l'étole sur la tête de la Reine, suivant l'usage, dit l'Évangile de saint Jean et l'oraison, reprend ensuite le cierge des mains de la Reine, et le rend au clerc de chapelle, auquel il rend aussi ensuite son étole. Le pain bénit est distribué dans la chapelle, même aux dames qui ont suivi la Reine, et les quatre louis sont distribués à ce qu'on appelle la chapelle de la Reine, c'est-à-dire les chapelains et les clercs.

Quoique l'essai ne se fasse point au pain bénit pour la Reine, il se fait à la communion, comme nous l'avons expliqué pour le Roi.

Une circonstance particulière à la communion du Roi, c'est qu'immédiatement après que le Roi a communié, le premier maître d'hôtel tient auprès de lui une coupe ou tasse d'or dans laquelle il y a du vin, la présente au célébrant, qui tenant les deux premiers doigts de chaque

---

(1) Le grand aumônier.

main fermée, parce qu'il vient de toucher le corps de N.-S., présente au Roi la tasse de vin ; le Roi en boit une ou deux gorgées, la rend au célébrant, qui la rend au premier maître d'hôtel. C'est toujours de M. l'abbé de Guistel dont je sais ce détail. Il s'est informé exactement de ce qui regarde le Roi ; il l'a communié lui-même.

Le maître des requêtes, dont nous avons parlé ci-dessus, depuis les plaintes qui ont été portées contre lui, a cherché à se justifier par des mémoires qu'il a répandus dans le public, et en dernier lieu à la réception de M. Blancheton. Les maîtres des requêtes étant assemblés, il représenta à l'assemblée que les mémoires qu'il avoit donnés devoient avoir prouvé combien il étoit peu coupable d'une faute essentielle que l'on avoit voulu répandre dans le public, et qu'il prioit ces messieurs de vouloir bien déclarer eux-mêmes ce qu'ils en pensoient. Sur quoi le doyen répondit que c'étoit un de leurs confrères qui avoit indiscrètement porté plainte à M. le chancelier, sans être avoué par eux, et qu'ils le tenoient bien et dûment justifié.

Le Roi partit hier à trois heures après midi pour aller coucher à Vauréal, chez Mlle de la Roche-sur-Yon ; il a couru aujourd'hui sur Lotty, qui est fort près de Vauréal. S. M. soupa avant-hier dans ses cabinets, et alla jouer ensuite chez Mme de Tallard. On parloit dès lors du voyage de Vauréal ; mais c'étoit un mystère.

On parloit ici y a quelques jours du goût qu'avoit le feu Roi pour Trianon et du soin avec lequel il vouloit qu'il fût entretenu dans les commencements. Il y avoit une quantité prodigieuse de fleurs, toutes dans des pots de grès que l'on enterroit dans les plates-bandes, afin de pouvoir les changer non-seulement tous les jours, si on vouloit, mais encore deux fois le jour, si on le souhaitoit. On m'assura qu'il y avoit eu jusqu'à 1,900,000 pots tout à la fois, soit dans les plates-bandes, soit en magasin.

Il y a longtemps que l'on parle d'un voleur qui vole seul dans la plaine Saint-Denis aux environs de Pantin, et que l'on appelle pour cette raison *le Solitaire*. Il n'y a pas longtemps qu'il arrêta M. de la Roche-Aymon, qui couroit en chaise, et le vola. On ne pouvoit venir à bout de le prendre. Enfin, M. de Maurepas ayant fait dire à la maréchaussée des environs qu'il la feroit casser si on ne prenoit pas cet homme, on le prit après bien de la peine et du soin, il y a quelques jours; au moins on croit que c'est lui.

Il y a quelques jours qu'il fut déclaré que le Roi avoit donné l'évêché de Meaux à M. l'abbé de Fontenille, frère de M. le marquis de Rambures, et celui de Mirepoix à M. l'abbé de Chamflour, grand vicaire de Clermont.

Il y a quelques jours aussi que M. le prince de Léon me parla d'un procès qu'il a contre M. le comte de Toulouse, dont la décision mériteroit d'être remarquée. Il est dû anciennement des droits au Roi par la mort de M. le duc de Rohan, père de M. le prince de Léon. M. le prince de Léon s'étoit accommodé avec MM. les fermiers de ces droits. M. le comte de Toulouse prétend que ces droits lui appartiennent à cause d'une terre qu'il a proche le duché de Rohan, qui est un domaine qui lui a été engagé depuis quelques années. Le raisonnement de M. le comte de Toulouse est que : Rohan avant d'être duché relevoit de cette terre, dont j'ai oublié le nom (1) ; que, quoique comme duché il ne relève présentement que du Roi, c'est toujours du Roi, mais à cause de cette terre appartenant à M. le Comte, qui est un domaine engagé ; qu'il n'y a point eu de dédommagement pour cette mouvance, et que par conséquent elle subsiste. M. de Léon répond qu'il n'étoit pas besoin de dédommagement, puisque le Roi étoit le seigneur, mais que les duchés-pairies sont de grands fiefs mouvants de la couronne en général, et non d'aucun lieu

---

(1) C'est Ploërmel. (*Note du duc de Luynes.*)

particulier; que les jugements n'en ressortissent qu'à la Tour du Louvre; mais qu'il est dit la Tour du Louvre à cause du séjour actuel du Roi, mais que ce n'est point un lieu particulier, mais l'endroit où le Roi habite.

Du 8 septembre, à Versailles. — Jeudi dernier, 5 de ce mois, le procès de M. le duc d'Orléans et de Mme la princesse de Modène fut jugé. M. Gilbert de Voysins parla pendant trois heures, et conclut, pour M. le duc d'Orléans, à ce que les renonciations de Mme de Modène fussent confirmées, et pour que Mme la duchesse de Modène fût payée en argent fort des 200,000 francs donnés par le contrat de mariage. Son avis fut suivi tout d'une voix.

J'ai oublié de marquer que lorsque MM. les gens du Roi vinrent ici vendredi, non-seulement c'étoit sur un ordre de S. M., mais ils ignoroient même ce que le Roi vouloit leur ordonner. La réponse du Roi fut en ces termes : « J'ai appris que mon Parlement avoit arrêté de me faire des remontrances; dites-lui que je veux bien les recevoir vendredi. » C'est M. Gilbert de Voysins qui m'a conté lui-même ce détail.

Vendredi dernier, 6 de ce mois, M. le premier président, accompagné de MM. Portail et de Maupeou (1), vint ici, et parla au Roi dans son cabinet. Je n'ai pu savoir les termes de son discours; mais j'ai su par M. le duc de Charost, qui étoit présent, et M. Gilbert de Voysins, qui l'a entendu dire, me l'a aussi confirmé, que le discours avoit été fort mesuré, fort sage et fort respectueux. La réponse du Roi fut courte, et à peu près dans ces termes : « Je saurai maintenir mes droits et faire respecter mon autorité. » La démarche de faire d'itératives remontrances a paru pouvoir être de quelques conséquences; cependant l'on croit que pour le moment présent il ne sera plus question d'aucun mouvement dans le Parlement. J'ai demandé aujourd'hui à M. Gilbert de Voysins s'il

---

(1) Présidents de la grand'chambre.

croyoit que cette démarche des remontrances eût réussi du temps du feu Roi; il m'a dit qu'elle n'auroit sûrement pas réussi depuis 1673 jusqu'en 1713, parce que Louis XIV avoit paru alors désapprouver les remontrances, et qu'il a persisté dans les mêmes sentiments jusqu'à la mort. M. Gilbert m'a ajouté que cependant à la mort de Louis XIV il avoit paru se repentir en quelque manière d'avoir été si sévère sur cet article.

J'ai mis ci-dessus un arrêté du Parlement du 21 août, auquel est joint un discours de M. l'abbé Pucelle. Ce discours s'est répandu dans tout Paris. J'ai demandé aujourd'hui à M. Gilbert de Voysins si ce discours étoit vrai; il n'en a pas nié la vérité, mais il m'a dit qu'il ne pouvoit jamais y avoir par écrit de discours vrai de M. l'abbé Pucelle, parce qu'il n'écrivoit jamais et qu'il parloit toujours sur-le-champ.

M. de Harlay, intendant de Paris, vint il y a trois ou quatre jours ici remercier le Roi. Les dommages arrivés en plusieurs endroits de la généralité de Paris, causés par les pluies et les grêles, avoient déterminé M. de Harlay de demander une diminution d'environ 400,000 livres sur les tailles, et le Roi a bien voulu lui en accorder une de 380,000 livres. M. de Harlay me conta à cette occasion que la généralité, indépendamment de la ville de Paris, payoit seule au Roi environ le dixième de toutes les tailles du Royaume, et que ce dixième alloit à environ huit millions. La diminution que le Roi a bien voulu accorder cette année monte à environ quatre millions sur le total des tailles.

On me contoit il y a quelques jours à propos de M de Harlay une plaisanterie qui lui avoit été faite par feu M. le duc d'Orléans. M. le duc d'Orléans étoit accoutumé de badiner avec lui, et lui connoissoit, outre une grande naissance, beaucoup d'esprit et de talents. La place de premier président étant vacante, M. de Harlay la demanda, et représenta à M. le duc d'Orléans que quatre de ses ancêtres avoient déjà rempli des places aussi considérables dans la robe. M. le duc d'Orléans, qui savoit que M. de Harlay, encore jeune alors par son âge, l'étoit aussi par sa conduite, et qu'il falloit un peu plus de sagesse et de gravité pour remplir la place qu'il demandoit, lui dit : « Oh, Monsieur ! cela ne se peut pas, cela feroit Arlequin (Harlay quint.) »

J'appris il y a quelque temps un détail sur le service du premier valet de garde-robe du Roi ; il ne rend point le service à ses supérieurs, et ses inférieurs le lui rendent.

J'ai marqué ci-dessus comme une chose singulière qu'il n'y avoit point eu le 14 du mois passé ni le lendemain, jour de l'Assomption, de grandes messes. J'ai appris depuis que ce n'étoit pas l'usage, et M. de Cézile, trésorier des aumônes (1), me l'a confirmé aujourd'hui, et m'a dit que l'usage du Roi étoit de communier cinq fois dans l'année, Pâques, Pentecôte, la Toussaint, Noël, et pour la cinquième l'Assomption ou la Conception ; à la différence qu'aux quatre premières que je viens de nommer, la communion est la veille, et le Roi entend les premières vêpres, et le lendemain la grande messe.

Cela se pratiquoit ainsi du temps de Louis XIV. Il y a deux ans que le Roi communia la veille de l'Assomption et entendit la grande messe le lendemain. Mais il ne se trouva point dans les livres de la chapelle de messe en musique pour le jour de l'Assomption. Il est arrivé que le Roi a communié le jour de Saint-Louis au lieu du jour de l'Assomption. Le Roi a fait ses dévotions aujourd'hui, jour de la Conception, et a touché les malades au pied de l'escalier de marbre ; il n'y en avoit qu'un très-petit nombre et tous étrangers. Toutes les fois que S. M. communie, l'on distribue les aumônes de S. M. Le grand aumônier reçoit les placets de ceux qui demandent, et fait faire un état de ceux à qui il juge à propos de faire

---

(1) Trésorier des offrandes, aumônes et dévotions du Roi.

donner. Je crois que cet état est ensuite porté au Roi, et d'abord à M. le cardinal de Fleury, et le trésorier paye sur cet état arrêté.

Du 12 septembre. — Le roi vient de partir pour aller coucher à Vauréal, chez Mlle de la Roche-sur-Yon ; c'est son second voyage. Il doit demain courre à Lotty comme la dernière fois.

Hier se fit le baptême du fils de M. le duc de Châtillon ; il fut tenu par M. le Dauphin et Madame : il fut baptisé à la chapelle par M. l'abbé de la Fare, aumônier du Roi, en présence de M. le curé de Notre-Dame. Madame Henriette y assista. M. le Dauphin étoit sur le même prie-Dieu où le Roi se met, mais non pas avec le même tapis de pied ; c'en étoit un plus petit, qui sert ordinairement à M. le Dauphin. Il y avoit trois carreaux sur le tapis de pied : M. le Dauphin au milieu, Madame à droite, Madame Henriette à gauche. M. l'abbé de Guistel, autre aumônier du Roi, en habit long et surplis, étoit à la droite du prie-Dieu, à la même place où se met le grand ou le premier aumônier. M. l'ancien évêque de Mirepoix (1) étoit à la gauche du prie-Dieu, du côté de l'Évangile, mais en habit court, et n'ayant aucune fonction. L'enfant fut nommé Louis Gaucher. Après le baptême, qui fut à l'ordinaire, M. l'abbé de la Fare présenta la plume à M. le Dauphin, à Mesdames et à M. le duc de Chartres, lequel étoit au bord du drap de pied en dehors, suivant la règle et l'usage ; mais, quoi qu'il dût avoir un carreau, il n'en avoit point fait apporter. Si le grand ou le premier aumônier y avoit été, il n'auroit présenté la plume qu'à M. le Dauphin et à Mesdames, et un aumônier de quartier l'auroit présentée à M. le duc de Chartres ; cela se fait ainsi pour le pain bénit. M. le duc de Châtillon étoit derrière M. le Dauphin avec un carreau.

Avant le baptême, Mesdames vinrent prendre M. le

---

(1) Jean-François Boyer.

Dauphin chez lui. Mme la duchesse de Châtillon les attendoit ; elle avoit voulu aller chez Mesdames ; mais, comme Mme la duchesse de Tallard suit Mesdames en chaise dans la galerie d'en haut, ce que Mme de Châtillon n'auroit pu faire, on crut qu'il valoit mieux qu'elle les attendît chez M. le Dauphin (1). M. le Dauphin donna la main à Madame depuis son cabinet jusqu'à la chapelle, et de même en revenant ; au retour ils entrèrent dans le grand cabinet de M. de Châtillon, où il y avoit une grande collation. L'on mangea debout. Les hommes allèrent manger dans une autre chambre. Les dames étoient habillées en grand habit. Mme la duchesse de Rohan, fille de M. de Châtillon, Mme la princesse de Rohan, Mme de Polastron et plusieurs autres étoient à cette collation. Mme la duchesse de Tallard servit M. le Dauphin, M. le duc de Châtillon Madame, et Mme la duchesse de Châtillon Madame Henriette. M. de Polastron m'a conté tout ce détail.

Il y a environ cinq ou six jours que Mme la baronne de Travers fut présentée au Roi par M. le Cardinal dans la galerie. Elle est fille d'un des lieutenants de Roi d'une des places de Flandre ; son mari est colonel d'un régiment de Grisons au service du Roi ; il est dans ce pays. Elle avoit prié Mme de Luynes de la présenter au Roi ; mais, outre que Mme de Luynes ne la connoît point, ne devant être présentée que dans la galerie, il n'étoit pas convenable que ce fût Mme de Luynes. Mme de Travers comptoit être présentée à la Reine dans sa chambre ; elle vint le matin dans le cabinet d'avant la chambre de S. M. Mme de Luynes la fit prier de vouloir bien passer dans la galerie, à la porte du salon ; et lors-

---

(1) Cette raison ne fut pas détaillée, parce que Mme de Tallard auroit pu suivre Mesdames à pied avec Mme de Châtillon, mais pour plus grande commodité on convint que Mme de Châtillon attendroit Mesdames chez M. le Dauphin. (*Note du duc de Luynes.*)

que la Reine revint de la messe, Mme de Luynes la lui présenta, et dit ensuite à l'huissier du salon que si elle se présentoit pour entrer à la suite de la Reine, il lui dit que cela ne se pouvoit pas. Mme de Luynes avoit pris les ordres de la Reine. Mme de Travers vint remercier Mme de Luynes, et lui dit qu'elle espéroit avoir l'honneur de venir faire quelquefois sa cour à la Reine. Mme de Luynes lui répondit qu'elle étoit bien fâchée que cela ne fût pas possible dans l'appartement de la Reine.

Du 14 septembre, Versailles. — On m'a apporté aujourd'hui un portrait de M. le Cardinal, fait par Autereau (1). Ce peintre est âgé d'environ quatre-vingts ans. Ce portrait est assez ressemblant; il est dans un cadre ovale, au bas duquel est écrit :

Quem frustra
Quæsivit Cynicus
Olim, ecce inventus adest.

Il est vraisemblable que ledit Sr Autereau, ayant besoin du secours de M. le Cardinal pour vivre, a été bien aise de lui faire présent d'un de ses ouvrages, dont l'idée est assez ingénieuse. Ce tableau représente Diogène dans un lieu qui paroît être un marché; à quelques pas de ce philosophe est son tonneau : on sait que ce philosophe cynique alloit dans les marchés, une lanterne à la main, disant qu'il cherchoit un homme. Diogène tient de la main gauche une lanterne dont la porte est ouverte et qui paroît allumée; au-dessous de cette main gauche est le portrait de M. le Cardinal, assez ressemblant, dans un cadre ovale, et la main droite de ce philosophe s'étend vers le bas de ce cadre, comme pour montrer qu'il a trouvé ce qu'il cherchoit. C'est au-dessous de ce cadre ovale que sont écrit ces mots latins ci-devant.

---

(1) Ce portrait, gravé par Thomassin, était de Jacques Autereau, peintre et auteur dramatique, né en 1656, mort aux Incurables, en 1745.

***Du* 16 *septembre*.** — J'ai parlé ci-dessus de la réponse du Roi au Parlement ; je mets ici l'arrêté du Parlement sur cette réponse. Cet arrêté est assez singulier, et la réponse de S. M. ne paroît pas dans les mêmes termes que l'on m'avoit dit d'abord. On prétend que M. le premier président, sous prétexte de ne pas retenir assez bien les propres paroles du Roi, demanda que l'on les lui donnât par écrit, ce qui lui fut accordé. On m'a dit que dans cet écrit on avoit voulu changer quelque peu de chose aux termes de S. M. ; cependant, je crois que cela n'a pas pu se faire, et il y a plus d'apparence de croire que l'on m'avoit d'abord mal répété les paroles du Roi.

Réponse du Roi.

« Je saurai bien maintenir les maximes de mon Royaume, et je compte que l'on ne s'écartera jamais du respect qui m'est dû. »

Arrêté du Parlement.

« Arrêté que conformément aux intentions du Roi données à entendre par sa réponse aux remontrances faites de vive voix, la Compagnie continuera à soutenir les maximes du Royaume sur le concours de l'autorité royale pour que les lois de l'Église deviennent lois de l'État, et que le Parlement donnera en toutes occasions des marques de son respect, de son attachement et de son zèle pour le Roi, en maintenant l'ordre et la tranquillité publique. »

Je vis il y a quelques jours M. le marquis de Mirepoix, qui part incessamment pour son ambassade à Vienne. Nous raisonnâmes sur ses équipages ; il me dit que l'ambassadeur de France étoit obligé à une assez grande représentation, parce que toutes les fois que l'Empereur va aux offices de l'Église, ce qui s'appelle tenir chapelle, tous les ambassadeurs étoient obligés de s'y trouver en habit de cérémonie. L'ambassadeur de France y va avec trois attelages, et il y a par an cent soixante-quatorze chapelles.

Il y a quelques jours que le Roi alla tirer dans le petit parc. M. de Courtenvaux et M. le comte de Gramont avoient l'honneur de le suivre ainsi que plusieurs autres courtisans. Le Roi permit à M. de Courtenvaux de tirer à coups de pistolet, et vers la fin de la chasse le Roi fit donner un de ses fusils à M. le comte de Gramont, qui tira aussi quelques coups.

Hier les eaux jouoient ici à l'ordinaire, où il y avoit plusieurs Anglois et Angloises, parmi lesquels il paroissoit qu'il y avoit une personne considérable. Le Roi nous dit à son souper que c'étoit Mme la duchesse Dorset, femme du vice-roi d'Irlande, et sa fille. La fille est assez jolie.

Hier Mme de Tessé, femme du premier écuyer de la Reine, qui n'avoit pu encore prendre son tabouret chez la Reine, à cause de la circonstance de la maladie et de la mort de Mme la duchesse de Béthune, sa mère, fut présentée au Roi par Mme de Luynes, et prit son tabouret dans le cabinet à l'ordinaire.

Du 17 septembre. — Mme de Travers n'a point été contente de la présentation dont j'ai parlé ci-dessus; elle prétend que la naissance de son mari et les services qu'elle a rendus au Roi elle-même dans le pays des Grisons méritoient qu'elle fût présentée dans le cabinet du Roi, comme les femmes de condition. Elle écrivit il y a quelques jours à M. le Cardinal, et envoya la lettre à Mme de Luynes; elle demandoit, non pas d'être présentée de nouveau, mais d'avoir la permission de faire sa cour à la Reine dans son appartement. Mme de Luynes a été aujourd'hui en parler à M. le Cardinal; S. Ém. dit que Mme de Travers prétend effectivement avoir rendu des services, mais que M. Chauvelin, par qui elle étoit employée, les avoit désavoués; qu'on lui avoit cependant donné une pension de 4,000 livres parce qu'elle avoit apporté des mémoires de dépenses faites pour le service du Roi montant à 30 ou 40,000 livres, et que la grâce qu'on lui avoit faite étoit une espèce d'accommodement; que d'ailleurs une naissance (1) considérable dans les Suisses ou les Grisons n'étoit pas une raison pour avoir ici des distinctions; que les femmes des capitaines suisses n'en avoient aucune, de quelque grande naissance que fussent leurs maris; mais que Mme de Besenval (2) étoit la seule qui eût été présentée, et qu'il falloit laisser subsister les choses comme elles avoient été arrangées d'abord. Mme de Besenval peut bien ne pas faire un exemple, parce qu'elle est Polonoise (3) et que d'ailleurs son mari étoit mestre de camp général des Suisses.

Du 20 septembre. — Il y a quelques jours que M. l'ambassadeur d'Espagne étant ici, je lui fis plusieurs questions sur les revenus du roi d'Espagne. Il ne put me dire précisément à quoi ils montoient; mais il me dit que la ferme du tabac valoit elle seule vingt millions au roi d'Espagne, et que la partie la plus considérable de ses revenus étoit dans la Nouvelle-Espagne. M. de la Mina m'ajouta que l'on avoit découvert depuis peu dans le Mexique une nouvelle mine d'argent, qui devoit être d'un produit immense si l'intérieur de la terre fournissoit à proportion de la superficie; que sur cette superficie on avoit enlevé un morceau d'argent pesant cent huit arobes, et chaque arobe pèse vingt-cinq livres.

J'ai parlé de Mme la duchesse Dorset; son mari est ici et a été présenté au Roi. Il n'est point pair d'Angleterre; c'est peut-être la raison pour laquelle Mme la duchesse Dorset n'a point été présentée, à cause des honneurs; car nous avons vu, il y a un an ou deux, Mme de Bucking-

---

(1) Le père de Mme de Travers s'appeloit Châteaufort; il étoit capitaine dans le régiment d'Artois. (*Note du duc de Luynes.*)

(2) Le duc de Luynes écrit Beuzeval, suivant la prononciation du temps.

(3) Elle se nommait Catherine, comtesse de Bielenska, et était fille du comte de Bielinski, grand maréchal de Pologne.

ham être présentée par Mme de Luynes, alors dame d'honneur, et avoir ici le tabouret.

Il y a quelques jours que j'allai chez Mme la duchesse d'Hostun, dont j'ai marqué ci-dessus l'accouchement. Elle avoit à son lit un portrait du Roi enrichi de quelques diamants. S. M. a fait un présent semblable à Mme de Châtillon, parce que M. le Dauphin a tenu le fils de M. de Châtillon, et qu'il doit tenir au retour de Fontainebleau celui de M. d'Hostun; il y a eu aussi un présent fait à la nourrice de l'enfant de M. de Châtillon; je crois que c'est 50 louis. Lorsque le Roi tint l'enfant de M. Zeno, ambassadeur de Venise, il fit donner 100 louis à la nourrice.

J'appris aussi il y a quelques jours que le Roi dépensoit tous les ans 80,000 livres pour soutenir la manufacture des Gobelins.

On exposa il y a quelques jours dans les appartements un tableau fait par Detroy, peintre, qui représente Esther lorsqu'elle paroît devant Assuérus; on a critiqué l'attitude de la Reine, qui tourne le dos à Assuérus lorsqu'elle s'évanouit, et Assuérus, qui est derrière elle, lui présente son sceptre par-dessus son épaule.

J'ai mis ci-dessus le détail du baptême du fils de M. de Châtillon, et il y a une circonstance que j'ai oubliée, qui prouve l'esprit de M. le Dauphin. L'enfant avoit été nommé Louis Gaucher. M. le Dauphin ayant pris la plume pour signer, signa : « Louis Gaucher. » M. de Châtillon lui demanda quelle raison il avoit de signer ainsi. M. le Dauphin lui répondit qu'il se souvenoit fort bien que quand il avoit été baptisé il avoit signé, que par conséquent l'enfant devroit signer s'il étoit en âge, et qu'il croyoit que lui étant parrain devoit faire ce que l'enfant auroit fait, et par conséquent signer son nom.

Il y a quelques jours qu'il arriva ici huit chevaux de carrosse dont le duc de Wurtemberg fait présent au Roi. Ces chevaux sont dressés pour être menés par un seul cocher. Le Roi les vit hier. J'ai ouï dire que cela étoit singulier, mais cela n'est point d'usage. M. de Wurtemberg a envoyé aussi un cheval à M. le cardinal de Fleury et un à M. Amelot. Mme la duchesse de Wurtemberg a fait présent à la Reine d'une robe assez belle.

Du 21 septembre. — Avant-hier le Roi, après avoir couru le lièvre, soupa dans ses cabinets et monta chez Mme la duchesse d'Hostun, où il joua à cavagnole; il envoya même demander à M. de Tallard jusqu'à quelle heure il pouvoit rester chez Mme d'Hostun.

Hier, le Roi fut tirer dans le grand parc et ensuite dans le petit; il tua deux cent quatre-vingt-sept pièces. MM. les ambassadeurs d'Espagne et des Deux-Siciles avoient eu permission de suivre le Roi à cette chasse, et furent extrêmement surpris de la quantité immense de gibier qui partoit à tous moments. S. M. avoit bien voulu permettre à Mme de Luynes d'aller le voir tirer; elle y fut en carrosse avec Mmes de Chalais et de Rochechouart.

Il y a environ huit jours que le Roi a recommencé à souper avec la Reine. C'est dans la chambre de la Reine que soupent LL. MM. J'avois déjà remarqué plusieurs fois que M. de Nangis se tient toujours derrière le fauteuil de la Reine, et que c'est un valet de chambre de la Reine qui est derrière le fauteuil du Roi. J'en demandai la raison il y a quelques jours à M. de Nangis, parce qu'il me semble qu'il devroit être à la place la plus honorable. M. de Nangis me parla du règlement qui a été fait, à ce qu'il me dit, du temps de M. le Duc; c'est la même chose que j'ai marquée ci-dessus, une espèce d'accommodement pour que le chevalier d'honneur ne quitte point la main de la Reine chez le Roi, et que le premier gentilhomme de la chambre prenne le chapeau du Roi chez la Reine. Cependant, comme le premier gentilhomme de la chambre n'a point d'autre service chez la Reine, qu'il ne s'y met jamais derrière le fauteuil du Roi, il paroîtroit plus convenable que le chevalier d'honneur fût derrière le fauteuil du Roi qu'un valet de chambre de la Reine.

Du 23 septembre. — Il y a quelques jours que l'on me répéta des vers faits par l'abbé Regnier sur M. de Barbezieux ; les voici :

> J'aime l'État, j'aime le Roi,
> Et des fautes que je vois faire,
> Dans le courant du ministère,
> Je suis fâché de bonne foi.
> Mais quand un ministre peu sage
> Fait quelque sottise d'éclat
> Qui n'intéresse point l'État,
> La sottise du personnage
> De son [haut] rang me dédommage ;
> Je lui sais bon gré d'être un fat.

J'ai marqué ci-dessus la difficulté que M. le prince de Rohan prévoyoit qu'on pourroit lui faire sans fondement, si la Reine étoit accouchée d'un garçon et que le Roi eût été à Notre-Dame. C'est au sujet des gendarmes qui se mettent en bataille à la grille royale, suivant l'usage, entre ladite grille et les gardes françoises, et qui marchent ensuite derrière le carrosse du Roi. M. le duc de Gramont prétendoit que les gendarmes devoient faire le tour des gardes françoises et qu'ils ne devoient pas passer entre les deux lignes, parce que lorsque le Roi sort, le passage qui est entre la grille et le bataillon des gardes est rempli dans ce moment par des sergents de distance en distance. M. le duc de Gramont prétend que la règle n'étant pas de couper une troupe, les gendarmes doivent faire le tour comme je viens de dire. Il en seroit de même des chevau-légers par rapport aux gardes suisses. A l'égard des mousquetaires, ils attendent à la première grille en dehors de la cour des ministres ; ainsi cela ne les regarde point. M. le prince de Rohan, prévoyant que cette difficulté pourroit se renouveler à l'occasion du voyage de Fontainebleau, alla avant-hier à Issy en parler à M. le cardinal de Fleury, qui l'assura qu'il n'y auroit nulle difficulté et lui dit que cependant il pouvoit en parler au Roi. En conséquence M. le prince de Rohan en rendit compte avant-hier au soir à S. M., qui lui dit de même qu'il n'y avoit nulle difficulté.

Hier matin le Roi envoya querir M. le chevalier de Vilts (1), aide major des gardes françoises, et lui dit : « Vous laisserez passer mes gendarmes, sans tirer à conséquence. » Il paroît que les gardes du corps ne sont pas contents de cette espèce de décision, comptant apparemment qu'il n'y a qu'eux qui doivent avoir le droit de passer entre les deux lignes. Les gardes du corps accompagnent toujours immédiatement le carrosse du Roi, soit à droite ou à gauche, ou derrière, et les gendarmes marchent derrière le carrosse du Roi, non pas immédiatement, car les gardes du corps en sont plus près qu'eux. Ceux-ci ont la garde intérieure, et les gendarmes et chevau-légers n'ont que la garde extérieure. Les chevau-légers marchent différemment à la suite du Roi; ils devroient marcher immédiatement devant le carrosse; mais comme le quartier entier formeroit un trop grand embarras, il reste seulement quatre chevau-légers à la tête des chevaux du Roi avec un officier, et le reste du quartier marche en avant. Il en est de même pour les mousquetaires.

Le Roi est parti aujourd'hui pour Fontainebleau; je l'ai vu monter en carrosse. M. le Premier a monté immédiatement après S. M., ensuite M. le duc de Villeroy, M. de la Rochefoucauld, M. de Maillebois, et le Roi a fait monter M. de Chalais en sixième dans une berline. Il y avoit dix autres personnes dans une gondole.

Du 29 septembre, Fontainebleau. — J'appris il y a quelques jours une circonstance sur les soupers du Roi. Lorsque S. M. soupe chez la Reine, les jours maigres, c'est de la bouche du Roi qu'est le souper du Roi; au lieu que les jours gras, c'est la bouche de la Reine qui fournit le souper de LL. MM. La raison de cette différence est parce qu'il y a une recette de poisson ordinaire et réglée pour le Roi les jours maigres, et que les jours que le Roi veut

---

(1, Voy. l'art. du 17 juillet.

souper chez la Reine n'étant pas de même, il faudroit doubler la recette de la Reine pour ces jours, ce qui ne se peut faire d'un moment à l'autre, et la recette du Roi lui deviendroit inutile. Outre cela il y a plusieurs jours où la Reine fait gras.

Le Roi arriva ici lundi dernier, et soupa ce jour chez M. le duc de Villeroy avec ceux qui avoient eu l'honneur de le suivre. Ce fut un gentilhomme de M. le duc de Villeroy qui servit le Roi. Il n'y eut point de serviette de présentée, et M. le duc de Villeroy se mit à table avec le Roi. Le Roi ne descendit qu'au moment du souper, lorsque le maître d'hôtel de M. le duc de Villeroy eut averti. S. M. soupa dans sa nouvelle salle à manger, le lendemain et le surlendemain, et le mercredi, qui étoit le surlendemain de son arrivée, il joua à cavagnole dans ses cabinets. C'est la première fois qu'il y ait joué chez lui.

Le vol du cabinet (1) ne suivit pas le Roi pendant tout le voyage; mais il l'attendit à Ponthierry, et le conduisit jusqu'au bord de la forêt.

La Reine arriva ici jeudi. Les dames qui avoient l'honneur de la suivre étoient Mlle de Clermont, Mme de Luynes, quatre dames du palais et outre cela Mmes de Rochechouart, de Talleyrand et de Tessé. Elles étoient toutes en robe de chambre ; c'est l'usage dans les voyages. Et même la Reine le permet souvent la veille des voyages ; elle l'avoit permis la veille de celui-ci. Ce fut le Roi qui donna à souper à la Reine en arrivant, c'est-à-dire ce fut la bouche du Roi ; car le souper fut dans l'antichambre de la Reine, comme cela se pratique au grand couvert. Mais comme c'étoit la bouche du Roi, l'aumônier de la Reine n'eut aucune fonc-

---

(1) « La fauconnerie du cabinet du Roi suit seule S. M. dans ses voyages, même à l'armée, et le St Forget, qui la commande, prend tous les jours l'ordre du Roi en route ou à l'armée, et vole tous les jours à la portière du carrosse du Roi, le matin ou le soir, suivant les ordres qu'il en reçoit de S. M. » (*L'État de la France,* par les religieux bénédictins de la Congrégation de Saint-Maur. — 1749, tome I, page 300.)

tion. Ce fut l'aumônier du Roi qui dit le *Benedicite* et les grâces. M. le Dauphin arriva ici mercredi. M. l'évêque de Mirepoix étoit dans le carrosse de M. le Dauphin ; le sous-précepteur et le lecteur n'ont point droit d'y entrer. M. le Dauphin mit pied à terre en deçà de Risse, à une maison que l'on nomme Frémont. Il fut servi par sa bouche, comme à Versailles. Après son dîner, il y eut une table pour M. le duc de Châtillon; il y en eut auss pour ceux de sa suite.

J'appris il y a quelques jours que le Roi avoit coutume de donner 6,000 livres aux pauvres de Fontainebleau toutes les années que S. M. y va, et 4,000 livres seulement quand elle n'y vient point. C'est M. le curé qui me l'a dit.

M. le Dauphin a déjà pris ici plusieurs fois le divertissement de la chasse du cormoran (1); c'est un usage ancien pour Fontainebleau. Les cormorans dépendent du premier gentilhomme de la chambre.

J'ai appris à cette occasion qu'il y avoit encore chez le Roi un porte-nain. C'est un M. Bideau qui a cette charge. Le porte-nain est aussi obligé de porter les singes du Roi si S. M. en avoit.

On me dit il y a quelques jours que le Roi, à la prière de M. le duc de Villeroy, avoit donné à un garde du corps, nommé Éléonor, l'emploi de gouverneur des petits chiens de la chambre du Roi avec 1,000 livres d'appointements.

La messe du Roi et de la Reine est ici comme à Versailles. Il y a une différence en général entre la messe de LL. MM. Dans le moment que le Roi entre à la chapelle, le motet commence ; cela devroit être de même pour la Reine, mais elle a jugé à propos de mettre un autre arrangement. Elle veut avoir le temps de faire sa prière avant que la musique

---

(1) « Il y a encore un plaisir de la chasse ou plutôt une espèce de pêche ; c'est la chasse des cormorans. Celui qui en a le soin est le sieur François Sevin de la Pénaye, logé dans le parc de Fontainebleau. » (*L'État de la France*, tome II, page 288.)

commence ; ainsi la Reine se met à genoux, et après sa prière faite, fait signe à son aumônier, lequel aussitôt fait signe à la musique de commencer.

Il y a eu ces jours-ci une difficulté assez considérable qui a obligé Mme de Tallard et Mme de Ventadour d'écrire à M. le Cardinal et d'envoyer un homme exprès pour savoir la décision. C'est au sujet du mot. Il reste auprès de Mesdames, outre des gardes du corps, une garde d'infanterie des gardes françoises et suisses, cinquante hommes et deux lieutenants. Madame donne le mot, c'est-à-dire le nom du saint, tous les soirs à l'officier. Mme de Tallard prétendoit que l'officier lui devoit venir rendre le mot donné par Madame. Il y a eu plusieurs exemples cités de part et d'autre. On a prétendu, de la part de Mme de Tallard, que MM. les officiers des gardes du corps étoient obligés de rendre le mot à la gouvernante ; que même dans les gardes françoises du temps de l'Infante, Mme de Soubise étant gouvernante en survivance, M. le chevalier de Grille, aide-major, après avoir pris le mot de l'Infante, l'avoit rendu à Mme de Soubise. On alléguoit d'ailleurs que la gouvernante devant répondre de l'enfant qui lui est confié, et représentant en quelque manière pour elle, il pouvoit arriver des circonstances où le mot étant oublié par Madame, il seroit nécessaire d'avoir recours à la gouvernante ; on ajoutoit encore que si Madame donnoit aujourd'hui le mot sans être rendu à Mme de Tallard, la même règle avoit dû s'observer dès que Madame avoit commencé à parler, et par conséquent que toutes filles de France, dès l'âge de trois ou quatre ans, donneroient le mot sans que sa gouvernante fût instruite de ce qu'elle avoit dit ; enfin, l'on disoit qu'il paroissoit manquer quelque chose à la convenance, qu'une fille eût le droit de parler tout bas à un homme. Ce dernier raisonnement a été ajouté ici, et n'a peut-être pas été employé dans les moyens de Mme de Tallard. MM. des gardes françoises disoient de leur côté qu'ils avoient l'ordre et étoient dans l'usage de ne recevoir l'ordre que du Roi ou de la Reine, des fils ou filles de France, et de ne le rendre à personne ; que M. le chevalier de Grille avoit effectivement rendu le mot à Mme de Soubise, mais que l'ayant dit lui-même comme une marque d'attention qu'il croyoit avoir pu donner, M. le maréchal de Gramont en fut extrêmement en colère et l'auroit envoyé aux arrêts sans les prières de M. de Contades ; que d'ailleurs la gouvernante répondoit effectivement de l'enfant, mais non pas dans ce qui concernoit la garde de sa personne ; que pour ce qui s'appeloit l'ordre, c'est-à-dire désigner les heures pour sortir, pour rentrer ou pour ne pas sortir, cela dépendoit de la gouvernante ; mais que pour le mot il lui étoit absolument inutile de le savoir. D'ailleurs, pour la convenance, on disoit aussi que le temps de dire un saint est si court que cela ne pouvoit tirer à conséquence. Dans les raisonnements pour Mme de Tallard, on ajoutoit encore qu'il étoit si vrai que le mot pouvoit être rendu à autre personne que le commandant, que dans le temps que le roi et la reine d'Angleterre étoient à Saint-Germain et avoient des gardes du corps pour leur garde, l'officier des gardes du corps, après avoir pris l'ordre du roi d'Angleterre, le reportoit à la reine d'Angleterre. Sur tout cela il a été décidé que, sans tirer à conséquence, Madame continueroit à donner le mot, mais qu'elle demanderoit à Mme de Tallard le nom du saint qu'elle auroit à nommer.

Il vint à Versailles il y a quelques mois un musicien napolitain, nommé Farinelli, qui a la voix extrêmement légère et qui fut fort admiré. Il chanta devant le Roi, et S. M. lui fit présent d'une tabatière d'or. Il reçut aussi quelques petits présents dans différentes maisons où il chanta pendant son séjour ; mais ne trouvant pas apparemment ces présents assez considérables, il jugea à propos d'aller en Espagne chercher un établissement plus avantageux. Il est entré dans la musique du roi d'Espagne ; il lui donne 3,500 pistoles d'Espagne par an, ce qui fait

56,000 livres de notre monnoie; outre cela il est logé, et le roi d'Espagne lui fournit des voitures. Cet arrangement, excessif pour un musicien, quelque talent qu'il puisse avoir, est d'autant plus inconcevable que le roi d'Espagne n'a pas paru jusqu'à présent se soucier de la musique. Ce n'est pas qu'il n'en ait une fort nombreuse, mais il ne la voit jamais; elle reste toujours à Madrid, et ne suit jamais le Roi; et lors même que dans certains jours elle joue à la chapelle, on lui recommande de n'y pas jouer longtemps. C'est de M. le marquis de la Mina que je sais ce détail. Il y a plusieurs autres exemples de magnificence du roi d'Espagne qu'il m'a contés aussi : comme son écurie. Il y en a trois d'espèces différentes, et il ne monte jamais à cheval. Le grand écuyer (c'étoit le duc del Arco, qui vient de mourir) non-seulement est le maître de prêter des chevaux, mais il en donne même quand il veut et à qui il veut; un attelage tout entier, s'il le juge à propos. La chasse du roi d'Espagne est aussi très-magnifique et lui coûte beaucoup, quoiqu'il ne soit jamais question que de battues composées d'un très-grand nombre de paysans, commandés pour cela, et de plusieurs veneurs pour les conduire. On fait passer le gibier devant des feuillées où le Roi, la Reine (1) et le prince des Asturies (2) sont chacun dans une loge séparée; et ils tirent tout ce qui se présente, cerfs, biches, sangliers, etc.

Outre ce que nous venons de dire de Farinelli, il a reçu plusieurs présents considérables, en boîtes d'or et diamants, du Roi, de la Reine, du prince et de la princesse des Asturies et des Infants. On croit que c'est la reine d'Espagne qui a voulu absolument faire une condition si avantageuse à Farinelli.

---

(1) Élisabeth Farnèse, née en 1692.
(2) Ferdinand, né en 1713, marié, en 1729, à Marie-Madeleine-Josèphe-Thérèse-Barbe, fille du roi de Portugal, née en 1711.

J'ai entendu aujourd'hui chez M. le cardinal de Fleury deux Napolitains, dont l'un est abbé et l'autre paroît fort jeune, chantant bien l'un et l'autre. La voix de l'abbé (1) est plus faite, celle du second (2) est plus étendue; ils sont grands musiciens l'un et l'autre. J'ai entendu aussi une haute-contre que M. l'évêque de Rennes (3) a présentée à S. Ém. pour la musique du Roi, qui manque de ces sortes de voix; celui-ci est un abbé (4). Les plus belles haute-contre vont en B *fa si* ou en C *sol ut*. Celui-ci va plein en D *la ré*, et a la voix agréable. J'ai ouï dire à Guignon qu'il l'avoit entendu aller plein en E *si mi* (5). Les musiciens que le Roi prend ne sont pas payés si cher que ce que je viens de marquer sur Farinelli. J'ai ouï dire au Roi qu'il comptoit que les deux musiciens napolitains étoient pris sur le pied de 200 francs par mois chacun.

J'ai oublié de marquer une circonstance sur le grand écuyer d'Espagne, que je tiens aussi de M. de la Mina; c'est que l'ordre du grand écuyer, signé de lui, est suffisant pour que le trésorier paye ce qui est contenu au dit ordre. Le grand écuyer ne rend aucun compte; il met la somme qu'il veut, et marque que c'est pour dépense faite pour l'écurie du Roi.

M. de la Torela me parloit aussi, il y a quelques jours, de quelque détail sur la maison du roi de Naples. Il y a

---

(1) L'abbé Dota. (*Note du duc de Luynes.*)
(2) M. Falco. (*Note du duc de Luynes.*)
(3) Louis-Guérapin de Vauréal.
(4) M. Poirier. (*Note du duc de Luynes.*)
(5) On dirait en langage actuel : Les plus beaux ténors vont au *si* ou à l'*ut* aigu; celui-ci va jusqu'au *ré* et même jusqu'au *mi*. La locution dont se servent les Mémoires s'était conservée de la musique du moyen âge, qui représentait les notes par des lettres : A = la, B = si, C = ut, D = ré, E = mi, F = fa, G = sol. — Par conséquent B *fa si* vouloit dire la gamme qui va de *si* grave en *si* aigu; la note intermédiaire *fa* est la dominante, qui indique la tonalité de cette gamme. Il est à propos de faire remarquer que ces notes sont des notes de tête et non pas de poitrine, et de plus que le diapason de ce temps était d'un ton moins élevé que le diapason actuel.

soixante gentilshommes de la chambre (1), dont M. de la Torela en est un. Les gentilshommes de la chambre n'ont que 80 pistoles d'Espagne du Roi ; et il y a des charges infiniment moins considérables qui produisent beaucoup davantage. Cela répond en quelque manière à l'usage de ce pays-ci, où les charges les plus anciennes ont des gages très-modiques, comme grand échanson et grand pannetier.

M. de Vernassal, lieutenant des gardes du corps, ancien lieutenant général, qui a même commandé la maison du Roi, se retire. Le Roi a bien voulu accorder à son fils, qui étoit exempt, la brigade que commandoit le père. Il remercia S. M., il y a quelques jours. M. de Vernassal n'a point demandé en se retirant d'autres grâces que celles que l'on venoit de lui accorder, et il est cordon rouge (2), ce qui lui vaut 1,000 écus, et un gouvernement qui lui vaut 12,000 livres.

M. le Cardinal alla mardi voir jouer à la paume ; c'est un amusement qui lui plaît beaucoup, et il est dans l'usage d'y aller au moins une fois chaque voyage de Fontainebleau. Les joueurs sont les deux Bunel, Perdrix et la Caille ; mais cela ne peut être comparé à Covas et Jourdain.

Il y a quelques jours que M. de Schulembourg eut audience du Roi et de la Reine, dont il prit congé, allant pour trois mois seulement en Danemark ; il étoit en grand deuil, à cause de la margrave (3), mère de la reine de Danemark.

---

(1) Cet article demande explication, et les soixante gentilshommes ne sont sûrement pas tous payés ; et le nombre de ceux qui servent n'est que de douze au plus. (*Note du duc de Luynes.*)

(2) Commandeur de l'ordre de Saint-Louis.

(3) Sophie-Chrétienne, margrave douairière de Brandebourg-Culmbach, morte le 23 août 1737.

OCTOBRE.

Passage d'un ambassadeur d'Angleterre. — Service de la Reine. — Voyage de M. de Luynes à Montargis. — Circonstances sur la cour d'Espagne. — Cour nombreuse à Fontainebleau. — Mlle Dumesnil. — Motets de Madin. — Bruits contre M. Orry. — Retour du prince de Rohan. — Mariage de Mlle de Guémenée. — Fils de grands d'Espagne. — Circonstance des premiers gentilshommes de la chambre. — Brevet de duc à M. de Roucy. — Gouvernement de Lorraine. — Friponnerie sur les entrées de raisins dans Paris. — Entrée de la cour de la Conciergerie réservée aux gens titrés. — Le duc de Fleury nommé au gouvernement de Lorraine. — Départ de M. de Ségur. — L'abbaye de Saint-Germain affermée. — Devise de la maison de Guzman. — Espagnols venus avec M. de la Mina. — Présentation de Mlle de Rohan; ses fiançailles; elle prend congé. — Repas chez M. de la Mina. — Incendie de la chambre des comptes. — Instances pour la nomination des Cardinaux. — Fonds des aumônes. — Souper du Roi; ivresse de M. de Sassenage. — La Reine à la chasse; déjeuner dans les calèches.

Du 13 *octobre.* — Il passa il y a quelques jours ici un ambassadeur d'Angleterre qui revient de Constantinople. Il s'appelle milord Kinnoüil. C'est un homme de beaucoup d'esprit; on dit même qu'il a de l'agrément dans la conversation.

J'appris il y a quelques jours deux circonstances par rapport au service de la Reine : l'une qu'il est de l'étiquette qu'il n'y ait que des chevaux gris au carrosse où est la Reine; la seconde est par rapport aux voyages. Lorsque la Reine veut manger en chemin et qu'il y a ce que l'on appelle « cantine, » ainsi que chez le Roi, c'est-à-dire des mets, gras ou maigres, mis dans différentes boîtes d'argent et toutes ces boîtes mises dans une cassette fermant à clef, le premier écuyer de la Reine doit avoir soin, lorsque la cassette est remplie, de se faire apporter la clef, laquelle il doit remettre lui-même à la Reine.

Pendant un petit voyage que j'ai fait à Montargis pour voir ma sœur (1) aux Bénédictines, le Roi a été malade

---

(1) Charlotte-Mélanie d'Albert de Luynes, née le 10 septembre 1696, morte prieure perpétuelle aux Bénédictines de Montargis, le 12 avril 1761.

un jour, mais sans aucune suite. J'ai été voir pendant ce voyage le couvent des Dominicaines de Montargis. Elles prétendent être de très-ancienne fondation, et que ce fut une fille de Simon, comte de Montfort, qui les fonda, en 1234 ou 1235. Elles ont, entre autres biens, une ferme affermée aujourd'hui 1,000 livres, qui dans ce temps ne valoit que 7 livres 10 sols. Elles eurent à peu près dans le même temps une autre fondation, de 200 livres, pour entretenir dix religieuses et quelques équipages. Elles ont eu dans leur maison une fille de l'empereur Frédéric Barbe-Rousse, qui est même enterrée chez elles avec une épitaphe à peu près dans ces termes : « *Cygist*, etc., *fille de l'Emprour*, etc., *qui célemant de ses parents vint en habit de béguinage se retirer dans cette maison* (1). »

Il y avoit à Montargis une demi-compagnie du régiment de la Suze-dragons. Comme mon fils étoit venu avec moi, si le régiment eût été en entier à Montargis et qu'ils eussent été avertis de son arrivée, ils auroient dû, en qualité de mestre de camp général des dragons, sortir au-devant de lui et laisser à sa porte une garde de cinquante hommes à cheval et cinquante hommes à pied, avec deux capitaines, et battre aux champs. Cet honneur est d'usage dans les dragons ; mais il est d'usage aussi que le mestre de camp général renvoie sur-le-champ la dite garde. L'aide-major de la Suze fit trouver à l'arrivée de mon fils ce qu'il y avoit de dragons à Montargis, et voulut laisser à mon fils deux sentinelles à sa porte ; mais mon fils les renvoya. Le régiment de Vibraye, qui arriva le lendemain, vou-

---

(1) Voici cette inscription telle qu'elle est rapportée par Piganiol de la Force, tome X, page 345 de sa *Nouvelle Description de la France*, 3ᵉ édit., 1754, in-12.

Cy-gît vénérable et excellente dame madame Blanchefleur, qui fut fille de Frédéric l'Empereur, laquelle, por l'amour de Dieu et sa virginité, dépita l'Empire, et tout le monde, et selament de ses amis, vint d'Allemagne en habit de beguignage, jusqu'à la fin, et trespassa le 20 de juin 1279.

loit faire un détachement pour envoyer les étendards et une garde chez mon fils; mais mon fils les remercia, parce qu'ils étoient en route et fatigués.

Du 23 octobre, Fontainebleau. — J'ai déjà marqué plusieurs circonstances sur la cour d'Espagne que j'ai sues de M. le marquis de la Mina. Il me parloit il y a quelques jours des écuries du roi d'Espagne, dont la dépense alloit autrefois à 100,000 écus. Il me dit qu'aujourd'hui cette dépense montoit à plus de trois millions; il m'ajouta encore un détail pour montrer la grandeur du Roi son maître. Il prétend que lorsque le roi d'Espagne va à Sainte-Ildefonse et qu'il compte y être dans la solitude, les seuls officiers de sa maison avec la suite indispensable montent de compte fait à environ vingt-cinq mille personnes. Nous avons parlé plus haut de la façon dont chasse le Roi d'Espagne. J'appris hier une particularité de cette chasse, ou plutôt une espèce de chasse. Outre les battues ordinaires, quelquefois le Roi fait la chasse du *lazo*. Un homme à cheval, accoutumé à cette sorte de chasse, fait partir un cerf, et le suivant au pas seulement, s'arrêtant quand le cerf s'arrête, et marchant à droite et à gauche suivant le chemin que prend le cerf, le conduit insensiblement à la feuillée où est le Roi.

La Cour est ici plus remplie qu'à Versailles, toutes les princesses y étant, hors Mme la Duchesse la jeune (1) et Mlle de Sens (2), et ceux qui y viennent, d'ailleurs en grand nombre, y restant beaucoup plus longtemps que l'on ne reste à Versailles. On a compté jusqu'à seize ou dix-sept personnes qui tiennent table. Les chasses y sont plus fréquentes, et beaucoup de gens prennent cette occasion d'y faire leur cour au Roi. Les jours que S. M. ne soupe pas dans ses cabinets, afin que le souper ne soit point différé par les spectacles ou musiques et pour donner

---

(1) Caroline de Hesse-Rhinfels, duchesse de Bourbon, née en 1714.
(2) Élisabeth-Alexandrine de Bourbon-Condé, née en 1705.

aussi, les jours de jeu, plus de temps aux joueurs, qui sont en assez grand nombre, la Reine a réglé que les comédies, musiques et jeux commenceroient à six heures. L'on a reçu ces jours-ci une nouvelle actrice, nommée Mlle Dumesnil; il me paroît que l'on en est content; elle n'est pas d'une jolie figure. Elle avoit joué à Strasbourg, et l'on prétend qu'elle n'avoit pas réussi; mais elle a du succès ici.

On a exécuté ces jours-ci quelques nouveaux motets du maître de musique de Tours, nommé Mâdin : il est prêtre, assez jeune, et a déjà composé un assez grand nombre de motets. Il me paroît qu'ils sont approuvés.

Il y a déjà assez longtemps que la jalousie, inséparable des places de faveur, a fait tenir plusieurs discours de M. Orry. La plupart de ces discours n'étoient pas venus jusques à lui, et les autres il en avoit fait peu de cas; cependant, ayant appris que l'on parloit plus que jamais, il a cru devoir en rendre compte à M. le Cardinal. C'est de M. Orry que je sais ce détail. En conséquence de cette conversation, il y a eu des ordres donnés et quelques personnes mises en prison. On avoit prétendu l'accuser de négligence, peut-être même de malversation, non pas par lui, mais par quelque alentour. Il paroissoit que l'on procureroit une augmentation considérable dans les fermes. Il y avoit eu des lettres écrites, et on avoit même voulu mêler M. le maréchal d'Estrées dans cette affaire. M. le maréchal d'Estrées s'est justifié, et a tout désavoué. On prétend qu'un homme de chez lui avoit écrit et agi fort imprudemment. Quoique ces bruits dussent être assoupis par la punition qui a été faite, je crois qu'ils continuent encore. Le moment de donner les fermes en est l'occasion, et vraisemblablement tout finira lorsque ce qui regarde les fermes sera fini.

M. le prince de Rohan revint ici il y a quelques jours; il avoit été à Paris pour les couches de Mme de Soubise. Le Roi, qu'il n'avoit point vu depuis ce temps-là, s'arrêta pour lui marquer une bonté et une attention sur ce que Mme de Soubise n'étoit accouchée que d'une fille, et lui dit : « Elle fera mieux une autrefois. »

Mlle de Guémenée, petite-fille de M. le prince de Rohan, dont le mariage est conclu avec M. de Crèvecœur, fils de M. le prince de Masseran, grand d'Espagne, doit venir ici demain ou même aujourd'hui ; elle sera présentée comme Mlle de Guémenée ; elle sera ensuite fiancée dans le cabinet du Roi avec M. de Montauban, chargé de la procuration de M. de Crèvecœur, puis mariée ici à la Paroisse, et ne paroîtra plus à la cour sous le nom de Mme de Crèvecœur, et cela parce qu'en Espagne les fils de grands ont un rang, et qu'en France ils n'en ont point. Le roi d'Espagne a bien voulu même accorder à Mlle de Guémenée, par considération particulière pour Mme de Ventadour, sa bisaïeule, une grandesse personnelle pour elle, en cas qu'elle devînt veuve avant la mort de son beau-père.

Ce qui est dit sur les fils aînés de grands mérite explication. Les fils de grands ne se couvrent point devant le Roi comme les grands ; mais ils ont les mêmes entrées que leurs pères, et ce n'est même qu'en France que les fils aînés des ducs ne jouissent pas des mêmes honneurs que les ducs.

J'appris il y a quelques jours une circonstance par rapport à MM. les premiers gentilshommes de la chambre, et cela par M. le duc de Gesvres, celui des quatre qui sans contredit est le mieux instruit des droits de sa charge et le mieux au fait de la Cour pour les rangs, cérémonies et usages. Les premiers gentilshommes de la chambre reçoivent les comédiens et musiciens. Autrefois on leur donnoit des brevets, qui étoient expédiés par l'ordre du secrétaire d'État de la maison du Roi. Cet usage des brevets n'existe presque plus. Le premier gentilhomme de la chambre, tous les ans, arrête un état qui est payé par le trésorier des menus sur son arrêté. Il y met ceux et celles qu'il reçoit, soit pour gratification, soit pour pension. Cet état ne passe point à la chambre des comptes.

Du 24 octobre, Fontainebleau. — M. de Nangis et M. le comte de Roucy ont aujourd'hui remercié le Roi de la grâce qu'il a accordée à M. de Roucy en lui donnant un brevet de duc, en considération de son mariage avec la seconde fille de M. le duc de la Rochefoucauld. Cette grâce, qui est considérable, est une suite de celle accordée à M. de la Rochefoucauld il y a quelques années. M. de la Rochefoucauld ayant perdu tous ses garçons et n'ayant plus que des filles, le Roi voulut bien lui accorder que son duché passeroit à ses filles, c'est-à-dire à l'aînée, au défaut de l'aînée à la seconde, et de celle-ci à la troisième, et cela seulement en épousant un la Rochefoucauld. Cette condition fut remplie à l'égard de l'aînée, qui épousa le fils de M. le marquis de Roye, qui s'appeloit [Jean-Baptiste-Louis-Frédéric de la Rochefoucauld de Roye] et prit le nom de duc d'Anville en se mariant. Comme il n'a point d'enfants, sa femme s'étant blessée, et que cette situation mettoit M. de la Rochefoucauld hors d'état de marier sa seconde fille, car il y en a une de morte, parce qu'elle ne pouvoit faire son mari duc, le duché étant sur la tête de M. d'Anville, le Roi par bonté particulière a remédié à cette difficulté en accordant un brevet à M. le comte de Roucy.

M. de la Rochefoucauld ayant deux duchés, l'un pairie, qui est la Rochefoucauld, et l'autre héréditaire, qui est la Rocheguyon, il semble d'abord que ces deux filles auroient pu avoir deux maris ducs sans qu'il fût besoin d'un brevet; mais les deux duchés, suivant l'usage ordinaire, sont substitués à l'aîné, et à son défaut au second, etc., la branche aînée toujours préférée. Dans la première grâce accordée par le Roi, S. M. n'a suivi que ce même usage; seulement elle a bien voulu qu'un homme de la maison de la Rochefoucauld, épousant la fille aînée de M. le duc de la Rochefoucauld, lui tînt lieu de fils aîné, et que ce fils aîné, qui est en quelque manière comme un fils adopté, venant à manquer, la seconde fille pût apporter le même avantage à son mari, pourvu qu'il fût la Rochefoucauld. Il est cependant à observer que la fille aînée, pouvant se remarier si elle devenait veuve, porteroit sûrement les deux duchés à un second mari de préférence à la seconde. Je n'ai pas vu les lettres, mais il paroît n'être pas douteux que la seconde ne peut avoir un droit acquis qu'au cas que l'aînée, devenue veuve, ou mourût ou se fît religieuse. Peut-être est-il marqué aussi le cas qu'elle ne fût plus en âge d'avoir des enfants. Dans le cas présent, ce qui est certain, c'est que M. d'Anville a les deux duchés, et que la seconde fille ne pouvoit donner de rang à son mari sans un brevet.

On parle ici d'une autre grâce, qui n'est cependant pas encore déclarée, qui est un gouvernement nouveau ; le gouvernement de Lorraine avec 120,000 livres de rente, que l'on dit être destiné à M. le duc de Fleury.

M. le cardinal de Fleury parloit aujourd'hui d'une espèce de friponnerie faite aux droits du Roi sur les entrées. Il est permis à chaque particulier d'entrer une certaine quantité de raisin sans payer ; c'est à cette occasion que j'ai appris cette permission. M. le Cardinal ne savoit point si c'étoit deux livres, ou cinq ou six. Des gens occupés de leurs intérêts ont imaginé d'en faire entrer une assez grande quantité pour en faire du vin, et M. le Cardinal m'a dit qu'il s'étoit trouvé 20,000 muids de ce vin dans Paris, ce qui faisoit tort aux droits du Roi de 80,000 pistoles.

J'ai marqué ci-dessus le logement de M. le Dauphin dans le fond de la cour de la Conciergerie. Anciennement l'entrée de cette cour étoit libre à tout le monde ; présentement elle est comme la cour ovale : il n'y entre plus que les carrosses des gens titrés.

Du 25 octobre, Fontainebleau. — Le gouvernement de Lorraine a été déclaré aujourdhui ; mais on dit que les appointements ne sont que de 60,000 livres. Les provisions sont signées par le roi de Pologne, et outre cela il y a des lettres patentes, données par le Roi, confirmatives des dites provisions. M. de Fleury (1) part dans peu de jours pour aller prêter serment entre les mains du roi de Pologne.

M. de Ségur part aussi pour aller dans le Pays Messin, où il est employé comme maréchal de camp sous les ordres de M. de Belle-Isle.

L'abbaye Saint-Germain des Prés, qui n'étoit affermée du temps de M. le cardinal de Bissy que 156,000 livres, fut affermée il y a quelques jours 180,000 par M. le comte de Clermont. Outre cela même, il y a des prés réservés, et les fermiers lui fournissent paille et avoine pour ses chevaux. On lui avoit offert jusqu'à 193,000 livres, mais ceux qui avoient fait cette offre n'étoient pas assez solvables.

Du 29 octobre. — Je soupai avant-hier chez M. de la Mina, ambassadeur d'Espagne, et j'y remarquai la devise qui est à ses armes. Il est écrit : *Præferre patriam liberis parentem decet.* Cette devise est celle de la maison de Guzman, dont est M. de la Mina. Son origine vient de ce qu'un Guzman (2), défendant une place (3) pour le roi d'Espagne, je crois contre les Mores, son fils fut pris dans une sortie. Les ennemis, croyant avoir un moyen sûr de déterminer le gouverneur à rendre la place, l'envoyèrent sommer de la remettre entre leurs mains, le menaçant, s'il ne le faisoit pas, de poignarder sur-le-champ son fils. Le gouverneur étoit à table lorsqu'il apprit cette nouvelle, et prenant son poignard, dit qu'on le jetât aux ennemis

---

(1) Neveu de M. le cardinal de Fleury. (*Note du duc de Luynes.*)

(2) Don Alonso Perez de Guzman. C'est de lui que descendent les ducs de Medina-Sidonia. Il vivoit vers l'an 1293, et sa femme s'appeloit Marie-Coronelle. (*Note du duc de Luynes.*)

(3) C'étoit la forteresse de Tarifa assiégée par l'Infant don Juan, frère de Sanche IV, roi de Castille. (*Note du duc de Luynes.*)

pour en faire l'usage qu'ils voudroient, que son fils étoit à lui, mais que la place étoit au Roi.

J'ai marqué plus haut (1) que de trois Espagnols qui sont venus en France avec M. de la Mina, celui qu'on appelle Sotomayor étoit beau-frère de sa première femme. Je me suis trompé dans cet article. M. de Sotomayor n'est point parent de M. de la Mina ; il est capitaine, avec commission de mestre de camp, dans le régiment de dragons qu'avoit M. de la Mina. MM. Attarez, qui sont ici, sont les beaux-frères, par la première femme, de M. de la Mina ; il désireroit même marier en France l'aîné de ces deux Attarez, qui, à ce qu'on dit, a 100,000 livres de rente. Mme de la Mina d'aujourd'hui est Sapota ; elle est fille du comte Del Réal.

Le 26, Mlle de Rohan fut présentée au Roi par Mme la princesse de Rohan et Mme de Guémenée, sa mère ; elle prit son tabouret chez le Roi, privilége accordé à la maison de Rohan. Elle fut ensuite présentée à la Reine, et ce jour-là et le lendemain à toutes les princesses qui sont ici ; elle eut partout les honneurs des personnes titrées. Le 27 elle fut au souper du Roi, et le 28 se firent les fiançailles, dans le cabinet du Roi. Comme le cabinet du Roi ici est trop petit présentement, l'on s'est servi de celui qui l'étoit ci-devant, c'est-à-dire la pièce sur la cour ovale. Il sert aujourd'hui de seconde antichambre. Les huissiers du cabinet s'étoient emparés des portes. Toute la noce alla d'abord chez la Reine, qui étoit dans sa chambre ; elles y demeurèrent à lui faire leur cour jusqu'à six heures, qui étoit l'heure que le Roi avoit donnée. Toutes les princesses qui sont ici étoient chez la Reine, et tous les princes chez le Roi. Lorsque la Reine fut avertie que le Roi étoit dans le grand cabinet, elle sortit, suivie des princesses. Mme la Duchesse étoit la première ; et après les princesses, la mariée, coiffée

---

(1) Le 25 février.

en cheveux, avec une mante dont la queue étoit portée par Mˡˡᵉ de Montauban (1). Il y avoit une prodigieuse quantité de dames, toutes fort bien mises. Voici comme étoit arrangé le cabinet du Roi. On y avoit apporté la table du conseil, qui étoit du côté de la cheminée, à quelque distance de ladite cheminée. Le Roi étoit au bout de cette table, debout, du côté de son appartement; la Reine à l'autre bout, ayant sa dame d'honneur derrière elle. Du côté du Roi, M. le Dauphin, M. le Duc, M. le comte de Clermont. Du côté de la Reine, Mᵐᵉ la Duchesse, Mᵐᵉ la princesse de Conty, Mademoiselle, Mˡˡᵉ de Clermont. Ces deux rangs, vis-à-vis l'un de l'autre, étoient, depuis le Roi et la Reine, sur la longueur du cabinet. Dans le fond du dit cabinet, vis-à-vis la table, étoient M. de Montauban, à la gauche, et Mˡˡᵉ de Guémenée, à droite. L'on commença par les signatures du contrat, où les princes et princesses eurent attention de laisser les places des absents. M. de Montauban s'avança immédiatement après pour signer, après avoir fait la révérence au Roi et à la Reine, et ensuite Mˡˡᵉ de Rohan se mit à gauche, et M. de Montauban se mit à droite. La raison de ce changement est ce qui arriva aux fiançailles de Mᵐᵉ de Tallard. MM. de Rohan ont toujours la prétention de passer devant les ducs; c'est même par cette raison, comme on le sait, qu'ils ne sont point chevaliers de l'Ordre. Mᵐᵉ de Tallard, fille de M. le prince de Rohan, fut fiancée dans le cabinet du Roi; elle étoit à la droite de M. de Tallard. M. le duc de Coislin, évêque de Metz et premier aumônier, faisoit la cérémonie des fiançailles. Les fiancés s'étant avancés placés comme je viens de dire, M. de Metz, qui avoit l'air et le ton assez brusques, ayant pris ses lunettes pour lire dans le rituel et levant les yeux à droite pour adresser la parole au fiancé, marqua de l'étonnement de ce qu'il n'étoit point à sa place, et lui dit : « Monsieur, passez où vous

---

(1) Sa cousine germaine. (*Note du duc de Luynes.*)

devez être, je ne trouve pas cela dans mon rituel. » M. de Tallard prit la droite; il n'y eut aucune contestation. La même chose se fit hier, excepté que c'étoit d'une façon moins marquée. Après les signatures, M. le cardinal de Rohan s'avança au milieu de la table du conseil, le dos tourné à ladite table, entre le Roi et la Reine, et là se firent les cérémonies des fiançailles, à l'ordinaire, Mlle de Rohan faisant seulement la révérence au Roi et à la Reine lorsqu'il fut question de dire oui. Le cabinet ovale étoit extrêmement rempli. Les quatre secrétaires d'État et le contrôleur général étoient derrière la table du conseil. Il n'y avoit aucun rang marqué. Après la cérémonie, la Reine rentra chez elle, suivie des princesses et des dames, et le Roi ne s'en alla chez lui qu'après que toutes les dames furent sorties.

Aujourd'hui la fiancée a été prendre congé du Roi, de la Reine, de M. le Dauphin ; elle retourne demain à Paris, et partira dans peu de jours avec le prince Constantin, qui la conduit sur la frontière d'Espagne. Comme M. de Guémenée son père est interdit, il n'est point question de lui dans ce mariage. M. le prince Constantin, frère de M. de Guémenée et de M. de Montauban, lui tient lieu de père. M. de la Torela, ambassadeur des Deux-Siciles, étant parent assez proche de M. de Masseran par les femmes et par les Caraccioli, a fait présent à la mariée d'une cave de cristal de roche assez jolie.

Du 31 octobre. — Le mariage de Mlle de Guémenée fut fait ici à la paroisse par M. l'archevêque de Sens (1), la nuit du 29 au 30. Hier, Mme de Guémenée s'en retourna à Paris avec sa fille. Elle doit partir dans peu de jours; c'est le prince Constantin qui la conduit jusqu'à Roncevaux, où son mari et son beau-père viennent au-devant d'elle. J'avois oublié ci-dessus de marquer que le jour des fiançailles M. de Montauban et Mlle de Rohan étoient

---

(1) Jean-Joseph Languet de Gergy.

habillés tous deux d'une étoffe de différent dessin, mais toutes deux à fond noir. C'est l'étiquette que l'étoffe soit à fond noir en pareilles cérémonies. Celle même de M. de Montauban n'étoit pas absolument dans la règle, car elle étoit gris brun, mais c'étoit faute d'en avoir trouvé à fond noir. Toute la noce soupa le jour des fiançailles chez M. le cardinal de Rohan, où il y avoit deux tables de vingt couverts chacune, sans compter une autre table dans le cabinet de M. le cardinal de Rohan. Mme la Duchesse et M. le Duc y soupèrent aussi, et MM. les ambassadeurs d'Espagne et des Deux-Siciles. Le lendemain des fiançailles, Mlle de Rohan alla prendre congé du Roi et de la Reine et des princesses, de la même façon qu'elle avoit été présentée, avec cette différence seulement que ce fut sans cérémonie.

Avant-hier il y eut un grand repas chez M. de la Mina, à cause du jour de la naissance de la reine d'Espagne. Il y avoit une table de vingt-cinq couverts et une petite de sept ou huit. M. le cardinal de Fleury, qui avoit dîné à midi, parce qu'il s'étoit trouvé incommodé d'un dîner semblable, se mit à table, et resta tout le temps du dîner, où il fut même de fort bonne humeur. M. le cardinal de Rohan y étoit aussi et presque tous les ministres étrangers. Comme la maison que le Roi a fait marquer à M. de la Mina à Fontainebleau n'auroit pas été à beaucoup près assez grande, il avoit prié M. le Cardinal de demander à M. de Montmorin de lui prêter sa maison, et ce fut dans le gouvernement (1) que se fit le dîner. C'est l'usage en Espagne, à ces sortes de fêtes, de prier le même jour tous les ministres étrangers et un grand nombre des principaux seigneurs de la Cour, car de partager la fête en deux fois est contraire à l'usage ordinaire et blesseroit même ceux qui seroient priés le second jour; de manière que lorsque quelques circonstances

---

(1) Le gouvernement ou hôtel du gouverneur.

empêchent absolument d'avoir dans le même jour tous ceux qui sont à prier, l'on marque sur les billets : « M. un tel est bien fâché que vous lui ayez manqué aujourd'hui et espère que vous lui ferez cet honneur demain. » C'est de M. de la Mina que je sais cette circonstance.

Je n'ai point encore parlé du feu qui prit à la chambre des comptes la nuit du dimanche 27 au lundi 28. Tous les papiers du greffe ont été brûlés entièrement, et il y a eu des morceaux de papier qui ont été portés par le vent jusqu'au quartier de la place Vendôme.

On parle ici beaucoup d'une lettre écrite depuis peu à M. le duc de Saint-Aignan; on dit que c'est pour presser le Pape de faire la nomination des couronnes. Il doit y avoir un consistoire à la Toussaint, et nous pressons le Pape depuis longtemps de faire cette nomination pour l'Empire, la France et l'Espagne. Il paroît que Sa Sainteté veut attendre à en avoir à nommer pour le Portugal et la Pologne. Les trois couronnes que je viens de nommer sont blessées de ce que le Pape ne leur en donne pas lorsqu'il y a des chapeaux vacants ; il est vraisemblable que les instances auprès du Pape sont faites de concert.

Le Roi n'a point fait ses dévotions aujourd'hui, quoique ce soit l'usage ordinaire. Il y a pourtant déjà eu une année qu'il ne les fit pas à pareil jour. En conséquence il n'a point touché les malades; il n'y a point eu non plus d'aumônes comme à l'ordinaire. Cependant M. le cardinal de Rohan, de qui je sais tout ce détail, m'a dit qu'il ne laisseroit pas de faire quelques distributions dans Fontainebleau, pour ne pas priver les pauvres de ce lieu d'un secours auquel ils s'attendoient. Le fonds des aumônes est de 200,000 livres; le grand aumônier dispose de ce fonds. Il y en a environ 100,000 livres en aumônes annuelles ; quant aux secondes 100,000 livres, il y a bien des frais à prendre sur cette somme, entre autres les gages des chapelains, l'entretien des cierges de la chapelle des Tuileries, l'argent que le Roi donne aux quêteuses à chaque grande fête, qui est vingt louis chaque jour, dix le matin, dix l'après-dîner, et outre cela les aumônes à chaque communion; de sorte que sur les 200,000 livres il reste à peine 4 ou 5,000 livres au bout de l'année, desquelles le grand aumônier peut disposer en faveur de qui il juge à propos. C'est encore de M. le cardinal de Rohan que je sais ce détail.

Le Roi courut le cerf hier, et soupa dans ses cabinets. Comme l'on avoit tenu quelques discours sur ces soupers, et qu'on avoit dit qu'à une petite table il y avoit eu des gens ivres, entre autres M. de Sassenage, du moins il y a lieu de le juger ainsi, parce qu'hier le Roi en allant dans sa gondole à l'assemblée dit assez haut : « Il y a des gens qui parlent mal à propos qui feroient mieux de se taire; » et le soir comme il y avoit une petite table et que M. de Sassenage étoit à la grande, il dit à la petite table : « Au moins vous ne vous enivrerez pas ce soir, car Sassenage n'y est pas, » et il fit la plaisanterie de donner à M. de Sassenage le dernier coup de chaque bouteille et d'ajouter : « Il faut que Sassenage boive bien, car voilà déjà sept bouteilles qu'il a vidées. » Je sais ce détail-là de M. le prince de Léon, qui soupoit avec le Roi.

La Reine fut hier à la chasse du cerf; elle alla à l'assemblée dans ses carrosses, où elle trouva les calèches du Roi dans lesquelles elle revint après la chasse. Dans sa calèche étoient Mademoiselle à côté d'elle, Mlle de Clermont et Mme de Luynes sur le devant. Dans la seconde, Mme la duchesse de Châtillon et Mme de Bouzols, qui est de semaine, et sur le devant Mme de Châtellerault, Mme de Montauban, laquelle est aussi de semaine. Il y avoit des cantines pour déjeuner dans chaque calèche, et ce de la bouche de la Reine. M. de Tessé et M. de Farges, qui commande l'écurie de la Reine sous M. de Tessé, suivoient la Reine à cheval. M. de Tessé son père avoit quelquefois suivi la Reine à la chasse dans une petite chaise; mais c'est parce qu'il ne pouvoit plus monter à cheval, car la règle étoit qu'il y fût. La Reine ayant déjeuné dans sa calèche au bord de la rivière, ce fut M. de Tessé qui eut l'honneur de la servir. J'y étois présent. A ce même déjeuner, Mademoiselle ayant demandé quelque chose et M. de Tessé lui ayant répondu : «que désire Votre Altesse?» je crus devoir lui dire tout bas qu'il n'y avoit point d'altesse devant la Reine. C'est une attention nécessaire, et que l'on n'a pas assez, de ne se servir jamais du nom de Monseigneur ni d'Altesse devant le Roi et devant la Reine.

NOVEMBRE.

Le Roi et la Reine à vêpres la veille de la Toussaint. — Différence entre les chapelles de Versailles et de Fontainebleau. — Papiers de la chambre des comptes à la place Royale. — Mme Amelot entre dans les carrosses de la Reine. — Entrée au service des jeunes gentilshommes dans le régiment du Roi. — Sermon de la Toussaint par le P. la Neuville. — Flambeaux du Dauphin. — Bruits de la mort du duc de Modène. — Maladie du comte de Toulouse. — Souper du Roi. — Mort de M. de Chamarande; son indiscrétion avec M. de Lauzun. — Dîner de M. de la Torela. — Enlèvement de Mlle de Moras. — La Saint-Hubert. — Ballet de M. de Blamont. — Visite du Roi au comte de Toulouse; il soupe chez Mme de Tallard. — Dispute sur le mot. — Visite du cardinal de Fleury à M. le Duc. — Bruit sur le comte d'Auvergne. — Arrestation de M. de Seckendorf. — Congrès de Niemiroff. — Époque du départ du Roi. — Contestation entre les services de la vénerie. — Souper du Roi. — Détails du séjour à Fontainebleau. — Lettre de Mlle de Moras. — Entrées chez le Dauphin. — Nouvelles du comte de Toulouse. — Adjudication des fermes générales. — Bâtiment projeté à Ablon. — Vanhoey, ambassadeur de Hollande. — Circonstances du service du Roi et de la Reine. — Retour de la Cour. — Le Roi soupe au grand couvert; difficulté sur le *Benedicite*. — *Castor et Pollux*. — Nomination des Cardinaux. — Bonté du Roi. — Affaire de la vicomté de Turenne. — Les vingt-quatre violons. — L'abbé Franquini nommé envoyé de M. de Lorraine. — Appointements de l'ambassadeur à Vienne. — Meuble nouveau de l'appartement de la Reine. — Madrigal de M. de Saint-Aulaire.

Du 3 novembre, Fontainebleau. — Jeudi, veille de la Toussaint, le Roi et la Reine entendirent les premières vêpres en bas, suivant l'usage; il y eut une petite difficulté ce jour-là. Mme la princesse de Conty suivoit la Reine, et avoit avec elle sa dame d'honneur, Mme de Fontanges. Les princesses du sang ont, comme l'on sait, leur carreau et leur tabouret au bord du drap de pied, et l'on donne des pliants (1) à leur dame d'honneur pour être derrière elles. Comme la chapelle d'ici est plus étroite que celle de Versailles, cela fit un embarras d'un moment. Comme les pliants n'étoient pas arrangés, il fallut prendre celui de Mme de Luynes pour Mme de Fontanges, mais cela ne mérite pas d'être conté, car on en donna un autre sur-le-champ à Mme de Luynes; mais les dames du palais de semaine étant arrivées se trouvèrent derrière Mme de Fontanges; cela donna occasion à des plaintes. Mme de Luynes voyant le mécontentement des dames du palais, qui étoit fondé, le soir même en alla rendre compte à M. le Cardinal, qui lui dit que les dames du palais n'avoient point de pliants parce qu'elles n'étoient point de service, mais pour accompagner la Reine; que les dames d'honneur des princesses en avoient parce que le feu Roi leur avoit accordé; que cependant les dames du palais devoient être placées, et cela sur la banquette en remontant du côté de l'autel, avec des carreaux devant celles qui avoient le droit d'en avoir. Cela se pratique ainsi à Versailles.

J'ai remarqué une différence pour la tribune entre Fontainebleau et Versailles. A Versailles, la tribune du Roi est toute droite, et lorsque la Reine est dans la lanterne à droite en entrant, il n'y a d'hommes que le chevalier d'honneur seul et l'aumônier qui aient droit de se mettre sur la banquette. Ici la tribune fait une avance dans le milieu. La Reine se met de même dans la niche à droite en entrant, l'aumônier et le chevalier d'honneur dans la partie de la tribune près de la niche; ensuite la dame d'honneur, s'il y a place, sinon dans la partie qui avance;

---

(1) On ne leur en donne point, mais on leur en porte de chez les princesses. (*Note du duc de Luynes.*)

les dames du palais s'y mettent aussi et autres dames, et dans la partie qui retourne du côté de la cour du cheval blanc, M. le duc de Charost s'y met ; M. de Léon s'y est mis et moi aussi.

Depuis l'incendie arrivé au greffe du palais, l'on a été obligé de sortir les papiers de la chambre des comptes du lieu où ils étoient, et comme ces papiers sont en très-grand nombre, il auroit été difficile de trouver un endroit qui fût assez grand pour les y déposer ; c'est ce qui a déterminé à les porter dans la place Royale, où l'on a mis des tentes et toutes les précautions nécessaires pour qu'ils y soient en sûreté. Ils y sont même, en quelque manière, sous les yeux de M. le président de Nicolaï, qui demeure dans cette place.

Il y a quelques jours que M. Amelot vint dire ici à Mme de Luynes que le Roi avoit eu la bonté d'accorder à Mme Amelot l'honneur d'entrer dans les carrosses de la Reine.

J'appris il y a deux jours que le Roi, en travaillant avec M. le comte de Biron (1), avoit dit en sa présence à M. le Cardinal que lorsqu'il se présenteroit quelques jeunes gens qui voudroient entrer dans le service, il falloit les mettre dans le régiment du Roi ; et en conséquence le fils de M. de Fénelon et encore un autre, dont j'ai oublié le nom, qui n'ont point été mousquetaires, seront reçus dans ce régiment en qualité de sous-lieutenants. Un des fils de M. de Valentinois, qui a été mousquetaire, y sera reçu en la même qualité. On peut juger par ces exemples que la noblesse pourra commencer par le régiment du Roi ou par les mousquetaires, à son choix. Il y a soixante-huit sous-lieutenances dans le dit régiment ; et outre cela, quand elles seront remplies et qu'il se présentera quelqu'un pour y entrer, M. le comte de Biron demandera des commissions de sous-lieutenants qui seront surnuméraires. Le Roi a réglé qu'il seroit payé à ses frais un maître de ma-

---

(1) Colonel lieutenant du régiment du Roi-infanterie.

thématique, un de dessin et un d'armes pour l'instruction de la noblesse qui sera dans le dit régiment. C'est de M. le comte de Biron même que je sais tout ce détail. Cet arrangement donne beaucoup d'agrément à sa charge.

La Reine ne fit point ses dévotions la veille de la Toussaint, parce que son confesseur est resté malade à Versailles.

Avant-hier, jour de la Toussaint, le Roi et la Reine entendirent en bas la grande messe, et l'après-dînée le sermon du P. de la Neuville, Jésuite, que l'on dit être de race allemande et neveu du confesseur de feu Mme la Dauphine-Bavière, qui tomba en apoplexie devant elle pendant qu'il la confessoit. Le P. la Neuville étoit déjà connu par son éloquence et un talent supérieur pour la prédication; son sermon fut fort admiré, quoiqu'il n'ait ni voix ni gestes. Il prit même une idée nouvelle dans la composition de ce sermon. Mais le premier point fut fort au-dessus du second. Il convient lui-même qu'il saisit les idées avec trop de vivacité pour pouvoir faire deux points égaux. Le compliment fit la partie la plus médiocre du sermon. La Toussaint est le premier sermon du prédicateur de l'Avent, comme Noël est le dernier; la Chandeleur et Pâques pour le Carême, et un compliment au commencement et à la fin (1). Le Roi et la Reine entendirent les vêpres où officia l'évêque de Langres (2) ainsi qu'à la grande messe; ensuite les vêpres des morts. Ordinairement le Roi et la Reine remontent pour le salut; mais comme il étoit tard, le Roi le fit dire tout de suite et l'entendit d'en bas.

J'entendis hier dans la chambre du Roi M. de Roche-

---

(1) C'était le même prédicateur qui prêchait devant la Cour pendant l'Avent, c'est-à-dire depuis la Toussaint jusqu'à Noël, et le même qui prêchait le Carême, depuis la Chandeleur jusqu'à Pâques. Leur premier et leur dernier discours devaient renfermer un compliment pour le Roi. Ainsi dans cette année 1737 c'est le P. Julien qui a prêché le Carême, et c'est le P. la Neuville qui prêche l'Avent.

(2) Gilbert de Montmorin de Saint-Hérem.

chouart faire une réprimande aux huissiers de la chambre ; il me dit que c'étoit au sujet des flambeaux que l'on porte devant M. le Dauphin, lesquels ne doivent point entrer dans la chambre du Roi lorsque le Roi y est, ce qui n'avoit pas été exécuté.

On parle ici de la mort de M. le duc de Modène ; on dit qu'il a passé hier ou avant-hier un courrier qui en porte la nouvelle à Mme de Modène, à Paris ; cependant cette nouvelle paroît demander confirmation.

Les nouvelles de Rambouillet ne sont pas bonnes. M. le comte de Toulouse y est malade depuis longtemps, d'un rhumatisme qui le fait beaucoup souffrir. Il avoit outre cela depuis plus d'un an une incommodité qui faisoit craindre qu'on fût obligé de le tailler et qui l'empêche depuis longtemps de monter à cheval. Le lait pour toute nourriture n'a point remédié à ces accidents. Il n'est point question de taille ; les urines sont souvent mauvaises ; les douleurs subsistent ; il ne peut dormir qu'avec l'opium, et on prétend qu'une petite fièvre s'est jointe à tous ces accidents.

Le Roi soupa hier dans ses cabinets avec huit ou dix personnes seulement. Il alla jouer à cavagnole chez Mme la Duchesse après souper, mais il y resta peu et vint se coucher de bonne heure.

M. de Chamarande est mort ces jours-ci ; il étoit premier maître d'hôtel de Mme la Dauphine et l'avoit été de la Reine ; il avoit cédé cette charge à M. de Chalmazel, son neveu, depuis quelques années. Il est mort de la goutte remontée. On prétend qu'il s'y étoit joint un peu de chagrin, parce que dans le testament de M. le cardinal de Richelieu, qui a été imprimé à l'occasion du procès de M. de Richelieu, il est dit : « Je laisse telle somme à Chamarande, mon valet de chambre » (c'étoit son père) ; cependant l'on m'a assuré qu'il étoit gentilhomme, et M. le Cardinal, à qui j'en ai parlé aujourd'hui, me l'a confirmé. A la mort du cardinal de Richelieu, il entra valet de chambre du Roi, et ce fut dans ce temps qu'il rendit un service important à M. de Louvois. Je sais le fait de feu M. Dupuis, gentilhomme de la manche de feu M. de Bourgogne. M. le Cardinal, à qui j'en ai parlé aujourd'hui, m'a paru ignorer ce fait; mais je ne puis douter de la vérité de ce que m'a dit M. Dupuis.

Il y a eu un moment où M. de Lausun avoit pensé être grand maître de l'artillerie; il faut que ce soit ou avant le duc du Lude ou à sa mort; mais ce qui est de certain c'est que le Roi étoit encore à Saint-Germain. Voici comme M. Dupuis m'a conté le fait. M. de Lausun, qui étoit en faveur alors, avoit la parole du Roi d'être déclaré grand maître un tel jour, au sortir du conseil; mais en même temps le Roi lui avoit défendu d'en parler à qui que ce soit. M. de Louvois étoit fort opposé aux tentatives qu'avoit faites M. de Lausun pour obtenir cette charge, mais enfin la parole du Roi étoit donnée et M. de Lausun avoit gardé le secret. Le jour que cela devoit être déclaré, M. de Lausun arriva dans l'antichambre du Roi pendant le conseil; il n'y avoit personne dans la chambre, suivant la règle; et il n'y entre personne que le premier gentilhomme de la chambre ou le premier valet de chambre ne soit entré. M. de Lausun, qui se promenoit dans l'antichambre, ayant l'âme fort satisfaite, trouva Chamarande, assis à la porte de la chambre, qui attendoit la fin du conseil; il crut que c'étoit une occasion bien favorable, et sans inconvénient, de lui donner une marque d'amitié et de considération, en lui confiant un secret qui alloit devenir public dans le moment; il lui dit donc de quoi il s'agissoit, et lui recommanda en même temps de ne le dire à personne et de se le laisser même apprendre sans paroître en rien savoir. Chamarande parut très-touché de cette confiance, et après avoir fait son compliment et mille remercîments à M. de Lausun, il se remit à sa place comme auparavant. Pendant ce temps, M. de Lausun faisant la conversation d'un autre côté, Chamarande se leva et entra dans la chambre du

Roi sous quelque prétexte. M. Dupuis m'a dit qu'entre la chambre du Roi et le cabinet, à Saint-Germain, il y avoit un escalier qui montoit chez M. de Louvois. M. de Louvois n'étoit pas au conseil; Chamarande arriva, et demanda à lui parler; on fit quelque difficulté de le faire entrer; cependant, comme il dit que c'étoit une affaire pressée, il entra; il dit tout bas à M. de Louvois ce que M. de Lausun venoit de lui dire, et l'avertit en même temps qu'il n'y avoit pas un moment à perdre. Chamarande redescendit au plus vite, et vint se remettre à sa place. M. de Louvois, fort embarrassé quel remède apporter à un événement qui alloit être public, imagina de mettre dans un portefeuille les premiers papiers qu'il trouva sous sa main, et ayant fait le tour il arriva dans l'antichambre du Roi, s'adressa à Chamarande, à qui il dit qu'il avoit à parler à S. M. Chamarande lui représenta que cela étoit impossible pendant le conseil. M. de Louvois insista en disant que c'étoit une affaire de la dernière conséquence et qui ne pouvoit souffrir de retardement. Enfin, Chamarande entrant avertit le Roi, qui fit entrer M. de Louvois. M. de Louvois dit tout bas au Roi et en peu de mots la nouvelle qu'il avoit apprise et ses représentations par rapport à cette grâce. Au sortir du conseil, M. de Lausun eut beau attendre la déclaration, l'affaire fut manquée, sans que M. de Lausun peut-être en ait jamais rien su. M. le Cardinal, à qui j'ai conté cette anecdote, prétend que Chamarande n'étoit point lié avec M. de Louvois : c'est ce qui pourroit faire douter du fait; cependant il est bien circonstancié, et rapporté par un homme bien exact à la vérité. Chamarande, fils de celui dont je parle, avoit été reçu valet de chambre en survivance de son père.

Comme c'est demain la fête de saint Charles, M. de la Torela, ambassadeur de don Carlos, roi des Deux-Siciles, a donné à cette occasion un grand dîner, où étoient MM. les cardinaux de Fleury et de Rohan, plusieurs ministres étrangers et plusieurs seigneurs de la Cour, en tout vingt-huit personnes. Cette espèce de fête n'avoit pu être remise à demain, à cause de la Saint-Hubert qui est différée au lundi. Le dîner a été magnifique et bien servi; c'étoit dans la maison de M. le prince de Rohan, à la ville; celle de M. le prince de la Torela n'auroit pas été assez grande.

On a appris aujourd'hui que Mlle de Moras, fille de celui qui avoit été directeur de la Compagnie des Indes et qui est mort il y a deux ou trois ans, avoit été enlevée il y a huit jours. Elle est extrêmement riche, et elle a treize ou quatorze ans. On ne sait encore d'autres circonstances, sinon qu'elle étoit dans un couvent à Paris, et sa mère à la campagne, qu'on a apporté à la gouvernante une lettre supposée de Mme de Moras qui mandoit de lui amener sa fille et qu'elle envoyoit pour cet effet une chaise à deux. Mme de Moras a été huit jours sans le savoir et ne l'a appris que par hasard; on ne sait par qui, ni où elle est.

Du 4 novembre. — Aujourd'hui le Roi a fait la Saint-Hubert. Il n'y a rien eu d'extraordinaire; il y a eu vingt-quatre ou vingt-cinq personnes qui ont eu l'honneur de suivre le Roi dans ses carrosses. S. M. soupe dans ses cabinets et a demandé trente-deux couverts. On a pris deux cerfs. La Reine a été à la chasse; elle étoit dans les calèches du Roi, car la Reine n'a ni calèches ni bidets.

Jeudi prochain il doit y avoir un ballet dans la salle de la comédie. La musique est faite par M. de Blamont. Ce ballet a été fait par les ordres de M. de Rochechouart, qui auroit fort voulu pouvoir disposer des places, mais ce n'est pas l'usage que les premiers gentilshommes de la chambre disposent des dites places; c'est toujours le capitaine des gardes.

Du 7 novembre, Fontainebleau. — Lundi 4 les nouvelles de Rambouillet furent encore plus mauvaises, et donnèrent lieu de croire qu'il y avoit un abcès de formé dans la vessie; cet état fit partir aussitôt d'ici M. le prince de

Dombes. On ne s'attendoit point que le Roi prît la résolution d'y aller; cependant, avant-hier cela fut déterminé, et S. M. partit hier matin dans sa berline à six places. Le Roi étoit sur le devant avec M. le Premier, qui étoit arrivé le matin, ayant été averti de ce voyage. M. le Cardinal étoit dans le fond avec M. d'Harcourt, M. de Bouillon sur l'estrapontin de derrière et M. de Rochechouart sur celui de devant. Le Roi n'a point voulu que les gendarmes, chevau-légers, ni mousquetaires le suivissent à ce voyage, devant revenir demain. On a mis sur le chemin quatre relais de gardes du corps, huit à chaque relais, et on en a envoyé trente ou trente-deux à Versailles, où il y en a déjà un pareil nombre pour la garde de Mesdames, desquels le Roi pourra se servir pour le suivre à Rambouillet. Deux chefs de brigade et deux exempts ont marché pour ce voyage, et Bernard (1), quoique averti de la veille seulement, a fourni tous les relais nécessaires jusqu'à Rambouillet. Le Roi n'a mené qu'une seule voiture, et n'a pas voulu que personne le suivît. Comme M. le Premier n'étoit pas ici avant-hier, le Roi dit le matin à M. de Maillebois qu'il lui diroit le soir s'il pouvoit le mener, et M. le Premier étant arrivé a été mené de préférence. On loue fort et avec raison cette marque de bonté que le Roi a voulu donner à M. le comte et à Mme la comtesse de Toulouse. S. M. a même paru touché de son état.

Le Roi a envoyé M. d'Hostun devant pour dire à Mme de Tallard qu'il iroit souper chez elle avec cinq ou six personnes; il soupera encore chez elle aujourd'hui, et revient demain dîner ici. Le Roi ne partit hier qu'à deux heures, après le conseil, au sortir duquel il dîna; il doit dîner aujourd'hui à Rambouillet.

---

(1) Bernard est un juif qui a fait marché avec les officiers des gardes du corps pour leur fournir des chevaux pour conduire le Roi à l'assemblée, et une chaise à ceux qui conduisent le Roi à l'assemblée, et pour ramener ceux qui l'ont conduit. (*Note du duc de Luynes.*)

L'absence du Roi a fait naître ici une dispute que j'appris hier au sujet du mot. MM. les officiers des gardes françoises représentèrent qu'ils ne devoient point prendre le mot de la Reine. La question fut portée avant le départ à M. le Cardinal, qui crut d'abord que la difficulté étoit mal fondée; cela paroît même vraisemblable, puisque la garde est sans contredit aux ordres de la Reine, et que lorsque S. M. est restée seule pendant les voyages de Compiègne, elle donnoit le mot. Outre cela, lorsque M. le Dauphin est seul, ou Mesdames, ils donnent le mot. Lorsque la question fut portée au Roi, il dit à M. le Cardinal que les gendarmes et chevau-légers ne voudroient pas recevoir le mot de la Reine, et en conséquence il a été décidé que le mot donné par le Roi resteroit jusqu'à son retour. Sur cette question, l'on cite une raison et des exemples. Les gendarmes et chevau-légers diront sûrement qu'étant attachés à la garde du Roi, qu'ils ne doivent jamais quitter, ils ne doivent aussi jamais recevoir le mot que du Roi, et que c'est un usage constant dans leur corps. Par la même raison, l'on dit que ce qui est garde du Roi, étant par son nombre et par son espèce différente de celle de la Reine, ne peut et ne doit recevoir le mot que du Roi. Lorsque la Reine doit rester seule pendant un long voyage du Roi, ou bien M. le Dauphin ou Mesdames en l'absence de LL. MM., il reste auprès d'eux une garde proportionnée à leur rang; mais des absences courtes du Roi sont regardées comme s'il étoit toujours présent. Les exemples sont les voyages de Rambouillet pendant lesquels, soit qu'ils fussent de quatre, cinq ou six jours, le mot donné avant son départ reste jusqu'à son retour.

Du dimanche 10 novembre. — On parle ici d'une visite faite par M. le Cardinal à M. le Duc, le jour ou la veille de son départ, c'est-à-dire le 29 ou le 30 du mois passé. On m'a dit comme chose certaine que M. le Cardinal avoit été le matin chez M. le Duc, et que, comme on lui dit qu'il dormoit encore, il le fit éveiller et fut une demi-heure en conversation avec lui. On ne sait rien de ce qui se passa dans cette conversation.

Il y a un bruit général ici que M. le comte d'Auvergne vend la charge de colonel général de la cavalerie à M. le duc de la Trémoille. Sur cela les uns ajoutent que M. de la Trémoille vendra celle de premier gentilhomme de la chambre; d'autres disent qu'il les gardera toutes deux, parce qu'il ne donne point d'argent, M. le comte d'Évreux gardant le produit en entier de la charge. Ce qu'il y a de singulier à ce bruit, c'est que M. le Cardinal, à qui plusieurs personnes en ont parlé, répond qu'il n'en a pas entendu dire un mot. Il m'a dit à moi positivement aujourd'hui que cela étoit absolument faux.

M. de Schmerling, chargé ici des affaires de la cour de Vienne, apporta hier au soir à M. le Cardinal la nouvelle qu'il venoit de recevoir que M. de Seckendorf venoit d'être arrêté dans sa maison, à Vienne, par ordre de l'Empereur. M. de Seckendorf commandoit les troupes de l'Empereur contre les Turcs, sous M. le duc de Lorraine. On m'avoit dit que c'étoit un homme de fortune, mais M. de Schmerling m'a dit aujourd'hui qu'il étoit noble, simple gentilhomme à la vérité. Son nom est trop connu parmi nous à cause de l'affaire de Clausen (1). M. de Seckendorf a environ soixante-dix ans, à ce que m'a dit M. de Schmerling. Il est fort attaché au roi de Prusse; il paroît que l'on soupçonne que cet attachement a été trop loin. On l'accuse aussi de malversation et d'avoir laissé manquer l'armée, en général d'avoir marqué de l'avarice et de l'ignorance; après avoir pris Nissa sur les Turcs, d'avoir resté trop longtemps dans cette ville et mal à propos, et en partant de n'y avoir laissé pour garnison que deux régiments de hussards, de sorte que Nissa a été repris

---

(1) Combat gagné en 1735 par Seckendorf sur le maréchal de Coigny et le comte de Belle-Isle, dans l'électorat de Trèves.

par les Turcs. On avoit mandé à M. de Seckendorf de revenir à Vienne, et comme il n'étoit pas venu, l'Empereur lui a fait dire qu'il avoit à raisonner avec lui; et dès qu'il a été arrivé à Vienne, on lui a envoyé ordre de ne point sortir de sa maison qu'il n'ait rendu compte de sa conduite au conseil de guerre. C'est de M. de Schmerling que je sais tout ce détail. On m'a dit d'ailleurs que M. de Seckendorf s'étoit brouillé avec M. le duc de Lorraine, et on m'a ajouté qu'en général il étoit dangereux de commander une armée de l'Empereur sans être président du conseil de guerre.

On parloit hier au soir d'un plénipotentiaire du Turc qui avoit été envoyé au congrès de Niemiroff (1) et qui a été étranglé à Constantinople à son retour.

Le départ du Roi est fixé au vendredi 22 de ce mois, celui de M. le Dauphin au 19, et celui de la Reine apparemment pour le 20.

Du jeudi 14 novembre. — Il y a quelques jours que j'entendis parler chez le Roi d'une contestation qu'il y avoit eu entre M. de Belzunce et M. d'Ecquevilly, mais contestation en conversation, sans aigreur. Il s'agissoit de savoir lequel équipage des deux devoit rompre devant l'autre; le louvetier, ayant le titre de grand, prétend ne devoir pas céder au vautrait (2). Le vautrait prétend être le plus ancien, mais on lui dispute cette ancienneté, parce que c'étoit comme capitaine des toiles et non pas comme ayant une meute. Il y a aussi contestation entre ces mêmes

---

(1) Le congrès de Niemiroff fut rassemblé en juin 1737, en Pologne, pendant la guerre qui commença en 1736 entre la Russie et l'Autriche contre la Turquie, et finit en 1739, à la paix de Belgrade. Les puissances belligérantes négocièrent sous la médiation de la France, mais ne parvinrent pas à se mettre d'accord, et le congrès fut rompu en octobre 1737.

(2) Équipage de chasse pour le sanglier. — En vieux français *vaultroy* vouloit dire chien de chasse, et dérivait de *veltraus* et *veltris*; *veltraus* est employé dans la loi gombette et *veltris* dans les lois des Saliens et des Alemans; ces deux mots signifiaient un chien de chasse. (Voy. le *Dict. de Trévoux*.)

équipages et la vénerie. Il est toujours supposé que c'est en l'absence du Roi, car tous les autres équipages doivent rompre devant celui avec lequel S. M. court. J'ai entendu parler au Roi de toutes ces disputes; mais il paroît que S. M. ne veut pas les décider.

Les nouvelles de Rambouillet sont tous les jours plus mauvaises.

Le Roi soupa hier dans ses cabinets, et fut après souper jouer à cavagnole chez Mme la princesse de Conty, où il perdit environ 150 louis assez promptement, et vint se coucher de bonne heure.

Du 18 *novembre, Fontainebleau.* — La dernière musique à la messe fut dimanche dernier et ne recommencera à Versailles que dimanche prochain. Il n'y eut samedi dernier (le 16) point de comédie italienne, à cause de l'état de M. le comte de Toulouse.

Le voyage a été fort brillant : grand nombre de maisons pour dîner et souper, et surtout pour le souper; comédie françoise ou tragédie les mardis et jeudis, et italienne le samedi; musique les lundis et mercredis, jeu les vendredis et dimanches. Il y eut encore un lansquenet hier, et quoiqu'à la veille du départ il y avoit encore hier beaucoup de monde ici.

La Reine part toujours après-demain. Elle avoit permis dès aujourd'hui aux dames qui ont l'honneur de la suivre, de lui faire leur cour en robe de chambre habillée.

Les nouvelles de Rambouillet sont meilleures.

Du mardi 19 *novembre.* — Il paroît ici depuis trois ou quatre jours une lettre de Mlle de Moras, de dix ou douze pages, écrite à Mme sa mère; elle est écrite avec beaucoup d'esprit et de résolution (1). Cette résolution est des plus singulières pour une fille de treize ans. Il paroît prouvé qu'elle avoit, depuis un an au moins, deux domestiques à ses gages qui ne savoient pas à qui ils appar-

---

(1) Voir cette lettre à l'appendice, à la fin du volume.

tenoient et qui ne l'ont su que lorsqu'elle est partie. Elle a été en poste tout droit près de Poitiers, chez M. de Courbon, frère de M. de Blenac, pour qui elle avoit déjà marqué avoir du goût. Sa gouvernante, qui étoit dans la chaise avec elle, lui ayant fait des représentations qui lui déplurent, elle lui dit qu'elle ne se plaignît pas, parce qu'elle avoit deux pistolets dans sa chaise et qu'elle feroit bien marcher le postillon. M. de Courbon paroît vouloir se justifier fort d'avoir contribué à cet enlèvement. M. de [Polisy] (1), oncle de Mlle de Moras, ayant été chargé de l'aller rechercher et n'ayant point apporté de lettre de Mme de Moras, Mme de Courbon et M. son fils dirent qu'ils ne la rendroient point à moins d'un ordre du Roi. Comme on avoit pris la précaution de demander une lettre de cachet, elle arriva quelques heures après, et Mlle de Moras est revenue à Paris, où on l'a mise dans un autre couvent que celui où elle étoit d'abord. Mme de Moras fait poursuivre l'affaire en justice.

J'ai appris aujourd'hui que depuis quelque temps M. de Châtillon avoit changé le règlement qu'il avoit fait d'abord, que les entrées, même les grandes, n'entreroient point chez M. le Dauphin aux heures de ses récréations, sans être nommés. Soit que M. de Châtillon ait cru mieux faire de laisser les entrées jouir de leurs droits, ou que M. le Dauphin étant plus âgé et plus accoutumé au monde, il ait jugé qu'il n'y avoit plus d'inconvénient, ceux qui ont les entrées chez le Roi ou chez la Reine en jouissent chez M. le Dauphin, hors aux heures d'étude.

M. le comte de Toulouse est à la dernière extrémité, et l'on attend à tout moment que M. le prince de Dombes vienne apporter la nouvelle de sa mort. Avant-hier, le Roi envoya M. de la Motte, gentilhomme ordinaire, sa-

---

(1) Barbier dit dans son Journal : « MM. Fargès de Polisy et Prévost de Saint-Cyr, ses oncles, maîtres des requêtes. » (*Chronique de la Régence et du Règne de Louis XV*, tome III, page 110 de l'édition Charpentier.)

voir des nouvelles de M. le comte de Toulouse; il revint hier, et ayant rencontré le Roi, à la croix du grand veneur, vers les deux heures après midi, à la chasse du sanglier, S. M. s'arrêta, et M. de la Motte lui rendit compte de sa commission, sur le grand chemin. Il étoit arrivé à une heure après minuit à Rambouillet, et, comme ils doivent voir et parler à celui à qui le Roi fait cet honneur, il demanda à M. le maréchal de Noailles s'il pouvoit entrer. M. de Noailles le fit entrer en lui disant que M. le comte de Toulouse étoit sans connoissance et ne lui parleroit pas. M. de Noailles, s'étant approché de son lit, lui dit l'honneur que le Roi lui faisoit, et lui demanda en même temps s'il vouloit qu'il répondît pour lui à cause de la foiblesse où il étoit. M. le Comte, reprenant un peu ses forces, dit qu'il croyoit convenable qu'il parlât lui-même, et M. de la Motte s'étant approché, il porta la main à son bonnet pour le saluer, et lui dit à peu près en ces termes, que j'ai retenus de ce que M. de la Motte m'a conté : « Monsieur, je suis bien touché de cette nouvelle marque de bonté du Roi ; je suis accoutumé à en recevoir ; j'ai eu peu d'occasions de lui donner des preuves de mon attachement et de mon zèle, mais je vous prie d'assurer S. M. que ces sentiments ont toujours été gravés dans mon cœur ; mon état est bien changé depuis quelques jours, mais j'en suis moins touché que de celui de Mme la Comtesse et de M. de Penthièvre ; comblé des bontés du Roi, je n'ose rien lui demander pour M. de Penthièvre, mais je le recommande à S. M. et Mme la Comtesse. Vous direz au Roi, Monsieur, qu'il perd en moi un serviteur bien fidèle et bien attaché, que je lui souhaite une parfaite santé et un règne long et heureux et toutes sortes de prospérités dans la guerre et pendant la paix, et qu'il la puisse longtemps conserver. Faites, je vous prie, mille amitiés à M. le Cardinal. Nous avons parlé à son dernier voyage de ce qui regarde Mme la Comtesse ; j'espère qu'il voudra bien

ne la pas oublier. » Cette conversation dura environ cinq
minutes. On m'a dit que M. le comte de Toulouse parla
hier assez longtemps à M. le duc de Penthièvre, et d'une
façon bien touchante. Avant-hier il embrassa Mme la
Comtesse, et lui dit adieu. On ne peut dépeindre ce moment, ni l'état de Mme la comtesse de Toulouse, parce
qu'on ne peut exprimer jusqu'à quel point étoit une
union qui malheureusement n'est pas assez imitée, et qui
étoit d'autant plus intime qu'elle étoit réciproque et
fondée sur la reconnoissance de Mme la Comtesse. Mais l'a-
mour le plus vif et l'amitié la plus tendre avoient éteint
tous les autres sentiments. Depuis quatorze ans qu'ils
sont mariés, ils ont toujours couché dans le même lit ou
dans la même chambre, et je ne crois pas que l'on pût
trouver dans ces quatorze années huit jours qu'aucun
événement les aient séparés. On ne peut assez admirer
la fermeté et la religion que montre M. le Comte dans ses
derniers moments. Il est aisé de comprendre la douleur universelle de ceux qui lui sont attachés. On peut
dire qu'il sera universellement regretté.

Avant-hier M. le contrôleur général me dit que les
fermes générales avoient été données. La règle seroit que
ces baux se fissent au plus offrant et dernier enchéris-
seur, et même les actes sont faits comme si cette forme
avoit été observée; mais c'est dans le cabinet de M. le
Cardinal que se fait cette adjudication. Le contrôleur
général dispute les intérêts du Roi, et M. le Cardinal
décide. Les fermes étoient dans le dernier bail à 88 millions, y compris les domaines et non pas les bois; les
bois seuls valent 4 millions. Dans ce bail-ci, les fermes
ont été augmentées de 3 millions, et outre cela la Lorraine y a été jointe pour 3,500,000 livres, ce qui fait
en tout 94,500,000 livres. Les baux sont pour six ans;
les fermiers sont presque tous les mêmes que ceux du
bail précédent.

Du 19 *novembre, Fontainebleau.* — Les nouvelles de

Rambouillet sont meilleures, mais donnent peu d'espérances. M. l'évêque de Chartres (1) y est depuis plusieurs jours, et y montre un grand attachement à M. le comte de Toulouse; il passe ses journées et même une partie de la nuit devant le Saint-Sacrement; il vient de faire un mandement pour ordonner des prières de quarante heures et un jour de jeûne. On blâme ici ce dernier article, et on prétend même que c'est étendre loin le pouvoir d'un évêque. Cependant, j'ai ouï dire à gens capables d'en juger que le pouvoir d'ordonner des jeûnes ne peut être contesté aux évêques; le choix des circonstances dépend de leur prudence. On n'en ordonna point dans la dernière maladie de Louis XIV, quoiqu'on eût ordonné les prières des quarante heures.

Il y a longtemps qu'on parle d'un grand bâtiment que le Roi a dessein de faire aux environs d'Ablon (2), dans une belle situation qui a plu à S. M. On dit que ce projet est réel, et qu'il commencera à l'exécuter l'année prochaine; qu'il y aura quatre-vingt-deux logements, et que l'on commencera par bâtir une des ailes, afin que le Roi en puisse faire usage plus promptement.

L'ambassadeur de Hollande, M. de Vanhoey, reste ici quelques jours après le départ du Roi. J'ai appris aujourd'hui qu'à chaque voyage de la Cour, lorsqu'ils la suivent, la République leur donne 80 livres par jour pendant tout le voyage.

---

(1) Charles-François des Montiers de Mérinville.

(2) « Voilà Compiègne qui tombe en défaveur; la Reine veut venir partout. C'est le Cardinal qui a engagé la Reine à y venir. Mais ce n'est pas tout : elle veut aller à la chasse en amazone; c'est ce qui déplaît au Roi et à Mme de Mailly. Le Roi a toujours le dessein de bâtir à Ablon quelque chose de petit. Il veut des maisons de chasse partout, sur le modèle de la Meutte. Ce ne sera pas cher. Cependant S. M. a déjà Petit-Bourg et Choisy, qui peuvent tenir lieu de cet établissement qui a pour objet la forêt de Sénars. Mais pour cette construction on attend la fin du Cardinal, qui jetteroit les hauts cris s'il en étoit question devant lui. Le Roi fait continuellement dessiner en particulier le petit Gabriel des bâtiments. » (*Mémoires du marquis d'Argenson*, t. II, p. 55.)

Du 25 novembre, Versailles. — J'appris il y a quelques jours plusieurs petites circonstances par rapport au service du Roi et de la Reine qui méritent d'être remarquées. C'est M. le Premier qui fournit au Roi la poudre et la pommade ; ce ne peut être comme droit de charge, mais apparemment d'ancien usage.

C'est le grand écuyer qui est chargé de l'habillement des Cent-Suisses, et c'est même lui qui leur fait fournir les épées et les tambours. Je sais ce fait de M. de Courtenvaux, qui a commandé les Cent-Suisses pendant longtemps.

J'ai parlé ci-dessus du droit que la dame d'honneur et la gouvernante des enfants de France ont de monter dans le carrosse de la Reine sans être appelées. On prétend que cela n'est pas de même pour les carrosses du Roi et que personne n'a nul droit d'y monter sans être appelé par S. M., et que même il y a eu une ordonnance rendue pendant le ministère de M. le Duc qui le dit expressément. Cependant j'ai vu le capitaine des gardes et M. le Premier monter immédiatement après le Roi, sans être nommés. Lorsque le Roi va dans son carrosse avec les princes du sang, alors dans le second carrosse les trois places du fond sont pour le grand chambellan, le premier gentilhomme de la chambre et le capitaine des gardes. Le capitaine des Cent-Suisses prétend que le feu Roi n'avoit jamais voulu décider entre lui et le grand maître de la garde-robe pour l'entrée dans les carrosses.

Au retour de la Reine de Fontainebleau, Mlle de Clermont étant revenue devant S. M., à cause de la maladie de M. le comte de Toulouse, et Mme la duchesse de Villars étant revenue aussi parce qu'elle étoit malade, la Reine fut seule dans le fond, et Mme de Bouzols, qui n'étoit pas venue avec la Reine mais qui étoit de semaine, monta à la place de Mme de Villars.

Le Roi revint à deux carrosses comme il avoit été ; les deux carrosses du Roi sont égaux ; cela est connu, et le Roi le confirma l'autre jour à souper. Un jour qu'il avoit deux tables, une de douze et l'autre de vingt couverts, à Fontainebleau, il demanda en badinant à M. de Courtenvaux, qui me l'a redit, à laquelle il se mettroit; et Courtenvaux lui ayant répondu qu'il croyoit qu'il donneroit une marque de bonté à la grande table de vouloir bien s'y mettre, le Roi lui dit : « Mais mes tables sont comme mes carrosses, elles sont égales. »

La Reine est revenue à trois carrosses comme elle avoit été, et outre ses trois carrosses il y a celui du premier écuyer de la Reine, qui marche devant celui du corps. Nul homme n'entre dans les carrosses de la Reine, hors le Roi et M. le Dauphin; je n'en suis pas bien sûr, cela est pourtant vraisemblable; mais dans le carrosse du premier écuyer, dans lequel monte aussi l'écuyer de quartier, il est d'usage que des hommes puissent y entrer. M. de Tessé y a ramené M. d'Ancenis, son beau-frère, qui même n'étoit pas venu dans ce carrosse.

Hier le Roi soupa au grand couvert; mais sa bouche n'étant pas encore arrivée, ou au moins en état de le servir, il fut servi de la bouche de la Reine. M. l'archevêque de Vienne (1), premier aumônier, s'étant présenté pour dire les grâces, de même que M. l'abbé d'Andelot, aumônier de quartier, s'étoit présenté pour dire le *Benedicite*, M. l'abbé d'Alègre (2) leur dit à l'un et à l'autre qu'il avoit pris les ordres de la Reine et que c'étoit lui qui devoit dire le *Benedicite* et les grâces, et effectivement il dit le *Benedicite* en présence de M. l'abbé d'Andelot. J'y étois. Pour les grâces, M. l'archevêque de Vienne, ayant été averti par M. l'abbé d'Alègre, se retira. M. l'abbé d'Opède, aussi aumônier de quartier, prétend que pareil cas étant arrivé, la question avoit été portée à M. le cardinal de Fleury, dont le sentiment étoit que les aumôniers du Roi et de la Reine devoient

---

(1) Henri-Oswald de la Tour d'Auvergne.
(2) Aumônier de quartier de la Reine.

dire *Benedicite* et grâces chacun de leur côté. Ce matin M. l'archevêque de Vienne ayant rapporté au Roi, à son lever, ce qui s'étoit passé hier, a dit qu'il s'étoit retiré ; le Roi lui a dit qu'il avoit bien fait. C'est M. l'abbé d'Andelot qui me l'a conté au dîner du Roi. M. l'abbé d'Alègre dit pour ses raisons : premièrement, l'ordre de la Reine ; secondement, lorsque la Reine arriva à Fontainebleau, ayant été servie par la bouche du Roi au grand couvert, le Roi lui avoit dit qu'il n'avoit aucune fonction à faire et que c'étoit aux aumôniers du Roi ; et en conséquence il se retira. MM. les aumôniers du Roi disent que de même qu'ils n'ont aucune fonction lorsque le Roi mange dans la chambre de la Reine, de même lorsque LL. MM. mangent en public doivent-ils avoir leurs fonctions particulières, puisque alors ce n'est plus l'intérieur de l'appartement de la Reine.

Rameau, fameux musicien, qui a déjà fait trois opéras, vient de donner le quatrième, qui est *Castor et Pollux*. Cet opéra n'a point réussi, et a donné même occasion aux vers ci-joints, qui n'ont point été faits par un poëte, mais par un homme du monde :

> « Contre la moderne musique
> Voici ma dernière réplique ;
> Si le difficile est le beau,
> C'est un grand homme que Rameau ;
> Mais si le beau, par aventure,
> Étoit la simple nature,
> Dont il doit être le tableau,
> C'est un sot homme que Rameau. »

Du 26 novembre, Versailles. — On attend toujours des nouvelles de la nomination des cardinaux, et on ne sait nullement quel est celui que le Roi a nommé. On m'a dit même aujourd'hui, comme chose certaine, que M. de Saint-Aignan, notre ambassadeur, n'en savoit rien, et qu'il avoit ordre de n'ouvrir que la veille du conclave le paquet où est la nomination du Roi.

On ne peut trop parler des marques de bonté qui viennent du Roi; le souvenir en est toujours agréable à conserver. Il y a quelques jours que le Roi parlant, à son souper, du grand froid qu'il faisoit ici dans sa chambre à coucher, qui l'obligeoit même de passer quelquefois dans son cabinet, lorsqu'il se lève le matin, avant que l'on soit entré chez lui, j'eus l'honneur de lui dire que puisqu'il trouvoit son cabinet plus chaud, il me sembloit qu'il en pourroit faire usage plus souvent. C'est sur cela qu'il me répondit : « Lorsque je me lève avant que l'on soit entré, j'allume mon feu moi-même et je n'ai besoin d'appeler personne. Si je passois dans mon cabinet, il faudroit appeler; il faut laisser dormir ces pauvres gens, je les en empêche assez souvent. »

L'affaire de M. de Bouillon pour la vente au Roi de la vicomté de Turenne continue à se traiter. Comme le pays désireroit fort demeurer à M. de Bouillon et qu'il sait que c'est pour l'arrangement de ses affaires qu'il veut vendre, ils lui ont offert 690,000 livres payables en dix ans, outre les impositions ordinaires; mais l'affaire est trop engagée, et il paroît que M. le Cardinal et M. le contrôleur général ont envie qu'elle finisse. Je sais tout ce détail de M. de Bouillon même.

Dimanche dernier, au dîner du Roi il y eut un concert donné par les vingt-quatre violons. Les vingt-quatre dépendent de la chambre, et c'est le maître de musique en quartier qui bat la mesure. Il y a par année trois concerts réglés que donnent les vingt-quatre, le premier jour de l'an, le premier de mai, et la Saint-Louis. Outre cela, ils viennent ordinairement jouer une fois lorsque le Roi arrive ou de Compiègne ou de Fontainebleau.

Il étoit incertain depuis longtemps qui demeureroit ici chargé des affaires de M. de Lorraine, aujourd'hui grand-duc (1), ou de M. l'abbé de Franquini, chargé des affaires

---

(1) De Toscane.

du feu grand-duc, et qui a toujours continué depuis à être chargé des mêmes affaires, ou de M. de Stainville, envoyé ici de M. de Lorraine, et qui lui est attaché depuis longtemps. J'ai appris aujourd'hui que cela étoit enfin décidé. M. l'abbé de Franquini reste comme il étoit ci-devant, et M. de Stainville s'en va en Toscane, où le grand-duc doit venir incessamment; il doit le suivre partout. Ils paroissent fort contents l'un et l'autre.

Dans les lettres de créance que le grand-duc a envoyées à M. de Franquini, il lui donne le titre d'envoyé. M. de Stainville avoit ce titre pour M. le duc de Lorraine, mais M. de Franquini ne l'avoit point eu jusqu'à présent. Cela paroît singulier, et demande explication. Celui qui étoit chargé des affaires du grand-duc avant M. de Franquini étoit M. de Corsini, depuis cardinal; il avoit le titre d'envoyé: c'étoit dans le temps de la Régence. M. le duc d'Orléans et M. le cardinal Dubois se soucioient peu l'un et l'autre du cérémonial; M. Corsini n'avoit point eu d'audience publique, mais seulement dans le cabinet du Roi, conduit par l'introducteur des ambassadeurs, qui resta à la porte. M. de Franquini n'a eu qu'une audience semblable. M. Corsini, voyant que M. de Bendenerider, qui n'avoit été que secrétaire d'ambassade et qui n'avoit d'autre caractère que celui de plénipotentiaire, qui n'en est pas un, affectoit de passer partout devant lui, que le ministre de Hollande, qui n'avoit point de caractère non plus, et encore quelques autres passoient aussi devant lui chez M. le duc d'Orléans et chez M. le cardinal Dubois, pria le grand-duc de vouloir bien lui donner d'autres lettres de créance sans autre titre que celui de chargé de ses affaires, parce qu'alors il iroit partout sans conséquence. M. l'abbé Franquini, qui a succédé à M. Corsini, a été traité de même; mais présentement qu'il a le caractère d'envoyé, il aura audience publique, mais ce ne sera qu'après le départ de M. de Stainville. C'est de M. l'abbé de Franquini que je sais tout ce détail. M. le marquis de Mirepoix part incessamment pour Vienne. Ce que le Roi donne à ses ambassadeurs en cette cour ne monte qu'à 60,000 francs, mais c'est d'argent fort. Cette somme se paye en florins. Le florin d'Allemagne est différent de celui de Flandre ; celui de Flandre ne vaut qu'environ 40 sols, et celui d'Allemagne vaut jusqu'à 55 et 56 sols et va même quelquefois jusqu'au petit écu, suivant le change ; mais tout décompte fait, il ne vaut guère à notre ambassadeur que 50 sols.

La Reine a trouvé à son arrivée de Fontainebleau un nouveau meuble dans son appartement ; c'est une étoffe couleur de feu et or, la couleur de feu un peu pâle. L'étoffe est parfaitement bien fabriquée ; elle a été faite à Lyon ; elle coûte 180 livres l'aune, à ce que j'ai ouï dire ce matin à M. le contrôleur général. Le grand cabinet d'avant la chambre de la Reine est aussi meublé de cette étoffe ; mais comme elle dépare entièrement la dorure ancienne de ce grand cabinet, on a résolu de l'ôter jusqu'à ce que l'on ait pris le parti d'y faire quelque changement. Il y a aussi un meuble qui est presque fait pour la chambre à coucher du Roi et le grand appartement ; ce sont des meubles de différentes richesses pour l'un et pour l'autre. M. le contrôleur général m'a dit qu'il y avoit pour environ un million de ces sortes d'étoffes. J'ai ouï dire que c'étoit pour soutenir des manufactures de Lyon qui manquent d'ouvrage.

Du 29 novembre. — M. l'abbé de Saint-Aulaire (1) m'a aujourd'hui donné la copie ci-jointe d'un madrigal qu'il envoya à M. le Cardinal, sous le titre de *Madrigal d'un anonyme*, et qui est fait par le vieux M. de Saint-Aulaire, son oncle :

> On ne vit guère au temps passé
> Ce que nous admirons en France,

---

(1) Aumônier ordinaire de la Reine.

Un ministre modeste et désintéressé,
Un roi plein de justice et de reconnoissance.

M. le Cardinal lui répondit qu'il le prioit instamment de chercher à découvrir l'auteur du madrigal, que cette découverte lui étoit nécessaire dans la place où il étoit, devant désirer de connoître les auteurs de lettres anonymes. M. de Saint-Aulaire répondit par ces vers :

Ce simple et mince madrigal
Ne mérite de vous louange ni reproche ;
C'est l'écho d'un bruit trivial
Que répète une vieille roche.

Et pour marquer encore plus qu'il s'occupoit à la recherche que désiroit S. Em., M. de Saint-Aulaire a fait encore les vers ci-après :

Avec un zèle sans égal
Je tâche à découvrir l'auteur du madrigal,
Et pour rendre le ciel propice à ma recherche,
J'ai fait irréparable vœu
De lui consacrer un neveu (1)
Que vous ferez abbé d'Userche.

DÉCEMBRE.

Le Roi au salut. — Mort du comte de Toulouse; son testament. — Mort de la marquise d'O. — Autopsie du comte de Toulouse; son deuil; son fils naturel; son enterrement. — Toilette neuve de la Reine. — Visites du duc de Penthièvre. — Dévotions de la Reine; la garde ne bat pas quand elle passe. — Ordre de Saint-Georges de Bavière. — Mort de la reine d'Angleterre et du cardinal Zondondari. — Distinction de la famille de l'Isle-Adam. — Maladie de la grande-duchesse et de la reine d'Espagne. — Salut de la guérite. — Mariage de Mlle Mercier. — Retranchement de l'argent pour la remonte de la cavalerie. — Le prince de Dombes fait les premières fonctions de la charge de grand veneur. — Manière de parler et d'écrire au Dauphin. — Révérence de Mme de la Ferté Imbault. — Deuil de la reine d'Angleterre. — Visites du Roi, de la Reine et du Dauphin. — Canonisation de saint Vincent de Paul. — Sermon du P. la Neuville sur le scandale. — Fête de la

---

(1) C'est l'abbé d'Aydie. (*Note du duc de Luynes.*)

Conception. — Discours devant le Roi. — Présentation de Mme de Belzunce et d'Ancezune. — Souper et cavagnole chez Mme la Duchesse. — Bals chez Mesdames et chez le Dauphin. — Service pour le comte de Toulouse. — Affaire de Mlle de Moras. — Dîner de M. de la Mina. — Deuil du duc de Modène. — Survivance de la surintendance générale des postes donnée à M. Amelot. — Mort de M. de Saint-Victor. — Le Roi recommence à coucher chez la Reine. — Service de la Reine chez le Dauphin. — Audiences de M. de Stainville et de milord Waldegrave. — Fête de Noël. — Maladie du Roi. — Mort du maréchal d'Estrées. — Service de la Reine. — Rhume du Roi. — Service du Dauphin. — L'archevêque de Vienne nommé cardinal. — Enterrement du maréchal d'Estrées. — Maladie du Roi.

1er *décembre.* — Le Roi fut hier, jour de Saint-André, et aujourd'hui au salut. L'usage est que l'on n'attend pour le salut ni le Roi ni la Reine. C'est le feu Roi qui l'avoit ordonné ainsi.

Du 4 décembre. — J'ai parlé ci-dessus plusieurs fois de la maladie de M. le comte de Toulouse; elle a été de longue durée, sans donner aucune espérance depuis très-longtemps. La tête même étoit presque toujours embarrassée pendant les quinze derniers jours, hors les moments où quelque chose le rappeloit à lui, comme par exemple l'arrivée du gentilhomme ordinaire du Roi, ce qu'il dit le lendemain à M. de Penthièvre. Enfin, il mourut dimanche 1er de ce mois, à cinq heures un quart après midi. Mademoiselle, qui n'a point quitté Mme la comtesse de Toulouse depuis la Toussaint, revint avec elle à Paris le même jour. M. le duc de Penthièvre étoit parti quelques heures auparavant. Dès le lendemain, le Roi déclara qu'il donnoit à M. le duc de Penthièvre la charge de grand veneur, et comme M. le prince de Dombes, en demandant cette charge pour son cousin germain, s'est chargé de l'exercer jusqu'à ce qu'il fût en âge, le Roi l'a bien voulu régler ainsi. M. le comte de Toulouse avoit fait il y a deux ans son testament; il fit un codicille de sa main la veille de son opération. Ses exécuteurs testamentaires sont : M. le procureur général (1) et M. Gilbert de

---

(1) Joly de Fleury.

Voysins (1). Je n'ai point vu le testament, mais j'ai ouï dire qu'il laissoit environ 70,000 livres de pensions pour ceux qui lui étoient attachés. On m'a cependant ajouté que ceux qui demeureroient à M. le duc de Penthièvre ne jouiroient pas desdites pensions pendant le temps qu'ils seront au service de M. de Penthièvre, mais elles leur sont assurées. Il donne à Mme la comtesse de Toulouse tout ce qu'il peut lui donner; il me semble que l'on compte que cela peut aller à 80,000 livres de rente, savoir : la terre d'Albert en Picardie, qu'il avoit achetée de mon grand-père, et que l'on estime 50,000 livres de rente; la coutume d'Amiens est favorable pour ces donations; il ne donne que l'usufruit si M. de Penthièvre vit, mais s'il meurt il en donne le fonds à Mme la comtesse de Toulouse; le surplus de ce qu'il lui donne est en domaine ou contrat sur le Languedoc. M. le duc de Penthièvre est héritier de tous ses biens; mais en cas qu'il vînt à mourir sans enfants, M. le comte de Toulouse donne la terre de Rambouillet à M. le prince de Dombes, et à M. le comte d'Eu celle de Châteauvillain et de Penthièvre, et outre cela l'hôtel de Toulouse à Paris. Il laisse un diamant à Mme la duchesse d'Orléans, sa sœur; et il ajoute : « Que j'ai toujours tendrement aimée. » Il en laisse aussi un à chacun de ses exécuteurs testamentaires, suivant l'usage. Je n'ai point ouï dire qu'il fût parlé dans son testament de Mme la Duchesse, son autre sœur; ce qui est certain, c'est qu'il ne l'a point vue, et que Mme la Duchesse lui avoit fait offrir de l'aller voir. Ils vivoient autrefois dans une grande union, et Mme la Duchesse étoit continuellement à Rambouillet; mais dans le procès des princes du sang contre les légitimés, M. le duc du Maine et M. le comte de Toulouse furent blessés de la vivacité avec laquelle Mme la Duchesse prit le parti des princes du sang, et depuis ce moment

---

(1) Avocat général au Parlement.

les deux frères et la sœur ne s'étoient point vus. M. le duc du Maine, à sa mort, lui avoit fait faire des amitiés; l'espèce de sa maladie étoit une excuse de ne la point voir. A l'égard de M. le comte de Toulouse, on manda à Mme la Duchesse, à ce que m'a dit Mlle de Clermont, qu'on n'avoit point parlé à M. le comte de Toulouse de la proposition qu'elle faisoit de l'aller voir. On dit que Mme la Duchesse est extrêmement affligée, ayant toujours conservé beaucoup d'amitié pour son frère.

M. le comte de Toulouse jouissoit d'environ 1,400,000 livres de rente quand il se maria. Je l'entendis dire dans ce temps-là à M. de la Grandville, chef de son conseil, et aujourd'hui intendant de Lille. Depuis ce temps l'on m'a dit qu'il avoit été obligé de faire plusieurs emprunts en contrats de constitution. Il avoit entre autres biens une pension du Roi de 100,000 livres, et en rente viagère 215,000 livres sur la Ville; ces 315,000 livres sont perdues pour M. le duc de Penthièvre. A l'égard de Mme la comtesse de Toulouse, il lui reste la pension du Roi de 50,000 livres, environ 40,000 livres de douaire (elle n'avoit point d'habitation), et ce que M. le comte de Toulouse lui laisse; si cela va à 80,000 livres, cela lui en fera 170,000. Elle avoit environ 28,000 livres de rente, ou de son premier douaire, ou de son bien; on m'a dit qu'elle l'avoit donné à ses enfants du premier lit. Il est certain qu'elle avoit donné au marquis d'Antin une pension qu'elle avoit conservée comme dame du palais de Mme la Dauphine.

Il mourut il y a environ un mois ou six semaines une dame du palais aussi de Mme la Dauphine, qui est Mme la marquise d'O, fort âgée et fort sourde; elle étoit fille de M. de Guilleragues, et avoit une ancienne pension du feu Roi de 2,000 francs, en considération des services de son père. Elle avoit outre cela les appointements de dame du palais.

On ouvrit lundi le corps de M. le comte de Toulouse.

Helvétius (1) m'avoit dit huit jours auparavant qu'il soupçonnoit un abcès dans les reins, ayant remarqué du pus dans ses urines pendant deux ou trois jours ; mais il y avoit au moins un an qu'il avoit fait cette remarque. Il jugeoit qu'il falloit apparemment que quelque pierre eût empêché cet abcès de se vider. Ce jugement s'est trouvé juste ; on a reconnu un abcès dans les reins, et on y a trouvé une petite pierre ; un des reins même étoit presque entièrement consommé. On a trouvé d'ailleurs une espèce de matière squirrheuse dans la vessie ; ce que les chirurgiens n'avoient jamais pu trouver avec la sonde.

On a pris aujourd'hui le deuil de M. le comte de Toulouse pour trois semaines, à l'exemple de celui de M. du Maine. A la mort de M. du Maine, la veuve et les héritiers prirent le deuil deux ou trois jours avant le Roi, après en avoir demandé la permission à S. M.

Il y avoit longtemps que l'on se doutoit que M. le comte de Toulouse avoit un enfant naturel ; on disoit qu'à sa mort il le reconnoîtroit et lui feroit un état considérable ; il ne paroît pas qu'il l'ait reconnu, mais il lui a laissé, à ce que l'on m'a dit, 12,000 livres de rente. On m'a ajouté qu'il a demandé qu'on lui expédiât des lettres de noblesse, et que l'on travailloit actuellement à cette expédition. Ce jeune homme, qui a présentement dix-huit ans, étoit mousquetaire gris et même alloit quelquefois, tant ici qu'à Rambouillet, chez M. le comte de Toulouse sous le nom du chevalier d'Arc. Sa mère, qui est connue, n'étoit pas femme de condition, mais elle a une sœur mariée qui demeure actuellement à Versailles.

L'enterrement de M. le comte de Toulouse a été fait aujourd'hui à Rambouillet ; il avoit recommandé d'être enterré sans cérémonie.

A l'occasion de la mort de M. le comte de Toulouse,

---

(1) Premier médecin de la Reine.

le Roi a envoyé M. le duc de Rochechouart, premier gentilhomme de la chambre, chez Mme la duchesse d'Orléans, et M. de Maillebois chez Mme la comtesse de Toulouse, Mme du Maine, Mme la Duchesse et chez Mme la princesse de Conty.

La Reine a envoyé M. de Tessé, son premier écuyer, chez Mme la duchesse d'Orléans, et M. de Chalmazel, son premier maître d'hôtel, chez les autres princesses.

M. de Polastron a été de la part de M. le Dauphin chez Mme la duchesse d'Orléans, et M. le chevalier de Créquy chez les quatre autres princesses. C'est ici la troisième fois que M. le Dauphin envoie faire des compliments semblables. La première fut à la mort de Mme la princesse de Conty; ce fut M. de Polastron, sous-gouverneur, pour Mme la duchesse d'Orléans et la reine d'Espagne, et un gentilhomme de la manche chez les princes et princesses. La seconde occasion, qui étoit à la mort de M. le duc du Maine, ce fut un écuyer de main. Comme M. le Dauphin n'a point de gentilhomme ordinaire du Roi qui serve auprès de lui, c'est l'écuyer de main du Roi, qui est en quartier chez M. le Dauphin, qui fait en pareil cas les fonctions du gentilhomme ordinaire. A cette troisième occasion-ci, on a suivi l'exemple de la première et non de la seconde; et cela a donné occasion à une contestation qui, je crois, n'a pas encore été décidée. L'écuyer de main prétend qu'étant en charge il doit marcher de préférence au gentilhomme de la manche, qui n'a qu'une commission pour l'éducation. C'est de M. de Polastron que je sais ce détail sur les compliments de M. le Dauphin.

Du 5 décembre. — On a apporté aujourd'hui une toilette neuve pour la Reine. C'est la troisième depuis que la Reine est mariée. Celle qu'elle quitte aujourd'hui, et qui est de brocard d'argent avec des cartisanes (1) d'or, lui avoit

---

(1) *Cartisane*, terme de broderie. C'est de la soie ou du fil délié, ou de l'or

duré cinq ans et est fort passée. Celle-ci est de velours bleu brodée en or; la broderie est appliquée et paroît beaucoup. Le dessin, fait par le sieur Lajoüe, dessinateur, est magnifique et agréable; elle a été brodée par le nommé Davion. C'est la dame d'honneur qui est chargée de faire faire la toilette, c'est-à-dire le tapis que l'on met sur la table; les carrés et corbeilles et le dessus des toilettes, tout ce qui regarde les dentelles et le linge pour la toilette étoient aussi autrefois fournis par la dame d'honneur, à ce que j'ai ouï dire; présentement c'est la dame d'atour. Cette toilette coûte environ 17,000 livres en total. L'ancienne toilette revient à Mme de Luynes.

Du 8 décembre. — Avant-hier matin, M. le duc d'Orléans, M. le duc de Chartres, MM. de Dombes et d'Eu et M. de Penthièvre s'étant rendus ici, M. de Penthièvre en grand manteau, suivi de M. le comte de Tarneau, gentilhomme de la chambre de M. le comte de Toulouse, et de ses sous-gouverneurs, qui étoient aussi en manteaux, alla chez M. le duc d'Orléans, qui étoit en manteau pour le recevoir, ayant derrière lui M. le marquis de Clermont, son premier gentilhomme de la chambre, et M. le chevalier de Pons, aussi en manteau. C'est de M. de Clermont que je sais le détail de cette visite. M. le duc d'Orléans alla ensuite chez le Roi pour lui demander l'heure que M. de Penthièvre pourroit avoir l'honneur de lui faire sa cour, et, pendant que le Roi étoit à son prie-Dieu, [M. de Penthièvre] monta par les cabinets du Roi, à qui il fit sa révérence dans le cabinet. M. de Penthièvre étoit en manteau et ceux qui l'accompagnoient, M. le duc d'Orléans, M. le duc de Chartres, M. le prince de Dombes et M. le comte d'Eu marchoient devant lui et n'avoient point de manteaux. M. de Penthièvre dit au Roi qu'il venoit le remercier de toutes les grâces qu'il lui avoit accordées; la visite se passa de

---

et de l'argent, dont on couvre un petit morceau de carte ou de parchemin qu'on met dans les dentelles et guipures. (*Dict. de Trévoux.*)

même chez la Reine. La chambre étoit entrée lorsqu'on vint dire à Mme de Luynes que le deuil étoit dans le grand cabinet avant la chambre. Mme de Luynes en ayant rendu compte à la Reine, S. M. dit qu'il falloit faire entrer tout le monde ; après quoi M. le duc d'Orléans entra à la tête du deuil, de la même manière que chez le Roi. Ils furent ensuite chez M. le Dauphin et chez Mesdames. M. le duc d'Orléans retourna l'après-dînée chez M. le duc de Penthièvre, à ce que m'a dit M. le marquis de Clermont. Le Roi a bien voulu conserver à M. le duc de Penthièvre les deux régiments d'infanterie et de cavalerie qu'avoit M. le comte de Toulouse ; cette grâce est d'autant plus grande que M. le duc de Chartres, qui est plus âgé, n'a qu'un seul régiment d'infanterie, et même depuis peu de temps.

La Reine a été aujourd'hui faire ses dévotions à la chapelle ; cela a donné occasion à une difficulté. Dans l'usage ordinaire, le Roi étant couché chez la Reine, la garde françoise et suisse entroit dans la cour des ministres sans craindre d'éveiller, et la garde battoit lorsque la Reine passoit en chaise pour aller à la chapelle. Aujourd'hui le Roi couchant dans sa chambre et n'étant point éveillé à huit heures, qui est l'heure que la Reine va à la chapelle, cette circonstance formoit un embarras dans la crainte d'éveiller le Roi. Mme de Luynes, à la prière de messieurs des gardes françoises, demanda hier à la Reine si elle vouloit bien donner ordre pour que l'on ne battît point quand elle passeroit, à cause du Roi ; la Reine répondit qu'elle le vouloit bien. Comme messieurs des gardes françoises désiroient n'être pas obligés d'entrer dans la cour, puisqu'ils avoient ordre de ne point battre, Mme de Luynes, à leur prière, demanda encore à la Reine s'il falloit que la garde entrât. La Reine répondit que l'on suivît l'usage ordinaire. La Reine ayant été renfermée hier toute la journée sans voir personne, il étoit difficile de prendre de nouveaux ordres de S. M., de sorte que M. de Gramont envoya faire plusieurs représentations à

Mme de Luynes, disant que si la garde entroit, il falloit qu'elle battît, que la Reine pouvoit bien ordonner ou qu'elle n'entrât point ou qu'étant entrée elle ne battît point à son passage, mais que pour eux ils ne pouvoient pas entrer sans battre, à moins qu'il n'y eût un ordre du Roi. M. le duc de Gramont citoit à cette occasion ce qui étoit arrivé à M. son père, du temps du feu Roi; il prétend que le feu Roi, malade de sa dernière maladie, la garde entra sans battre dans la crainte de faire du bruit, et que le Roi l'ayant su gronda M. le duc de Gramont de ce qu'elle n'avoit point battu. Ce fait s'accorde peu avec l'usage ordinaire que la garde n'entre point quand le Roi ou la Reine ne doit pas sortir, et il n'y avoit même personne dans le temps de la maladie du feu Roi pour qui la garde dût entrer et battre que pour lui (1). On cite aussi pour exemple à M. de Gramont le temps de la maladie de M. le Blanc, secrétaire d'État de la guerre, pendant laquelle, et à cause d'une grande opération qu'on lui avoit faite, la garde entra deux ou trois jours sans battre; mais M. de Gramont répond que c'étoit par bonté particulière du Roi, qui en avoit donné l'ordre. Pour le fait d'aujourd'hui, la garde est entrée en battant, quoique le Roi ne fût point éveillé, et elle n'a point battu quand la Reine a passé.

M. le comte Torring, premier ministre de l'électeur de Bavière et chevalier de Saint-Georges, m'a dit aujourd'hui plusieurs particularités de cet ordre. L'électeur en est le grand maître; il y a six grands-croix et douze commandeurs; le nombre des chevaliers n'est point fixé. Les grands-croix ont chacun 3,000 florins (le florin vaut environ 50 sols de notre monnoie) et les commandeurs ont chacun 1,000 écus; les chevaliers n'ont rien. Il y a dans l'année deux fêtes de l'ordre; l'une, le jour de Saint-Georges, et l'autre, le jour de la Conception de la Vierge.

---

(1) Il est vraisemblable que le fait cité par M. de Gramont étoit le moment où la garde relève. (*Note du duc de Luynes.*)

Dans ces deux jours, l'électeur, les grands-croix et chevaliers qui sont à Munich font leurs dévotions publiquement ; après quoi l'électeur leur donne un grand dîner. La grande messe se dit dans la chapelle de l'électeur. L'usage étoit anciennement que la communion se fît à cette grande messe; mais comme le dîner étoit fort peu de temps après, l'électeur a trouvé cet usage indécent, et présentement l'on dit premièrement une messe basse, à laquelle on fait la communion, et ensuite la grande messe, et peu de temps après le dîner. Ceux qui désirent d'être reçus dans cet ordre présentent leur requête à l'électeur et y joignent leur généalogie, dont les preuves sont examinées avec beaucoup de sévérité. Ceux qui sont revêtus de cet ordre portent la croix au bas d'un cordon bleu bordé de blanc, et portent leur cordon de droite à gauche, comme celui du Saint-Esprit ; ils portent outre cela la croix cousue sur l'habit, du côté gauche, comme le Saint-Esprit. La croix est d'or avec, d'un côté, la figure de saint Georges à cheval, et de l'autre, celle de la sainte Vierge ; et dans les quatre pointes il y a dans chacune une de ces quatre lettres J. U. P. F. qui signifient : *justus ut palma florebit*. Les dignités de cet ordre, comme le chancelier, le trésorier, etc., ont davantage que les grands-croix et commandeurs ; le chancelier par exemple a le double des grands-croix. Outre cela il y a des grands-croix qui n'ont rien.

Le Roi a dit aujourd'hui à son dîner que la reine d'Angleterre étoit morte (1). Sa maladie étoit un exomphale, qui est une descente au nombril. Le Roi a dit aussi que le cardinal Zondondari étoit mort à Rome ; il étoit frère du dernier grand maître de Malte.

J'ai appris aujourd'hui à cette occasion que la valeur avec laquelle le grand maître de l'Isle-Adam avoit défendu Rhodes contre le grand Turc, dont il obtint une

---

(1) Guillelmine-Charlotte-Dorothée de Brandebourg-Anspach.

capitulation honorable, avoit mérité à sa famille une distinction, qui est qu'on leur donne ce que l'on appelle le pain de la religion; c'est à M. le bailly de Froulay que j'ai entendu le dire au Roi à son dîner.

On dit Mme la Grande-Duchesse (1) assez mal; elle est tante de M. le duc d'Orléans, étant sœur de la mère de feu Mme la duchesse d'Orléans. On dit aussi la reine d'Espagne (2) assez mal à Bayonne.

Du 9 décembre, lundi. — Comme la garde n'entre point quand le Roi ne sort pas, il sembleroit que cet exemple peut souffrir quelque difficulté; mais toutes les fois que la garde est relevée, c'est dans la cour des ministres; ce qui se renouvelle ici tous les trois ou quatre jours. Hier M. le duc de Gramont fut chez la Reine pour lui rendre compte des raisons qu'il avoit eues pour ne pas empêcher la garde de battre en entrant. La Reine parut n'être pas trop contente de ce qu'elle avoit battu, et dit même qu'elle avoit vu des exemples du contraire. M. de Gramont dit à Mme de Luynes qu'il ne lui est pas plus possible d'empêcher la garde de battre en entrant que de l'empêcher de saluer la guérite. Je me suis fait expliquer ce que c'étoit que le salut de la guérite; c'est que lorsque la garde monte ou descend, les compagnies les plus près de la grille du château saluent toujours l'appartement du Roi, quoique même le Roi soit sorti; de même que les dames en passant dans la chambre du Roi, devant son lit, et dans l'antichambre, devant la nef, faisoient la révérence. Cet usage s'abolit, mais les dames de la cour du feu Roi n'y manquoient jamais; je suis sûr que cela étoit ainsi pour la nef (3).

M. de Gramont prétend que de ce règne-ci il avoit été

---

(1) Fille de Gaston, duc d'Orléans.
(2) Marie-Anne de Neubourg, veuve de Charles II.
(3) Le duc de Luynes avait ajouté : « Je ne suis pas si sûr pour le lit, mais je le crois. » — Ces derniers mots sont biffés.

désapprouvé dans une occasion où la garde étoit entrée sans battre.

Aujourd'hui le Roi, après être rentré du salut, a été chez la Reine pour y assister aux fiançailles d'une fille de Mme Mercier avec un M. Huron, dont je crois que le frère est receveur général. Mme Mercier a été nourrice du Roi et est première femme de chambre de la Reine. Cet honneur d'être mariée dans la chambre de la Reine est regardé comme un droit de la place de Mme Mercier. Le Roi étoit debout du côté de la cheminée, et la Reine du côté du balustre; Mesdames les deux aînées à côté de la Reine, et M. le Dauphin le dos tourné au trumeau entre les deux fenêtres. M. l'abbé d'Alègre, aumônier de la Reine, et M. le curé de la grande paroisse, tous deux en étole, sont entrés d'abord, et ont fait la révérence seulement au Roi ; ils se sont ensuite placés du coté de la porte, non pas tout à fait le visage tourné à la cheminée, mais un peu vers les fenêtres. M. Huron et Mlle Mercier sont entrés conduits par Bontemps le père, qui a fait le maître des cérémonies pour montrer à la fille les révérences qu'elle devoit faire ; mais elle en a fait une de trop, car avant que de dire oui non-seulement elle a fait la révérence au Roi et à la Reine, mais elle l'a faite à son père, qui étoit du côté de la porte. Quand la cérémonie des fiançailles fut finie, M. l'abbé d'Alègre fit la révérence au Roi et à la Reine, et fit en présence de LL. MM. un discours sur l'excellence du sacrement de mariage, d'environ un demi-quart d'heure, mais assez bon. M. Mercier est venu quelque temps après chez Mme de Luynes la prier de signer au contrat de mariage.

Du 12 décembre.—Messieurs de la cavalerie et des dragons se plaignent fort d'un changement fait depuis peu de jours, le Roi ayant jugé à propos de retrancher ce qu'il avoit accoutumé de leur donner pour la remonte. M. d'Angervilliers, à qui j'ai parlé ce matin de ce retranchement, m'a dit que comme le Roi avoit réglé qu'au lieu de donner un quartier d'hiver tous les trois ans, on en donneroit deux en trois ans, les troupes seroient traitées plus avantageusement qu'elles ne l'étoient avec la remonte. Je crois que cet avantage pourra être inégal, les quartiers d'hiver étant fort différents les uns des autres.

Mardi dernier le Roi courut le cerf aux Hubies, au-dessus de Clagny; M. le prince de Dombes y fit les premières fonctions de la charge qu'il exerce de grand veneur. Il fit le rapport au Roi et lui présenta le pied du cerf; cependant, dans la règle exacte, M. le prince de Dombes n'auroit pu exercer; il lui faut une commission, et il est nécessaire qu'il prête serment, et la commission n'étoit pas encore expédiée. Le Roi étoit bien instruit de cette difficulté, et disoit même, comme en badinant, qu'il faudroit que MM. les gentilshommes, comme M. de Sourcy et M. d'Irville, voulussent bien céder le commandement à M. le prince de Dombes, parce qu'il n'étoit pas encore à portée de l'exiger, faute de serment. Le Roi répéta même ce discours à la chasse. Dans le fond, c'est la volonté du Roi qui fait la décision; la commission n'est que la déclaration de cette volonté. Le serment n'est qu'une précaution pour engager celui qui est pourvu à se bien acquitter de son devoir. Ainsi le Roi peut dispenser de l'un et de l'autre toutes les fois qu'il le veut.

Il y a quelques jours que raisonnant avec M. de Chaulnes sur la manière dont on doit parler et écrire à M. le Dauphin, il me dit qu'il avoit été fort dans l'habitude d'écrire à M. le duc de Bourgogne, même depuis qu'il fut devenu Dauphin, et qu'il mettoit toujours la suscription : « à Monseigneur le Dauphin, » quoiqu'on ne l'appelât que Monseigneur. M. le duc de Bourgogne étoit même fort exact sur cette dénomination, et ne vouloit point être traité de Monseigneur.

Il y a quelques jours que Mme la marquise de la Ferté-Imbault, belle-fille de M. le marquis d'Estampes et veuve depuis sept ou huit mois, vint ici faire la révérence au

Roi et à la Reine. La règle est que les veuves ne paroissent la première fois qu'avec un voile. Mme de la Ferté-Imbault avoit demandé d'en être dispensée, et elle l'avoit obtenu.

Le deuil de la reine d'Angleterre ne commencera qu'après celui-ci, et ne sera que de trois semaines. Il sembleroit que le Roi traitant le roi d'Angleterre de frère, le deuil devroit être de six semaines, puisqu'ils sont réduits au quart, et qu'ils étoient de six mois pour les frères. Cependant les exemples sont contraires, et Mme la Duchesse douairière me disoit hier qu'à la mort de la première femme du roi d'Espagne, le feu Roi avoit voulu qu'on le portât tout le moins qu'il seroit possible; et elle croyoit qu'on ne l'avoit porté guère plus de quinze jours, peut-être pas même si longtemps.

Mme la Duchesse avec Mme la Duchesse sa belle-fille et Mme la duchesse du Maine étant venues hier pour recevoir les compliments que le Roi a coutume de faire en pareilles occasions, le Roi a été aujourd'hui chez elles. Mme la Duchesse étoit dans son lit et Mme la duchesse du Maine aussi; c'est encore une chose d'étiquette. Mlle du Maine faisoit les honneurs chez Mme sa mère avec M. le prince de Dombes et M. le comte d'Eu. Mme la Duchesse la jeune, Mme la princesse de Conty, Mlle de Clermont et Mlle de Sens faisoient les honneurs chez Mme la Duchesse. Je n'ai pas été présent à la visite du Roi, mais à celle de la Reine, qui a été entre le salut et la comédie, et n'a duré qu'un moment.

M. le Dauphin a été aussi en son particulier faire les mêmes visites. Madame, Mme Henriette et Mme Adélaïde y ont été aussi. Mme la Duchesse la jeune n'ayant point vu la Reine depuis longtemps, à cause de sa grande maladie, et devant la voir chez Mme sa belle-mère, y a été à deux heures trois quarts, un moment avant que la Reine partît pour le sermon. A l'égard de Mme la Duchesse douairière et de Mme la duchesse du Maine, elles n'ont point été d'abord chez le Roi. Le Roi et la Reine leur font l'honneur d'aller chez elles, et elles vont le lendemain les remercier. Hier et avant-hier, quelques gens étoient en peine de savoir si la Reine iroit chez ces princesses, et cela fondé sur ce qu'elle n'y avoit point été à l'occasion de la mort de M. le duc du Maine; mais elle avoit été au mariage de M. le prince de Conty; et d'ailleurs la Reine, lorsque la Cour étoit à Paris, faisoit autrefois l'honneur aux femmes titrées de les aller voir, lorsqu'elles étoient en couches. Je l'ai ouï dire bien des fois à Mme de Chevreuse, ma grand'mère.

J'ai parlé ci-dessus de la difficulté que faisoit l'écuyer de quartier chez M. le Dauphin, à l'occasion des compliments. Je demandai hier à M. de Châtillon ce qui avoit été décidé sur cela; il me dit qu'il y avoit eu une décision en 1736, absolument contraire aux prétentions de l'écuyer de quartier, laquelle servoit de règle.

Du 15 décembre. — Mercredi 11 de ce mois, on publia ici à la paroisse de Notre-Dame la canonisation de Saint-Vincent de Paul, fondateur des missionnaires qui ont été agrégés à la congrégation de Saint-Lazare. M. le maréchal de Noailles m'a dit aujourd'hui qu'il y avoit cinquante ans que l'on travailloit à cette canonisation, et qu'il avoit entendu dire qu'elle coûtoit environ 1,800,000 francs. Ce même jour on chanta le *Te Deum* avec beaucoup de solennité, suivant l'usage ordinaire. Le lendemain 12, le panégyrique du saint fut prononcé par M. le curé de Sainte-Opportune. La Reine y assista; elle avoit deux carrosses à huit chevaux. La Reine étoit dans la nef, dans son fauteuil, le dos tourné à l'œuvre, un carré devant elle, comme à la chapelle, fermé par des banquettes avec un petit prie-Dieu et un tapis. Le chef de brigade, qui étoit de garde, auprès d'elle; le chevalier d'honneur et la dame d'honneur placés à l'ordinaire; les dames du palais de semaine, et autres dames du palais qui avoient suivi la Reine, placées sur des banquettes, à droite, à gauche et derrière la

Reine; les fauteuils, banquettes, pliants et tabourets apportés de la chapelle ou du garde-meuble. La Reine en arrivant n'entra point dans le chœur, et se mit à genoux auprès de son fauteuil sur son prie-Dieu, pour ne pas retarder le sermon, après lequel elle entra dans le chœur. Ensuite M. le cardinal de Polignac, qui avoit déjà officié à la messe, officia à vêpres et au salut. On avoit mis dans le chœur deux dais, vis-à-vis l'un de l'autre, contre les piliers du milieu du chœur au-dessus des stalles. M. le cardinal de Polignac se mit sous celui à droite en entrant, avec sa mitre et sa crosse; il avoit devant lui un tapis violet; de l'autre côté il n'y avoit point de tapis sous le dais. La Reine étoit sur un prie-Dieu, au milieu du chœur, avec son tapis et le même ordre qui s'observe à la chapelle. Ces deux dais vis-à-vis l'un de l'autre ont donné occasion à plusieurs raisonnements; il a paru même que le Roi ne s'attendoit pas la veille que M. le cardinal de Polignac pût en avoir un. Je le sais de M. le duc d'Harcourt, qui en avoit parlé au Roi. Mme de Luynes parla hier de ces deux dais à M. le cardinal de Rohan, qui lui dit que, peu de temps après qu'il fut cardinal, le prélat qui devait officier à une des cérémonies de l'Ordre, étant tombé malade la veille, il se prépara pour officier, et s'en alla chez le feu Roi avant que personne fût entré. Il fit dire au feu Roi qu'il étoit prêt pour officier et qu'il venoit recevoir ses ordres; Louis XIV le fit entrer, et lui dit : « Monsieur, je vous remercie de la bonne volonté que vous me marquez; vous vous feriez une affaire à Rome, où on trouveroit mauvais que vous n'eussiez pas un dais, et je n'en veux pas souffrir dans ma chapelle. » On prétend que cette réponse du Roi ne signifie pas que l'on ne doive point avoir de dais devant lui en pareil cas, mais seulement à la chapelle. M. le Cardinal ajoute pour exemple que M. l'archevêque de Paris a toujours un dais à Notre-Dame quand il officie, même devant le Roi.

Le Roi aujourd'hui, au sortir du sermon, a été au salut.

M. l'évêque duc de Langres (1) y officioit; les deux dais sont restés. Le Roi s'est mis sur un prie-Dieu, au milieu du chœur; et comme les vêpres n'étoient point finies quand S. M. est arrivée, et que l'on dit même complies avant le salut, M. de Langres a toujours été sous le dais jusqu'au moment qu'il est monté à l'autel. Le P. la Neuville a prêché ici aujourd'hui sur le scandale; c'est un de ses plus beaux sermons et remarquable par un portrait de Bayle, très-avantageux du côté de la science et de l'esprit, mais très-ressemblant par rapport à l'irréligion et à l'incrédulité. Au sortir du sermon, le Roi n'est point rentré chez lui; ses carosses étoient vis-à-vis la chapelle; deux carrosses à huit chevaux. Dans celui du Roi, M. le duc d'Orléans, à côté de lui; sur le devant, M. le prince de Dombes et M. le comte d'Eu; M. d'Harcourt et M. le Premier aux portières, M. d'Harcourt à côté du Roi.

Le jour de la Conception, qui étoit le 9, la fête ayant été remise, le Roi entendit les vêpres, en bas, après le sermon. M. le cardinal de Rohan et les aumôniers du Roi et de la Reine étoient en habit court. La veille, la Reine avoit fait ses dévotions. Le confesseur de la Reine est Polonois; c'est l'usage que les Reines aient toujours un confesseur de leur nation. Le Roi parloit de cet usage, il y a quelques jours à son dîner.

A ce même dîner, on parloit du discours que j'ai dit ci-dessus avoir été fait par M. l'abbé d'Alègre aux fiançailles de Mlle Mercier; et quelqu'un ayant dit que ce n'étoit point l'usage de faire de pareils discours devant le Roi, S. M. dit qu'il se souvenoit fort bien qu'à son mariage, M. le cardinal de Rohan lui avoit fait au moins un discours, et même deux à ce qu'il croyoit; il n'y en eut point aux fiançailles, car elles furent faites par procureur, et elles ne furent pas recommencées.

J'oubliois de marquer par rapport aux dais, que le

---

(1) Gilbert de Montmorin de Saint-Hérem.

même jour que M. d'Harcourt en parla au Roi, qui étoit le mercredi 11, S. M. lui dit que M. le cardinal de Rohan n'en avoit point eu à son mariage.

Au retour du salut, il y a eu deux présentations. Mme la maréchale de Biron a présenté Mme de Belzunce, fille de M. d'Heudicourt et belle-fille de M. de Castelmoron. Mme de Castelmoron n'a pu faire cette présentation, n'ayant jamais été présentée elle-même; Mme d'Heudicourt y étoit; mais c'est Mme la maréchale de Biron qui est entrée la première et qui présentoit. La seconde présentation a été par Mme de Luynes, qui a mené chez le Roi Mme d'Ancezune, laquelle ayant été trois ans et demi dans ses terres, dont elle est revenue depuis peu de temps, a cru devoir venir faire la révérence au Roi; mais ce n'étoit point présentation, c'étoit seulement révérence; le Roi ne l'a point saluée.

Hier le Roi soupa dans ses cabinets, et alla après souper chez Mme la Duchesse, où il joua à cavagnole.

Du 23 décembre. — Dimanche 15 de ce mois, la Reine alla au bal chez M. le Dauphin. Depuis le retour de Fontainebleau, il y a toujours eu bal deux fois la semaine, le jeudi chez Mesdames et le dimanche chez M. le Dauphin. Le bal de Mesdames vient d'être avancé au mercredi, parce que le jeudi est tragédie et qu'il y avoit moins de monde au bal par cette raison. Il y a toujours une collation avant le bal. La Reine n'avoit point encore été à ces bals; elle y descendit après la collation, et ayant demandé des glaces, on apporta une serviette et la soucoupe des glaces à M. de Châtillon pour la présenter à M. le Dauphin. Mme de Luynes étoit à la suite de la Reine. M. de Châtillon fit une honnêteté à Mme de Luynes avant que de prendre la serviette et la soucoupe, et Mme de Luynes n'ayant pas voulu l'accepter, ce fut M. de Châtillon qui présenta la serviette à M. le Dauphin et la soucoupe à la Reine, et M. le Dauphin présenta aussi la serviette à la Reine, suivant la règle. Mme de Tallard étoit à ce bal avec Mesdames.

Mme de Luynes lui ayant demandé ce qu'elle pensoit par rapport à l'honnêteté que M. de Châtillon et elle s'étoient faite de part et d'autre au sujet de la serviette, Mme de Tallard lui dit qu'elle croyoit que le droit de M. de Châtillon, la Reine étant chez M. le Dauphin, étoit de présenter le service à M. le Dauphin, lequel devoit servir la Reine ; Mme de Tallard ajouta même, sans y faire attention vraisemblablement, une raison qui ne peut être admise, c'est que le gouverneur répond de tout ce qui est présenté chez M. le Dauphin à la Reine. Il est certain que la dame d'honneur ne peut être suspecte sur tout ce qui regarde le service de la Reine. Mme de Luynes rendit compte de ce qui s'étoit passé à la Reine et à M. le Cardinal. La Reine lui répondit qu'il ne falloit jamais qu'elle quittât son service en quelque lieu que ce fût. M. le Cardinal lui dit la même chose, et lui ajouta qu'il n'y avoit que lorsque la Reine faisoit l'honneur à quelque personne considérable de manger chez elle, que cette personne devoit alors servir la Reine. L'affaire paroissoit décidée ; cependant, nouvelles réflexions ayant été faites, apparemment entre Mme de Tallard, que cela regarde de même, et M. de Châtillon, M. de Châtillon vint hier matin dire à Mme de Luynes qu'il avoit demandé à M. le Cardinal ce qui devoit se passer en pareil cas ; que M. le Cardinal en devoit parler à la Reine et lui dire que le droit du gouverneur étoit d'avoir l'honneur de présenter le service à M. le Dauphin chez lui. M. de Châtillon répéta à Mme de Luynes la même raison de Mme de Tallard pour la sûreté du service. En conséquence, Mme de Luynes alla l'après-dînée chez M. le Cardinal, qui lui dit qu'il avoit parlé à la Reine, et que l'intention du Roi étoit que ce fût M. de Châtillon. La Reine en parla l'après-dînée à Mme de Luynes, et lui dit que pour elle elle n'avoit pas changé de sentiment et que cela lui étoit assez égal, et qu'elle ne prendroit rien au bal où elle alloit. Le Roi fut aussi hier à ce bal et y resta pendant tout le temps qu'il dura. Le bal étoit dans le cabinet de M. le Dauphin. Le Roi et la Reine étoient dans leurs fauteuils, le dos tourné à la fenêtre du milieu du côté de la terrasse. Ce fut M. le Dauphin et Madame qui commencèrent le bal ; ensuite M. le Dauphin, ayant demandé l'ordre du Roi, alla prendre Mme Henriette, laquelle, ayant aussi pris l'ordre du Roi, alla prendre M. le duc de Chartres, et M. de Chartres prit ensuite Mme Adélaïde. Ensuite commencèrent les danses figurées et contredanses. Les danseurs étoient M. le comte de Marsan, MM. les ducs d'Hostun et de Boufflers, et M. de Bissy. Au premier tour des menuets, l'on ne tournoit point, mais l'on dansoit en face du Roi et de la Reine, le chapeau bas.

Les États de Bretagne ont fait faire aujourd'hui un service pour M. le comte de Toulouse. Tous les Bretons ou ceux qui ont des terres en Bretagne y ont été invités.

L'affaire de Mlle de Moras fait toujours du bruit. M. de Courbon est poursuivi et est sorti du royaume ; la gouvernante n'a encore rien avoué, mais les accusations contre elle paroissent prouver.

Jeudi dernier 19 de ce mois, jour de la naissance du roi d'Espagne, M. de la Mina donna un grand dîner aux ambassadeurs et ministres françois et étrangers ; les secrétaires d'État y étoient aussi. Tout le monde quitta le deuil pour ce dîner ; c'est l'usage des pays étrangers de prendre les jours de fête ce que l'on appelle l'habit de gala. Milord Waldegrave étoit prié, mais il s'excusa à cause du deuil de la reine d'Angleterre. J'appris à cette occasion que l'usage en Angleterre est que les officiers des troupes portent des deuils semblables en habit rouge avec des parements noirs ; il y avoit hier ici un Irlandois habillé de cette façon. Les deuils en Espagne sont fort différents ; on ne drape jamais dans quelque cas que ce soit. Jamais de tenture noire, ni pour un père, ni même pour sa femme ; seulement lorsqu'une femme devient veuve, pendant le premier mois elle reçoit ses visites dans une chambre tendue de noir, avec un tapis noir bordé de blanc, sur lequel il y a un lit à terre. Pendant ce mois elle est obligée de voir tout le monde, mais sans qu'il soit nécessaire qu'on lui fasse de compliment ni qu'elle parle; ce mois étant passé, elle ne voit plus que ses parents et ses amis; il n'y a que la chambre où est son lit qui soit tendue, toutes les autres sont sans tapisserie. C'est de M. de la Mina que je sais ce détail.

On quitte mercredi le deuil (1) de M. le comte de Toulouse, et on prendra celui de M. le duc de Modène, dont on a donné part. Milord Waldegrave n'a pas encore donné part de la mort de la reine d'Angleterre. On disoit qu'il y faisoit quelque difficulté, par rapport au temps de trois semaines que l'on a fixé pour ce deuil; et je crois qu'effectivement il y en a eu de faites, les Anglois prétendant que nous devrions le porter six semaines suivant notre ancien usage.

J'ai appris aujourd'hui que le Roi a donné à M. Amelot la survivance de la surintendance générale des postes. C'est M. le Cardinal qui a cette charge depuis qu'il est premier ministre; elle vaut 40,000 livres de rente. M. Chauvelin avoit un bon du Roi pour la survivance de cette charge; mais la commission n'en étoit pas expédiée.

M. de Saint-Victor, âgé de quatre-vingt-dix-sept ans, qui étoit aveugle depuis plus de dix ans et sourd depuis trois ou quatre, est mort ce matin. Il avoit pris son chocolat à deux heures du matin, à son ordinaire, et quand on est rentré chez lui, à cinq heures, on l'a trouvé mort. C'étoit un gentilhomme rempli de probité naturelle, car la religion n'y avoit aucune part; il avoit été fort attaché à M. de Vendôme; il étoit connu pour avoir eu toute sa vie un très-bon équipage pour le loup, jusqu'à l'âge de quatre-vingt-quatre ans. M. le comte de Toulouse prit ce même équipage lorsque la vue de Saint-Victor ne lui permit plus

---

(1) Pris le 4. (*Note du duc de Luynes.*)

d'en faire usage. Ces mêmes chiens viennent d'être dispersés à la mort de M. le comte de Toulouse. Par la mort de M. de Saint-Victor, M. le duc de Gramont hérite de 1,100 livres de pension qu'il lui faisoit. M. le duc de Gramont, père du maréchal et grand-père de celui-ci, avoit acheté de M. de Saint-Victor (qui n'étoit déjà plus jeune), il y a quarante-six ans, un fort bel attelage. M. de Saint-Victor le pria qu'au lieu de lui payer le prix, il lui en fît une rente viagère; il y consentit, mais il ne croyoit pas que sa famille la payeroit aussi longtemps.

Du mardi 24 décembre. — Le Roi a recommencé la nuit du dimanche au lundi à aller coucher chez la Reine pour la première fois depuis ses couches. S. M. devoit aujourd'hui faire ses dévotions et toucher les malades suivant l'usage. Les ordres étoient donnés, et l'on devoit entrer à sept heures trois quarts chez lui; mais s'étant trouvé incommodé chez la Reine, il en est sorti à six heures, a pris un remède qui l'a soulagé; outre cela, il a été obligé d'avaler quelque chose, ce qui a empêché qu'il ne fît ses dévotions, et il n'a point touché. Il n'ira point aux premières vêpres ni à matines, et il est incertain qu'il aille à la messe de minuit. Cependant la Reine assistera en bas aux premières vêpres, parce que c'est un évêque qui y officiera; c'est l'évêque d'Évreux (1).

J'ai marqué ci-dessus la réponse qu'avoit faite M. le Cardinal à Mme de Luynes par rapport à l'intention du Roi sur le service de la Reine chez M. le Dauphin. M. de Châtillon est encore venu ce matin voir Mme de Luynes et lui demander la réponse de S. Ém.; elle lui a expliqué, comme je l'ai marqué, que le traitement de la Reine chez M. le Dauphin doit être égal à celui du Roi à qui M. le Dauphin présenteroit la serviette qu'il auroit reçue de M. de Châtillon, si S. M. y buvoit ou mangeoit; mais il n'y en a point d'exemple, et il n'est pas naturel

---

(1) Pierre-Jules-César de Rochechouart.

de penser que le grand chambellan, s'il s'y trouvoit, ou le premier gentilhomme de la chambre, ne pensassent que c'est faire tort à leur droit et ne fissent leurs représentations.

Du 27 décembre. — Mardi dernier veille de Noël, M. de Stainville, envoyé de M. le duc de Lorraine, prit son audience de congé du Roi et de la Reine ; cette audience fut publique. La Reine le reçut dans son grand cabinet avant sa chambre. M. de Nangis étoit derrière le fauteuil de la Reine avec M. Dubourdet, chef de brigade. M. de Stainville présenta en même temps son fils aîné ; mais ce qu'il y eut de singulier, c'est qu'il présenta aussi M. l'abbé de Franquini, qui reste ici en sa place, comme j'ai déjà marqué plus haut, et qui n'aura ses audiences que mardi prochain. J'ai ouï dire à M. l'abbé de Franquini lui-même que quelquefois les ambassadeurs présentoient leurs successeurs, mais que ce n'étoit pas même l'usage ordinaire ; mais pour les envoyés, il ne croit pas qu'il y en ait d'exemple.

Ce même jour 24 milord Waldegrave eut audience particulière pour donner part au Roi et à la Reine de la mort de la reine d'Angleterre. Cette audience particulière fut dans la chambre de la Reine ; il n'alla point chez M. le Dauphin, n'ayant point de lettre à lui remettre. Je ne sais si c'est l'usage en pareil cas d'écrire au Dauphin ; ce qui est certain, c'est qu'avant d'être baptisé il ne pouvoit pas faire réponse, n'ayant pas de nom ; mais depuis son baptême il en a déjà reçu une de la république de Venise. Cette république, en écrivant à M. le Dauphin, met la suscription : « Au Roi-Dauphin. » C'est un ancien usage, qui tire son origine de François Second, qui étant Dauphin étoit en même temps roi d'Écosse. Venise a toujours conservé la même étiquette.

Ce même mardi, le Roi, n'étant pas en état d'aller aux premières vêpres, alla seulement à la messe de minuit, dans sa chapelle en haut.

Mercredi, jour de Noël, il y eut grande messe à l'ordinaire; le Roi n'y assista point, et la Reine y fut en bas avec le prie-Dieu et le tapis de pied à l'ordinaire ; gardes, Cent-Suisses, en moindre nombre que lorsque le Roi y est; le prie-Dieu, et tapis de pied plus petit; il n'y avoit même qu'un tambour des Cent-Suisses. L'après-dînée, le Roi ne fut point au sermon, et la Reine fut comme le matin ; et le Roi vint aux vêpres en haut, dans la tribune, avec le tapis de pied à l'ordinaire. Le tambour des Cent-Suisses battit comme de raison quand le Roi entra, mais il n'y en avoit qu'un seul, parce que c'étoit pour la Reine et non pour le Roi. Mme la duchesse d'Ancenis quêtoit ce jour-là. M. le Dauphin étoit dans la tribune fermée, à gauche en entrant, où il se met. Mesdames étoient en bas, dans la tribune fermée, à droite, comme elles étoient le matin. Mme d'Ancenis quêta la Reine, à laquelle M. le Cardinal avoit remis les cinq louis que S. M. donne ordinairement, ainsi que le matin : M. le duc de Chartres, qui étoit seul avec la Reine : puis M. le Cardinal et les hommes et femmes qui étoient à la suite de la Reine; ensuite elle alla quêter Mesdames; et ce ne fut qu'après tout cela qu'elle monta en haut pour quêter le Roi et M. le Dauphin.

Quoique le Roi n'ait point communié mardi, la distribution des aumônes a été faite comme à l'ordinaire.

Le Roi fut saigné hier matin, du bras; il est présentement beaucoup mieux, quoiqu'il tousse encore. Comme sa chambre est extrêmement froide, on a tendu un lit dans le cabinet de glace, et c'est là qu'il couche. Il entend la messe dans ce même cabinet, l'autel entre les deux croisées.

Depuis que le Roi est malade, on ne le voit qu'à l'heure des bouillons. Les entrées de la chambre n'y entrent qu'à ces mêmes heures. C'est le premier gentilhomme de la chambre qui donne l'ordre pour entrer et pour sortir, en présence du grand chambellan; et le grand chambellan prend l'ordre le soir, comme j'ai déjà dit plus haut. Je parlois hier à M. de Bouillon des droits de ces deux charges, et il me conta ce qui étoit arrivé à M. le prince de Turenne, son frère. Le Roi jouoit dans ce même cabinet de glace où il est actuellement malade. Pendant ce temps, M. de Turenne ayant envie de jouer au billard qui est attenant le dit cabinet, fit allumer les bougies pour jouer. M. de Villequier, alors en année, étant arrivé, demanda qui avoit fait allumer; on lui dit que c'étoit M. de Turenne; il ordonna qu'on éteignît. Il est certain que c'est le droit; mais dans une pièce aussi près du lieu où le Roi joue, comme personne ne doit jouer que par permission du Roi, il pouvoit y avoir lieu de croire que M. de Turenne avoit demandé cette permission; il falloit apparemment que M. de Villequier fût dans le cabinet et eût trouvé mauvais avec raison que M. de Turenne ne se fût pas adressé à lui, parce que c'est toujours à celui qui commande dans la chambre à qui le Roi donne directement ses ordres. De même que le premier gentilhomme de la chambre a ce droit, le grand chambellan a aussi celui d'ôter le service, même déjà commencé, au premier gentilhomme de la chambre, et cela est arrivé. Depuis que le Roi est malade, Mme la Duchesse et M. le Duc sont venus exprès pour savoir de ses nouvelles. Le premier gentilhomme et le grand chambellan les reconduisent. Je vis hier M. de Bouillon et M. de Rochechouart reconduire Mme la Duchesse jusqu'à la porte de la chambre du Roi, en dehors.

La Reine va souvent savoir des nouvelles du Roi. Mme de Luynes a eu presque toujours l'honneur de suivre S. M. chez le Roi et d'entrer avec elle dans le cabinet; outre cela, elle a été plusieurs fois, sans la Reine, savoir des nouvelles dans la chambre du Roi, ne demandant point à entrer. Hier le Roi eut la bonté d'ordonner qu'on la laissât entrer; elle étoit déjà revenue chez elle. Hier la Reine étant allée chez le Roi, à une heure que Mme de Luynes n'y étoit pas, la Reine mena avec elle Mme de Chalais, qui entra. Ce matin Mme de Luynes n'étant pas encore arrivée chez la Reine, Mme de Mazarin a eu l'honneur de suivre la Reine. Ce matin, M. le Nonce et MM. les ambassadeurs de Sardaigne et de Venise étant venus savoir des nouvelles du Roi, le Roi les a fait entrer tous trois et les entrées de la chambre.

Du samedi 28 *décembre.* — M. le maréchal d'Estrées mourut hier, à deux ou trois heures après midi. Il y avoit déjà longtemps que tout le monde voyoit qu'il ne pouvoit vivre longtemps, étant d'une foiblesse et d'un changement extrêmes. Il étoit le seul qui croyoit ne point mourir; cependant il reçut, les derniers jours, ses sacrements, et montra de la foi et de la fermeté. Il n'a point fait de testament; il avoit remis à le faire au jour qu'il est mort; il étoit âgé de soixante-dix-sept ans. C'étoit le dernier chevalier de l'Ordre de Louis XIV; il n'en reste plus que cinq du règne de ce prince, qui sont : M. le maréchal du Bourg, M. le Duc, M. le cardinal de Rohan, qui le fut par sa charge de grand aumônier, M. de Goësbriant et le roi d'Espagne.

M. le maréchal d'Estrées étoit vice-amiral, gouverneur de Nantes et du pays Nantois, lieutenant général de Bretagne, et doyen des maréchaux de France. C'est présentement chez M. le maréchal de Roquelaure que se tiendra la connétablie. L'on dit que M. le maréchal d'Estrées laisse plus de 1,800,000 livres de dettes, et que l'on ne croit pas que ses effets montent à plus de 1,600,000 livres. Il revient à Mlle de Tourbe, sa sœur, une terre en Boulonnois qui lui est substituée et qui vaut 10,000 livres de rente et des bois à couper. Il y avoit une donation réciproque entre M. et Mme la maréchale d'Estrées; mais il y a lieu de croire que la liquidation de ses intérêts sera longue et difficile, car il y avoit peu d'ordre dans les affaires de M. le maréchal d'Estrées (1). En parlant de la mort de

---

(1) M. le maréchal d'Estrées étoit le dernier mâle de sa maison. (*Note du duc de Luynes.*)

M. le maréchal d'Estrées, M. le comte de Torring, envoyé de l'électeur de Bavière, nous dit que, sans avoir jamais servi en France, il avoit été sous les ordres de dix maréchaux de France et de M. de Vendôme. Ces maréchaux de France sont : Villars, Villeroy, Marsin, Tallard, Berwick, Harcourt, Boufflers, Bezons, Matignon et Montesquiou.

Du 29 *décembre.* — J'ai parlé aujourd'hui à M. de Nangis de l'accommodement que j'ai marqué ci-dessus avoir été fait entre le premier gentilhomme de la chambre et le chevalier d'honneur, en conséquence duquel le chevalier d'honneur ne quitte point la main de la Reine lorsqu'elle va chez le Roi, et le premier gentilhomme de la chambre prend le chapeau du Roi lorsqu'il soupe dans la chambre de la Reine. M. de Nangis m'a dit que de tout temps il avoit donné la main à la Reine jusque dans le cabinet du Roi, en allant et en revenant; que le premier gentilhomme de la chambre, en l'absence du grand chambellan, prend toujours la robe de la Reine, même dans le cabinet, et la porte jusque dans la chambre de la Reine; qu'à l'égard du chapeau, pendant trois ans, lui M. de Nangis avoit pris le chapeau du Roi lorsqu'il se mettoit à table dans la chambre de la Reine, mais que cet usage a changé. A l'égard du droit de donner la main à la Reine, il m'a ajouté que lorsque Mme la duchesse d'Orléans venoit chez la Reine, son chevalier d'honneur lui donnoit la main jusque auprès du balustre et l'y attendoit.

Le Roi continue d'être enrhumé. Il a fait mettre dans son cabinet un grand lit au lieu de celui que nous avons dit qui y a été mis d'abord. Il a pris un bouillon ce matin, et c'est M. de Rochechouart qui a donné la serviette et le bouillon; M. de Livry étoit présent. Il s'est levé et habillé. Ce soir, à sept heures, S. M. a mangé une croûte dans du bouillon, dans le dit cabinet. Tout s'est passé comme s'il eût mangé dans sa chambre, excepté que lorsque c'est dans la chambre tout le monde entre en même temps que la table, et qu'aujourd'hui il n'y a eu que les entrées qui sont entrées avec la table; ensuite on a fermé la porte; un moment après on l'a ouverte, et tout le monde est entré.

Du 31 décembre. — M. l'évêque de Mirepoix (1) vint hier me voir, et me conta ce qui s'étoit passé par rapport à l'entrée dans les carrosses de M. le Dauphin, le jour qu'il alla à la paroisse pour la canonisation de saint Vincent de Paul. M. le Dauphin a deux carrosses. M. le duc de Tallard et M. le prince de Léon, s'étant présentés pour suivre M. le Dauphin, se mirent tous deux sur le devant, M. de Châtillon étant dans le fond, à côté de M. le Dauphin. M. l'évêque de Mirepoix, ayant fait le tour par l'autre portière pour ne pas passer devant M. le Dauphin, trouva que la place qu'il occupe ordinairement, et qui est due au précepteur, sur le devant vis-à-vis M. le Dauphin, étoit prise. Il en fut étonné et peiné; cependant par sagesse il crut devoir pour ce moment accepter la proposition que lui fit M. de Châtillon de se mettre à la portière. M. de Muys, sous-gouverneur, monta et se mit à l'autre portière. MM. les gentilshommes de la manche étoient allés monter dans le second carrosse; mais il restoit M. de Polastron qui s'approcha pour monter dans le carrosse de M. le Dauphin. Les places étant prises, M. de Châtillon le pria de vouloir bien monter dans le second carrosse, mais M. de Polastron crut devoir se retirer. MM. les sous-gouverneurs prétendent que du temps de Monseigneur il avoit trois carrosses : le premier pour sa personne et son gouverneur, les autres places étant remplies par ceux qui avoient l'honneur de lui faire leur cour; le second pour les sous-gouverneurs, et le troisième pour les gentilshommes de la manche. Le premier valet de chambre a droit de monter dans ce troisième carrosse, et même le premier valet de garde-robe, à ce que j'ai ouï

---

(1) Boyer, ancien évêque de Mirepoix, précepteur du Dauphin.

dire. M. le Dauphin n'ayant que deux carrosses, MM. les sous-gouverneurs se croient en droit de monter dans celui de M. le Dauphin et ne devoir pas monter dans le second. M. de Châtillon, au contraire, prétendoit qu'ils y devoient monter. Ces deux sentiments opposés furent discutés vivement, de manière même que les deux sous-gouverneurs étoient déterminés à porter leurs démissions à M. le Cardinal. M. l'évêque de Mirepoix fut choisi de part et d'autre pour médiateur, et enfin par accommodement il fut convenu et réglé que le sous-gouverneur de semaine auroit toujours sa place dans le carrosse où monte M. le Dauphin, et que lorsque les autres places se trouveroient remplies, l'autre sous-gouverneur pourroit ne point suivre s'il ne vouloit. M. de Mirepoix, après avoir accommodé cette affaire, parla aussi à M. de Châtillon de celle qui le regardoit ; il en parla même aussi à M. le Cardinal, et lui dit qu'il n'étoit pas douteux que sa place devoit être dans le fond vis-à-vis M. le Dauphin, et point à la portière. M. de Châtillon lui fit des excuses de ce qui s'étoit passé, et lui promit que cela n'arriveroit plus.

Ce n'est pas le seul droit que le précepteur puisse prétendre. Lorsque M. le Cardinal étoit précepteur du Roi, on lui fournissoit, de chez le Roi, le bois, la bougie, la chandelle et même le sel ; les frais de voyages lui étoient payés. M. le Cardinal a dit à M. l'évêque de Mirepoix que ces différentes fournitures alloient à 4 ou 5,000 livres par an ; mais il lui a ajouté en même temps que la place de précepteur du Roi étoit différente de celle de M. le Dauphin. M. l'évêque de Mirepoix ne jouit d'aucun de ces avantages. Il avoit même demandé à être remboursé des frais du voyage de Fontainebleau ; M. le Cardinal lui dit qu'il feroit examiner cette question ; il ne lui en a pas encore rendu de réponse. Comme l'objet est peu important, il est vraisemblable qu'il n'en sera pas parlé davantage pour le présent.

Il y a eu ces jours-ci une dispute chez M. le Dauphin

par rapport aux places à donner au bal. Je sais ce fait de M. Démonville, huissier de la chambre du Roi en quartier chez M. le Dauphin. Les huissiers prétendent que c'est à eux à placer (1); l'intendant des menus plaisirs prétend que c'est à lui. Le bal est dans le cabinet de M. le Dauphin, comme j'ai dit plus haut. Dans la chambre du Roi, dans la grande pièce d'auparavant (2) et dans le cabinet après (3), il est certain que l'intendant des menus plaisirs n'a rien à voir, même dans l'occasion d'une fête; mais dans le grand appartement, dans la galerie, il peut avoir droit d'y placer (4). Le bal est censé fête, mais c'est dans le cabinet. En attendant une décision, M. de Châtillon a donné ordre que ce seroit le premier valet de chambre qui placeroit.

Hier un courrier de M. le Nonce (5) vint apporter la calotte rouge à M. l'archevêque de Vienne (6), qui se nomme présentement le cardinal d'Auvergne. M. le Cardinal mena M. l'archevêque de Vienne chez le Roi; il a les entrées de la chambre comme premier aumônier, mais hier il entra un peu avant les entrées de la chambre; le Roi étoit dans son lit. M. l'archevêque de Vienne s'approcha du lit du Roi, tenant sa calotte à la main; il se mit à genoux, présenta sa calotte au Roi et lui baisa la main en la lui remettant. Le Roi lui mit la calotte sur la tête, et lui demanda comment il s'appelleroit. M. de Bouillon, qui est l'aîné de la famille, étoit présent, et dit au Roi qu'il croyoit que le nom d'Auvergne convenoit mieux que celui de Bouillon, si S. M. le trouvoit bon. M. l'archevêque de

---

(1) Il est sous-entendu que c'est par les ordres de celui qui commande dans le cabinet. (*Note du duc de Luynes.*)

(2) L'Œil-de-bœuf.

(3) La salle du Conseil.

(4) Suivant les ordres du premier gentilhomme de la chambre. (*Note du duc de Luynes.*)

(5) Delci, archevêque de Rhodes.

(6) Henri Oswald de la Tour d'Auvergne.

Vienne et lui ajoutèrent à S. M. que le cardinal de Bouillon ayant eû le malheur de déplaire au feu Roi, ils croyoient donner une marque de leur respect en ne prenant pas le même nom. Cette nomination est celle que l'on attendoit depuis si longtemps. Personne n'avoit jeté le moindre soupçon sur M. l'archevêque de Vienne ; lui-même ne s'en doutoit pas, et demanda au courrier s'il ne se trompoit pas. Mme de Luynes parlant hier à M. le Cardinal, chez la Reine, de la surprise où tout le monde avoit été de cette nouvelle, M. le Cardinal lui dit que c'étoit une dette du feu Roi qu'il falloit payer, que M. l'archevêque de Vienne avoit déjà été nommé par Louis XIV, et qu'il lui avoit remis volontairement sa nomination, que le Roi donna à M. le cardinal de Polignac.

Quelques personnes ont cru que M. le Cardinal n'avoit point été fâché, en payant la dette du feu Roi, de trouver une occasion d'indemniser M. l'archevêque de Vienne de 100,000 écus qu'il a donnés de la charge de premier aumônier. Plusieurs personnes ont critiqué cette nomination ; et on dit même à ce sujet, assez plaisamment, qu'on voyoit bien la vérité du proverbe que tous chemins mènent à Rome.

Hier se fit l'enterrement de M. le maréchal d'Estrées. Il y a deux choses à remarquer sur les billets d'enterrement qui ont été envoyés. La première est la qualité de Lieutenant du prince de la mer le roi catholique. Ce titre singulier, dont j'ai demandé l'explication, fut donné, à ce que j'ai ouï dire, pour pouvoir commander tous les capitaines généraux de la mer, qui est un grade en Espagne. La seconde observation, c'est que, quoique M. le maréchal d'Estrées fût de l'Académie françoise, l'on n'a point mis dans son billet, suivant l'usage ordinaire, l'un des quarante de l'Académie françoise. Il étoit aussi de l'Académie des sciences.

L'enterrement étoit assez magnifique ; cependant, la tenture de l'église auroit pu être beaucoup plus belle. Il arriva une petite contestation par rapport à MM. les maréchaux de France. Outre M. le maréchal de Noailles, qui étoit à la tête du deuil, il y avoit cinq maréchaux de France, savoir : MM. d'Asfeld, de Montmorency, de Coigny, de Broglie, et de Biron, qui arrivèrent tous cinq ensemble et prétendirent devoir marcher en corps. Les ducs qui à titre de parenté y étoient venus, instruits de ce projet, voulurent d'abord s'en aller tous ; cependant, l'affaire plus mûrement examinée, il fut convenu que l'on sauroit de quelle manière MM. les maréchaux de France vouloient marcher. Ils dirent qu'ils ne marcheroient qu'après tous les parents, mais qu'ils ne se sépareroient point. Ce projet parut d'autant plus nouveau que MM. les maréchaux de France n'ont aucun rang dans les cérémonies de l'Ordre, ni à la Cour, et que leurs femmes ne sont point assises. Elles ont seulement un carreau aux audiences, comme je l'ai marqué ci-devant. D'ailleurs, ils ne font point corps, hors dans le tribunal ; et s'ils prétendoient faire un corps séparé, les ducs auroient ce droit à plus juste titre et marcheroient devant eux. Il fut donc convenu que s'ils persistoient à marcher en corps, les ducs y marcheroient aussi immédiatement après le cercueil, ce qui fut exécuté. Plusieurs ducs marchèrent ensemble dans la place que je viens de dire, et MM. les maréchaux de France marchoient, le plus ancien à droite, le suivant à gauche, etc. ; mais toute cette marche se fit avec assez peu d'ordre, à cause du mauvais temps et de la nuit. C'étoit à la paroisse Saint-Sulpice, où il y avoit lieu de croire qu'il y auroit plus de difficultés. Quelques ducs s'étant avancés et étant arrivés avant l'enterrement, se mirent aux premières places en entrant, à droite auprès du sanctuaire, les cédant cependant aux parents plus proches qu'eux à mesure qu'ils arrivoient. Je cédai la mienne à M. le maréchal de Noailles, qui arrivoit comme beau-frère, ensuite à M. de Courtenvaux. MM. les maréchaux de France étant arrivés, et voyant que les places qui leur étoient destinées étoient remplies, firent mettre des chaises devant celles-là, et se placèrent tous cinq à côté les uns des autres, avec les gardes de la connétablie derrière eux. Les ducs, blessés de cette distinction, qui est insoutenable, et remarquant qu'il y avoit un espace entre ces chaises et la balustrade du sanctuaire, MM. les ducs d'Antin et de Béthune se placèrent dans cet espace, plus près du sanctuaire, à la droite de MM. les maréchaux de France et au même rang qu'eux. M. le maréchal de Noailles, qui étoit toujours resté derrière, à sa place comme parent, jugeant bien que ce seroit une nouvelle difficulté pour l'eau bénite, fit prier M. le curé qu'il n'y en eût point, ce qui fut exécuté; et par conséquent le remercîment après l'eau bénite et après la cérémonie fut aussi supprimé. MM. les maréchaux de France disent qu'ils ont été en corps à l'enterrement de M. le maréchal de la Feuillade. D'autre côté, M. le duc de Villars et M. le comte de Gramont disent l'un et l'autre qu'à l'oraison funèbre de M. le maréchal de Villars, ni à l'enterrement de M. le maréchal de Gramont, il n'y en avoit point en corps. M. le maréchal de Villeroy fut seul à celui de M. le maréchal de Gramont. C'est M. le comte de Gramont lui-même qui me l'a dit aujourd'hui.

J'ai rendu compte cette après-dînée à M. le Cardinal de la discussion d'hier; il m'a dit que MM. les maréchaux de France n'avoient point de rang à la Cour, ni aucun droit de marcher en corps.

L'incommodité du Roi continue toujours; il tousse encore un peu et a mal à la gorge. Il n'ira point demain, premier jour de l'an, à la chapelle. Il n'y aura point de chapitre de l'Ordre, ni de procession. On a cherché dans les registres de l'Ordre, par ordre du Roi, s'il y avoit quelque exemple que la procession se fût faite sans que le Roi y fût, et il ne s'en est trouvé aucun exemple.

APPENDICES.

Appendice à la page 6.

MAXIMES DE MORALE

COMPOSÉES PAR LE DUC DE CHEVREUSE, EN 1738.

Une vie sévère et studieuse était la règle de toute la famille de Luynes. Voici les *maximes* que le duc de Chevreuse composait à l'âge de vingt-et-un ans.

« Se rendre toujours à la meilleure raison, de quelque part qu'elle vienne.

« Chercher à s'instruire et croire toujours qu'on en a besoin.

« Déférer avec lumière à l'expérience et aux connoissances qu'on sait être supérieures à celles qu'on a.

« Éclairer sans défiance la conduite des gens à qui on commande.

« Connoître la portée de son esprit, et de ses talents et ne rien entreprendre au delà.

« Aimer avec délicatesse, sans contrainte et sans jalousie.

« Ne croire que ce qui est probable.

« Remplir ses devoirs de toutes espèces avec régularité et sans ostentation.

« Prendre des plaisirs sans emportement.

« Savoir céder à ses supérieurs sans bassesse.

« Vivre avec ses égaux avec facilité.

« Commander avec justice et douceur à ses inférieurs.

« Choisir un genre de vie qui ne puisse paroître extraordinaire à personne, et que le goût n'ait aucune part à ce choix ; que ce soit l'état, l'âge et les circonstances qui le déterminent.

« Tâcher de s'établir une réputation non pas par ses discours, mais par une conduite sensée et sans reproche.

« Avoir de la vivacité quand il est nécessaire, et éviter l'empressement.

« S'accoutumer à être réglé sur tout, sans scrupule, et éviter toute espèce de superstition.

« Réfléchir beaucoup et parler peu; les réflexions instruisent, et le danger de trop parler est certain.

« Éviter les gens dont la fréquentation est un juste sujet de blâme.

« Estimer les gens vertueux de quelque état qu'ils soient ; le mérite est un titre bien au-dessus de celui de la naissance.

« Éviter toujours et ne jamais fuir les querelles.

« Traiter avec indifférence ceux qui ne méritent pas notre estime, mais tâcher qu'ils ne deviennent pas nos ennemis : l'un est toujours l'effet de la prudence, et l'autre est souvent celui de la passion.

« Savoir garder un secret, et avoir cette qualité à l'épreuve de tout.

« Connoître toute l'importance du choix d'un ami, et ne le jamais faire qu'après bien du temps et des épreuves.

« Être toujours naturel et se bien persuader qu'il vaut mieux paroître tel qu'on est que de copier ce qu'on voudroit être ; le ridicule n'étant que de prendre l'air de ce qu'on n'est pas.

« Parler peu de soi, chercher à parler de ce qui plaît aux autres, et se souvenir que ce n'est qu'en leur persuadant qu'ils plaisent qu'on obtient d'eux la même façon de penser.

« Avoir des amis assez vrais pour pouvoir avertir des défauts qui sont nés avec nous ou de ceux qu'on peut prendre, afin d'être à portée de les corriger.

« Ne juger de rien sans l'avoir bien examiné et en juger toujours sans prévention.

« Ne jamais envier aux autres ce que leur mérite leur a fait obtenir, ni chercher à s'élever en les abaissant.

« S'appliquer à connoître le cœur de l'homme en général, et en particulier dans tous ses différents caractères.

« Mettre en usage les bonnes qualités de chacun et se corriger en voyant leurs défauts.

« Examiner les gens devant qui on parle, afin de ne se jamais repentir de ce qu'on a dit.

« Savoir soutenir les malheurs avec fermeté, et ne point se laisser éblouir par la prospérité.

« Craindre également d'être flatteur et d'être flatté ; l'un et l'autre prouvent de la bassesse dans les sentiments ; il est bien de faire ce qu'il faut pour être loué et mal de désirer les louanges.

« Se souvenir toujours des bienfaits qu'on a reçus et oublier ceux qu'on a faits.

« Examiner ses défauts, ne leur point chercher d'excuse, et être bien persuadé que ce n'est jamais que le manque de bonne volonté qui empêche de se corriger.

« Être libéral sans prodigalité et rangé sans avarice. Savoir profiter des conseils sages et fuir ceux qui ne le sont pas. Il est aussi dangereux d'être trop facile qu'il est inexcusable de croire toujours son sentiment le meilleur. »

La duchesse de Chevreuse, née d'Egmont, était, au dire de Barbier (1), « une femme de grande vertu »; nous pouvons ajouter : et de beaucoup de savoir. Elle composa, en 1751, un cours de rhétorique et de philosophie (2), pour l'instruction de son fils aîné, le comte de Dunois. Son ouvrage est précédé d'une dédicace adressée à son élève ; la voici :

« La tendresse que j'ai pour vous, mon cher fils, me porta il y a quelques années à rassembler pour votre instruction les grands exemples en tous genres que l'antiquité nous fournit ; mon but en vous présentant ces tableaux fut d'orner votre esprit d'une manière agréable et de graver en même temps dans votre âme l'amour de la vertu et l'horreur du vice ; je suis assez heureuse pour voir, mon cher fils, que mon travail n'a pas été inutile et que vous avez répondu à mes espérances. Ce succès m'a engagé, en suivant le progrès de votre âge et de vos études, à vous préparer quelques observations sur la rhétorique et la philosophie, pour vous apprendre à parler d'une manière convenable, à raisonner juste, à distinguer la vérité d'avec l'erreur et à élever en voyant les merveilles de la nature vos pensées vers cet être suprême dont tout l'univers publie la grandeur.... Si les moindres productions de la nature annoncent la grandeur et la puissance du Créateur, elles ne nous font pas moins sentir, mon cher fils, notre foiblesse, notre dépendance, les bornes de notre esprit que le plus petit ciron arrête, enfin, que l'homme, qui tient tout de Dieu, doit par reconnoissance l'aimer, l'adorer et travailler à se rendre heureux dans une autre vie. La raison humaine va jusque là, mon cher fils, elle nous montre de loin nos devoirs et la fin où nous devons aspirer. Mais l'Évangile a ajouté une nouvelle lumière à l'évidence de la raison, en le lisant vous avez remarqué sans doute que parmi les préceptes et les conseils qu'il nous donne, il nous recommande surtout de combattre sans cesse nos passions. Vous en triompherez, mon cher fils, si vous vous faites une loi inviolable de vivre toujours dans la bonne compagnie et d'éviter avec soin, mais sans affectation, celle des personnes dont la réputation n'est pas bien établie ; si vous profitez des fautes que vous ferez pour être en garde contre l'avenir ; si, au lieu de passer une vie oisive et inutile, vous prenez l'habitude du travail, passant sans peine, selon les besoins et les circonstances, d'une occupation à une autre, ne négligeant aucun moment, mais les mettant tous à profit ; si étant persuadé que les plus grands emplois et les charges les plus élevées ne sont honorables que par les talents supé-

---

(1) *Journal*, t. III, p. 395.
(2) 2 vol. in-4° manusc.; cet ouvrage est conservé à Dampierre.

rieurs de ceux qui en sont revêtus, vous êtes plus occupé à vous en rendre digne qu'à les obtenir ; enfin, vous aurez contre vos passions des armes invincibles si vous êtes bien convaincu qu'un honnête homme doit s'instruire parfaitement des devoirs de son état et les remplir avec la plus grande exactitude. »

LA DUCHESSE DE CHEVREUSE (1).

Appendice à la page 7.

MÉMOIRE DE M. LE DUC DE LUYNES

SUR LES SERVICES MILITAIRES DE M. LE DUC DE CHEVREUSE SON PÈRE (2).

M. le duc de Chevreuse a commencé à servir, en 1731, en qualité de mousquetaire du Roi dans la première compagnie.

Capitaine au régiment de Luynes cavalerie dans la même année.

Mestre de camp de ce régiment, le 6 juillet 1732.

Mestre de camp général des dragons, le 9 juillet 1736.

Maréchal de camp, le 20 février 1743.

Lieutenant général, le 1er janvier 1748.

Colonel général des dragons, le 24 janvier 1754.

Chevalier des ordres du Roi, le 2 février 1759.

Il a fait les campagnes de 1734 et 1735, en qualité de mestre de camp de cavalerie, et en celle de mestre de camp général des dragons il a fait les campagnes de Bohême.

Il étoit à l'escalade de Prague, au siége d'Egra, à l'affaire de Sahay, où il s'est distingué et y a reçu des blessures. Il a fait la retraite de Prague, où il commandoit une des divisions.

Dans la campagne de 1743, il s'est trouvé à l'affaire de Dettingen ;

---

(1) Le traité de rhétorique est bien fait, bien écrit, rempli de citations de Cicéron et de Quintilien, qui attestent une grande érudition. On remarque dans le traité de logique, de métaphysique et de physique générale, qui forme le cours de philosophie, que chaque question est précédée d'un aperçu historique. La méthode de ce cours nous paraît excellente, et cet ouvrage est vraiment, pour sa date, un remarquable livre d'enseignement.

(2) La *Chronologie historique militaire* par Pinard (tome V, page 375, in-4°, 1762) donne sur les états de service du duc de Chevreuse une notice très-étendue et qui offre avec celle-ci quelques différences.

en 1744, aux siéges de Menin, Ypres, Furnes et à l'escalade de Gand ;

En 1745, à la bataille de Fontenoy et aux siéges de la ville et citadelle de Tournay, et a commandé plusieurs gros détachements ;

En 1746, à la bataille de Raucoux et aux siéges des ville et château de Namur.

M. le duc de Chevreuse s'est trouvé en 1747 au siége de Berg-op-Zoom ;

En 1748, à celui de Maestricht.

Il a fait les campagnes de 1757, 1758, 1759 en Westphalie, pendant lesquelles il a toujours commandé des corps avancés.

Il s'est trouvé à la bataille d'Hastembeck et à celle de Crevelt.

Il a été attaqué à Soest par un corps de 18 à 20,000 hommes, n'ayant qu'environ 4,000 hommes sous ses ordres, avec lesquels il a fait, sans perdre que très-peu de monde, une retraite hardie et a rejoint l'armée.

A sa mort, arrivée en 1771, il étoit le second lieutenant général servant.

Le 31 octobre 1773.

Appendice à la page 9.

LE DUC DE SAINT-SIMON.

L'intérêt de curiosité qui s'attache à ce pamphlétaire posthume nous a engagé à publier ici quelques documents, qui seront les premiers jalons d'une biographie qui reste encore à faire. Ces documents se composent de quelques passages des Mémoires du duc de Luynes et de cinq lettres inédites de Saint-Simon. On y trouve les traits principaux de ce caractère vif, impétueux, excessif, grossissant naturellement et hors de toute proportion jusqu'aux plus petites choses et les plus insignifiantes, une incapacité complète en matière d'affaires, qui ne l'empêche pas cependant, à un moment donné, de faire perdre cinquante pour cent à ses créanciers, en substituant habilement 40,000 livres de rente à sa petite-fille, la comtesse de Valentinois ; de précieux détails sur sa fortune, sur le profit de ses fonctions ; l'histoire de ses opinions religieuses et sa conversion au jansénisme ; quelques faits honorables, d'autres, et en plus grand nombre, pleins de bizarrerie.

Il nous semble que ces divers documents donnent raison au spirituel marquis de Louville (1) écrivant en 1716 au duc de Saint-Aignan : « J'ai trouvé notre ami M. de Saint-Simon plus méchant que jamais. »

---

(1) *Mémoires*, t. II, p. 218.

1. PASSAGES DES MÉMOIRES DU DUC DE LUYNES RELATIFS A SAINT-SIMON.

10 février 1740.

« On apprit, il y a trois ou quatre jours, la mort de M. le prince de Chimay, à Bruxelles. Il avoit épousé la fille de M. le duc de Saint-Simon (1). Ce mariage est trop singulier pour n'en pas mettre un mot ici. Melle de Saint-Simon est si petite, si contrefaite et si affreuse que M. et Mme de Saint-Simon, bien loin de songer à la marier, ne cherchoient qu'à la cacher aux yeux du public. M. de Saint-Simon étoit en grande faveur auprès de feu M. le duc d'Orléans; cette raison détermina apparemment M. de Chimay à lui demander sa fille en mariage. M. de Saint-Simon, qui est extrêmement énergique dans ses expressions, répondit à M. de Chimay par une description très-détaillée et même outrée, s'il est possible, de toutes les imperfections de sa fille, lui ajoutant que si c'étoit par rapport au crédit qu'il pouvoit avoir sur M. le duc d'Orléans, qu'il ne vouloit pas le tromper davantage sur cet article que sur les autres, et qu'il ne se mêleroit en aucune manière des affaires qui pourroient le regarder. M. de Chimay persista dans son projet : il vécut quelques années à Paris, voyant de temps en temps sa femme, qui est toujours restée à l'hôtel de Saint-Simon. Il étoit depuis plusieurs années à Bruxelles. »

25 janvier 1743.

« Mme la duchesse de Saint-Simon mourut il y a quelques jours, à la Ferté. Elle avoit environ soixante ans. Elle avoit été dame d'honneur de Mme la duchesse de Berry; elle étoit respectable par sa vertu et par sa piété. Elle est morte d'une fluxion de poitrine accompagnée de fièvre maligne. M. le duc de Saint-Simon est allé passer quelques jours dans l'abbaye de la Croix, chez l'abbé de Mathan, qui est extrêmement de leurs amis et depuis longtemps. M. le duc (2) et Mme la duchesse de Ruffec sont allés à la Ferté sur les nouvelles de cette maladie. M. le

---

(1) Charlotte de Saint-Simon, née en 1696, mariée en 1722, le 16 juin, à Charles-Louis-Antoine Galéas Hennin de Bossut, prince de Chimay et du Saint-Empire, mort le 2 février 1740, sans postérité. La princesse de Chimay mourut en 1763.

(2) Jacques-Louis de Saint-Simon, appelé *le duc de Ruffec*, né en 1698, fils aîné du duc de Saint-Simon, mort en 1746. Il avait épousé, en 1727, Catherine-Charlotte-Thérèse de Gramont, veuve de Philippe-Alexandre, prince de Bournonville. Il n'eut qu'une fille, la comtesse de Valentinois.

marquis de Ruffec (1), qui souffre toujours de grandes douleurs de goutte dans l'estomac, n'a pu sortir de Paris. »

13 février 1743.

« Il y a dix ou douze jours que M. le duc de Saint-Simon est revenu à Paris. Il loge depuis bien des années dans une vilaine maison, appartenant aux Jacobins, dans la rue Saint-Dominique. Non-seulement il a fait tendre de noir son antichambre, suivant l'usage ordinaire, mais il a voulu que sa chambre à coucher et son cabinet fussent tendus de gris et que son lit fût gris. Ordinairement il n'y a que les femmes veuves qui soient meublées de cette manière. Il compte aussi porter le deuil un an, quoiqu'ils soient réduits à six mois pour les hommes. M. le duc de Charost se souvient qu'à la mort d'une de ses femmes il a eu un lit noir, dans lequel même il couchoit; cependant, pour les hommes il n'y a communément que l'antichambre tendue de noir, et pour les femmes un lit noir, mais dans une chambre de parade. »

26 mars 1743.

« Le Roi donna, il y a trois jours, à M. le duc et à Mme la duchesse de Ruffec l'appartement de M. et de feu Mme de Saint-Simon. Cet appartement est dans l'aile neuve, auprès de celui de Mme la maréchale de Villars. Cet arrangement s'est fait de concert avec M. de Saint-Simon, qui a demandé cette grâce pour son fils, et qui a cru ne devoir point perdre de temps à la solliciter, parce qu'étant présentement seul, et cet appartement étant double, il pourroit arriver que dans le besoin où l'on est d'appartements on lui proposeroit de le changer contre un moins grand. M. de Saint-Simon ne vient plus à la Cour. Il n'y a point paru depuis que M. le Dauphin a été reçu chevalier de l'Ordre à Fontainebleau. M. de Saint-Simon a soixante-huit ans ; il avoit un grand crédit sur l'esprit de feu M. le duc d'Orléans, dont il a obtenu plusieurs grâces pendant la Régence : l'ambassade d'Espagne (2), dont la grandeur a été une suite, laquelle grandeur est encore une grâce particulière, parce qu'il obtint la permission de la faire passer à celui de ses enfants qu'il voudroit; une place au conseil de régence avec 20,000 livres d'appointements, qu'il n'a pas voulu garder: Il obtint outre cela pour

---

(1) Armand-Jean de Saint-Simon, appelé *le marquis de Ruffec*, né en 1699, second fils du duc de Saint-Simon, mort en 1754, sans postérité. Il avait épousé, en 1733, Marie-Jeanne-Louise Bauyn d'Angervilliers (fille du ministre de la guerre), veuve de Jean-René de Longueil, marquis de Maisons, président à mortier au Parlement.

(2) Son ambassade en Espagne lui avait fait gagner 1,400,000 livres. (*Mém. du duc de Luynes*, 4 mai 1743.)

ses deux enfants la survivance de ses deux gouvernements de Blaye et de Senlis. Blaye vaut 25,000 fr. dont 21,000 fr. tous frais faits, Senlis 15,000 dont 13,000 tous frais faits. Ces deux gouvernements et la pension de l'Ordre sont les seuls bienfaits du Roi qui restent à M. le duc de Saint-Simon. En tout il jouit aujourd'hui de 173,000 fr. de rente, sur quoi il a donné à chacun de ses garçons en les mariant 20,000 fr. de rente, et 10,000 fr. aussi de rente à madame de Chimay, sa fille. Il doit 900,000 fr. en rente constituée au denier 20 et 200,000 fr. de dettes exigibles. Il doit outre cela à ses enfants 500,000 fr., qui est le bien de Mme de Saint-Simon, dont il revient 50,000 fr. à la fille et le reste à MM. de Ruffec. Ses enfants ne veulent lui rien demander, et qu'il jouisse de tout ce qu'il a. Pour mettre même plus de netteté dans ses affaires, ils se chargent de lui fournir 55,000 fr. clair et net tous les ans, et du surplus ils en acquitteront toutes les charges de son bien. M. de Saint-Simon est l'homme du monde le plus incapable d'entendre les affaires d'intérêt, quoique cependant il soit extrêmement instruit sur toutes autres matières. Il a beaucoup d'esprit et est très-bon ami; mais comme c'est un caractère vif, impétueux et même excessif, il est aussi excessif dans son amitié. Par exemple, il conserve une reconnoissance infinie pour la mémoire de Louis XIII, duquel sa maison a reçu beaucoup de grâces et entre autres l'érection du duché. Il n'a pas un appartement à la ville, à la Cour, à la campagne, où il n'y ait le portrait de Louis XIII. »

2 mars 1755.

« M. le duc de Saint-Simon est mort aujourd'hui à sept heures du matin. Il avoit quatre-vingts ans du 15 janvier. »

5 mars 1755.

« M. le duc de Saint-Simon fait M. de Fresne d'Aguesseau son exécuteur testamentaire et lui laisse un beau tableau; il ordonne qu'on ne l'enterre que trente heures après sa mort : qu'on lui ouvre la tête, pour voir d'où procédoit l'enchifrènement dont il a été tourmenté ; et que l'on porte son corps à la Ferté au vidame, auprès de celuy de Mme de Saint-Simon sa femme, dont il fait un grand éloge et fort long. Il ordonne encore que l'on attache les deux cercueils ensemble avec des barres de fer. Il laisse tous ses manuscrits à M. l'évêque de Metz, qu'il n'a pas cependant voulu voir pendant sa dernière maladie. Il fait des legs à ses domestiques (1). »

---

(1) Voir le testament de Saint-Simon dans le t. XX de l'édition de ses mémoires in-8° publiée par M. Chéruel.

9 mai 1755.

« Il paroît depuis quelques jours un mémoire de M. de Metz (1) contre les héritiers et créanciers de M. le duc de Saint-Simon. Je crois avoir marqué que M. le duc de Saint-Simon a laissé par son testament tous ses manuscrits à M. de Metz. Ces manuscrits sont de plusieurs espèces. M. de Saint-Simon avoit écrit toute sa vie ; détails de généalogie, mémoires particuliers, observations, remarques, notes en grand nombre sur des livres imprimés, beaucoup de lettres particulières. Il avoit eu la confiance de M. le duc d'Orléans ; il avoit été dans le conseil de régence ; il avoit beaucoup lu, avoit une mémoire fort heureuse, mais il étoit sujet à prévention. Il exprimoit fortement ses sentiments dans la conversation, et écrivoit de même. Il se servoit de termes propres à ce qu'il vouloit dire sans s'embarrasser s'ils étoient bien françois. On peut juger qu'avec l'esprit critique, il doit se trouver dans ses écrits plusieurs papiers qui ne sont pas faits pour voir le jour et qui ne peuvent être remis qu'entre les mains d'un ami sage et prudent. C'est ce qui a déterminé M. de Saint-Simon à vouloir que ses manuscrits fussent remis à M. l'évêque de Metz. Si M. de Saint-Simon avoit donné de la main à la main ses manuscrits à M. l'évêque de Metz et qu'ils se fussent trouvés à sa mort hors de chez lui, il n'y auroit eu nulle difficulté ; mais il s'est trouvé grand nombre de créanciers qui ont été affligés et piqués de voir qu'ils perdroient au moins la moitié de ce qui leur étoit dû, parce qu'il y a pour 40,000 fr. de rente de terres substituées qui passent à madame de Valentinois (2), sans être tenue des dettes. Ils ont demandé que les manuscrits fussent examinés et inventoriés comme le reste. Ils ont donné pour raison que ces manuscrits pouvoient contenir des titres de la maison ou quelques papiers utiles aux intérêts de M. de Saint-Simon, et par conséquent aux leurs, ou bien qu'ils pouvoient avoir une valeur considérable qui augmenteroit les biens de la succession. Ils ont ajouté que l'usage ordinaire étoit que l'exécuteur testamentaire fût chargé de la délivrance des legs sans que les légataires y assistassent, et se sont opposés à la prétention de M. de Metz d'assister à cet inventaire par procureur ou du moins en personne.

---

(1) Claude de Rouvroy-Saint-Simon, né en 1695, mort en 1760 ; l'abbé de Saint-Simon fut nommé évêque de Noyon en 1731, reçu pair de France au Parlement en 1733, nommé évêque de Metz la même année. Il appartenait à la branche aînée de la maison de Rouvroy, et le duc de Saint-Simon à la branche cadette.

(2) Marie-Christine-Chrétienne de Saint-Simon, fille unique du duc de Ruffec (fils aîné du duc de Saint-Simon), née en 1728, mariée en 1749, à Maurice Grimaldi, comte de Valentinois (de la maison de Goyon-Matignon), morte en 1774.

M. de Metz a représenté qu'il avoit toute confiance dans un ami aussi sage et aussi éclairé que M. de Fresne, mais que c'étoit par M. de Fresne lui-même qu'il avoit été averti du moment où il seroit question des manuscrits dans l'inventaire, et que sachant que les occupations de M. de Fresne ne lui permettroient pas toujours d'assister au dit inventaire, on ne pouvoit le blâmer de n'avoir pas une confiance aussi entière dans le procureur que M. de Fresne mettroit à sa place. Il a été d'abord décidé à l'amiable et de concert avec les héritiers, qui avoient la même prétention que les créanciers, que les manuscrits seroient remis entre les mains de M. le lieutenant civil. Mais comme il falloit examiner ces manuscrits et voir s'ils étoient tous dans le cas du legs fait à M. de Metz, cela a formé une question qui fait l'objet du mémoire. Cette question a d'abord été portée à M. le lieutenant civil, qui a jugé que cet examen des papiers pouvoit se faire en l'absence de M. de Metz. M. de Metz a appelé de cette sentence à la grande chambre. L'affaire a été plaidée. L'avocat des créanciers est créancier lui-même. Il y eut hier arrêt qui jugea que M. de Metz en personne seroit présent à l'inventaire. Les livres imprimés où il y a des notes ne peuvent faire partie des manuscrits. On est un peu étonné que les créanciers de M. de Saint-Simon se trouvent dans le cas de perdre plus de moitié. A la mort de Mme la duchesse de Saint-Simon, on fit un inventaire des biens de M. de Saint-Simon, qui se trouvèrent monter à 173,000 fr. de rentes. »

2. LETTRES DU DUC DE SAINT-SIMON.

1. *Le duc de Saint-Simon au duc de Luynes.*

Paris ce 1er janv. de l'an 1754.

« Je vous supplie Monsieur que l'almanac que je vous envoie ne soit remis qu'en mains seures pour faire celuy de cette année et de me le renvoyer avec le nouveau des qu'il sera fait. Les aages pour estre adaptés a cette année ont besoin d'attention et les divers totaux de correction ainsy que les disparus et les parus de nouveau sur le siecle qui ont pu méchaper sur tout enfans.

« Si vostre ami Orri vous vouloit donner ce qui est en blanc aux P. et P^{ses} du S. et bast. (1) et l'y mettre à costé de chacun ce seroit une suave affaire. Mais comme cela se peut après coup faittes toujours copier et me renvoyés, travaillés cependant a accrocher la curiosité et puis nous ajousterons quand nous l'aurons la rareté.

---

(1) Princes et princesses du sang et bâtards.

« Je vous felicite sur lénormité des maigres l'effrenement des festes et la masse accablante que cela forme. Vous scavés peut estre ce que dit l'Evangile sur la suffocation des loix de Dieu par les pratiques ajoustées des Pharisiens, et ce que dit S. Paul sur l'ancienne loy, que la loy est le germe du peché, si est ce que touttes fois nous en tenons pour les deux tiers de l'année. Je vous y souhaitte un estomac vous estes mon cher Duc trop s' (saint) trop detaché et trop rasé les soirs pour oser vous souhaitter autre chose. Je vous envoye Rome si au net que cet ornement de l'almanac mérite vos bontés pour moy sur lesquelles je veux compter touttes fois mon cher Duc malgré mon indignité.

SS.

« Que le copiste et vous mesme en luy donnant Rome et l'almanac mette bien ses lunettes et se mette bien le tout au net dans la teste avant d'entreprendre de le mettre sur le papier car ces vetilles sont horribles avec les moindres fautes. » (1)

2. *Le duc de Saint-Simon au duc de Luynes.*

La Ferté 18 avril 1746.

« Ce que vous ne vous lassés point de me proposer Monsieur, est de troquer de l'argent comptant contre des fiches, encore des fiches peuvent elles amuser un enfant, mais du travail pour des chateaux en Espagne evidement tel, et pour des gens qui en ont usé avec moy comme vous scavez, et qui pour me faire despit, et pis, se sont arrachez le nés et les yeux a eux mesmes, et en sont demeurés mutilés et défigurés au point ou on les voit et nous avec eux, qui en d^r lieu me demandent un eclaircissement que je leur envoye sur le champ et qui ne prennent pas seulement la peine de me remercier de la peine et de la promptitude, ny de me dire s'ils sont contents ou non de ce que j'ay envoyé, ny de ce qu'ils en ont fait, en verité vous trouverés bon que j'employe le loisir du peu de temps que me laisse mon age, a quelque chose de moins chimerique et de moins dégoustant et de

---

(1) C'est bien ici le cas de dire : beaucoup de bruit pour rien. Ces almanachs, dont deux sont conservés (manuscrits) à Dampierre, l'un pour 1718 et l'autre pour 1721, contiennent simplement la liste des princes du sang et des pairies (avec les noms, prénoms, la date de naissance des titulaires et la date d'érection des pairies), la liste des duchés simples ou héréditaires et des grands d'Espagne, donnant le rang des ducs et des grands d'Espagne d'après la date de l'érection, la liste des maréchaux de France et des chevaliers de l'Ordre avec les dates de naissance et de promotion.

n'en estre pas moins persuadé Monsieur de ma deference en choses pratiquables, de mon attachement et de mon respect. »

ss.

« Nostre curé content de vous tous a merveilles vjnt hier icy et s'en retourne aujourd'huy pour s'en aller demain a Paris : Il desire autant que vous aussy faire d'utile besogne. » (1)

3. *Le duc de Saint-Simon au duc de Luynes.*

La Ferté 24 oct. 1746.

« Vous trouverés cy joint Monsieur un appendix ou la 4e et d^{re} partie du mémoire dont vous aves receu les trois premieres parties. Vous y trouverés des curiosités importantes au sujet, et de ces d^{rs} temps, qui sont ignorées de l'incurie g^{le}. Je suppose que vos esperances que je ne puis avoir, vous conduiront au moins a faire tirer des auteurs de ces temps la cette suitte de pratiques de trahisons de revoltes de cabales de prise d'armes d'amnistie etc. dont la vie du M^l de Bouillon et de ses deux fils n'est qu'un tissu continuel depuis le p^r mariage de ce M^l jusqu'à la mort de son fils aisné qui suivit de si pres son echange. Celles des generations suivantes trop recentes pour avoir esté imprimées co^e l'ont esté celles des deux p^{res} dans touttes les histoires et memoires de leur temps, ont échapé a la mesme incurie et à l'ignorance extrême de ce temps cy. C'est ce que j'ay cru necessaire de remettre devant les yeux d'une maniere qui porte ses preuves claires et une evidence entiere. Ce que vous trouveres rapporté des articles a faire prononcer par le Parlem^t que M le chancelier d'aujourdhuy fit echouer, m'a passé par les mains au temps mesme parce que les deux personnes que le Roy y employa, n'avoient rien de caché pour moy. Tout le reste de cette 4e partie a esté public, et tout son contenu doit servi [sic] de suitte a ce que vous feres tirer des histoires et des memoires sur le M^l de Bouillon et ses deux fils. Il me semble Monsieur que j'ay passé Vos esperances de mon travail, non de bonté, mais d'estendue, et la mesure de la complaisance, dans la tres ferme persuasion ou je suis que je n'ay ecrit que pour la beurire, et qu'il n'est aucun des

---

(1) Les Mémoires du duc de Luynes nous apprennent qu'à cette époque Louis XV avait promis au maréchal de Richelieu que s'il accordait quelques grâces aux princes légitimés, il rendrait aux Ducs quelques-unes des prérogatives qui leur avaient été enlevées. Saint-Simon fit un mémoire à ce sujet, et à propos des discussions que cette affaire souleva écrivit la lettre précédente au duc de Luynes.

interessés qui veuille se donner la peine de le lire, beaucoup moins
d'en faire usage. Tout le salaire que je vous en demande est un inal-
terable secret sur l'auteur et de brusler cette lettre comme les precc-
dentes. Je ne voudrois pas tourner le pied pour pas un d'eux apres
ce que j'en ay eprouvé, et a mon age a ma retraite et sans posterité ;
beaucoup moins pour de telles gens me faire de proches de qui personnellement je n'ay qu'a me louer en tout et par tout, des ennemis
irreconciliables pour avoir écrit des vérités inutiles. Si donc par impossible j'entends quelqu'un, mesme des nostres, me parler de ce me-
moire, j'ignoreray qu'il en existe un et je refuseray d'ecouter ce qu'il
chante, ny ce qu'on en peut et veut faire vous pouvez compter la dessus, et par ce que vous arrachés de moy tout ce que vous pouvés
sur moy »

ss.

« Vous trouveres dans le P. Anselme a l'article de M. de Bouillon
ce qui regarde l'opposition que firent les Ducs a la qualité et de prince.

« Vous deves avoir receu trois pacquets. Vous m'avés accusé la re-
ception de deux, en voicy un 4ᵉ. Je vous supplie Monsieur que je
scache si le tout vous sera parvenu, je continue d'envoyer celuy cy
comme j'ay fait les trois autres à un homme à moy à Paris pour le
donner luy mesme a un de vos gens qui se charge de vous le faire remettre. »

4. Le duc de Saint-Simon au duc de Luynes.

Paris le jour de Noël 1752.

« Dispensés moy, Monsieur d'un volume décriture pour expliquer
ce qu'une courte conversation feroit. D'ailleurs tout cecy est meslé de
tant de ténébres, d'entreprises, et de tempestes, qu'il seroit difficile
a un vieux bourgeois de Paris tel que je suis (1) d'y pénétrer. Elles
me font seulement applaudir à ma bourgeoisie, sans avoir la présomp-
tion de porter mes considérations plus loin.

« Pour Mʳˢ d'Elbeuf et de Brionne je trouve qu'ils font fort
bien et que les Ducs feroient très follement de les y troubler. C'est
précisément le cas de M. de Beauvillier et de M. de S. Agnan

---

(1) Saint-Simon demeurait alors à Paris rue du Cherche-Midi ; il avait cédé
sa dignité ducale, la pairie et la grandesse, en 1722, à son fils aîné, puis à son
second fils, morts tous les deux sans enfants mâles. Saint-Simon, qui ne rentra
qu'en 1754 dans ses titres et dignités, s'appelait pour cette raison, en 1752,
un vieux bourgeois. Il avait alors soixante-seize ans, était veuf, sans titres,
et vivait fort isolé, tout entier à la rédaction de ses mémoires.

son frère. Je m'en tiens a vous présenter cet exemple récent. le détail de cette éxplication méneroit trop loin par écrit.

« On ne peut estre a vous Monsieur avec un attachement plus sincere ny plus respectueux que j'y suis ny plus entierement. Vostre tres humble et très obéissant serviteur. » (1)

Le duc de S. Simon.
M. le duc de Luynes.

5. *Lettre du duc de Saint-Simon.*

Cette lettre n'est pas conservée en original à Dampierre; on en trouve la copie dans les Mémoires du duc de Luynes (Extraordinaire de 1754); elle s'y trouve précédée de quelques observations et d'une lettre écrite par la personne qui envoyait à la duchesse de Luynes la copie de la lettre de Saint-Simon.

« On trouvera ci après, dit le duc de Luynes, un détail curieux sur les sentiments d'un homme très respectable, qui a été dans de très grandes places et à qui une mémoire heureuse et beaucoup de lectures ont donné une conversation agréable et instructive. Comme j'ai été de ses amis toute ma vie, je ne puis mettre son nom qu'après sa mort si elle arrive avant la mienne. On verra par ce détail ce que peut faire la prévention sur un esprit vif qui avoit été assez heureux pour connoître la vérité et qui s'est laissé séduire. Ce qui paroîtra singulier, c'est qu'on prétend que celui dont est question n'est nullement janséniste, et en effet il est ami des jésuites; mais en même temps il est à feu et à sang contre la Constitution. On trouvera aussi dans l'écrit qui suit une anecdote sur M. l'abbé de Rancé. »

LETTRE ADRESSÉE A LA DUCHESSE DE LUYNES

par...... en lui envoyant une lettre du duc de Saint-Simon.

Ce 25 octobre 1754.

Comme M. le duc de Luynes est curieux, Madame, de pièce rare, j'ay cru luy faire plaisir de luy en envoier une à laquel vous devez personnellement prendre interet puisque c'est un monument du S^t. abbé de la Trappe votre grand oncle. Le prince de Talmond sa-

---

(1) Cette lettre a été écrite à propos des luttes du Parlement. (*Voy.* le Journal de Barbier et les Mémoires du duc de Luynes, à la date de la lettre).

chant depuis longtemps que le chevalier de Ponat avoit cette lettre pria l'abbé après sa mort de la luy envoier, ce qu'il fit en exigeant de luy de ne la point rendre publique tant que M. le duc de S$_t$. Simon vivroit. On a bien voulu m'en laisser prendre une copie. Quoique la date ny soit pas il est vraisemblable qu'elle n'a été écrite que depuis la mort de M. l'abbé de la Trape. M. L'évêque de Metz (*St. Simon*) qui avoit eu grand empressement d'en avoir une copie la trouvée si forte et les sentiments de M. son cousin (*le duc de St. Simon*) si différents aujourd'hui de ce qu'il pensoit autrefois qu'il n'a jamais osé la lui lire. Je vous suplie que cette anecdote reste entre nous et que la lettre que j'ay l'honneur de vous envoier ne sorte pas des mains de M. le duc de Luynes. Je n'ai pu me refuser de la faire lire à un secrétaire de M. le duc de S^t. Simon qui est à lui depuis plus de trente ans, qui a beaucoup de piété, qui a souvent des disputes avec son maître sur le jansénisme. Il a fort bien reconnu cette ouvrage pour être de lui quoiqu'il soit un peu long. Il est en vérité respectable et je crois que vous pourriez bien mettre le président Hainaut dans la confidence. Ce qui est inconcevable est qu'après tout ce que M. de S^t. Simon dit dans cette lettre des instructions préservatif que feu M. l'abbé de la Trappe lui avoit donnés contre les novateurs il en sest devenu partisan jusqu'à la fureur. (Signature illisible.)

Vous connoissez M. le Duc, mon tendre et fidèle attachement qui durera autant que ma vie.

« Cette lettre, ajoute le duc de Luynes, a été écrite par M. le duc de Saint-Simon en l'année.... à..... et copiée sur la minute par feu M. le chevalier de Pounat, qui a demeuré 48 ans à la Trappe et étoit autrefois en grande liaison avec M. le duc de Saint Simon.

LETTRE DU DUC DE SAINT-SIMON.

« Il est juste Monsieur de satisfaire votre curiosité sur ce qui s'est passé entre le saint abbé réformateur de l'abbaye de la Trappe et moy touchant le Jansénisme. Vous y verrez des traits bien marqués de la providence et c'est ce qui m'engage à me dérober de mon temps pour vous en instruire, encore que grâces à Dieu, les sentiments de ce grand homme ne puissent être équivoques non plus que ceux de ses enfans sur une matière si rebattue et si décidée par l'église.

« Mon ignorance, ma profession et mon état laïque m'ont toujours empêché de m'appliquer à ces questions. Mais il est vray que ce que j'entendois dire de la pluspart de ceux qui ont le plus paru dans ces disputes avec l'imputation janséniste et ce que je voyois de mes yeux dans quelques uns de ceux qu'on en accusoit, m'avoit donné une si haute idée de leur vertu que j'eus peine à croire leur doctrine mauvaise et que poussé par quelques uns de mes plus intimes amis, je balançay longtemps à me lier étroitement de ce côté là. J'estois retenu par l'ancienne impression de toute ma vie ; mais cette impression s'affoiblissoit et je demeurois flottant dans un combat pénible.

« Je ne cachois rien à M. l'abbé de la Trappe et vous savez quelles ont été ses constantes bontés pour moi. Dans un voyage que je fis auprès de luy je luy découvris ce qui se passoit en moy, et je le suppliay de m'éclaircir, de me décider, de me conduire.

Il me demanda le secret jusqu'à sa mort (par des raisons dignes de sa charité et de sa prudence) et puis il me dit.... Il me recommanda de me garder de me laisser prendre aux apparences extérieures. ... il ajouta qu'il en avoit vu autrefois (des Jansénistes) (1) qu'il avoit cru des saints et qu'il avoit trouvé n'avoir que des dehors et être de très grands pêcheurs. Il s'étendit sur cela avec confiance pour mon instruction quoique avec sa prudence et sa charité accoutumées, d'une manière à me laisser couvaincu que ce qui m'avoit le plus touché n'en étoit que plus séducteur et plus périlleux, et c'est sur quoy je ne crois pas nécessaire de m'étendre icy. Il m'assura que le Jansénisme étoit existant, condamné, opposé, rebelle, dangereux à l'église et même à l'état, et me conjura de me souvenir toujours de cette conversation et de bien rendre grâces à Dieu de n'avoir pas permis que je tombasse dans un si pernicieux écueil.

« Il ajouta qu'il avoit été fort uni avec les principaux de ceux qui avoient passé pour Jansénistes et qu'il en avoit consulté plusieurs avant sa retraite, mais qu'il ne s'étoit point arrêté à ceux qui luy avoient paru l'être en effet.... qu'à l'égard de M. d'Alet (2) ce grand évêque étoit très éloigné, très opposé même au jansénisme lorsqu'il fut le consulter jusques chez luy ; que la veille qu'il en partit, ce prélat le mena s'asseoir au bord d'un torrent où ils conférèrent quatre heures tête à tête sur le Jansénisme, dont M. d'Alet n'oublia rien pour le préserver, que tels étoient ses sentiments pour lors, et en grande connoissance de cause, qu'il s'étoit remué depuis bien des machines pour le faire changer, et qu'il ne pourroit assez s'étonner comment ces machines avoient pu réussir.

« Il m'assura qu'il n'y avoit ni charité, ni paix, ni soumission parmi les vrais Jansénistes, point de vérité, ni de bonne foi sur leur doctrine, beaucoup de dureté, de hauteur et de domination dans leur conduite ; qu'il l'avoit expérimenté lui même en quantité de choses.

---

(1) Nous reproduisons exactement la copie manuscrite.
(2) Nicolas-Pavillon, évêque d'Alet, né en 1597, nommé évêque d'Alet en 1637, mort le 8 décembre 1677.

Qu'il savoit de grands hommes de bien, et m'en nomma, qui s'étoient retirés d'avec eux par cette expérience, que lui même leur en avoit détaché plusieurs, entr'autres un célèbre qu'il me cita, desquels les uns avoient persévéré avec action de grâces, d'autres s'étoient laissés rattacher par des vues humaines, dont il en étoit mort dans le repentir, et d'autres étoient redevenus de grands pêcheurs. Que nombre de leurs plus considérables tenoient à eux par des liens de considération, de réputation, de figure; qu'il lui étoit passé tant de gens et tant de choses par les mains, et qu'il me pouvoit dire qu'il avoit été également instruit à fond, surpris et affligé même étrangement. Que pour lui, il avoit constamment et de tout son cœur évité les contestations et les disputes, et qu'il n'avoit eu que celles dont il n'avoit pu se séparer sur les choses monastiques pour l'instruction de ses frères. Que son état, son gout et son choix étoit le silence; que c'étoit ce qui l'avoit rendu si circonspect sur les matières appelées du temps. Que ces matières étoient si jalouses que pour peu qu'on laissât échapper quelque chose, l'un des partis au moins entreprenoit les gens et les forçoit d'entrer en lice; que cette crainte l'avoit toujours retenu d'y donner le moindre lieu, voyant la bonne cause si fortement appuyée et soutenue sans que ceux là qui, comme lui, n'étoient pas maîtres en Israel, eussent de nécessité de s'en ingérer, mais qu'il n'avoit pas voulu pour cela que ses sentiments pussent être incertains, et qu'on trouveroit après sa mort des écrits qui les marqueroient dans toute leur étendue, sur ces matières. Qu'il les avoit faits et conservés à ce dessein, et pour préserver de tout venin sa maison jusqu'après lui, si elle vouloit bien suivre sa doctrine dont l'exposition nette et claire ne le pourroit plus commettre alors aux disputes et aux contestations si préjudiciables à la charité quand on s'y expose sans une véritable nécessité et hors de l'ordre.

« J'ai abrégé et omis beaucoup de choses pour ne m'arrêter qu'au pur essentiel. Cette conversation m'a éloigné du Jansénisme pour toute ma vie. Vous en allez voir un autre effet.

« Vous savez sans doute ce qui se passa lors de la démission de l'abbé Gervais et jusques à quel point la sainteté de M. de la Trappe se surpassa dans cette occasion. Tout périssoit dans l'opinion du prétendu Jansénisme de la Trappe (1). Plus certaines personnes la servoient, plus la prévention se fortifioit. J'étois le seul qui la pouvoit sauver en parlant de ce qui m'avoit été confié, et j'essayai inutilement de tout autre moyen; cependant après une longue et cruelle incertitude je vis

---

(1) Le silence de l'abbé de la Trappe sur le jansénisme et ses anciennes liaisons l'ayant rendu suspect à Louis XIV, on avoit résolu de remettre la Trappe en commande. (*Note du duc de Luynes.*)

arriver le terme fatal et je sus avec certitude que cette fausse idée, mais parvenue au point de conviction, produiroit le lendemain la destruction de la Trappe. A bout de toute autre ressource, j'estimai qu'ayant donné tout au secret jusque là, je ne le devois pas garder pour causer un mal si grand et si irrémédiable, et que j'aurois à me reprocher toute ma vie de n'en avoir pas fait un grand usage pour lequel la Providence avoit peut être permis mes doutes et qu'il m'eut été confié pour m'éclaircir. Il n'y avoit plus un moment à perdre. Je pris ma résolution ; elle me couta des deux manières. Je l'exécutai et Dieu la bénit.

« J'étois infiniment ami de M. de...... (1); il étoit à ..... Je l'y fus trouver. Rien n'avoit pu le persuader, ni les autres gens dont il s'agissoit. Je lui confiai mon secret avec tout ce que j'y pus mettre de condition pour qu'il servit sans se répandre. Il fut si aise et si surpris qu'il me fit répéter. Il me répondit du succès du lendemain. En effet, la Trappe fut sauvée. D. Jacques de la Cour fut abbé. Les suites, vous les savez, mais ce que vous avez vu n'est pas tout.

« Au bout de quelques mois, M. de..... fut inquiet des papiers dont je lui avois parlé ; il m'exposa sa crainte qu'ils ne se trouvassent plus à la mort de M. de la Trappe, et son désir qu'il voulût consentir à l'en faire dès lors dépositaire ou tel autre qu'il lui plairoit choisir........ J'avois déjà avoué à M. de la Trappe l'infidélité que je lui avois faite et que la nécéssité et le succès m'avoient fait plus que pardonner par ses bontés pour moi. Je n'eus donc pas de peine d'aller jusqu'à la proposition du dépôt, qui ne fut pas d'abord goutée ; M. de la Trappe y consentit enfin, mais toute cette affaire ne put se passer sans lettres. Dans ce temps là, un de ces ignorants pénitents du parti dont M. de la Trappe m'avoit voulu parler, m'avoit engagé d'écrire à la Trappe sur quelque chose dont j'eus réponse, dans laquelle on me marquoit par un postcrit tout à la fin qu'on achevoit la copie des papiers. Celui qui m'avoit prié d'écrire, avec qui j'étois depuis longtemps étroitement lié d'amitié, me parla de ce qu'il m'avoit demandé devant un tiers qui ne convenoit pas à ce propos. Je ne pensai qu'à lui fermer la bouche en lui donnant la réponse même. Il ne me la rendit point, et j'y pensai aussi peu qu'au postcrit. Ce postcrit la lui avoit fait garder. Il en fit des perquisitions à la Trappe et il fut informé. Je m'aperçus aussitôt d'une froideur en lui qui me surprit et m'affligea d'autant plus que je l'aimois avec une grande confiance. Je lui en parlai et j'eus peine à en savoir la cause qu'il m'apprit enfin en me représentant ce

---

(1) On croit que c'est feu M. le duc de Beauvilliers. (*Note du duc de Luynes.*)

posterit et me disant ce qu'il en avoit découvert. Son chagrin se déploya avec peu de mesure. L'amitié me rendit doux ; je lui représentai tout ce qui s'étoit passé sur la démission de D. Gervais, sa propre douleur du danger extrême où il avoit vu la Trappe..... Il convint de tout, mais il me sut fort bien déclarer qu'il ignoroit par où j'avois sauvé la Trappe, et qu'il eut mieux valu la laisser détruire que de la sauver ainsi, non que le secret lâché lui répugnât mais la révélation de la vérité que le secret renfermoit, et qui, après la mort de M. de la Trappe, alloit rendre inutiles tous les soins infatigables que le parti s'étoit donnés sans cesse pour faire accroire que M. de la Trappe en étoit, ou à tout le moins pour séparer d'une manière équivoque d'un homme si savant, si saint, si austère, si sublime et dont le poids étoit si grand pour ou contre ces Messieurs. Le sentiment d'une telle perte l'emporta sur celui de l'amitié, de la vérité, de l'honneur d'une parole par moi donnée à M. de.../.... que j'alléguai en vain, enfin sur la conservation d'une maison telle que la Trappe, qu'il avoit lui-même toujours extrêmement aimée et respectée. Après une dure et longue plainte, il me proposa que nous en parlassions ensemble à un Evêque fort ami de la Trappe. J'y consentis dans l'espérance que ce prélat lui feroit entendre quelque raison sur une parole formellement engagée de ma part, et à laquelle il vouloit m'obliger de manquer.

« Nous nous vîmes tous trois le lendemain pendant plus de quatre heures et le surlendemain presque autant ; ma surprise fut extrême de voir les tergiversations d'un evêque, et dans un homme sincère, austère, plein de bonnes œuvres, ce qui n'a point d'autre nom qu'emportement et fureur. Tout leur sembloit permis, juste, honnête, pourvu que les papiers demeurassent à la Trappe, et je vous laisse à penser si c'étoit en intention de les laisser paroître ou de les supprimer, et pour un cas semblable toutes les paroles étoient pour eux des riens.

« Prières, tendresse, zèle, colère, rupture, menaces, jusqu'à abuser des confiances les plus anciennes et les plus intimes, tout fut employé à cent reprises et reçu de ma part d'une manière qui ne pouvoit avoir d'autres sources, tant j'ose dire que je l'admire encore, que ma compassion d'un si aveugle égarement et mon respect tendre pour notre ancienne amitié et pour la sainteté éminente que j'avois toujours connue dans cet homme qui eut été épouvanté d'en voir un autre dire et faire la moindre partie de ce qui se passoit dans ces scènes qui finirent par une rupture dont les suites ne sont plus de ce sujet.

« Ce qui en est c'est le peu de droiture qui parut dans un homme d'ailleurs si vrai et si pénitent, sa tyrannie à l'égard d'un ami ; en un mot le tout permis quand il s'agit de l'honneur d'un parti pour ne pas dire d'une secte (car cet homme étoit incapable d'en être s'il eut pu la reconnoître telle) et d'empêcher la vérité quand elle luy est contraire d'être mise en sureté et en évidence, vérité pourtant nettement sue de plusieurs, soupçonnée et entrevue de tous par la lettre ancienne de M. l'abbé de la Trappe à M. le maréchal de Bellefonds et par la lettre nouvelle alors à M. l'abbé Nicaise dont le parti s'émut avec tant d'aigreur pour un seul mot bien doux et bien simple, mais vérité dont il importoit si fort aux jansénistes d'étouffer un monument exprès et un témoignage authentique. »

Appendice à la page 28.

PORTRAIT DE MARIE LECZINSKA, SOUS LE NOM DE THÉMIRE,

PAR MADAME DU DEFFAND.

« Thémire a beaucoup d'esprit, le cœur sensible, l'humeur douce, la figure intéressante. Son éducation lui a imprimé dans l'âme une piété si véritable, qu'elle est devenue un sentiment en elle, et qu'elle lui sert à régler tous les autres. Thémire aime Dieu, et immédiatement après tout ce qui est aimable ; elle sait accorder les choses agréables et les choses solides ; elle s'en occupe successivement, et les fait quelquefois aller ensemble. Ses vertus ont, pour ainsi dire, le germe et la pointe des passions.

« Elle joint à une pureté de mœurs admirable, une sensibilité extrême ; à la plus grande modestie, un désir de plaire qui suffirait seul pour y réussir.

« Son discernement lui fait démêler tous les travers et sentir tous les ridicules ; sa bonté, sa charité les lui font supporter sans impatience et lui permettent rarement d'en rire. Les agréments ont tant de pouvoir sur Thémire, qu'ils lui font souvent tolérer les plus grands défauts ; elle accorde son estime aux personnes vertueuses, son penchant l'entraîne vers celles qui sont aimables ; cette faiblesse, si c'en est une, est peut-être ce qui rend Thémire charmante.

« Quand on a le bonheur de connoître Thémire, on quitteroit tout pour elle ; l'espérance de lui plaire ne paroît point une chimère. Le respect qu'elle inspire tient plus à ses vertus qu'à sa dignité ; il n'interdit ni ne refroidit point l'âme et les sens ; on a toute la liberté de son esprit avec elle, on le doit à la pénétration et à la délicatesse du sien ; elle entend si promptement et si finement, qu'il est facile de lui communiquer toutes les idées qu'on veut, sans s'écarter de la circonspection que son rang exige.

« On oublie, en voyant Thémire, qu'il puisse y avoir d'autres grandeurs, d'autres élévations que celles des sentiments. On se laisseroit presque aller à l'illusion de croire qu'il n'y a d'intervalles d'elle à nous, que la supériorité de son mérite ; mais un fatal réveil nous apprendroit que cette Thémire si parfaite, si aimable, c'est....... (1) »

Appendice à la page 394.

MADEMOISELLE DE MORAS.

LETTRE DE MADEMOISELLE DE MORAS A MADAME DE MORAS (2).

« Maman, depuis que je sais que le sort d'une fille riche est de se marier, j'ai toujours désiré trouver dans le mari que je prendrois certaines qualités et certains défauts. Je voulois trouver en lui un fonds d'esprit et de raison : pour cela je le voulois d'un âge mûr ; je voulois qu'il eût de la générosité sans prodigalité, de la douceur avec de la vérité, par conséquent ni complimenteur ni adulateur. Je lui voulois assez de simplicité pour ne se pas faire un mérite du faste et des faux airs. Je voulois de la naissance, sans me soucier que son rang fût plus ou moins brillant ; mais je lui voulois surtout de la bonté et de l'humanité, qui lui fissent un plaisir réel du bien qu'il feroit et des peines qu'il éviteroit aux gens à qui il seroit à portée d'être utile. Je voulois qu'il ne fût ni ivrogne, ni joueur, ni galant de profession, point bavard, point sournois, qu'il fût capable de reconnoissance et d'amitié et qu'il en prît pour moi sur la connoissance qu'il auroit été à portée de prendre de mon caractère, comme de mon côté, mon projet étoit de n'épouser personne sans le connoître.

« Voilà ce qui m'occupoit depuis longtemps, lorsque l'on m'a dit que M. de Courbon (3), qui logeoit alors chez vous, avoit arrangé le ma-

---

(1) *Lettres de la marquise du Deffand à H. Walpole*, 4 vol. in-8°, 1812, t. IV, p. 449.

(2) Mlle de Moras était fille d'un riche agioteur, Feirenc de Moras, qui avait gagné au système plus de 600,000 livres de rente, avec deux ou trois millions d'effets mobiliers. Elle naquit en 1724.

(3) Charles-Angélique, comte de Courbon-Blainac, né en 1699, capitaine de

riage du fils de M. le maréchal de Broglio avec Mlle de Villers; il étoit allé à dix lieues de Paris pour assister à la cérémonie qui devoit s'en faire, mais que M. de Caraman ayant reçu un courrier par lequel on lui mandoit que M. le P. P. étoit fort mal, M. de Courbon étoit parti avec lui et avoit laissé des amis dans la joie qu'il leur procuroit pour suivre ses amis dans la douleur et dans l'affliction. Ce trait me parut du caractère que je désirois. On m'en parla beaucoup, j'eus envie de le voir, j'en fus occupée, et dès lors je m'attachois à lui sans le connoître. Je le vis enfin. Ses façons et sa personne ne me déplurent point. Il ne loua point ma figure, fadeur que la plupart des gens regardent comme un devoir, mais approuva mes réponses; et je trouvai dans ses propos de la vérité et des traits qui me confirmoient ce que j'en avois ouï dire. Ce qui décida mon goût pour lui fut des événements consécutifs. Le premier est que je le vis réellement piqué contre M. de la Mothe, de ce qu'il avoit annoncé brusquement et avec empressement à M. de Saint-Perrier la nouvelle de la petite vérole de Mlle Daunou. Je le vis surpris de ce que quelqu'un pouvoit se déterminer, sans ménagement et sans bonté, à apprendre une nouvelle qu'il savoit devoir faire une peine vive. Pour lui, je le vis touché et attendri de votre douleur; il loua le genre de la mienne, le courage et la fermeté que je montrois, le désir que j'avois eu de la garder. Je sus peu de jours après qu'il étoit parti subitement pour la Rochelle, sur ce qu'il avoit imaginé que s'il profitoit du joint qui se présentoit, il finiroit par sa présence quelqu'affaire d'intérêt qui concernoit trois petits parents dont je savois qu'il prenoit soin. Je pense qu'un homme qui abandonne ses plaisirs, ses sociétés, ses amis, qui, peu riche d'ailleurs, entreprend un voyage long et coûteux, sans être sollicité par personne, pour des enfants qui n'ont encore rien mérité auprès de lui, qui sacrifie son intérêt au leur, ses amusements à leur utilité, qui se détermine par conséquent à un voyage pénible par le goût de faire le bien pour le bien, sans autre récompense que de satisfaire son goût, qu'il devoit être l'homme que je désirois.

« Nous fûmes à la campagne alors; vous en parlâtes avec éloge et contribuâtes à me faire faire ces réflexions-là. Dès lors je l'aimai véritablement, et mon cœur se livroit à son penchant, lorsque vous m'apprîtes que vous aviez arrangé pour moi un mariage honorable. Les circonstances me firent juger que vous le désiriez vivement; je me soumis à vos volontés; je fis le sacrifice de mes sentiments aux vôtres, et pour vous plaire j'abandonnai mes anciennes résolutions et tous mes

---

cavalerie au régiment de Clermont. Il n'avait, selon Barbier, que 800 livres de revenu.

projets, que l'âge du mari que vous me destiniez détruisoit effectivement. M. de Courbon arriva sur ces entrefaites à la campagne où j'étois avec vous ; il y passa trois semaines. Je l'étudiois avec attention ; j'eusse voulu lui trouver des défauts qui eussent pu détruire le goût inutile que j'avois pour lui ; mais loin de s'affoiblir, il prit de nouvelles forces malgré la résolution que j'avois prise de vous obéir. J'y étois si bien déterminée que la plupart de ma famille qui vous désapprouvoit n'a pu m'ébranler un moment. Vous vous aperçûtes, je le crois, que je le voyois avec plaisir ; vous m'en parlâtes ; je convins que je l'avois pris en amitié ; vous m'en parûtes fort aise ; vous le louâtes beaucoup ; vous l'instruisîtes des sentiments que j'avois pour lui ; vous les lui fîtes valoir. Il partit enfin, ayant montré l'attachement et l'intérêt d'un bon parent qu'il devoit être un jour. Il fut chez M. le maréchal de Broglio, où il comptoit passer un mois ; mais vous vous souvenez que M. de la Mothe lui manda que son fils étoit fort mal, que s'il ne craignoit point la petite vérole qu'il avoit, il lui feroit grand plaisir de venir. Vous m'apprîtes qu'il étoit parti sur-le-champ à minuit. Que son ami, son père, son frère, aient la petite vérole, qu'on soit dans Paris et qu'on se renferme avec eux, me paroît un devoir indispensable ; mais qu'on soit à quarante lieues de Paris, chez des amis respectables, avec lesquels on se plaît et avec lesquels on s'est engagé de passer quelque temps, qu'on prenne la poste dans le moment et qu'on vienne sans s'arrêter jour et nuit pour arriver dans un air dangereux, non pour secourir son ami, mais pour donner des soins à un enfant pour le soulagement de son père, qu'on vienne pour cela se séquestrer du genre humain pour six semaines et se livrer aux douleurs d'une mère extrêmement affligée, me parut encore un trait du caractère que je désirois et me confirma dans l'opinion que j'avois de lui.

« Peu de jours après la mort du fils de M. de la Mothe, vous m'amenâtes M. de Courbon à mon parloir ; vous l'engageâtes à des visites et à des soins pour moi ; vous m'aviez même dit de lui donner à dîner lorsqu'il viendroit m'en demander, ce dont il n'a pas cru apparemment devoir profiter. Vous m'avez paru charmée de l'amitié qu'il me portoit, et il a apparemment suivi vos intentions en me donnant les instructions dont il a cru que j'avois besoin, en me faisant des leçons sur mes fautes, en me grondant même quelquefois ; enfin il en a usé avec moi comme feu mon père. J'ai connu dans ses propos cent propos de lui ; aussi je l'aime comme je l'aimois, puisqu'il m'a montré un intérêt aussi véritable qu'il m'a été utile, qu'il m'a paru que mon caractère lui plaisoit, qu'il estimoit mes qualités, et que mes défauts ne lui faisoient de peine que pour les autres. Voilà les sentiments que j'ai trouvés en lui, qui me suffisent pour lui être attachée éternellement.

Ma raison approuve mon goût et ne me montre rien qui puisse me faire repentir un jour, ni rien qui puisse jamais déplaire à ma famille. J'ai pris de là la résolution de n'être jamais qu'à lui. Mon projet étoit (et je l'eusse soutenu) de lui cacher avec soin l'étendue de mes sentiments jusqu'à ce que j'eusse atteint l'âge où vous eussiez pu ajouter foi à leur solidité. Je me serois contentée jusque là des visites qu'il me faisoit environ toutes les semaines ; mais vous m'avez enlevé le seul plaisir, la seule consolation qui me soutenoient, par la cessation subite de ses visites et de toute attention de sa part. J'ai vu la juste confiance que vous aviez en lui, puisque vous le receviez avec la même amitié ; mais en même temps j'ai vu la défiance que vous aviez de moi. Je ne fus pas longtemps à juger que j'avois mal placé ma confiance, et que quelqu'un vous avoit instruite de mes sentiments. Mais loin de m'en parler, comme une mère tendre qui s'intéresse à sa fille, qui la connoît et qui l'aime, j'ai vu depuis ce temps, par la façon dont vous vous êtes conduite avec moi, que vous me regardiez comme un enfant sans force, sans raison et sans stabilité. Il y a longtemps, maman, que je ne la suis plus. Ressouvenez-vous, s'il vous plaît, de l'éducation que m'a donnée mon père ; elle a terminé mon enfance de bonne heure, en m'accoutumant de penser juste, à réfléchir et à distinguer l'utile de ce qui ne l'est pas. C'est sur la méthode que je tiens de lui que j'ai fait mon choix, et voilà comme j'ai raisonné.

« J'ai pensé qu'il falloit que mon établissement pût faire en premier lieu le bonheur de ma vie, qu'il fût agréable à ma famille et qu'il vous plût ; que je ne devois penser à personne qui ne remplît cette idée-là. Pour faire le bonheur de ma vie, j'avois besoin de quelqu'un dont le caractère se mariât avec le mien, que je pusse aimer, en qui j'eusse de la confiance et qui pût être reconnoissant de mes sentiments et de mes soins par sa disposition à m'aimer. J'ai trouvé sur cela M. de Courbon tel que je le souhaitois. De façon que je suis convaincue que dès que je lui montrerai combien et pourquoi je l'aime, je suis en droit d'attendre de lui les sentiments les plus flatteurs. Que s'il a peu de bien, j'en ai assez pour lui et pour moi, si ce n'est pour vivre dans le faste et l'opulence, du moins dans l'aisance et les commodités. Du reste, j'ai assez entendu parler, et en ai assez tiré mon profit, pour savoir que le bien du mari et celui de la femme ne décident point du tout de l'aisance de la femme, puisqu'elle dépend de la part que les maris font à leurs femmes de leurs revenus. Le caractère de M. de Courbon m'a bien rassuré sur cet événement. Un homme qui sacrifie son revenu, et peut-être son fonds, pour l'utilité et l'éducation de parents éloignés, qui se fait un plaisir véritable d'être médiocrement vêtu pour les vêtir, d'aller en fiacre pour les nourrir et les instruire, ne laisse pas une femme qui lui a fait sa fortune, dans la disette et la pauvreté pour satisfaire à quelque fantaisie. Ainsi, je suis sûre d'être [aussi] riche avec lui que si j'épousois au hasard quelqu'un de cent mille livres de rente.

«Me dira-t-on que j'ai assez de bien acquis et d'espérances pour épouser un homme titré (1), cela peut être ; mais je n'aime pas la trop grande disproportion : les suites sont quelquefois mortifiantes. Je veux un mari qui pense que la vraie noblesse consiste dans celle des sentiments, qui vive comme M. de Courbon, sans vanité et uniment avec ma famille. Aussi pour ce qui me concerne, j'aime mieux l'état que je tiendrai de lui qu'un plus distingué. Il me suffit d'être au pair de tout le monde, de ne devoir par mon état que des politesses et d'avoir entrée partout. Pour ce qui concerne mes frères, ils l'aiment et en sont aimés ; ils doivent attendre de lui et de son caractère qu'il fera de son mieux pour maintenir et même fortifier l'union qui y est. Mais on dira qu'ils ont besoin de quelqu'un qui les protège et qui contribue à leur avancement et à leur fortune. Mais l'état de quelqu'un décide-t-il du goût qu'il a à rendre service et de la possibilité de faire du bien quand il a toujours le désir d'en faire ? Je trouve ce que l'on demande dans la façon de penser de M. de Courbon ; il a de l'amitié pour eux. Si j'étois à lui, il regarderoit comme un devoir de leur être utile, et le devoir se joignant au goût qu'il a d'obliger, ils pourroient en attendre tout. N'avez-vous pas vu, maman, avec quelle volonté, quel zèle et quelle ardeur il s'est conduit dans l'affaire du bénéfice de son parent : ni soins, ni mouvements, ni argent ne lui ont rien coûté ; les difficultés n'ont fait que l'animer ; il a réussi enfin. Avec cela, il ne paroît avoir nulle ambition et ne désire rien pour lui. Il a des amis considérables, et les gens de son caractère doivent les avoir bons. Il a beaucoup de parents, qu'il se feroit sûrement un plaisir de ménager pour eux. Enfin, je crois que ce n'est que dans un intérêt véritable et dans un goût naturel de faire du bien qu'on peut trouver des secours réels. Mes frères compteroient-ils trouver des sentiments aussi rares dans un beau-frère pris seulement à cause de son bien et de son rang ?

«Pour mes parents, je ne vois personne qui ne doive se faire un plaisir et un honneur de lui appartenir. Si leur désir est de dire que M. le duc un tel est leur cousin ou leur neveu, je ne trouve point que cette petite fatuité doive être un objet pour moi ; il m'a paru suffisant que leurs cousins ou leurs neveux fussent hommes de qualité et qu'ils vivent cordialement avec eux ; s'ils sont bien sensés, ils n'en désireront certainement pas davantage.

«Pour vous, maman, je ne croyois pas pouvoir mieux choisir ; vous

---

(1) Barbier indique bien en effet qu'il était question de marier Mlle de Moras à un duc, mais il ne le nomme pas.

n'y trouverez nul visage nouveau, nulle famille importune, nul changement dans votre maison; c'est votre ami, c'est de tous les hommes que vous connoissez celui dont je vous ai ouï dire le plus de bien. Vous m'avez entretenu si souvent de ses qualités que j'ai cru que vous vous feriez un plaisir de faire sa fortune en faisant ma satisfaction. Et je puis dire que je tiens de vous les sentiments que j'ai pour lui par le bien que je vous en ai entendu dire. C'est de vous aussi que je tiens l'espérance de m'unir à lui, par les plaisanteries que vous m'en avez faites, qui m'ont fait juger que vous n'en étiez pas éloignée et peut-être même que vous le désiriez. C'est vous aussi qui avez confirmé dans mon cœur la volonté de n'épouser que quelqu'un pour qui j'aurois de l'inclination, m'ayant dit souvent que rien n'étoit si heureux que les mariages que le cœur approuvoit. Je vous ai fait une fois le sacrifice de cette opinion; j'espérois que n'étant plus dans le cas de le désirer aussi fortement, vous me laisseriez suivre à l'avenir mon goût. Mais j'ai vu toutes mes espérances trompées; j'ai vu que vous désapprouviez mes sentiments et que je ne trouverois plus en vous que des oppositions au lieu des facilités que j'avois lieu d'espérer de trouver. Vous ne sauriez croire la douleur que j'en sentis. Je prévis dès lors que de la façon dont vous pensiez et dans les circonstances où j'étois, vous penseriez à m'établir promptement; que j'allois être exposée à combattre mes sentiments ou vos volontés; qu'il falloit que je vous fisse le sacrifice du bonheur de ma vie ou que je résistasse à une mère pour qui j'ai une soumission naturelle et un attachement plus fort que vous ne l'avez jamais cru; que si je me soumettois, je serois la plus malheureuse créature du monde; que si je résistois, me regardant comme un enfant, vous ne feriez que me changer d'objet; qu'enfin vous lassant bientôt, vous vous révolteriez contre moi et que vous vous acharneriez à me vaincre. Dès là je me suis vue exposée à tous les mauvais traitements d'une mère qui seroit justement irritée. Tant que je n'ai vu l'orage que de loin, je n'ai pas pensé à l'éviter; mais on m'assure que pendant votre séjour à Lainville, et j'eus lieu d'en être convaincue, que tout étoit arrêté pour mon établissement, et que vous comptiez couronner votre ouvrage au retour de Livry. Je vis pour lors l'orage de si près que j'en fus effrayée; mais de quelque côté que je jetasse les yeux pour m'en garantir, je ne vis que des dangers. Je cherchois donc le moins affreux, je l'ai trouvé et je le suis. Cependant, je sens que je vous offense; mais c'est pour la première et dernière fois de ma vie, car si je fais une faute, c'est pour n'en plus faire; si je porte à ma réputation une atteinte forte, c'est pour ne la pas perdre. Je la réparerai par la conduite la plus exacte. Quand je compare le parti que je prends avec celui de vous offenser pendant onze ou douze ans, en vous résistant toujours, ou avec celui de me soumettre en me donnant à quelqu'un que je ne saurois considérer que comme l'auteur de mes maux, je ne me crois pas heureuse de l'avoir choisi puisqu'il vous cause des peines, mais je crois avoir évité de plus grands malheurs.

« Je vais donc, je vous le dis en tremblant, je vais trouver M. de Courbon (1), lui apprendre mes sentiments pour lui et l'état d'où je me tire, lui offrir ma main, mon cœur et ma fortune. Que n'ai-je votre consentement? ce seroit le plus heureux jour de ma vie. Je n'ai pris un parti si violent sans avoir bien réfléchi et en avoir prévu toutes les suites. J'ai pensé que M. de Courbon, me connoissant bien et ayant pour moi des dispositions avantageuses, saisiroit avec grand plaisir l'occasion de s'assurer une fortune qu'il ne pourroit pas espérer et qui ne lui déplairoit pas avec quelqu'un qu'il aime aussi véritablement; qu'il m'épouseroit et que je serois à lui pour toujours; ou, qu'étant plus votre ami que flatté de la fortune que je lui offrirois, plus touché de vous manquer que de me satisfaire, il vous laisseroit la maîtresse de mon sort; que vous me feriez revenir à Paris, où je serois après cette équipée, dont alors je ne compte pas absolument me faire délivrer de vos désirs pour tout autre établissement [sic], parce qu'après ceci je ne compte pas que personne veuille de moi; du moins si quelqu'un pensoit assez bassement, mon excuse seroit dans le mépris que j'aurois pour lui; alors la sûreté de n'être jamais qu'à M. de Courbon me seroit une consolation de n'y pas être, et n'étant pas dans le cas de vous désobéir journellement, j'attendrai patiemment l'âge où les lois me permettront d'être à lui. Voilà le parti le moins heureux, mais il me sufit et je serai contente.

« Mais, maman, si ce que j'ai entrepris m'est honteux, il faut nécessairement qu'il soit mortifiant et douloureux pour vous et pour ma famille, par le fait et surtout par les discours du public. Cependant, comme il vous est possible de le cacher, vous pouvez par conséquent éviter ce qu'il y a de plus pénible pour vous et pour ma famille. Vous pourriez dire qu'ayant connu en moi un attachement solide et raisonné pour M. de Courbon, que ne l'ayant pu désapprouver, puisque vous ne connoissez personne plus propre à rendre une famille heureuse, que déterminée même par l'amitié que vous lui portez et celle qu'il a pour vous, et par le plaisir de faire sa fortune et mon bonheur, vous m'avez envoyée chez lui consommer notre union pour éviter les contradictions et les plaintes de nombre de parents qui se sont toujours flattés de me voir établir d'une façon très-brillante. Beaucoup de gens nous condamneront; beaucoup d'autres vous désapprouveront;

---

(1) En Poitou, à la Roche-Courbon.

il en seroit comme de toutes les choses de la vie, et il n'y auroit alors que le fait qui vous causât des peines. Mais soyez sûre, maman, que je le réparerai, que je l'efffacerai de votre mémoire par l'attachement le plus inviolable et le plus parfait, si vous en usez ainsi ; quoique je ne pense pas que ce soit par bonté pour moi, je ne me lasserai jamais de vous en montrer ma juste et vive reconnoissance.

Ayez, maman, quelqu'indulgence pour une fille qui vous manque pour la première fois, et qui ne vous eût certainement jamais manqué, s'il n'avoit été question de la chose la plus intéressante de sa vie. J'aime, voilà le crime qui vous offense. Mais pensez que je dois avoir un cœur tendre, qu'il n'est pas singulier que je sois née capable d'attachement, et que je fasse plus de cas du solide que du brillant. Penseriez-vous actuellement qu'il est raisonnable à des parents de tyranniser par ambition et par vanité des cœurs qui n'en ont point? Mettez-vous en ma place pour un moment et traitez-moi comme vous voudriez être. Pensez d'où on sait que je viens, et voyez si l'état après lequel je cours n'est pas assez éloigné de moi pour me satisfaire ; que ma gloire même devroit s'alarmer si je m'élevois davantage, et qu'elle doit approuver que je m'égalise en procurant une fortune peu attendue. Du reste, maman, ne regardez pas mon attachement comme un sentiment fragile. Il y a dix-huit mois que je l'éprouve dans le silence ; il est en moi comme ma vie, il ne s'en effacera qu'avec elle, et ce sentiment, que vous nommeriez sûrement de l'amour, n'en est cependant pas ; je le crois du moins. il ne répond point du tout à l'idée que j'en ai ; mais une estime forte, une amitié vive, une conformité, qui souvent m'a surprise, de caractère, de goût et d'opinion, qui me donnant de l'estime pour moi-même, m'assurant qu'il m'aimera, me donnent la conviction que je suis faite pour lui et que je ne puis être heureuse qu'avec lui. Je sens que si c'étoit de l'amour, j'aurois la pudeur de m'en taire, je serois honteuse de le découvrir, et je ne l'irois point offrir sans être désirée.

« Je dois à Mlle Gorry, ma gouvernante, la justice de vous dire qu'elle n'a eu nulle part à mon projet, ni à son exécution. Je savois qu'on avoit abusé de ma confiance, ce pouvoit être elle ; il ne m'en a pas fallu davantage pour lui cacher mes desseins ; elle m'étoit nécessaire et je voulois l'emmener avec moi. Je l'ai trompée, ainsi que Mlle Daunay, la supérieure, et toute la communauté (1), en lui montrant une lettre de vous que j'avois contrefaite, par laquelle vous me mandiez que vous vouliez me faire passer quelques jours avec

---

(1) La communauté de N. D. de la Consolation, à Paris, rue du Cherche-Midi.

vous à la campagne ; qu'une chaise à deux, qui venoit de Livry, me viendroit prendre et que je n'avois qu'à me préparer pour le lendemain au matin. Tout étoit prêt effectivement par les soins d'un laquais que j'avois pris et séduit par l'espérance, et à qui j'avois donné mes ordres secrètement. Ce ne fut qu'après avoir fait quelques postes que Mlle Gorry me montra de l'inquiétude. Alors, prenant un pistolet, je lui dis que je suivois effectivement un projet auquel j'étois si attachée qu'elle-même ne seroit pas en sûreté à la moindre opposition ; qu'elle n'avoit pas d'autre parti à prendre que celui de se soumettre ; que je lui rendrois justice dès que je le pourrois, et que je voulois qu'elle me traitât comme sa fille. Elle me promit en tremblant ce que je voulois, et je l'ai conduite jusqu'ici sans confiance et sans la perdre de vue.

« Soyez sûre, maman, que malgré ce qui m'arrive, il n'y a nulle part une fille qui soit si vivement attachée à sa mère ni qui lui soit si subordonnée. Je sais qu'actuellement les apparences sont contre moi ; cependant de tous les obstacles qui se sont présentés, je n'ai trouvé que ma soumission pour vous difficile à surmonter. Dorénavant rien ne sauroit me déterminer à vous manquer dans la moindre chose ; au contraire, tout m'engagera à vous montrer le désir extrême que j'aurai à vous plaire. J'aurai à réparer et j'y ferai de mon mieux ; j'y travaillerai avec une attention continuelle. Heureuse, si j'y réussis et si je puis un jour retrouver l'amitié et les bontés que mes sentiments méritent de vous.

« C'étoit pour mon projet que je vous demandai trente louis. J'en parlai à mon oncle, M. Perrin ; il m'en fit espérer ; j'en ai trouvé ailleurs. »

A Poitiers, ce 29 octobre 1737.

2. LETTRE DE M. DE COURBON A MADAME DE MORAS.

« Mon étonnement a été infini, Madame, en voyant paroître ici Mlle votre fille conduite par sa gouvernante, ce qui m'a fait juger d'abord que c'étoit par votre ordre ; mais ma surprise a bien augmenté lorsqu'elle m'apprit que vous l'ignoriez, que même Mlle Gorry n'avoit eu nulle part à ce projet ni à son exécution ; que par une lettre supposée de vous elle avoit trompé tout le monde. Je ne vous dis rien, Madame, des principes qui l'ont fait agir. Vous en êtes instruite par la lettre qu'elle vous a écrite de Poitiers et dont elle m'a montré copie. Je suis convaincu que ceci vous causera bien de la peine ; j'y prends part, je vous assure, comme votre serviteur et votre ami ; et comme tel, permettez-moi de vous dire que je crois que si vous lui laissez entrevoir quelqu'espérance de la satisfaire un jour, vous n'aurez besoin que de votre seule volonté pour la ravoir, et elle s'y soumettra même de bonne grâce. J'ai cru ne devoir pas perdre un moment à vous instruire de cet événement. J'envoie un exprès pour tâcher de joindre le courrier. Du reste, Madame, vous connoissez ma probité et mon attachement, et je me ferai un plaisir de vous en donner des preuves quelque parti que vous preniez. Je remplirai vos vues, qu'elles me plaisent ou qu'elles me peinent. Voilà tout ce que je sais; car j'ignore si je suis bien aise ou fâché, si je rêve ou si je veille; j'ai un brouhaha dans l'imagination qu'il faut que je calme pour bien distinguer ce que ceci a produit en moi et pour m'assurer même que ce que je vois est bien vrai. Soyez sûre, Madame, que personne ne vous est plus attaché que moi, ne vous honore et ne vous aime davantage, que je me ferai toujours un plaisir véritable de vous en donner des preuves.

J'ai l'honneur d'être, etc.   COURBON-BLAINAC.

A Roche-Courbon, 31 octobre 1757.

« Permettez-moi de vous demander de vos nouvelles promptement (1). »

3. LETTRE DE M. DE COURBON A Mme LA PRINCESSE DE CONTY.

« Madame, comme il n'y a personne dans le monde dont je fasse plus de cas de l'estime et des bontés, j'envoie à V. A. S. la copie de la lettre que Mlle de Moras a écrite en venant ici à madame sa mère, afin que vous voyiez que je n'ai nulle part à son voyage. Vous y verrez aussi, Madame, son histoire et la mienne, son caractère et le genre de son esprit, plein de force, de résolution et de courage, qui je crois ne vous déplaira pas. Vous y verrez exactement décrits les sentiments qu'elle a pour moi et ceux que j'ai eus pour elle avant ceci, qui ne devroit pas en apparence produire l'événement qui fait tant de bruit; enfin, Madame, je ne puis pas faire qu'elle ne soit pas venue ici, qu'elle n'y ait pas resté dix à onze jours, en attendant toujours quelqu'un de sa famille. Mais le 8, à sept heures du matin, un fol, armé jusqu'aux dents, escorté d'archers et d'un nombre de valets, se disant porteur d'un ordre du Roi et n'en ayant point, arrive chez moi, monte sous ce nom respectable à la porte de Mlle de Moras, qu'ils veulent enfoncer; enfin ils veulent me l'arracher. Ce n'étoit pas là la façon de l'avoir, aussi ne l'eurent-ils pas. Mais l'après-dînée, un homme sage me la demanda avec politesse, et l'eut; et ce ne fut qu'après qu'il eut vu qu'elle étoit disposée à suivre un homme sûr qu'il nous montra l'ordre qu'il avoit du Roi, et elle partit le lendemain sans sourciller, et en m'assurant que son projet étoit rempli, puisque sa mère ne la tourmenteroit plus pour la

---

(1) Le lendemain du jour où M. de Courbon écrivait cette lettre, il épousait Mlle de Moras. Ce fut le curé de Contré qui les maria le 1er novembre.

marier, et qu'elle ne pouvoit plus être à d'autre qu'à moi. Elle n'a que quatorze ans, Madame, mais je ne connois à personne un sens plus droit, plus d'éloquence, plus de force et de courage dans l'esprit, plus simple et plus douce dans le courant; mais aussi la plus sensible et à qui il faut moins marcher sur le pied. Je n'oserois dire à quoi je trouve que cela ressemble.

« Permettez-moi de vous dire un petit trait d'elle. Lorsque l'on eut ouvert à M. de Polisy (1) la porte qu'il enfonçoit, et le voyant comme Artaban, et ayant des pistolets d'arçons jusque dans les poches de son habit, qu'il faisoit voir le plus souvent qu'il pouvoit en rangeant sa redingote, loin d'en être effrayée elle ne fit qu'en rire, et demanda aussi ses pistolets pour faire, dit-elle, la conversation à armes égales. Connoîtriez-vous, madame, personne capable de ce sang-froid et de cette plaisanterie. Mon sort est d'être intimement attaché aux gens de qui ces traits-là peuvent partir. Ils montrent la force de l'âme et le courage de l'esprit. J'espère, Madame, que vous agréerez la conduite que j'ai tenue dans cette affaire; il n'y a personne dans le monde dont je désire tant l'approbation, parce que je n'en connois pas de plus juste et que je vous suis attaché plus que personne du monde; je ne saurois même vous dire à quel point : cela va, du moins, à donner de tout mon cœur mes bras pour vous; il y a quinze jours que j'eusse été jusqu'à la vie, mais j'en dois à présent la conservation à quelqu'un à qui elle est chère. J'ai l'honneur d'être, etc. »

4. RÉPONSE DE Mme LA PRINCESSE DE CONTY A M. DE COURBON.

« Je suis étonnée, Monsieur, puisque vous vous vantez de me connoître, que vous ne sachiez pas que je déteste le crime, par conséquent ceux qui sont capables d'en commettre, et que mon avis sera toujours qu'ils subissent la plus grande rigueur de la justice (2). »

La justice se montra rigoureuse, comme le désiroit la princesse de Conty. M. de Courbon fut condamné à mort par le Parlement en 1739, exécuté en effigie et obligé de se sauver à Turin. Sa mère, Mme de Courbon, mourut de chagrin après une longue détention. Mlle Gorry fut condamnée au fouet, à la fleur de lys et à neuf ans de bannissement. Le curé de Contré fut aussi banni après avoir fait amende honorable. Mme de Moras, de mœurs légères, « qui avoit donné lieu, dit Barbier, aux fa-

---

(1) Oncle de Mlle de Moras.
(2) Ces quatre pièces sont tirées des archives du dépôt de la guerre, *Intérieur*, vol. 2877, pièce 143. Elles nous ont été communiquées par M. Turpin.

miliarités de M. de Courbon avec sa fille, » mourut de chagrin à la suite de ces scandales. Quant à Mlle de Moras, elle fut déshéritée par sa mère, et enfermée dans un couvent jusqu'à sa majorité. Après la mort de M. de Courbon, elle se remaria, en 1750, avec un chevalier de Malte, M. de Beauchamp.

ERRATA.

Page 415, note 1. *Au lieu de :* « fille de Gaston, duc d'Orléans », *lisez :* Anne-Marie-Françoise de Saxe-Lawembourg.

TABLE ALPHABÉTIQUE

DES NOMS ET DES MATIÈRES

MENTIONNÉS DANS CE VOLUME.

A.

Abbaye de Saint-Germain des Prés, 375.
Abbesses de l'abbaye aux Bois et de Caen, 132.
Accouchements de la reine, 73, 301.
Acunha (Don Louis d'), ambassadeur de Portugal, 262.
Adoration de la croix (Cérémonie de l'), 235.
Aguesseau (d'). *Voy.* Daguesseau.
Albe (duchesse d'), ambassadrice d'Espagne, 185.
Alègre (Abbé d'), aumônier de la reine, 400, 401, 416, 421.
Alègre (Comtesse d'), 99.
Alexandre, premier commis du bureau de la guerre, 256, 257.
Aligre (d'), garde des sceaux, 184.
Alincourt (Duchesse d'), dame du palais de la reine, 82, 163, 192.
Amelot (Jean-Jacques), seigneur de Chaillou, intendant des finances, 185, 187, 188, 207, 306, 358, 384, 425.
Amelot (Anne de Vougny, Mme), femme du précédent, 232, 384.
Amelot (Michel), marquis de Gournay, ambassadeur en Espagne, 233.
Ancenis (Duc d'), capitaine des gardes du corps, 176, 177, 195, 224, 292, 338, 400.
Ancenis (Marthe-Élisabeth de Roye de la Rochefoucauld, duchesse d'), 178, 195, 207, 338; dame du palais de la reine, 341, 428.
Ancezune (M^e d'), 422.
Andelot ou Andlau (Abbé d'), aumônier du roi, 400, 401.
Andlau (Léonor, comte d'), grand officier du roi de Pologne, 233.
Angervilliers (d'), ministre secrétaire d'État, 86, 123, 180, 183, 187, 207, 249, 256, 278, 280, 416.
Angleterre (Reine d'). *Voy.* Guillelmine-Charlotte-Dorothée de Brandebourg-Anspach.
Angleterre (le roi d'). *Voy.* Georges II.
Anjoni de Foix, enseigne des gardes du corps, 146.
Anne d'Autriche, reine de France, 112.
Anonville (M. d'), gentilhomme du roi de Pologne, 234.
Antin (Louis-Antoine de Pardaillan de Gondrin, duc d'), directeur général des bâtiments, mort en 1736, 114-116, 119-121, 143, 161, 166, 214, 215.

ANTIN (Julie-Françoise de Crussol, duchesse douairière d'), femme du précédent, 169.

ANTIN (Louis de Pardaillan de Gondrin, d'abord duc d'Épernon, puis d'), petit-fils du précédent, 69, 70, 154, 115, 120, 121, 123, 197, 214, 437.

ANTIN (Louis de Pardaillan de Gondrin, marquis d'), fils du précédent, 116, 123, 171, 408.

ANVILLE (Duc d'), 373, 374.

APCHIER (Comte d'), capitaine sous-lieutenant des gendarmes de la garde, 290.

ARC (Chevalier d'), 409.

Archevêque (M. l'). *Voy.* VINTIMILLE.

ARCUSSIA (M. d'), 208.

ARCUSSIA (Louise de Sabran, Mme d'), 208.

ARGENCE (Le marquis d'), capitaine de dragons, 105, 106.

ARGENSON (Marc-René de Voyer de Paulmy, marquis d'), garde des sceaux, mort en 1721, 184.

ARGENSON (Marc-Pierre de Voyer de Paulmy, marquis d'), fils du précédent, lieutenant général de police, 315.

ARGOUGES DE FLEURY (d'), lieutenant civil au Châtelet de Paris, 77, 78, 308.

ARGYLE (Duc d'), 335.

ARMAGNAC (Charles de Lorraine, comte d'), dit *le prince Charles*, grand-écuyer de France, 108, 178, 399.

ARMAGNAC (Françoise-Adélaïde de Noailles, comtesse d'), 108, 109, 178, 192, 226.

ARMENONVILLE (d'), garde des sceaux, mort en 1728, 184.

ARMENTIÈRES (Mme d'), 175.

Arras (Évêque d'). *Voy.* BAGLION DE LA SALLE.

ASFELD (Marquis d'), maréchal de France, 106, 122, 436.

ATTARÈS (MM.), 190, 376.

AUBIGNÉ (Comte d'), lieutenant général des armées du roi, 307, 308.

AUGER (Chevalier d'), enseigne des gardes du corps, 146.

Augsbourg (évêque de). *Voy.* BAVIÈRE (Alexandre Sigismond de).

Aumôniers du roi (Service des), 107, 138, 211, 213.

AUMONT (Duc d'), premier gentilhomme de la chambre du roi, mort en 1704, 271.

AUMONT (Duchesse d'), 132.

AUNEAU (Comte d'), 339.

AUROY (M. d'), 106.

AUTEREAU (Jacques), peintre, 353.

AUVERGNE (Comte d'), 392.

AUXY (Marquis d'), 80.

AUXY (Mme d'), 80.

AUXY (Mlle d'), 80.

AVÉJAN (d'), capitaine-lieutenant de la 1re compagnie des mousquetaires de la garde, 277, 280.

AYDIE (L'abbé d'), aumônier du roi, 235, 236 405.

AYDIE (Le chevalier d'), officier des gardes, 229, 230.

AYEN (Louis de Noailles, comte, puis duc d'), 162, 194, 195, 198-200.

AYEN (Catherine-Françoise-Charlotte de Cossé-Brissac, duchesse d'), 175, 176, 192.

B.

Baglion de la Salle (François de), évêque d'Arras, 179.
Balagny (Rossignol de), secrétaire des commandements de la reine, 135.
Balleroy, gouverneur du duc de Chartres, 163, 220.
Balzac, écrivain, 330.
Baptême du Dauphin et de Mesdames, 246.
Barbezieux (M. de), 359.
Barcos (Martin de), abbé de Saint-Cyran, 324.
Barentin, maître des requêtes, intendant de la Rochelle, 124.
Barjac, domestique du cardinal de Fleury, 189.
Bassompierre (M. de), chambellan du roi de Pologne, 234.
Bauffremont (Mme de), 198, 199.
Bavière (Alexandre-Sigismond de), évêque d'Augsbourg, 203, 205.
Bavière (Emmanuel-François-Joseph, comte de), 130.
Bavière (La comtesse de), 130.
Bayle, écrivain, 421.
Beauvais (L'ancien évêque de). *Voy.* Beauvilliers (François-Honorat-Antoine de).
Beauveau (Comte de), lieutenant-général, gouverneur d'Hesdin, 104.
Beauvillers (François-Honorat-Antoine de), évêque de Beauvais, 207.
Beauvilliers (Paul-François, duc de), 174, 207.
Beauvilliers (Marie-Françoise-Suzanne de Creil, duchesse de), femme du précédent, 166.
Bédé (Le président de), 125, 150.
Bélac (M. de), gentilhomme du roi de Pologne, 234.
Belfond, enseigne des gardes du corps, 146.
Belleforière (Mme de), 84.
Belle-Isle (M. de), 85-89, 214.
Belzunce (M. de), grand louvetier, 221, 393.
Belzunce (Mme de), 422.
Bentenrider (M. de), 403.
Berchiny (Comte de), grand officier du roi de Pologne, 233.
Béringhen (Henri-Camille, marquis de), premier écuyer du roi, 111, 200, 245, 360, 390, 399, 421.
Bernard, juif, 390.
Bernard (Samuel-Jacques), surintendant des finances de la reine, 66, 202.
Berry (Charles de France, duc de), petit-fils de Louis XIV, 245.
Berwick (La maréchale de), 252, 258.
Besenval (Mme de), 356.
Béthune (Paul-François, duc de), lieutenant-général des armées du roi, capitaine des gardes du corps, 116, 133, 219, 224, 235, 236, 275, 281, 437.
Béthune (Julie-Christine-Régine-George d'Antraigues, duchesse de), femme du précédent, dame du palais de la reine, 57, 133, 177, 178, 260, 281, 293, 320, 330, 338.
Béthune (Louis-Marie-Victor, comte de), grand chambellan du roi de Pologne, 233.

BIDEAU, porte-nain du roi, 362.
BIENVENU, garçon du garde meuble, 237.
BIGNON, intendant de Soissons, 124.
BILLARDERIE (M. de LA), major des gardes, 302.
BIRON (Charles-Armand de Gontaut, duc de), maréchal de France, 157, 166, 436.
BIRON (Marie-Antonine de Bautru, duchesse de), femme du précédent, 192, 422.
BIRON (Louis-Antoine de Gontaut, comte de), fils des précédents, colonel du régiment du Roi, 244, 249, 384, 385.
BISSY (Anne-Claude de Thiard, marquis de), lieutenant-général des armées du roi, 67, 88, 424.
BISSY (Henri de Thiard de), cardinal, 111, 305, 307, 308, 312, 318, 341.
BLAMONT (Colin de), musicien, 389.
BLANC (LE), secrétaire d'État de la guerre, 413.
BLANCHETON DE CHEVRY, maître des requêtes, 346.
BOIS-SANDRÉE, enseigne des gardes du corps, 146.
BONNEFONS, huissier de la chambre, 237, 271.
BONSEY (Marquis de), chambellan du roi de Pologne, 234.
BONTEMPS (Louis), l'un des quatre premiers valets de chambre du roi, gouverneur des Tuileries, 98, 183, 216, 245, 416.
BORDAGE (Marquis DU), 170.
BOUCHERAT (Le chancelier), 329.
BOUFFLERS (Catherine-Charlotte de Gramont, maréchale duchesse douairière de), 85, 126, 147, 162, 264.
BOUFFLERS (Joseph-Marie, duc de), lieutenant-général des armées du roi, 101, 424.
BOUFFLERS (Madeleine-Angélique de Neufville-Villeroy, duchesse de), femme du précédent, dame du palais de la reine, 57, 98-102, 122, 123, 134, 192, 302.
BOUFFLERS (Louis-François, marquis de), mestre de camp, lieutenant du régiment des dragons d'Orléans, 215.
BOUFFLERS (Marie-Françoise-Catherine de Beauvau-Craon, marquise de), femme du précédent, dame du palais de la reine de Pologne, 215, 234.
Bougeoir du roi, 263.
BOUILLON (Emmanuel-Théodose de la Tour d'Auvergne, cardinal de), 112, 435.
BOUILLON (Charles-Godefroy de la Tour d'Auvergne, duc de), grand chambellan, 175, 241, 244, 260, 268, 275, 390, 402, 428, 429, 434.
BOUILLON (Marie-Charlotte-Sobieska, duchesse de), femme du précédent, 208, 241.
BOURBON (Louise-Françoise de Bourbon, duchesse douairière de), nommée *Madame la Duchesse*, 57, 58, 77-79, 109, 140, 226, 240, 376, 377, 379, 386, 407, 408, 410, 418.
BOURBON (Louis-Henri de Bourbon, duc de), prince de Condé, nommé *Monsieur le Duc*, grand-maître de la maison du roi, 79, 90, 103, 105, 114-116, 146, 226, 235-237, 239, 250, 261, 276, 302, 303, 377, 379, 391, 429, 430.
BOURBON (Caroline de Hesse-Rhinfels, duchesse de), nommée *Madame la Duchesse la jeune*, femme du précédent, 140, 370, 418, 422, 429.

BOURBON (Louise-Anne de), nommée *Mademoiselle*, fille de Louis III, duc de Bourbon, prince de Condé, 64, 65, 198, 226, 319, 320, 341, 377, 381, 382, 406.
BOURG (Le maréchal DU), 430.
BOURGOGNE (Louis de France, duc de), puis dauphin, mort en 1712, 174, 247, 417.
BOURGOGNE (Marie-Adélaïde de Savoie, duchesse de), puis dauphine, morte en 1712, 133, 185.
BOUTEVILLE (Charles-Paul-Sigismond de Montmorency-Luxembourg, d'abord duc de Châtillon, puis de), 66.
BOUVET (M. de), gentilhomme du roi de Pologne, 234.
BOUVET (Le chevalier de), gentilhomme du roi de Pologne, 234.
BOUZOLS (Mme de), 252, 381, 399.
BOYER (Jean-François), évêque de Mirepoix, précepteur du dauphin, 59, 60, 82, 173, 174, 204, 309, 351, 362, 432, 433.
BRANCAS (Jean-Baptiste-Antoine de), archevêque d'Aix, 229.
BRANCAS-SISTÈRE (M. de), 201.
BRASSAC (Marquis de), chambellan du roi de Pologne, 233.
BRETEUIL (Marquis de), chancelier de la reine, 135.
BRIDOU DU MIGNON, gentilhomme ordinaire du roi, 101.
BRIFFE D'AMILLY (LA), premier président du parlement de Bretagne, 125, 150.
BRILHAC (Mme de), 150.
BRILLON (M. de), gentilhomme du roi de Pologne, 234.
BRISSAC (Marie-Louise de Béchameil, duchesse douairière de), 192.
BRISSAC (Catherine Pécoil, duchesse douairière de), belle-fille de la précédente, 192, 341.
BRISSAC (Marie-Josèphe Durey de Sauroy, duchesse de), belle-fille de la précédente, 192.
BRISSAC (Mlle de). *Voy.* AYEN.
BROGLIE (François-Marie, duc de), maréchal de France, 341, 436.
BROGLIE (Marie-Thérèse-Gillette Locquet de Granville, duchesse de), femme du précédent, 54.
BUCKINGHAM (Mme de), 356.
BUNEL (Les), paumiers, 367.
BUSCA, enseigne des gardes des corps, 146.
BUSSY (Mme de), dame d'honneur de Mademoiselle, 98.

C.

CAMBIS (M. de), ambassadeur en Angleterre, 272, 273.
Cambray (Archevêque de). *Voy.* SAINT-ALBIN.
CANNETTE, officier du gobelet de la reine, 75.
Carabiniers (Régiment royal des), 76.
CARIGNAN (Prince de), 191, 209.
Carmes (Général des), 92.
CARRÉ DE MONTGERON, conseiller au parlement, 310, 311, 314.
CASSINI (Jacques), astronome, 194, 330.

CASTÉJA (M. de), gentilhomme du roi de Pologne, 234.

CASTELLANE (Le chevalier de), mestre de camp-lieutenant du régiment de dragons d'Orléans, 215.

CASTELMORON (Mme de), 422.

Castor et Pollux, opéra, 401.

CATHERINE BNIN OPALINSKA, reine de Pologne, duchesse de Lorraine et de Bar, 108, 109, 122, 216, 217, 221.

CAUMONT (Duchesse de), 192.

Cavagnole ou Cavayole (Jeu de), 272, 288, 289, 301, 317, 318, 326, 358, 361, 386, 394, 422.

Cène de la Reine, 228.

Cérémonial des visites de l'ambassadeur d'Espagne aux princes du sang, 267.

CÉZILE (M. de), trésorier des aumônes, 350.

CHALAIS (Prince de), 190, 194, 197, 199, 201, 221, 247, 281, 360.

CHALAIS (Julie de Pompadour, princesse de), dame du palais de la reine, 57, 186, 190, 194, 231, 284, 287, 358, 429.

CHALAIS (Mlle de), 194.

CHALMAZEL (Louis de Talaru, marquis de), premier maître d'hôtel de la reine, 56, 57, 229-231, 386, 410.

CHALMAZEL (Marie-Marthe-Françoise de Bonneval, marquise de), 57.

CHAMARANDE (Charles-Gilbert d'Ornaison, comte de), mort en 1699, 386-388.

CHAMARANDE (Louis d'Ornaison, comte de), fils du précédent, 57, 386, 388.

CHAMBONAS (Comte de), colonel lieutenant du régiment d'infanterie du Maine, 76.

CHAMFLOUR (Abbé de), 347.

CHAMPCENETZ, valet de chambre du roi et gouverneur de Meudon, 258, 279.

CHAMPERON (Coste de), conseiller de la grand'chambre, 181.

Chancelier (Le). *Voy.* DAGUESSEAU.

CHAPISEAU (M. de), officier du régiment du roi, 311.

CHARLES (Le prince). *Voy.* ARMAGNAC (Charles de Lorraine, comte d').

CHARLES VI, empereur d'Allemagne, 392, 393.

CHARLES-EMMANUEL III, roi de Sardaigne, 122, 144, 164, 178, 191, 203, 226.

CHAROLOIS (Charles de Bourbon-Condé, comte de), 103, 105, 226, 265.

CHAROST (Armand de Béthune, duc de), capitaine des gardes du corps du roi, 57, 91, 128, 177, 178, 195, 215, 219, 224, 235, 273, 274, 281, 339, 341, 348, 384.

Chartres (Évêque de). *Voy.* MÉRINVILLE.

CHARTRES (Louis-Philippe d'Orléans, duc de), 163, 215, 220, 226, 239, 266, 306, 344, 351, 411, 412, 424, 428.

CHATELET (Marquis Du), chambellan du roi de Pologne, 234.

CHATELET (Chevalier Du), chambellan du roi de Pologne, 234.

CHATELLERAULT (Mme de), 82, 381.

CHATILLON (Alexis-Madeleine-Rosalie de Châtillon, comte, puis duc de), gouverneur du dauphin, 59-61, 63, 67, 69, 70, 78, 79, 88, 92, 125, 133, 173, 174, 202, 204, 223, 225, 238, 265, 284, 309, 339, 344, 351, 352, 357, 362, 395, 419, 422, 423, 426, 432-434.

CHATILLON (Anne-Gabrielle le Veneur de Tillières, duchesse de), 63-65, 308, 352, 357, 381.

CHATILLON (Louis Gaucher, fils du duc de), 351.

CHATILLON-MONTMORENCY (M. de). *Voy.* BOUTEVILLE.
CHAULNES (Louis-Auguste d'Albert d'Ailly, duc de), lieutenant des chevau-légers de la garde, 176, 177, 276, 282, 292, 295-297, 417.
CHAULNES (Marie-Anne-Romaine de Beaumanoir, duchesse de), 160.
CHAUMOMT DE LA GALAISIÈRE, chef du conseil et chancelier du roi Stanislas, 123, 124, 163, 164, 233.
CHAUVELIN (Germain-Louis), seigneur de Grosbois, garde des sceaux de France, ministre et secrétaire d'État des Affaires étrangères, 54, 56, 72, 85, 86, 88, 95, 123, 130, 132, 159, 160, 170, 171, 182-184, 187, 189, 202, 260, 425.
CHAUVELIN (Anne Cahouet, Mme de), 183.
CHAVIGNY (M. de), envoyé extraordinaire en Danemark, 259.
CHAVIGNY (M. de), secrétaire d'État, 323.
CHAVIGNY (Mme de), 323, 324.
CHAZERON, lieutenant des gardes, 195, 200, 201.
CHERIZY (M. de), chef de brigade, 74.
Chevau-légers de la garde (service des), 300.
CHEVREUSE (Charles-Honoré d'Albert, duc de), mort en 1712, 276.
CHEVREUSE (Jeanne-Marie Calbert, duchesse de), femme du précédent, dame du palais de la reine Marie-Thérèse, 160, 260, 419.
CHEVREUSE (Marie-Charles-Louis d'Albert, duc de), fils du duc de Luynes, 85, 87, 88, 227, 292, 293, 369; ses Maximes de morale, 439; ses services militaires, 442.
CHEVREUSE (Henriette-Nicole d'Egmont-Pignatelli, duchesse de), femme du précédent, 441.
CHEVRIÈRES (L'abbé de), aumônier de quartier de la maison de la reine, 134, 136.
CHOISEUL (L'abbé de), aumônier du roi, 235.
CHOISEUL (Marquis de), chambellan du roi de Pologne, 234.
CHOISEUL (Marquise de), dame du palais de la reine de Pologne, 234.
CHRYSOSTOME (le P.), Récollet, 211, 232.
CLÉMENT IX, pape, 114.
CLÉMENT XII, pape, 380.
CLERMONT (Louis de Bourbon-Condé, comte de), 104, 146, 194, 201, 275, 277, 324, 325, 375, 377.
CLERMONT (Marie-Anne de Bourbon-Condé, mademoiselle de), surintendante de la maison de la reine, 71, 80, 82, 98-102, 133, 136, 191, 226, 229-231, 235, 236, 268, 288, 293, 302, 318, 361, 377, 381, 399, 408, 418.
CLERMONT (Georges-Jacques, marquis de), brigadier des armées du roi, mort en 1734, 104, 105.
CLERMONT (Louis de Clermont-Gallerande, comte de), premier gentilhomme de la chambre du duc d'Orléans, 308, 411, 412.
CLERMONT-TONNERRE (François de), évêque de Noyon, 330.
CLERMONT-TONNERRE (Gaspard, marquis de), mestre de camp-général de la cavalerie, 67, 88 89.
COIGNY (François de Franquetot, duc de), maréchal de France, 82, 88, 436.
COIGNY (Jean-Antoine-François de Franquetot, comte de), fils du précédent, 82, 87, 217.

Coigny (comtesse de), 217.

Coislin (Pierre du Cambout, cardinal de), 222.

Coislin (Henri-Charles du Cambout de), évêque de Metz, 222, 377.

Colbert (Jean-Baptiste), contrôleur général des finances, 160, 161.

Colonels, mestres de camp-généraux et commissaires généraux de cavalerie et de dragons, 86.

Comédies à la Cour, 168.

Compiègne (Travaux du château de), 273.

Condé (Le Grand), 297, 298.

Conflans (Philippe-Alexandre de), bailli de l'ordre de Malte, 212, 308.

Conflans (Louis de), neveu du précédent, 212, 213.

Constantin (Le prince). *Voy.* Rohan (Louis-Constantin de).

Contades (M. de), major des gardes françaises, 251, 304, 364.

Contrôleur général (Le). *Voy.* Orry.

Conty (Anne-Marie de Bourbon, princesse de), fille de Louis XIV et de Mme de la Vallière, 112, 207.

Conty (Anne-Marie Martinozzi, princesse de), morte en 1672, 306.

Conty (Louis-François de Bourbon, prince de), 98, 262.

Conty (Louise-Diane d'Orléans, princesse de), morte en 1736, 65, 101.

Conty (Louise-Élisabeth de Bourbon-Condé, princesse douairière de), 65, 129, 226, 235, 236, 264, 377, 383, 394, 410, 418 ; sa lettre à M. de Courbon, 469.

Corsini (Cardinal), 403.

Coulanges (M. de), contrôleur de la maison du roi, 250.

Coulon (M.), écuyer ordinaire, 98.

Courbon (M. de), 395, 424 ; ses lettres, 467-470.

Courbon (Mme de), 395.

Courcelles (M. de), capitaine de cavalerie, 106.

Courson (M. de), capitaine de cavalerie, 106.

Courtenay (M. de), 198.

Courtenvaux (Marquis de), capitaine-colonel des Cent-Suisses, 249, 259, 302, 355, 399, 400, 436.

Covas, paumier, 367.

Craon (M. de), 191, 208, 209, 221, 224.

Craon (Mme de), 192, 209.

Creil (M. de), 286.

Crenay (Le chevalier de), capitaine des gardes du comte de Toulouse, 170.

Créquy (Marie-Louise d'Auxy, marquise de), dame d'honneur de Louise-Diane d'Orléans, princesse de Conty, 65, 99.

Créquy (Robert, chevalier de), gentilhomme de la manche du dauphin, 60, 225, 284, 410.

Crèvecoeur (Philippe-Victor-Amédée, marquis de), 372.

Crèvecoeur (Charlotte-Louise de Rohan, marquise de), fille du prince de Guémené, 372, 376-379.

Croismare (M. de), écuyer de la petite écurie, 197, 199.

Croix (Comte de), chambellan du roi de Pologne, 233.

Crozat, 195.

Curé de la paroisse Notre-Dame (Le). *Voy.* Jomard.

Cursine (Marquis de), chambellan du roi de Pologne, 234.

D.

DAGUESSEAU (Henri-François), chancelier de France, 106, 183-185, 314, 320, 322, 336, 343, 346.

DAGUESSEAU (Henri-Louis, chevalier), capitaine-lieutenant de la compagnie des gendarmes de Flandre, 106.

DANGEAU (Mme de), 97.

Dauphin (Le). *Voy.* LOUIS DE FRANCE, dauphin.

Dauphine (La). *Voy.* BOURGOGNE (Marie-Adélaïde de Savoie, duchesse de).

DAVION, brodeur, 411.

DELCI, archevêque de Rhodes, nonce du pape, 113, 430, 434.

DÉMONVILLE, huissier de la chambre, 434.

DEPIMONT, gentilhomme du roi de Pologne, 234.

Déserteur (Grâce donnée à un), 81.

DESGRANGES, maître des cérémonies, 231.

DESMARETZ, ministre d'État, 150.

DESPUIG (Raymond), grand-maître de l'ordre de Malte, 171.

DESTOUCHES, musicien, 224.

DETROY (Jean-François), peintre, 357.

DIGOINE (Marquis de), enseigne des gardes du corps, 146.

DOMBES (Louis-Auguste de Bourbon, prince de), 76-78, 235, 236, 251, 252, 275, 304, 390, 395, 406, 407, 411, 417, 418, 421.

DORSET (Duchesse), 355, 356.

DREUX (Le marquis de), grand-maître des cérémonies, 98-100, 103, 110, 134, 231, 238, 240, 241, 247, 261.

DRUYS (Le comte de), lieutenant des gardes du corps, 145.

DUBOIS (Cardinal), 403.

DUBOIS, frère aîné du cardinal, surintendant général des ponts et chaussées, 114.

DUBOURDET, chef de brigade, 107, 427.

DUBUISSON (Mme), 253.

Duc (M. le). *Voy.* BOURBON (Louis-Henri de).

Duchesse (Mme la). *Voy.* BOURBON (Louise-Françoise de Bourbon, duchesse douairière de).

Duchesse (Mme la) la jeune. *Voy.* BOURBON (Caroline de Hesse-Rhinfels, duchesse de).

DUMESNIL (Mlle), actrice, 371.

DUPUIS, gentilhomme de la manche du duc de Bourgogne, 387, 388.

DURAS (Le maréchal duc de), capitaine des gardes du corps, 238.

DURAS (Duchesse de), 132, 207, 208.

DUVAL, commandant du guet, 314.

E.

ECQUEVILLY (M. d'), capitaine du vautrait, 212, 393.

ÉLÉONOR, gouverneur des petits chiens de la chambre du roi, 362.

ÉLISABETH FARNÈSE, reine d'Espagne, 151-153, 365.
Embrun (Archevêque d'). *Voy.* TENCIN.
Empereur (L'). *Voy.* CHARLES VI.
Entrées chez le Dauphin, 61.
Entrées de la chambre, 244.
ÉPÉE (De L'), architecte du roi, 197.
ÉPERNON (Duc d'). *Voy.* ANTIN.
ÉPERNON (Françoise-Gillone de Montmorency-Luxembourg, duchesse d'), dame du palais de la reine, 57.
Épizootie sur les bœufs, 58.
EQUERTY, gentilhomme du roi de Pologne, 234.
ERLACH (M. d'), 252.
ESCORAILLES (M. d'), cornette, 295.
Espagne (Le roi d'). *Voy.* PHILIPPE V.
Espagne (La reine d'). *Voy.* ÉLISABETH FARNÈSE. — MARIE-ANNE DE NEUBOURG. — ORLÉANS (Louise-Élisabeth d').
ESTAING (Mme d'), 101.
ESTRÉES (Gabrielle d'), 213.
ESTRÉES (Victor-Marie, duc d'), maréchal de France, 115, 123, 125, 147, 153, 371, 430, 431, 435.
ESTRÉES (Lucie-Félicité de Noailles, maréchale-duchesse d'), 65, 115, 124, 149, 153, 192.
États de Bretagne, 124, 147, 150.
EU (Louis-Charles de Bourbon, comte d'), 77, 78, 235, 236, 240, 275, 407, 411, 418, 421.
EUGÈNE (Le prince), 158.
EUSTACHE (Frère), capucin, 317.
ÉVREUX (Comte d'), 88, 89, 261, 392.
ÉVREUX (Évêque d'). *Voy.* ROCHECHOUART.

F.

FACON, premier médecin du roi Louis XIV, 142.
FANTIN, curé de Saint-Louis à Versailles, 321, 323.
FARE (Abbé de LA), aumônier du roi, 338, 351.
FARE (Le marquis de LA), 86, 87, 153.
FARGES (M. de), 381.
FARINELLI, chanteur, 364, 365.
FAUVEL, lieutenant des gardes du corps, 145.
FAYETTE (Chevalier de LA), exempt des gardes du corps, 102.
FELDT (Comte de), suédois, 325.
FÉNÉLON (M. de), ambassadeur de la Haye, 210.
Fermes générales (Adjudication des), 397.
FERTÉ-IMBAULT (M. de LA), 215.
FERTÉ-IMBAULT (La marquise de LA), 417, 418.
FERVAQUES (Mlle de). *Voy.* OLONNE.
Fête donnée à la Reine, 93.

FITZ-JAMES (Charles duc de), 256, 257.
FITZ-JAMES (François de), abbé de Saint-Victor de Paris, 70.
FLAMARENS (M. de), 81.
FLEURY (André-Hercule de), cardinal, premier ministre, grand aumônier de la reine, 54, 59, 63, 64, 67, 69, 70, 72, 76, 79, 85, 89, 96, 106, 110, 111, 113-115, 119, 121, 123, 124, 130, 132-134, 136, 138-140, 160, 170, 171, 173, 174, 178, 182-186, 189, 190, 192, 199, 201, 207, 208, 210, 213-216, 222, 223, 229-232, 235, 237, 238, 240, 253, 254, 256, 258, 260-263, 265, 267, 277, 281, 285, 287, 293, 295, 296, 302, 310, 311, 313, 324, 326, 330, 341, 342, 344, 345, 351-353, 355, 358, 359, 363, 366, 367, 371, 374, 379, 383, 384, 386-388, 390, 391, 397, 400, 402, 404, 405, 420, 423, 425, 426, 428, 433-435, 437.
FLEURY (André-Hercule de Rosset, marquis, puis duc de), gouverneur de Lorraine, 80, 81, 340, 374, 375.
FLEURY (Jean-Hercule de Rosset de Rocozel, marquis de Pérignan, puis duc de), 63, 69, 70.
FLEURY (Pierre-Augustin-Bernardin de Rosset de), abbé, 170.
Fontainebleau (Travaux du château de), 264.
FONTANGES (Mme de), dame d'honneur de la princesse de Conty, 383.
FONTANIEU (M. de), contrôleur général des meubles de la couronne, 140.
FONTENILLE (Abbé de), 347.
FORCE (M. de LA), 220.
FOURNIER, maître d'hôtel ordinaire, 231.
FRANCE (Louise-Élisabeth de), première fille du roi, nommée *Madame*, 67, 68, 161, 164, 171, 173, 190-192, 216, 220, 226, 230, 231, 239, 246, 248, 286, 344, 351, 352, 363, 364, 391, 412, 416, 418, 422, 424, 428.
FRANCE (Anne-Henriette de), deuxième fille du roi, 67, 68, 161, 164, 171, 173, 190-192, 216, 220, 226, 230, 231, 239, 246, 248, 286, 344, 351, 352, 391, 412, 416, 418, 422, 424.
FRANCE (Marie-Adélaïde de), troisième fille du roi, 67, 68, 190-192, 216, 220, 226, 232, 239, 240, 246, 248, 286, 344, 391, 412, 418, 422, 424.
FRANCE (Marie-Louise-Thérèse-Victoire de), quatrième fille du roi, 67, 68, 190-192, 216, 220, 232.
FRANCE (Sophie-Philippine-Élisabeth-Justine de), cinquième fille du roi, 67, 68, 190-192, 216, 220.
FRANCE (N. de), sixième fille du roi, 73.
FRANCE (Louise-Marie de), septième fille du roi, 303.
FRANCOEUR, musicien, 182.
Francs-Maçons ou Frimassons (Ordre des), 204, 210, 227.
FRANQUINI (L'abbé), chargé des affaires du grand-duc de Toscane, 402, 403, 427.
FROULAY (Bailli de), 326, 415.
FULVY (M. de), intendant des finances, 185, 188.

G.

GABRIEL, premier architecte des bâtiments du roi, 273, 274.
GABRIEL le fils, architecte, 197, 269, 288.

GADAGNE (M. de), officier des gendarmes, 292.
GALAISIÈRE (LA). *Voy.* CHAUMONT DE LA GALAISIÈRE.
Garde des sceaux (Le). *Voy* CHAUVELIN.
Généalogie de Louis XV, 72.
GEORGES II, roi d'Angleterre, 335, 336.
GESVRES (Duc de), premier gentilhomme de la chambre du roi, gouverneur de Paris, 57, 73, 103-106, 109, 110, 213, 215, 221, 236, 237, 240, 242-244, 247, 271, 290, 325, 373.
GILBERT DE VOISINS, avocat général au parlement, 312, 348, 349, 406.
GIVRY (M. de), 171.
Glacières de Versailles, 168; glace consommée à la cour, 213.
GLUD DE SAINT-PORT (M.), 132.
Gobelins (Manufacture des), 357.
GOESBRIANT (M. de), 430.
GOUFFIER (M. de), 132.
GOUFFIER (Mme de), 132.
GOURNAY (M. de), chambellan du roi de Pologne, 234.
GRAMONT (Antoine-Charles, duc de), mort en 1720, 142, 206, 426.
GRAMONT (Anne Baillet de la Cour, duchesse de), morte en 1737, femme du précédent, 205, 206.
GRAMONT (Antoine, IVe du nom, duc de), maréchal de France, mort en 1725, fils du précédent, 304, 364, 413.
GRAMONT (Louis-Antoine-Armand, duc de), fils du précédent, 65, 223, 251, 279, 280, 304, 359, 412, 413, 415, 426.
GRAMONT (Louise-Françoise d'Aumont de Crevant d'Humières, duchesse de), femme du précédent, 192, 293, 301.
GRAMONT (Louis, comte de), frère du précédent, 341, 355, 437.
Grand Écuyer (Le). *Voy.* ARMAGNAC.
Grand Prieur (Le). *Voy.* ORLÉANS (Jean Philippe, dit le chevalier d').
Grande Duchesse (Mme la). *Voy.* TOSCANE.
GRANDEVILLE (Bidé de LA), chef du conseil du comte de Toulouse, intendant de Flandre, 408.
GRASSE (La marquise de), dame d'honneur de la comtesse de Toulouse, 170, 192.
GRILLE (Le chevalier de), officier dans les gardes françaises, 172, 363, 364.
GRIMALDI (Maison de), 242, 243.
GRIMBERGHEN (Louis-Joseph d'Albert de Luynes, prince de), 131, 132.
GROSSOLES (M. de), gentilhomme du roi de Pologne, 234.
GUÉBRIANT (Mme de), 170.
GUÉMENÉ (Hercule-Mériadec de Rohan, prince de), 378.
GUÉMENÉ (Louise-Gabrielle-Julie de Rohan, princesse de), 376, 378.
GUÉMENÉ (Mlle de). *Voy.* CRÈVECOEUR.
GUESCLIN (M. DU), 220.
GUILLELMINE-CHARLOTTE-DOROTHÉE DE BRANDEBOURG-ANSPACH, reine d'Angleterre, 414, 418, 427.
GUISE (M. de), 209.
GUISTEL (Abbé de), aumônier du roi, 338, 343, 346, 351.
GUZMAN (Maison de), 190, 375.

H.

Harcourt (Abbé d'), doyen de Notre-Dame, 317.
Harcourt (Le duc d'), capitaine des gardes du corps du Roi, 172, 302, 390, 420-422.
Hardouin, contrôleur des bâtiments de Marly, 253.
Harlay (Le premier président de), 315.
Harlay (M. de), intendant de Paris, 81, 349, 350.
Haussonville (Comte d'), grand louvetier du roi de Pologne, 233.
Hautefeuille (M. de), 86.
Hautefort (M. de), 166.
Hautefort-Bozein (Le comte de), premier écuyer du comte de Toulouse, 170.
Havré (Louis-Ferdinand-Joseph de Croy, duc d'), 58.
Havré (Marie-Anne-Césarine Lanti de la Roere, duchesse douairière d'), 58.
Havré (Marie-Louise-Cunégonde de Montmorency-Luxembourg, duchesse d'), 58.
Havrincourt (M. d'), 254.
Helvétius, premier médecin de la reine, 126, 409.
Hénault (Le président), 330.
Henri IV, roi de France, 213.
Henriette (Madame). *Voy.* France (Anne-Henriette de).
Hérault, lieutenant général de police, 210, 286, 310, 315.
Héricourt (Le P. d'), 153.
Heudicourt (Mme d'), 169, 422.
Honelstin (Comte d'), chambellan du roi de Pologne, 234.
Horski, gentilhomme du roi de Pologne, 234.
Hostun (Duc d'), 133, 199, 391, 424.
Hostun (Duchesse d'), 154, 169, 341, 357, 358.
Houttier (L'abbé), 331-335.
Humières (Maréchal d'), 244.
Humières (Maréchale d'), 260.
Huron (M.), 416.
Huxelles (Maréchal d'), 82.

I.

Incendie de l'Hôtel-Dieu, 315; de la Chambre des comptes, 380, 384.
Innocent XII, pape, 158, 159.
Irville (M. d'), 417.
Isenghien (Mme d'), 242.
Isle (Garnier d'), architecte contrôleur des bâtiments de Meudon, 258.

J.

Jacques II, roi d'Angleterre, 364.
Janson (Le cardinal de), 158, 159.
Jarre (Marquise de), 258.
Joly de Fleury, procureur général au parlement de Paris, 312, 315, 406.

JOMARD, curé de la paroisse de Notre-Dame à Versailles, 58.
JOURDAIN, paumier, 367.
JULIEN (Le P.), récollet, 219.
JUMILHAC (M. de), lieutenant des mousquetaires, 182, 183.

K.

KERBABU (Mlle de), 166, 167.
KINNOUL (Milord), ambassadeur d'Angleterre à Constantinople, 368.

L.

LACAILLE, paumier, 367.
LAJOUE, dessinateur, 411.
LALANDE, musicien, 224.
LAMBERTI (Marquis de), chambellan et capitaine des gardes à cheval du roi de Pologne, 214, 234.
LAMBESC (Prince de), 116, 267.
LAMBESC (Princesse de), 112, 113.
LANDE (Marquise de LA), ancienne sous-gouvernante du roi et sous-gouvernante des enfants de France, 60, 288.
LANDREVILLE, gentilhomme du roi de Pologne, 234.
Langres (Évêque de). Voy. MONTMORIN SAINT-HÉREM.
LANGUET DE GERGY (Jean-Joseph), archevêque de Sens, 154, 378.
LANNION (M. de), 116.
LASSAY (M. de), 132.
LATOUR, concierge du château de Fontainebleau, 265.
LAUZUN (Duc de), 387, 388.
LAUZUN (Duchesse de), 208.
LAVERDY, avocat, 338.
LEBRUN (Charles), peintre, 260.
LEMOINE (François), peintre, 260.
LÉON (Louis-Bretagne-Alain de Rohan-Chabot, prince de), 115, 116, 153, 284, 347, 381, 384, 432.
LÉON (Françoise de Roquelaure, princesse de), 153, 284.
LERCARI (Abbé), 113, 114, 134, 136.
LÉVIS (Duc de), 166.
Lieutenant civil (Le). Voy. ARGOUGES DE FLEURY.
LIGNEVILLE (Comte de), chambellan du roi de Pologne, 234.
LINANGE (Mme de), dame d'honneur de la reine de Pologne, 234.
LINIÈRES (Le P. de), jésuite, confesseur du roi, 235.
LIVRY (M. de), premier maître-d'hôtel du roi, 206, 310, 431.
LIVRY (Mme de), 206, 207.
LIXIN (M. de), 208.
LORGES (Guy-Nicolas de Durfort, duc de Quintin-), 116.
LORGES (Louis de Durfort, comte de), fils du précédent, 207.

Lorges (Marie-Marguerite-Reine de Butault de Marsan, comtesse de), 207.
Lorraine (Anne-Charlotte, princesse de), puis reine de Sardaigne, 144, 164, 178, 191, 192, 203, 208, 209, 225, 226.
Lorraine (Élisabeth-Charlotte d'Orléans, duchesse de), 144, 192, 208, 209, 294.
Lorraine (François-Étienne, duc de) et de Bar, 144, 145, 178, 208, 304, 392, 393 ; grand duc de Toscane, 402.
Lorraine (Le prince Charles de), 145.
Lorraine (La princesse cadette de), 192, 221.
Louis XIV, 94, 112, 120, 142, 145, 154, 158-161, 195, 196, 206, 222, 228, 235, 241, 243-245, 251, 271, 272, 276, 282, 295, 296, 328, 329, 338, 346, 349, 350, 387, 388, 398, 406, 413, 415, 418, 420, 435.
Louis XV, roi de France et de Navarre, 53, 55-61, 64-68, 71, 72, 76, 78, 79, 81, 82, 84, 85, 90-95, 97, 109, 116, 118, 120, 122-124, 126, 140, 142, 143, 146, 147, 151, 154, 157, 161-164, 168, 169, 171, 173, 175, 177, 182, 183, 187, 189, 190, 192, 194, 197, 200, 203, 204, 209, 211, 212, 214-219, 221, 224, 225, 228, 232, 235, 236, 240, 242, 246, 249, 250, 252, 253, 259-265, 267-269, 272-282, 285-297, 301-304, 306-320, 324, 326, 327, 330, 338, 339, 341-343, 345, 346, 348-351, 354, 455, 357, 358, 360-362, 367, 368, 370, 371, 376-378, 380-382, 384-386, 389-391, 393-396, 398-402, 406, 410-412, 414-419, 421-424, 426-431, 434, 437.
Louis de France, dauphin, fils de Louis XIV, dit *Monseigneur*, 60, 68, 276.
Louis de France, dauphin, fils de Louis XV, 59-62, 64, 68, 78, 90, 93, 96, 97, 141, 171, 173, 174, 190-192, 202, 204, 209, 216, 220, 223, 226, 236, 239, 247, 251, 265, 267, 276-278, 281, 282, 284-286, 307-309, 339, 344, 351, 352, 357, 362, 374, 377, 378, 386, 391, 393, 395, 400, 410, 412, 416-418, 422-424, 426-428, 432, 433.
Louvois, 328, 329, 387, 388.
Lucé (Mlle de), 206.
Lude (Duc du), 387.
Lude (Duchesse du), dame d'honneur de la duchesse de Bourgogne, 133, 185, 186, 260.
Ludre (Comte de), chambellan du roi de Pologne, 234.
Luxe (Comtesse de), 177.
Luxembourg (Abbé de), 329.
Luynes (Charles-Philippe d'Albert, duc de), 69, 101, 126, 217, 220, 224, 225, 235, 236, 253, 255, 261, 262, 264, 266, 275, 286, 308, 317, 344, 345, 368, 369, 384, 402, 418, 436.
Luynes (Marie Brulart, duchesse de), dame d'honneur de la reine, 53-57, 71, 72, 82, 89, 91-96, 107, 122-130, 133, 136, 147, 161-163, 173, 177, 178, 185, 186, 189-192, 221, 230, 255, 259, 261, 262, 264, 267, 268, 289, 301, 305, 306, 317, 320, 323, 327, 338, 339, 344, 352, 353, 355, 357, 358, 361, 377, 381, 383, 384, 411-413, 415, 420, 422, 423, 426, 429, 435.
Luynes (Paul d'Albert de), évêque de Bayeux, 308, 312, 331, 338, 342.

M.

Madame première ou l'aînée. *Voy.* FRANCE (Louise-Élisabeth de).
Madame seconde. *Voy.* FRANCE (Anne-Henriette de).
Madame troisième. *Voy.* FRANCE (Marie-Adelaïde de).
Madame quatrième. *Voy.* FRANCE (Marie-Louise-Thérère-Victoire de).
Mademoiselle. *Voy.* BOURBON (Louise-Anne de).
MADIN, maître de musique de Tours, 371.
MAILLEBOIS (Jean-Baptiste-François Desmaretz, marquis de), lieutenant général des armées du roi, 119, 221-223, 236, 337, 360, 390, 410.
MAILLEBOIS (Marie-Yves Desmaretz, comte de), fils du précédent, maître de la garde-robe, 119, 213, 215, 221, 222.
MAILLY (Louis, comte de), mestre de camp général des dragons, mort en 1699, 86.
MAILLY (Anne-Marie-Françoise de Sainte-Hermine, comtesse de), dame d'atours de la duchesse de Bourgogne, femme du précédent, morte en 1734, 129.
MAILLY (Julie de Mailly-Nesle, comtesse de), dame du palais de la reine, 98-100, 302.
MAINE (Anne-Louise-Bénédicte de Bourbon-Condé, duchesse du), 77, 79, 82, 302, 418.
MAINE (Louis-Auguste de Bourbon, duc du), 75-79, 82, 407-409.
MAINE (Louise-Françoise de Bourbon, mademoiselle du), 77, 79, 82, 247, 410, 418.
MAINTENON (Mme de), 142, 241, 277.
Maison du Dauphin, 62, 63; du roi de Pologne, 232.
MALTER, danseur, 318.
MARBEUF (L'abbé de), lecteur du dauphin, 60.
MARÉCHAL, premier chirurgien du roi, 142, 341.
MARIE-ANNE DE NEUBOURG, reine douairière d'Espagne, veuve de Charles II, 415.
MARIE LECZINSKA, reine de France, 53-56, 64, 65, 67, 68, 71, 73, 74, 78, 80, 84, 85, 90-96, 107-110, 112, 113, 122, 124-128, 130, 133-136, 140, 147, 153, 157, 162-164, 171, 173, 175, 179, 182, 186, 189, 190, 192, 197, 200, 204, 216, 219-221, 224, 227, 230-232, 236, 243, 246 248, 253, 259, 261, 262, 267, 268, 277, 278, 293, 301-303, 305-309, 312, 338, 342, 344, 345, 353, 358, 360-363, 368, 371, 376-378, 381-383, 385, 389, 391, 393-395, 399-401, 404, 410, 412, 413, 415, 416, 418-424, 426, 428-431; son portrait, 458.
MARIE DE MÉDICIS, reine de France, femme de Henri IV, 112.
MARIE-THÉRÈSE D'AUTRICHE, reine de France, femme de Louis XIV, 112, 114.
Marionnettes jouées devant le Dauphin, 60, 344.
Marly (Machine de), 253.
MARSAN (Le comte de), 84, 424.
MARTIGNY (M. de), gentilhomme du roi de Pologne, 234.
MASSOLES (M. de), gentilhomme du roi de Pologne, 234.

MAUBOURG (M. de), 82.
MAULEVRIER (Mme de), 101.
MAUPEOU (M. de), 150, 336, 348.
MAUPERTUIS, 330, 332, 333.
MAURE (Mlle LE), cantatrice, 318.
MAUREPAS (Comte de), secrétaire d'État, 63, 91, 115, 129, 182, 183, 207, 242, 268, 287, 311, 330, 331, 333, 347.
MAUREPAS (La comtesse de), 232.
MAZARIN (Le cardinal), 198.
MAZARIN (Françoise de Mailly, duchesse de), dame d'atours de la reine, 64, 65, 69, 82, 125, 128-130, 133, 147, 430.
MECHEK (M. de), grand maréchal du roi de Pologne, 207.
MEDINA-CELI (Le duc de), 151.
MERCIER (Mme), nourrice du roi et première femme de chambre de la reine, 416.
MERCIER (Mlle), 416, 421.
MÉRINVILLE (Charles-François des Montiers de), évêque de Chartres, 398.
MÉRODE (M. de), 190.
MÉRODE (La comtesse de), dame du palais de la reine, 134, 186, 190, 302.
Mesdames. *Voy.* FRANCE (Louise-Élisabeth, Anne-Henriette, Marie-Adélaïde, Marie-Louise-Thérèse-Victoire et Sophie-Philippine-Élisabeth-Justine de).
MESMES (Le bailli de), ambassadeur de l'ordre de Malte, 171-173.
Metz (Évêque de). *Voy.* SAINT-SIMON.
Meuble nouveau de l'appartement de la reine, 404.
MEUSE (Le chevalier de), chambellan du roi de Pologne, 172, 233.
MIASCOSKI (M. de), gentilhomme du roi de Pologne, 234.
MINA (Le marquis de LA) ambassadeur d'Espagne, 185, 190, 255, 262, 266, 275, 325, 356, 358, 365, 366, 370, 375, 376, 379, 380, 424, 425.
MINA (La marquise de LA), 185, 186, 189-191, 255, 266, 306, 376.
Minimes (Général des), 96.
MIREPOIX (Évêque de). *Voy.* BOYER (Jean-François).
MIREPOIX (Marquis de), ambassadeur à Vienne, 259, 354, 403.
MODÈNE (Duc de), 386, 425.
MODÈNE (Charlotte-Aglaé d'Orléans, duchesse de), 78, 199, 337, 338, 343, 348, 386.
MONACO (M. de), 243.
Monseigneur. *Voy.* LOUIS DE FRANCE, dauphin, fils de Louis XIV.
Monsieur. *Voy.* ORLÉANS (Philippe de France, duc d').
Montauban (Évêque de), *Voy.* VERTHAMON.
MONTAUBAN (Charles de Rohan-Guémené, prince de Rohan-), 372, 377-379.
MONTAUBAN (Charles-Jules-Armand de Rohan-), 68.
MONTAUBAN (Éléonore-Eugénie de Béthisy, princesse de), dame du palais de la reine, 124, 302, 344.
MONTAUBAN (Éléonore-Louise-Constance de Rohan, Mlle de), 377.
MONTCAMP (M. de) 214.
MONTESQUIOU (M. de), sous-lieutenant des mousquetaires gris, 164.
MONTGIBAUT, enseigne des gardes du corps, 146.
MONTHELON (M. de), 164.

MONTI (Marquis de), 84, 91, 157, 166.
MONTMORENCY (Christian-Louis de Montmorency-Luxembourg, prince de Tingry, appelé le maréchal de), maréchal de France, 58, 81, 166, 436.
MONTMORENCY (La maréchale de), 177.
MONTMORENCY (Mlle de). *Voy.* HAVRÉ (Marie-Louise-Cunégonde de Montmorency-Luxembourg, duchesse d').
MONTMORIN (M. de), capitaine et gouverneur de Fontainebleau, 251, 379.
MONTMORIN SAINT-HÉREM (Gilbert de), évêque de Langres, 385, 421.
MONTSARD (M. de), gentilhomme du roi de Pologne, 234.
MORAS (Mme de), 389, 395.
MORAS (Mlle de), 389, 394, 395, 424; lettre d'elle à sa mère, 459-467.
MORTEMART (Duc de), premier gentilhomme de la chambre du roi, 139, 150, 167, 252.
MORTEMART (Duchesse de), 65, 150, 167, 252.
MORVILLE (M. de), 106.
Mot d'ordre (Disputes pour le), 289, 363, 391.
MOTHE (Charles de la Mothe-Houdancourt, comte de LA), sous-lieutenant des chevau-légers, 276.
MOTTE (M. de LA), gentilhomme ordinaire, 395, 396.
MUY (Marquis de), sous-gouverneur du dauphin, 60, 79, 225, 432.
MUY (Marquise de), sous-gouvernante des enfants de France, 60.

N.

NANCIS (Marquis de), chevalier d'honneur de la reine, 55, 57, 135, 230, 244-246, 268, 344, 358, 373, 427, 431.
NARBONNE (M. de), officier des gardes, 200.
NASSAU-SIEGEN-SARREBRÜCK (Prince de), 210, 307, 310.
NASSIGNY (Le président de), 252.
NESTIER (M. de), écuyer ordinaire de la grande écurie 197; chef de brigade, 261.
NETTANCOURT (Marquis de), chambellan du roi de Pologne, 233.
NEUFCHATEL (Angélique-Cunégonde de Montmorency-Luxembourg, princesse de), 68, 85.
NEUVILLE (Le P. LA), jésuite, 385, 421.
NICOLAÏ (M. de), premier président de la chambre des comptes, 189, 384.
Niemiroff (Congrès de), 393.
NOAILLES (Adrien-Maurice, duc de), maréchal de France, capitaine des gardes du corps du roi, 114, 122, 175, 213, 215, 219, 222, 223, 258, 285, 396, 419, 436, 437.
NOAILLES (Françoise-Charlotte-Amable d'Aubigné, duchesse de), femme du précédent, 260.
NOAILLES (Philippe, comte de), gouverneur de Versailles, 251.
Nonce (Le). *Voy.* DELCI.
NORMANT, avocat, 338, 343.
NYERT (M. de), 82.

O.

O (Marquise d') dame du palais de la dauphine, 408.
OLONNE (Charles-Anne-Sigismond de Montmorency-Luxembourg, duc d'), 66.
OLONNE (Marie-Étiennette de Bullion de Fervaques, duchesse d'), 66.
OPÈDE (Abbé d'), aumônier du roi, 400.
Ordre du Saint-Esprit de Montpellier, 327; de Saint-Georges, 413.
Orléans (Philippe de France, *Monsieur*, duc d'), frère de Louis XIV, 112.
Orléans (Philippe, duc d'), régent du royaume, fils du précédent, 60, 120, 184, 223, 349, 350, 403.
ORLÉANS (Françoise-Marie de Bourbon, duchesse douairière d'), femme du précédent, 77, 93, 94, 239, 266, 407, 410.
ORLÉANS (Louis, duc d'), fils du régent, premier prince du sang, 78, 79, 123, 221, 226, 239, 240, 266, 306, 308, 311, 337, 338, 343, 344, 348, 411, 412, 421.
ORLÉANS (Auguste-Marie-Jeanne de Baden-Baden, duchesse d'), femme du précédent, 431.
ORLÉANS (Louise-Élisabeth d'), fille du régent, reine douairière d'Espagne, 266.
ORLÉANS (Jean-Philippe, dit le chevalier d'), fils naturel du régent, grand prieur de France, 212, 213.
ORMESSON (D'), conseiller d'État, 114.
ORRY (Philibert), contrôleur général des finances, 114, 123, 124, 146, 187, 188, 207, 215, 258, 327, 371, 397, 402, 404.
OSSOLINSKA (La duchesse), 221.
OSSOLINSKI (Le duc), grand maître de la maison du roi de Pologne, 157, 166, 214, 233.
OSSONE (La duchesse d'), 151, 152.
OSSONVILLE. *Voy.* HAUSSONVILLE.

P.

PALLU, conseiller au parlement de Paris, 69.
Pape (Le). *Voy.* CLÉMENT XII.
PARIS (Le président), 327.
Parlement de Bretagne, 117, 118.
Parlement de Paris. Sa translation à Pontoise, 83; ses remontrances, 167, 179-181; son audience à Versailles, 313; son arrêté, 336; réponse du Roi 348; arrêté sur cette réponse, 354.
Parlement de Rennes, 198.
Paume (Jeu de), 367.
Le PELLETIER (Louis), premier président au parlement de Paris, 69, 70, 82, 168, 179, 181, 203, 312, 315, 336, 348, 354.
PENTHIÈVRE (Louis-Jean-Marie de Bourbon, duc de), 68, 78, 170, 396, 397, 406-408, 411, 412.

PERDRIX, paumier, 367.
PÉRIGNAN (M. de). *Voy.* FLEURY.
PÉRIGNY (Abbé de). 261.
PEYRONIE (LA), premier chirurgien du Roi, 143, 219.
PEZÉ (M. de), 249.
PHILIPPE V, roi d'Espagne, 151, 152, 306, 325, 365, 370, 372, 424, 430.
PICQUIGNY (Michel-Ferdinand d'Albert d'Ailli, duc de), 176, 177.
POLASTRON (Comte de), lieutenant-général des armées du roi, sous gouverneur du dauphin, 59, 90, 309, 327, 352, 410, 432.
POLASTRON (Comtesse de), 352.
POLIGNAC (Cardinal de), 111, 140, 150, 159, 327-329, 420, 435.
POLISY (Fargès de), 395.
Pologne (Roi de). *Voy.* STANISLAS LECZINSKI.
POLOGNE (Reine de). *Voy.* CATHERINE BNIN-OPALINSKA.
POMPONNE (L'abbé de), chancelier de l'ordre du Saint Esprit, 157.
PONS (Charles-Louis de Lorraine, prince de), 255, 256, 341.
PONS (Élisabeth de Roquelaure, princesse de), 255, 256.
PONS (Emmanuel-Louis-Auguste de Pons Saint-Maurice, chevalier de), 90; 411.
PONTCARRÉ DE VIARME (M. de), intendant de Bretagne, 125.
PORTAIL (Antoine), premier président au parlement de Paris, 82, 83, 167.
PORTAIL (Rose-Madeleine Rose, Mme), femme du précédent, 83.
PORTAIL (Jean-Louis), président à mortier, fils du précédent, 167, 348.
Pot-Royal (Le), 326.
Premier (M. le). *Voy.* BÉRINGHEN.
Premier président (Le). *Voy.* le PELLETIER.
Prévôt des marchands (Le). *Voy.* TURGOT.
Procureur-général (Le). *Voy.* JOLY DE FLEURY.
Promotion de chevaliers de Saint-Louis, 66.
PUCELLE (L'abbé), conseiller clerc au parlement, 314, 336, 337, 349.
PUIGUYON (Marquis de), gentilhomme de la manche du dauphin, 60, 234.
PUYSÉGUR (Maréchal de), 107, 341.

Q.

QUADT (M. de), 307, 309, 310.

R.

RAMEAU, musicien, 401.
RAMSAY (M. de), Écossais, chancelier de l'ordre des francs-maçons, 204.
RAUDOT, ancien commissaire de la marine, 321.
REBEL, musicien, 182.
Récollets de Versailles, 154.
Réforme de la cavalerie, 162.
Règlement de Louis XIV, 298.
REGNIER (Abbé), 359.

Reine (La). *Voy.* MARIE LECZINSKA.
RENEL (Mme de), dame du palais de la reine, 252, 253.
RÉNIL (M. de), gentilhomme du roi de Pologne, 234.
Rennes (Évêque de). *Voy.* VAURÉAL.
RIBÉRAC (Mme de), dame d'honneur de Mlle de Clermont, 98.
RICHELIEU (Le cardinal de), 198, 326, 386.
RICHELIEU (Le duc de), 161, 162, 255, 256.
RICHELIEU (La duchesse de), 161, 208, 209, 255, 256.
RICHMOND (Duc de), 335.
ROCHE-AYMON (M. de LA), gentilhomme du roi de Pologne, 234, 347.
ROCHECHOUART (Charles-Auguste, duc de), premier gentilhomme de la chambre 117, 166, 221, 270, 290, 292, 293, 295, 302, 386, 389, 390, 410, 429, 431.
ROCHECHOUART (Augustine de Coetquen-Combourg, duchesse de), femme du précédent, 65, 174, 175, 192, 194, 313, 358, 361.
ROCHECHOUART (Marc-Anne-Élisabeth de Beauvau, duchesse douairière de), mère du précédent, 124.
ROCHECHOUART (Pierre-Jules-César de), évêque d'Évreux, 426.
ROCHECOURT (Mme de), dame du palais de la reine de Pologne, 234.
ROCHEFORT (La maréchale de), 246, 260.
ROCHEFOUCAULD (Duc de LA), grand-maître de la garde-robe du roi, 143, 144, 161, 221, 222, 293, 360, 373.
ROCHEFOUCAULD (Duchesse de LA), 144.
ROCHE-SUR-YON (Louise-Adélaïde de Bourbon-Conty, Mademoiselle de LA), 98-101, 112, 113, 164, 169, 216, 346, 351.
ROHAN (Armand-Gaston de), cardinal, grand aumônier de France, 53, 57, 58, 72, 139, 235, 246, 247, 274, 312, 378-381, 388, 421, 422, 430.
ROHAN (Hercule-Mériadec de Rohan, duc de Rohan-Rohan, appelé le prince de), 176, 177, 241, 276, 281, 282, 285, 286, 290, 292, 293, 297, 304, 350, 371, 389.
ROHAN (Marie-Sophie de Courcillon, princesse de), femme du précédent, 178, 352, 376.
ROHAN (Louis-Constantin de), nommé *le prince Constantin*, frère du précédent, 378.
ROHAN (Louis de Rohan-Chabot, duc de), mort en 1727, père du prince de Léon, 116, 347.
ROHAN (Louis-François de Rohan-Chabot, vicomte de), frère du prince de Léon, 150, 153.
ROHAN (Louis-Marie-Bretagne-Dominique de Rohan-Chabot, duc de), fils du prince de Léon, 133.
ROHAN (Charlotte-Rosalie de Châtillon, duchesse de), femme du précédent, 352.
ROHAN (Mlle de). *Voy.* CRÈVECOEUR.
Roi (Le). *Voy.* LOUIS XV.
ROQUELAURE (Le maréchal de), 430.
Rose d'or, 113, 114, 133, 136, 158.
ROUCY (Comte de), 373.
Rouen (Archevêque de). *Voy.* SAULX-TAVANNES.
ROY, poëte, 182.
ROYAN (Marquis de). *Voy.* OLONNE.

Roye (Mlle de). *Voy.* Ancenis (Duchesse d').
Rubempré (Mme de), 96.
Ruffec (Armand-Jean de Saint-Simon, marquis de), 190.
Ruffec (Catherine-Charlotte-Thérèse de Gramont, duchesse de), 192.
Rupelmonde (Mme de), 83, 194.

S.

Sabran (Mme de), 208.
Sabran (Mlle de). *Voy.* Arcussia (Mme d').
Sainctot, introducteur des ambassadeurs, 55-57, 92, 95, 96, 113, 134, 135.
Saint-Aignan (Paul-Hippolyte de Beauvilliers, duc de), ambassadeur à Rome, 84, 206, 207, 380, 401.
Saint-Aignan (Marie-Anne-Paule-Antoinette de Beauvilliers, Mlle de), marquise de Soyecourt, 84.
Saint-Albin (Charles de), archevêque de Cambray, 167, 179, 336.
Saint-André (Le chevalier de), 252, 268.
Saint-Aulaire (Charles de Beaupoil, abbé de), aumônier ordinaire de la reine, 99, 100, 134, 404.
Saint-Aulaire, (François-Joseph de Beaupoil, marquis), oncle du précédent, 404, 405.
Saint-Cyr (Abbé de), sous précepteur du dauphin, 60.
Saint-Cyran (Abbé de). *Voy.* Barcos.
Saint-Florentin (M. de), secrétaire d'État, 91, 183, 187, 188.
Saint-Géran (Mme de), 260.
Saint-Germain (M. de), 171.
Saint-Pau (La Chassagne de), lieutenant des gardes du corps, 145.
Saint-Pierre (Duchesse de), 186, 189, 190.
Saint-Sauveur, écuyer de la petite écurie, 199.
Saint-Séverin (M. de), 91.
Saint-Simon (Claude de Rouvroy de), évêque de Metz, 339, 340.
Saint-Simon (Henri de Rouvroy, marquis de), frère du précédent, 76, 340.
Saint-Simon (Louis de Rouvroy, duc de), 76, 340; passages des Mémoires qui lui sont relatifs, 443-448 ; lettres de lui, 448-458.
Saint-Victor (M. de), 425, 426.
Saint-Vincent (M. de), gentilhomme du roi de Pologne, 234.
Saint Vincent de Paul; sa canonisation, 419.
Saissac (Mme de), 132.
Salles (Marquis de), chambellan du roi de Pologne, 234.
Salles (Marquise de), dame du palais de la reine de Pologne, 214, 234.
Sallier (Abbé), bibliothécaire du roi, 287.
Sardaigne (Ambassadeur de). *Voy.* Solar.
Sardaigne (Le roi de). *Voy.* Charles-Emmanuel III.
Sardaigne (Reine de). *Voy.* Lorraine.
Sassenage (M. de), 381.
Saulx-Tavannes (Charles-Nicolas de), archevêque de Rouen, 171, 323.
Saumery (M. de), gentilhomme du roi de Pologne, 234.

SCHMERLING (M. de), chargé d'affaires de la cour de Vienne, 392, 393.
SCHULEMBOURG (M. de), 367.
SECKENDORF (M. de), général autrichien, 392, 393.
SÉGUR (M. de), maréchal de camp, 312, 375.
SEIGNELAY (Comte de), 286, 287.
SENS (Élisabeth-Alexandrine de Bourbon-Condé, Mademoiselle de), 79, 370, 418.
Sens (Archevêque de). *Voy.* LANGUET DE GERGY.
SERINCHAMP (Chevalier de), chambellan du roi de Pologne, 233.
SEVIN (Abbé), 322.
SOLAR (Le commandeur de), ambassadeur de Sardaigne, 164, 430.
Solitaire (Le), voleur, 347.
SOTO-MAYOR (M. de), 190, 376.
SOUBISE (Charles de Rohan, prince de), capitaine des gendarmes de la garde, 176, 177, 199, 276, 289.
SOUBISE (Anne-Marie-Louise de la Tour d'Auvergne, princesse de), femme du précédent, 178, 363, 364, 371, 372.
SOUBISE (Marie-Louise de Rohan, Mlle de), comtesse de Marsan, 84.
SOUPIRS (M. des), gentilhomme du roi de Pologne, 234.
SOURCY (M. de), 417.
Sous-gouverneurs du dauphin (Service des), 141.
SOUVRÉ (Louis-Nicolas le Tellier, marquis de), maître de la garde-robe, mort en 1725, 223.
SOUVRÉ (François-Louis le Tellier, marquis de), maître de la garde-robe, fils du précédent, 90, 223, 288.
SOYECOURT (M. de), 84.
Stafette ou estafette; ce que c'est, 205.
STAINVILLE (Marquis de), grand chambellan du duc de Lorraine, 164, 178, 233, 256, 403, 427.
STAIRS (Milord), ambassadeur d'Angleterre, 200.
STANISLAS LECZINSKI, roi de Pologne, duc de Lorraine, 90, 91, 108, 109, 122, 123, 144, 164, 179, 214, 216, 217, 294,
SURBECK (M. de), 252.
SUZE (Comte de LA), grand maréchal, 198, 281.
SUZY, lieutenant des gardes du corps, 145.

T.

TALLARD (Duc de), 133, 358, 377, 378, 390, 432.
TALLARD (Duchesse de), gouvernante des enfants de France, 59, 61, 67, 71, 72, 122, 123, 132, 161, 177, 178, 220, 253, 273, 274-287, 289, 301, 302, 318, 344, 346, 352, 363, 364, 377, 422, 423.
TALLEYRAND (Mme de), 361.
TARNEAU (Comte de), gentilhomme de la chambre du comte de Toulouse, 411.
TEMPI, archevêque de Nicomédie, 164.
TENCIN (Pierre Guérin de), archevêque d'Embrun, 91, 113.
TESSÉ (René de Froulay, comte de), maréchal de France, mort en 1725, 86.
TESSÉ (René Mans de Froulay, comte de), fils du précédent, 306.

Tessé (René-Marie de Froulay, marquis de), premier écuyer de la reine, fils du précédent, 55, 57, 90, 130, 135, 270, 306, 307, 381, 382, 400, 410.

Tessé (Marie-Charlotte de Béthune, marquise de), femme du précédent, 307, 338, 355, 361.

Thianges (Le commandeur de), grand veneur du roi de Pologne, 233.

Titon, conseiller de la grand'chambre, 179, 181.

Toilette neuve de la Reine, 410.

Tonnerre (M. de), lieutenant-colonel du régiment Commandant-Général, 201.

Torela (Prince de La), ambassadeur extraordinaire du roi des Deux-Siciles, 262, 275, 358, 366, 378, 379, 388.

Torneille (Comte de), chambellan du roi de Pologne, 234.

Torring (Le comte de), premier ministre de l'électeur de Bavière, 413, 431.

Toscane (Jean-Gaston II de Médicis, grand duc de), 304, 315.

Toscane (Anne-Marie-Françoise de Saxe-Lawembourg, grande duchesse de), 415.

Toulouse (Louis-Alexandre de Bourbon, comte de), grand veneur, 77-79, 119, 120, 169, 170, 195-197, 347, 386, 390, 394-399, 406-409, 412, 425.

Toulouse (Marie-Victoire-Sophie de Noailles, comtesse de), 78, 79, 81, 119, 120, 140, 169, 192, 341, 391, 396, 397, 400, 406-408, 410.

Tour d'Auvergne (Henri-Oswald de La), archevêque de Vienne, premier aumônier du roi, cardinal, 108, 401, 434.

Tourbes (Mlle de), 430.

Tournelle (Mme de La), 101.

Travers (Baronne de), 352, 353, 355.

Trémoille (Charles-Louis-Bretagne, duc de La), mort en 1719, 116.

Trémoille (Charles-Armand-René, duc de La), premier gentilhomme de la chambre du roi, fils du précédent, 116, 117, 268, 290, 330, 392.

Trémoille (Marie-Victoire-Hortense de la Tour d'Auvergne, duchesse de La), femme du précédent, 261.

Tresmes (François-Bernard Potier, duc de), 111, 237, 268, 271

Tresmes (Louis-Léon Potier, comte de), fils du précédent, 58.

Tresnel (Mme de), 170.

Tressan (M. de), officier des gardes, 200.

Trianon (Pots de fleurs de), 346.

Turenne (Prince de), 429.

Turgot (Michel-Étienne), prévôt des marchands de Paris, 73, 315, 317.

Tyrconnel (Milord), 256, 257.

V.

Vaïni (Princes de la maison), 157-159.

Valentinois (Duc de), 241-243.

Van Hoey, ambassadeur de Hollande, 210, 262, 398.

Varanges (M. de), gentilhomme du roi de Pologne, 234.

Vareille de la Broue, enseigne des gardes du corps, 146.

Varengeville (Mme de), 83.

Varneville, exempt des gardes, 199.

Vaubrun (Abbé de), 326.
Vauclas (M. de), gentilhomme du roi de Pologne, 234.
Vaujour (Duchesse de), 192.
Vaulgrenant (Le comte de), ambassadeur extraordinaire en Espagne, 152, 160, 170.
Vauréal (Louis-Guy Guérapin de), évêque de Rennes, maître de la chapelle musique du roi, 149, 153, 366.
Veilleron (Comte de), enseigne des gardes du corps, 146.
Vendôme (César, duc de), fils de Henri IV, 213.
Vendôme (Louis-Joseph, duc de), 425.
Vénerie du Roi, 195.
Vénier, ambassadeur de Venise, 262, 266, 267, 270, 430.
Ventadour (Duchesse douairière de), gouvernante des enfants de France, 59-61, 71, 120, 121, 124, 133, 191, 192, 253, 263, 284, 363, 372.
Vernassal, lieutenant général des armées du roi, 367.
Verneuil (M. de), introducteur des ambassadeurs, 134, 173, 185, 186, 189, 190, 262.
Versailles (Logements et travaux du château de), 273, 274.
Verthamon de Chavignac (Michel de), évêque de Montauban, 95.
Verue (Comtesse de), 131.
Vienne (Archevêque de). *Voy.* Tour d'Auvergne (La).
Vienne (Louis de), conseiller-clerc au parlement de Paris, 69.
Vilhena (Manoel de), grand maître de l'ordre de Malte, 171.
Villars (Louis-Hector, duc de), maréchal de France, 122, 150.
Villars (La maréchale duchesse de), veuve du précédent, dame du palais de la reine, 83, 133, 192, 302, 399.
Villars (Honoré-Armand, duc de), fils des précédents, 81, 150-153, 203, 225, 226.
Villefort (Mme de), sous-gouvernante des enfants de France, 60.
Villeneuve (Mlle de), 229, 235.
Villequier (Marquis de), 429.
Villequier (Marquise de), 241.
Villeroy (François de Neufville, duc de), maréchal de France, gouverneur de Louis XV, mort en 1730, 173, 174, 437.
Villeroy (Nicolas de Neufville, duc de), mort en 1734, fils du précédent, 133.
Villeroy (Louis-François-Anne de Neufville, duc de), capitaine des gardes du corps du roi, fils du précédent, 67, 157, 166, 279, 281, 302, 303, 312, 360, 361.
Viltz (Chevalier de), 214, 233, 360.
Vintimille (Charles-Gaspard-Guillaume de), archevêque de Paris, 316, 317, 420.
Violons du Roi (Les vingt-quatre), 402.
Volvire (M. de), lieutenant du roi de la province de Bretagne, 118.
Voyage au pôle Nord, 330.

W.

WALDEGRAVE (Le comte de), ambassadeur extraordinaire et plénipotentiaire du roi d'Angleterre, 160, 424, 425, 427.
WARD-BARRY, gentilhomme du roi de Pologne, 234.
WURTEMBERG (Duc de), 357.
WURTEMBERG (Duchesse de), 358.

Z.

ZALUSKI (Le comte), grand aumônier du roi de Pologne, 233.
ZÉNO, ambassadeur de Venise, 53, 54, 57, 357.
ZÉNO (Mme), ambassadrice de Venise, 53-57, 95, 96.
ZONDONDARI (Cardinal), 414.

FIN DE LA TABLE.

www.ingramcontent.com/pod-product-compliance
Lightning Source LLC
Chambersburg PA
CBHW071619230426
43669CB00012B/1998